Daniel Goleman
KONZENTRIERT EUCH!

Daniel Goleman

KONZENTRIERT EUCH!

Eine Anleitung
zum modernen Leben

Aus dem Amerikanischen
von Sebastian Vogel

Piper München Zürich

Mehr über unsere Autoren und Bücher:
www.piper.de

Die Originalausgabe erschien 2013 unter dem Titel
Focus. The Hidden Driver of Excellence bei HarperCollins, New York.

MIX
Papier aus verantwor-
tungsvollen Quellen
FSC® C014889

ISBN 978-3-492-05652-6
© 2013 by Daniel Goleman. All rights reserved.
© der deutschsprachigen Ausgabe: Piper Verlag GmbH, München 2014
Abbildung auf Seite 113: Clipart.com
Satz: Fagott, Ffm
Gesetzt aus der Charter und der Corporate
Druck und Bindung: Pustet, Regensburg
Printed in Germany

*Dem Wohlergehen der kommenden
Generationen gewidmet.*

INHALT

Teil 4
Der große Zusammenhang

Teil 5
Kluges Üben

Teil 6
Die konzentrierte Führungskraft

Teil 7
Das große Bild

DIE SUBTILE FÄHIGKEIT

Zuzusehen, wie der Hausdetektiv John Berger im Erdgeschoss eines Warenhauses an der Upper East Side in Manhattan mit seinen Blicken die Kunden verfolgt, heißt, Aufmerksamkeit aus nächster Nähe zu erleben. In seinem unauffälligen schwarzen Anzug, weißen Hemd und roter Krawatte, das Walkie-Talkie in der Hand, ist John ununterbrochen in Bewegung. Ständig kreist seine Konzentration um diesen oder jenen Kunden. Man kann ihn als Auge des Kaufhauses bezeichnen.

Es ist eine schwierige Aufgabe. Immer sind mehr als 50 Kunden auf seiner Etage: Sie schlendern von einem Schmuckstand zum nächsten, probieren die Valentino-Schals an, sehen sich bei den Prada-Taschen um. Und während sie die Waren begutachten, werden sie von John begutachtet.

John wandert zwischen den Kunden hin und her – eine Studie in Brown'scher Bewegung. Ein paar Sekunden steht er, den Blick auf einen Kunden geheftet, hinter einem Stand mit Handtaschen, dann schlendert er zu einer Tür, von der aus er gute Sicht hat, nur um sich im nächsten Augenblick in eine Ecke zu bewegen, wo er von einem erhöhten Punkt aus ein potenziell verdächtiges Trio unauffällig im Auge behalten kann. Während die Kunden sich nur für die Waren interessieren und Johns aufmerksame Blicke nicht bemerken, überprüft er sie alle.

In Indien sagt man: »Wenn ein Taschendieb einen Heiligen trifft, sieht er nur die Taschen.« John würde in jeder Menschenmenge die Taschendiebe sehen. Sein Blick wandert hin und her wie ein Suchscheinwerfer. Ich kann mir vorstellen, wie sein Gesicht sich scheinbar zu einem einzigen großen Auge verengt, das an den einäugigen Zyklopen denken lässt. John ist verkörperte Konzentration.

Wonach sucht er? »Es ist die Art, wie sich ihre Augen bewegen, oder eine Bewegung in ihrem Körper«, die ihm die Absicht zum Klauen verrät, erzählte er mir. Oder diese Kunden, die dicht zusammenstehen, oder der eine, der sich verstohlen umsieht.»Ich mache das schon so lange, ich kenne die Anzeichen.«

Wenn John einen unter den 50 Kunden aufs Korn nimmt, gelingt es ihm, die restlichen 49 und auch alles andere auszublenden – eine Konzentrationsleistung inmitten der ganzen Ablenkungen.

Eine solche Panoramawahrnehmung, die mit der ständigen Wachsamkeit für aufschlussreiche, aber seltene Signale abwechselt, erfordert mehrere Formen der Aufmerksamkeit: ständige Konzentration, Alarmbereitschaft, Orientierung und die Koordination von alledem. Jede davon stützt sich auf ihr eigenes Netz von Gehirnschaltkreisen, und jede ist ein unentbehrliches mentales Werkzeug.[1]

Johns ständige Suche nach einem seltenen Ereignis repräsentiert einen der ersten Aspekte der Aufmerksamkeit, die man wissenschaftlich untersuchte. Die Erforschung der Frage, was uns hilft, wachsam zu bleiben, begann im Zweiten Weltkrieg. Dahinter stand eine militärische Notwendigkeit: Man brauchte Radarbeobachter, die stundenlang höchste Wachsamkeit aufbringen konnten – und man stellte fest, dass sie gegen Ende ihrer Schicht, wenn die Aufmerksamkeit nachließ, mehr Signale übersahen.

Ich kann mich noch erinnern, wie ich auf dem Höhepunkt des Kalten Krieges einen Wissenschaftler besuchte, der im Auftrag des Pentagon das Aufmerksamkeitsniveau bei drei- bis fünftägigem Schlafmangel untersuchte – ungefähr so lange mussten Offiziere den Schätzungen zufolge während eines Dritten Weltkriegs im Bunker wach bleiben. Glücklicherweise musste das Experiment nie in der harten Realität überprüft werden, aber er gelangte zu einem ermutigenden Befund: Selbst nach drei oder mehr schlaflosen Nächten können Menschen noch hohe Konzentration aufbringen, wenn die Motivation stark genug ist (aber wenn sie nicht aufpassen, nicken sie augenblicklich ein).

In den letzten Jahren ist die Aufmerksamkeit zum Gegenstand einer umfangreichen Forschung geworden, die weit über die Wachsamkeit hinausgeht. Die Fähigkeit, aufmerksam zu sein, so die Erkenntnis, bestimmt darüber, wie wir beliebige Aufgaben bewältigen. Ist sie eingeschränkt, schneiden wir schlecht ab; ist sie besser ausgebildet, erbringen wir gute Leistungen. Unsere Lebensgewandtheit hängt von dieser subtilen Fähigkeit ab. Meist bleibt der Zusammenhang zwischen Aufmerksamkeit und hervorragenden Leistungen zwar im Verborgenen, aber er wirkt sich auf fast alles aus, was wir zuwege bringen wollen.

Dieses vielseitige Werkzeug klinkt sich in unzählige mentale Tätigkeiten ein. Eine kurze Liste einiger grundlegender Operationen umfasst Auffassungsgabe, Gedächtnis, Lernen, das Gespür dafür, wie wir uns fühlen und warum, die Deutung der Gefühle anderer und eine reibungslose Kommunikation. Wenn wir diesen unsichtbaren Leistungsfaktor ans Licht holen, erkennen wir besser, wie nützlich die Verbesserung solcher geistigen Fähigkeiten ist, und wir verstehen auch, wie man das macht.

Durch eine optische Täuschung des Geistes bemerken wir in der Regel nur die Endprodukte der Aufmerksamkeit: unsere guten und schlechten Ideen, eine aufschlussreiche Bewegung, ein einladendes Lächeln, den morgendlichen Kaffeeduft. Vom Strahl der Wahrnehmung selbst dagegen nehmen wir keine Notiz.

Obwohl die Aufmerksamkeit ungeheuer wichtig dafür ist,

wie wir uns im Leben zurechtfinden, stellt sie eine kaum beachtete und unterschätzte mentale Gabe dar. Ich verfolge hier das Ziel, diese schwer fassbare, unterbewertete geistige Fähigkeit, ihre Bedeutung für das Wirken des Geistes und ihre Rolle für ein erfülltes Leben ins Rampenlicht zu holen.

Zu Anfang wollen wir einige grundlegende Aspekte der Aufmerksamkeit untersuchen; Johns wachsame Alarmbereitschaft ist nur einer davon. Die Kognitionsforschung beschäftigt sich mit einem breiten Spektrum verschiedener Phänomene wie Konzentration, selektive Aufmerksamkeit und Aufgeschlossenheit, aber auch mit der Frage, wie unser Geist die Aufmerksamkeit nach innen richtet und so seine eigene Tätigkeit beaufsichtigt.

Auf solchen grundlegenden Mechanismen unseres Geisteslebens bauen lebenswichtige Fähigkeiten auf. Zum einen ist da die Selbstwahrnehmung, die das Selbstmanagement ermöglicht. Dann gibt es die Empathie als Grundlage der Beziehungsfähigkeit. Das alles sind fundamentale Elemente der emotionalen Intelligenz. Und wie wir noch genauer erfahren werden, kann eine Schwäche in solchen Bereichen ein Leben oder eine Karriere untergraben, während entsprechende Stärken das Gefühl von Erfüllung und Erfolg begünstigen.

Über solche Bereiche hinaus führt uns die Systemforschung in ein weiteres Feld der Konzentration, wenn wir die Welt um uns herum betrachten und uns auf die komplexen Systeme einstellen, die unsere Umwelt definieren und einschränken.[2] Einer solchen nach außen gerichteten Konzentration steht die verborgene Schwierigkeit gegenüber, uns an derart lebenswichtige Systeme anzupassen: Unser Gehirn wurde nicht für eine solche Aufgabe konstruiert, und deshalb geraten wir ins Straucheln. Aber durch die Wahrnehmung von Systemen begreifen wir die Funktionsweise eines Unternehmens, einer Wirtschaftsordnung oder der globalen Prozesse, die das Leben auf unserem Planeten möglich machen.

All das lässt sich auf eine Dreiheit reduzieren: Konzentration nach innen, auf andere und nach außen. Unser Leben können wir nur dann gut führen, wenn wir alle drei beherrschen. Eine gute Nachricht über die Aufmerksamkeit kommt aus den Laboren der Neurowissenschaftler und den Klassenzimmern der Schulen: Befunde dort weisen darauf hin, wie wir diesen unentbehrlichen geistigen Muskel stärken können. Aufmerksamkeit funktioniert tatsächlich fast wie ein Muskel: Wird sie wenig gefordert, schwindet sie dahin; wenn wir sie aber trainieren, wächst sie. Wir werden erfahren, wie wir mit klugen Übungen den Muskel unserer Aufmerksamkeit weiterentwickeln und verfeinern, ja sogar ein konzentrationsmüdes Gehirn wieder auf Vordermann bringen können.

Damit Führungskräfte zu guten Ergebnissen gelangen, brauchen sie alle drei Formen der Konzentration. Die Konzentration nach innen stimmt uns auf unsere Intuitionen, Wertvorstellungen und bessere Entscheidungen ein. Die Konzentration auf andere sorgt für reibungslose Verbindungen zu den Menschen in unserem Leben. Und mit der Konzentration nach außen finden wir uns in unserer größeren Umwelt zurecht. Eine Führungskraft, die nicht auf ihre innere Welt hört, hat keinen Kompass; ist sie blind für die Welt der anderen, erhält sie keine Anhaltspunkte; und wer den größeren Systemen, in denen wir tätig sind, gleichgültig gegenübersteht, wird von Entwicklungen wie aus heiterem Himmel überrascht.

Aber nicht nur Führungspersonen profitieren von einem Gleichgewicht zwischen diesen drei Formen der Konzentration. Wir alle leben in einer anstrengenden Umwelt, die voller Spannungen, konkurrierender Ziele und Verlockungen des modernen Lebens ist. Jede der drei Formen von Aufmerksamkeit kann uns helfen, ein Gleichgewicht zu finden, mit dem wir sowohl glücklich als auch produktiv sind.

Aufmerksamkeit stellt Verbindungen zwischen uns und der Welt her, prägt und definiert unsere Erfahrungen. »Aufmerksamkeit«, so schrieben die Kognitionsforscher Michael Posner und Mary Rothbart, liefere die Mechanismen, »die unserer

Wahrnehmung der Welt sowie der willkürlichen Steuerung unserer Gedanken und Gefühle zugrunde liegen.«[3]

Anne Treisman, eine führende Vertreterin des Forschungsgebiets, machte noch auf etwas anderes aufmerksam: Was wir sehen, hängt davon ab, wie wir unsere Aufmerksamkeit einsetzen.[4] Oder wie Yoda sagte: »Deine Konzentration ist deine Realität.«

Der gefährdete menschliche Augenblick

Das kleine Mädchen reichte der Mutter gerade bis zur Taille. Die Kleine schlang die Arme um ihre Mama und klammerte sich fest, während sie mit der Fähre zur Ferieninsel übersetzten. Aber die Mutter reagierte nicht, ja sie schien das Mädchen überhaupt nicht wahrzunehmen: Sie war die ganze Zeit mit ihrem iPad beschäftigt.

Ein ähnlicher Vorgang wiederholte sich ein paar Minuten später, als ich mich zusammen mit neun Verbindungsstudentinnen, die an diesem Abend auf ihrem Wochenendausflug waren, in ein Sammeltaxi zwängte. Nachdem sie ihre Sitze in dem dunklen Kleinbus eingenommen hatten, flackerte innerhalb einer Minute überall fahles Licht auf: Jede der jungen Frauen hatte ein iPhone oder ein Tablet eingeschaltet. Während sie simsten oder durch Facebook scrollten, flogen vereinzelte Gesprächsfetzen hin und her. Meist aber herrschte Schweigen.

Die Gleichgültigkeit der Mutter und das Schweigen unter den Studentinnen sind Beispiele dafür, wie die Technologie unsere Aufmerksamkeit beansprucht und unsere Bindungen beeinträchtigt. Im Jahr 2006 ging das Wort *pizzled* in den englischen Wortschatz ein. Die Kombination aus *puzzled* (verblüfft) und *pissed* (beleidigt) fängt das Gefühl von Menschen ein, deren Begleitung plötzlich ein Blackberry zückt und mit jemand anderem zu sprechen beginnt. Damals fühlten sich Menschen in solchen Augenblicken noch verletzt und verärgert. Heute ist es die Norm.

Im Mittelpunkt stehen dabei die Teenager, die Vorreiter unserer Zukunft. In den ersten Jahren dieses Jahrzehnts war die Zahl ihrer monatlichen SMS auf 3017 gestiegen, das Doppelte der Zahl ein paar Jahre früher. Inzwischen verbringen sie wieder weniger Zeit am Handy.[5] Der durchschnittliche amerikanische Teenager versendet und empfängt täglich mehr als 100 SMS, zehn in jeder wachen Stunde. Ich habe schon Jugendliche gesehen, die Rad fahren und gleichzeitig Textnachrichten tippen.

Ein Bekannter berichtete: »Kürzlich habe ich ein paar Cousins in New Jersey besucht. Ihre Kinder hatten alle elektronischen Apparätchen, die der Mensch kennt. Ich habe immer nur ihre Hinterköpfe zu Gesicht bekommen. Sie haben ständig auf ihren iPhones nachgesehen, wer ihnen eine SMS geschickt hat und was es auf Facebook Neues gibt, oder sie waren in ein Videospiel vertieft. Dafür haben sie überhaupt nicht wahrgenommen, was um sie herum vorgeht, und hatten keine Ahnung, wie man längere Zeit mit anderen interagiert.«

Kinder wachsen heute in einer neuen Realität auf, in der sie sich mehr auf Maschinen und weniger auf Menschen einstellen als je zuvor in der Menschheitsgeschichte. Das ist aus mehreren Gründen beunruhigend. Erstens lernen die sozialen und emotionalen Schaltkreise eines Kindergehirns durch Kontakte und Gespräche mit allen, denen das Kind im Lauf des Tages begegnet. Solche Interaktionen formen die Gehirnschaltkreise; dass Kinder weniger Zeit mit Menschen verbringen – und entsprechend länger auf digitale Bildschirme starren –, deutet auf Defizite hin.

Für die Beschäftigung mit der digitalen Welt bezahlen wir den Preis einer kürzeren Zeit mit echten Menschen – mit dem Medium, durch das wir nonverbale Äußerungen »lesen« lernen. Der neue Stamm der Eingeborenen in dieser digitalen Welt mag an der Tastatur versiert sein, aber wenn es darum geht, Verhalten von Angesicht zu Angesicht und in Echtzeit zu deuten, stehen sie auf dem Schlauch; insbesondere spüren sie nicht das Unbehagen des anderen, wenn sie mitten im Gespräch innehalten, um eine SMS zu lesen.[6]

Ein Collegestudent bemerkte, welche Einsamkeit und Isolation es mit sich bringt, wenn man in der virtuellen Welt der Tweets, Statusaktualisierungen und »geposteten Bilder vom Abendessen« lebt. Er stellte fest, dass seine Klassenkameraden die Fähigkeit zu Gesprächen verloren, ganz zu schweigen von den tiefsinnigen Diskussionen, die das Collegeleben bereichern können. Und er sagte: »Geburtstag, Konzert, Kneipenbesuch, Party – anscheinend macht nichts mehr Spaß, wenn man sich nicht die Zeit nimmt, sich von dem, was man tut, zu distanzieren« – und dafür sorgt, dass die Bekannten aus der digitalen Welt sofort wissen, wie viel Spaß man hat.

Dann gibt es die Grundlagen der Aufmerksamkeit, jenes kognitiven Muskels, mit dem wir einer Erzählung folgen, ein Thema bis zum Ende durchdenken, lernen oder kreativ sind. Wie wir noch genauer erfahren werden, trägt die endlose Beschäftigung junger Leute mit ihren elektronischen Apparaten in gewisser Weise dazu bei, dass sie ganz bestimmte kognitive Fähigkeiten erwerben. Es gibt aber auch Bedenken; unter anderem stellt sich die Frage, inwieweit sich gleichzeitig Defizite in geistigen Kernkompetenzen herausbilden.

Eine Lehrerin einer achten Klasse erzählte mir, sie habe seit vielen Jahren mit ihren aufeinanderfolgenden Schülergenerationen dasselbe Buch gelesen: *Mythology* von Edith Hamilton. Es habe den Schülern gut gefallen – jedenfalls bis vor etwa fünf Jahren. »Dann habe ich plötzlich beobachtet, dass die Kinder es nicht mehr so spannend fanden – selbst Gruppen mit guten Leistungen konnten keine Beziehung dazu herstellen«, erzählte sie mir. »Sie sagten, es sei zu schwierig zu lesen; die Sätze seien zu kompliziert, und es dauere zu lange, eine Seite zu lesen.«

Sie fragte sich, ob vielleicht die Lesefähigkeit ihrer Schüler unter den kurzen, abgehackten Nachrichten, die sie als SMS empfangen, gelitten habe. Ein Schüler gestand, er habe im letzten Jahr 2000 Stunden lang Videospiele gespielt. Und sie fügte hinzu: »Es ist schwierig, Kommaregeln zu lehren, wenn man dabei *World of Warcraft* als Konkurrenz hat.«

Ein Extremfall sind asiatische Staaten wie Taiwan, Korea und andere, die in der Internetsucht – der Sucht nach Spielen, sozialen Medien und virtueller Realität – eine nationale Gesundheitsgefahr sehen, weil junge Leute isoliert werden. Ungefähr acht Prozent aller amerikanischen Computerspieler im Alter zwischen acht und 18 Jahren entsprechen den psychiatrischen Diagnosekriterien für Suchterkrankungen; Untersuchungen am Gehirn zeigen, dass es in ihrem neuronalen Belohnungssystem durch das Spielen zu ähnlichen Veränderungen kommt wie bei Alkoholikern und Drogensüchtigen.[7] Gelegentlich hört man auch Horrorgeschichten von Spielsüchtigen, die den ganzen Tag über schlafen und nachts spielen, kaum einmal etwas essen, sich nicht waschen und sogar gewalttätig werden, wenn Angehörige sie zu bremsen versuchen.

Harmonische Beziehungen setzen Aufmerksamkeit voraus – gegenseitige Konzentration. Die Notwendigkeit, uns um solche menschlichen Augenblicke zu bemühen, war angesichts eines Ozeans der Ablenkungen, auf dem wir alle uns täglich orientieren müssen, nie größer als heute.

Die Verelendung der Aufmerksamkeit

Die Verminderung der Aufmerksamkeit bei Erwachsenen hat ihren Preis. In Mexiko klagte ein Werbemanager eines großen Rundfunksenders: »Vor ein paar Jahren konnte man für die Präsentation bei einer Werbeagentur noch ein Fünf-Minuten-Video aufnehmen. Heute muss man es auf eineinhalb Minuten beschränken. Wenn man sie bis dahin nicht gefesselt hat, fangen alle an, nach ihren SMS zu sehen.«

Ein Collegedozent für Filmwissenschaft erzählte mir, er habe die Biografie eines seiner großen Vorbilder gelesen, des legendären französischen Regisseurs François Truffaut. Aber, so stellte er fest, »ich kann nicht mehr als zwei Seiten hintereinander lesen. Dann überfällt mich dieser überwältigende Drang, online zu gehen und nachzusehen, ob ich eine neue E-Mail bekommen habe. Ich glaube, ich verliere die Fähigkeit, die Konzentration auf etwas Ernsthaftes aufrechtzuerhalten.«

Die Unfähigkeit, auf die Prüfung von E-Mails oder Facebook zu verzichten, statt sich auf die Person zu konzentrieren, mit der wir gerade reden, führt zu einem »Abwesendsein«, wie der Soziologe Erving Goffman, ein meisterhafter Beobachter zwischenmenschlicher Interaktionen, es nennt – zu einer Attitüde, mit der man den anderen wissen lässt, man sei an dem, was hier und jetzt geschieht, nicht interessiert.

Schon 2005 schalteten die Veranstalter der dritten »All Things D(igital)«-Tagung im größten Saal der Veranstaltung die drahtlose Internetverbindung aus, weil das Glimmen der Laptop-Monitore darauf hindeutete, dass die Zuhörer nicht auf das achteten, was auf dem Podium vorging. Sie waren abwesend und in einem Zustand, den ein Teilnehmer als »ständige Teilaufmerksamkeit« bezeichnete – eine mentale Verschwommenheit, die durch eine Überfrachtung mit Informationen von Vortragenden, anderen Menschen im Raum und der Beschäftigung mit den Laptops verursacht wurde.[8] Um eine solche Teilaufmerksamkeit zu bekämpfen, haben manche Unternehmen im Silicon Valley mittlerweile Laptops, Mobiltelefone und andere digitale Hilfsmittel bei ihren Besprechungen verboten.

Nachdem eine Verlagsmanagerin einige Zeit lang nicht auf ihr Smartphone gesehen hatte, gestand sie ein, sie habe »ein ungutes Gefühl. Man vermisst diesen Kick, den man bekommt, wenn eine SMS da ist. Man weiß, dass es nicht richtig ist, auf das Smartphone zu sehen, wenn man mit jemandem spricht, aber es ist wie eine Sucht.« Deshalb habe sie mit ihrem Mann ein Abkommen geschlossen: »Wenn wir von der Arbeit nach Hause kommen, legen wir unsere Handys in eine Schublade. Wenn es vor mir liegt, werde ich nervös; ich muss einfach nachsehen. Aber jetzt geben wir uns Mühe, mehr füreinander da zu sein. Wir reden miteinander.«

Unsere Konzentration kämpft ständig gegen Ablenkungen von innen und außen. Die Frage lautet: Was kosten uns die Dinge, die uns ablenken? Ein Manager eines Finanzunternehmens sagte mir: »Wenn ich merke, dass ich bei einer Besprechung mit meinen Gedanken woanders bin, frage ich mich, welche Gelegenheiten ich gerade eben verpasst habe.«

Einem Arzt aus meinem Bekanntenkreis erzählten die Patienten, sie würden »Selbstmedikation« betreiben und Präparate gegen Aufmerksamkeitsstörungen oder Narkolepsie nehmen, um mit ihrer Arbeit zurechtzukommen. Ein Anwalt sagte zu ihm: »Wenn ich das nicht nehmen würde, könnte ich keine Verträge lesen.« Früher brauchten Patienten für die Verschreibung solcher Medikamente eine Diagnose; heute sind sie vielfach zu routinemäßig eingenommenen leistungssteigernden Mitteln geworden. Eine wachsende Zahl von Teenagern täuscht Aufmerksamkeitsstörungen vor, um Rezepte für Aufputschmittel zu bekommen – der chemische Weg zur Aufmerksamkeit.

Und Tony Schwartz, ein Berater, der Führungskräften beibringt, wie man mit seiner Energie am besten haushaltet, erzählte mir: »Wir bringen die Leute dazu, ein besseres Bewusstsein dafür zu entwickeln, wie sie ihre Aufmerksamkeit nutzen – nämlich *immer* schlecht. Aufmerksamkeit ist heute in den Köpfen unserer Klienten das Thema Nummer eins.«

Die auf uns einstürzende Datenflut führt zu nachlässigen Abkürzungen: Wir sortieren E-Mails nach dem Betreff, übergehen viele Sprachnachrichten, lesen SMS und Notizen nur noch quer. Wir haben also nicht nur Aufmerksamkeitsgewohnheiten entwickelt, die uns weniger leistungsfähig machen, sondern die Fülle der Nachrichten lässt uns einfach zu wenig

Zeit, um noch darüber nachzudenken, was sie eigentlich bedeuten.

Das alles sah der Wirtschaftsnobelpreisträger Herbert Simon schon 1977 voraus. In einem Buch über die bevorstehende Welt voller Informationen warnte er: »Die Information verbraucht die Aufmerksamkeit ihrer Empfänger. Deshalb schafft ein Reichtum an Informationen eine Armut an Aufmerksamkeit.«[9]

Teil 1

DIE ANATOMIE DER AUFMERKSAMKEIT

GRUNDLAGEN

Als Teenager hatte ich die Gewohnheit, während der Hausaufgaben die Streichquartette von Béla Bartók zu hören – ich fand sie zwar ein wenig misstönend, hatte aber dennoch Spaß daran. Mich auf die dissonanten Klänge einzustellen half mir aus irgendeinem Grund, mich beispielsweise auf die chemische Gleichung für Ammoniumhydroxid zu konzentrieren.

Als ich viele Jahre später für die *New York Times* termingerecht Artikel abliefern musste, erinnerte ich mich an jene frühzeitige Übung im Ignorieren von Bartók. Bei der Zeitung schuftete ich inmitten der Wissenschaftsredaktion, die in jenen Jahren eine Höhle von der Größe eines Klassenzimmers belegte. Darin standen dicht gedrängt die Schreibtische für rund ein Dutzend Wissenschaftsjournalisten und ein halbes Dutzend Redakteure.

Eine Bartók-artige Kakophonie herrschte dort ständig. In der Nähe unterhielten sich vielleicht drei oder vier Personen; man bekam mit, was andere – manchmal auch mehrere – am Telefon sagten, wenn Reporter ihre Informanten befragten; Redakteure erkundigten sich lautstark quer durch den Raum, wann ein Artikel fertig sei. Selten, wenn überhaupt, herrschte Stille.

Und doch lieferten wir Wissenschaftsautoren, darunter auch ich, Tag für Tag zuverlässig unsere redaktionsfertigen Texte ab. Nie bat jemand: »Nun seid doch mal still«, damit wir uns konzentrieren konnten. Wir alle verdoppelten einfach unsere Konzentration und blendeten das Getöse aus.

Eine solche Konzentration inmitten des Krachs ist ein Zeichen für selektive Aufmerksamkeit, jene nervliche Fähigkeit, seinen Geist nur auf ein einziges Ziel zu richten und gleichzeitig eine Flut anderer Reize zu ignorieren, von denen jeder potenziell ein Gegenstand der Aufmerksamkeit sein könnte. Das meinte William James, der Begründer der modernen Psychologie, als er Aufmerksamkeit als »die plötzliche, eindeutige, lebhafte Inbesitznahme des Geistes durch einen von scheinbar mehreren möglichen Gegenständen oder Gedankengängen« definierte.[1]

Es gibt zwei wichtige Formen der Ablenkung: die sensorische und die emotionale. Sensorische Ablenkungen sind einfach: Während Sie diese Worte lesen, blenden Sie die leeren Seitenränder rund um den Text aus. Oder spüren Sie einmal einen Augenblick lang dem Gefühl der Zunge am Gaumen nach – dies ist nur einer aus einem endlosen Strom an Reizen, die unser Gehirn aus dem ständigen Schwall von Hintergrundgeräuschen, Formen und Farben, Geschmacksrichtungen, Gerüchen, Empfindungen und vielem anderen herauspickt.

Beängstigender ist die zweite Variante der Verlockungen: die emotional aufgeladenen Signale. Es fällt uns vielleicht nicht schwer, im Durcheinander eines Cafés eine E-Mail zu beantworten, aber wenn wir zufällig hören, wie jemand unseren Namen erwähnt (ein sehr wirksamer emotionaler Köder), ist es fast unmöglich, die Stimme, die ihn ausspricht, zu ignorieren – unsere Aufmerksamkeit veranlasst uns reflexhaft zuzuhören, was über uns gesagt wird. Die E-Mail können wir dann vergessen.

Die größte Herausforderung selbst für hoch konzentrierte Menschen erwächst jedoch aus dem emotionalen Drunter und Drüber unseres Lebens, beispielsweise wenn kürzlich eine enge Beziehung in die Brüche gegangen ist und uns das Thema nun ständig durch den Kopf geht. Solche Gedanken drängen sich aus gutem Grund in den Vordergrund: Es bringt uns dazu, darüber nachzudenken, was wir in der Angelegenheit, die uns unglücklich macht, tun können. Die Trennlinie zwischen unfruchtbarem Grübeln und produktiver Reflexion liegt darin, ob wir zu einer vorläufigen Lösung oder Erkenntnis gelangen – ist das der Fall, können wir die quälenden Gedanken loslassen; wenn nicht, drehen wir uns wie versessen mit unserem Kummer im Kreis.

Je stärker unsere Konzentration gestört wird, desto schlechter werden unsere Leistungen. Als beispielsweise untersucht wurde, wie stark Collegesportler sich in ihrer Konzentration durch Angstgefühle stören lassen, stand dies in einem signifikanten Zusammenhang mit ihrer guten oder schlechten Leistung in der bevorstehenden Saison.[2]

Die Fähigkeit, an einem Ziel festzuhalten und alles andere außer Acht zu lassen, ist in den präfrontalen Regionen des Gehirns angesiedelt. Spezialisierte Nervenschaltkreise in diesem Bereich verstärken eintreffende Signale, auf die wir uns konzentrieren wollen (*diese E-Mail*), und dämpfen andere, die wir ignorieren wollen (*die Leute, die am Nachbartisch plappern*).

Da Konzentration voraussetzt, dass wir emotionale Ablenkungen ausblenden, umfasst unsere neuronale Verdrahtung für selektive Aufmerksamkeit auch Mechanismen zur Hemmung von Gefühlen. Diejenigen, die sich am besten konzentrieren können, sind relativ immun gegen emotionale Turbulenzen, lassen sich in einer Krise nicht so leicht erschüttern und bleiben trotz der emotionalen Wellen des Lebens in ruhigem Fahrwasser.[3]

Wem es nicht gelingt, sich von einem Objekt der Aufmerksamkeit ab- und anderen zuzuwenden, kann beispielsweise mental in einer Endlosschleife der chronischen Angst gefangen bleiben. Im klinischen Extrem bedeutet das, dass jemand in den Hilflosigkeitsgefühlen, der Hoffnungslosigkeit und dem Selbstmitleid einer Depression versinkt; oder dass sich eine Angststörung mit Panikattacken und Katastrophengefühlen einstellt; oder dass bei einer Zwangsneurose unzählige Male die gleichen ritualisierten Gedanken oder Handlungen ablaufen (*fasse 50-mal die Tür an, bevor du aus dem Haus gehst*). Die Fähigkeit, unsere Konzentration von einem Gegenstand zu lösen und einem anderen zuzuwenden, ist für unser Wohlbefinden unentbehrlich.

Je stärker unsere selektive Aufmerksamkeit ist, desto besser können wir uns in das vertiefen, was wir gerade tun wollen: Wir lassen uns von einer berührenden Szene in einem Film mitreißen oder finden einen kraftvollen Absatz in einem Gedicht erhebend. Starke Konzentration führt dazu, dass Menschen sich in YouTube oder ihre Hausarbeiten vertiefen, bis sie auch den größten Tumult in ihrer Umgebung nicht mehr bemerken – oder auch ihre Eltern, die zum Abendessen rufen.

Derart konzentrierte Menschen kann man auf einer Party leicht ausmachen: Sie vertiefen sich in ein Gespräch, ihre Blicke kleben an ihrem Gegenüber, und sie sind vollkommen von ihren Worten erfüllt, selbst wenn die Person neben ihnen lautstark über die Beastie Boys schwadroniert. Die Unkonzentrierten dagegen sind ständig im Spiel – ihre Blicke heften sich auf alles, was sie interessieren könnte, und ihre Aufmerksamkeit driftet davon.

Der Neurowissenschaftler Richard Davidson von der University of Wisconsin zählt die Konzentration zu den wenigen unentbehrlichen Fähigkeiten im Leben; jede davon stützt sich auf ein eigenes neuronales System, und gemeinsam leiten sie uns durch die Turbulenzen unseres Innenlebens, unserer Beziehungen und aller Herausforderungen, die das Leben mit sich bringt.[4]

Bei starker Konzentration gehen nach Davidsons Befunden wichtige Schaltkreise im präfrontalen Cortex in einen synchronisierten Zustand mit dem Objekt des Bewusstseinsstrahls über, ein Phänomen, das er als *phase locking* (»Phasenarretierung«) bezeichnet.[5] Wenn Menschen sich darauf konzentrieren, jedes Mal einen Knopf zu drücken, wenn sie einen bestimmten

Ton hören, feuern die elektrischen Signale in ihrem Präfrontalbereich genau synchron mit dem anvisierten Ton.

Je besser die Konzentration ist, desto stärker ist die neuronale Arretierung. Liegt dagegen nur ein Durcheinander von Gedanken vor, verschwindet die Synchronisierung.[6] Ein solcher Rückgang der Synchronisierung ist auch charakteristisch für Menschen mit Aufmerksamkeitsdefizit.[7]

Am besten lernen wir mit konzentrierter Aufmerksamkeit. Wenn wir uns auf das konzentrieren, was wir lernen, kartiert das Gehirn die Informationen über die bisherigen Kenntnisse und stellt neue neuronale Verknüpfungen her. Wenn ein Erwachsener und ein Kleinkind ihre Aufmerksamkeit gleichermaßen auf etwas richten, das der Erwachsene benennt, lernt das Kleinkind den Namen; schweift seine Aufmerksamkeit ab, während der Name gesagt wird, lernt es ihn nicht.

Wenn unsere Gedanken abschweifen, aktiviert das Gehirn eine Fülle von Schaltkreisen, die sich mit Dingen beschäftigen, die nichts mit dem zu tun haben, was wir lernen wollen. Ohne Konzentration speichern wir keine prägnanten Erinnerungen an das Gelernte.

Abschalten

Jetzt ist es an der Zeit für ein kleines Fragespiel:

1. Wie lautet der Fachbegriff für die Synchronisierung der Gehirnwellen mit einem Geräusch, das man hört?
2. Welches sind die beiden wichtigsten Varianten der Ablenkung?
3. Welcher Aspekt der Aufmerksamkeit erlaubt eine Voraussage über die Leistung von Collegesportlern?

Wenn Sie diese Fragen wie aus der Pistole geschossen beantworten können, haben Sie beim Lesen nachhaltige Aufmerksamkeit aufrechterhalten – die Antworten standen auf den letzten paar Seiten dieses Buches (und sind auch in der Fußnote auf dieser Seite zu finden).*

Wenn Sie sich nicht mehr an die Antworten erinnern können, haben Sie beim Lesen vielleicht von Zeit zu Zeit abgeschaltet. Damit sind Sie nicht allein.

Die Gedanken eines Lesers schweifen in der Regel, während er einen Text durchgeht, zwischen 20 bis 40 Prozent der Zeit ab. Dass Studierende dafür einen Preis zahlen, ist nicht verwunderlich: Je häufiger sie abschweifen, desto schlechter ist ihre Verständnisfähigkeit.[8]

Selbst wenn unsere Gedanken nicht auf Wanderschaft gehen, setzen Leser in 30 Prozent der Fälle, in denen der Text sich in Unsinn verwandelt – wie beispielsweise *Wir müssen Zirkus für das Geld verdienen* statt *Wir müssen Geld für den Zirkus verdienen* –, die Lektüre noch ein nennenswertes Stück fort (nämlich im Durchschnitt 17 Wörter), bis es ihnen auffällt.

Wenn wir ein Buch, einen Blog oder irgendeine Erzählung lesen, konstruiert unser Verstand ein mentales Modell, mit dessen Hilfe wir den Sinn des Gelesenen erkennen, und er verbindet es mit dem Universum anderer Modelle, über die wir bereits verfügen und die das gleiche Thema betreffen. Dieses sich ständig erweiternde Verständnisnetzwerk ist das Kernstück des Lernens. Je mehr wir abschweifen, während wir das Netz knüpfen, und je schneller wir nach Beginn der Lektüre abschalten, desto mehr Löcher enthält es.

Bei der Lektüre eines Buches konstruiert unser Gehirn ein Netzwerk von Leitungsbahnen, in denen sich das betreffende System von Ideen und Erfahrungen verkörpert. Im Gegensatz zu diesem tiefen Verständnis stehen die Unterbrechungen und Ablenkungen, die für das stets verführerische Internet typisch sind.

---

* Antworten: 1. Phasenarretierung; 2. sensorische und emotionale; 3. Wie gut die Sportler sich konzentrieren und Ablenkungen ausblenden können.

Das Trommelfeuer aus Texten, Videos, Bildern und den verschiedensten Nachrichten, die wir online empfangen, scheint geradezu der Feind jedes vollkommeneren Verständnisses zu sein, das sich aus dem »tiefen Lesen« ergibt, wie Nicholas Carr es nennt: Ein solches Verständnis erfordert anhaltende Konzentration und die Vertiefung in ein Thema anstelle des sprunghaften Wechsels vom einen zum anderen, bei dem wir zusammenhanglose Halbwahrheiten aufschnappen.[9]

Wenn auch Erziehung und Ausbildung sich in Richtung webbasierter Formate verlagern, lauert die Gefahr, dass die multimediale Masse der Ablenkungen, die wir Internet nennen, das Lernen behindert. Schon in den 1950er-Jahren warnte der Philosoph Martin Heidegger, dass eine »anrollende Revolution der Technik den Menschen auf eine Weise fesseln, behexen, blenden und verblenden könnte, dass eines Tages das rechnende Denken *als das einzige* in Geltung und Übung bliebe".«[10]; dies, so Heidegger, geschehe um den Preis eines Verlusts des »besinnlichen Denkens«, das heißt einer Form der Reflexion, die er für das Wesen unseres Menschseins hielt.

Für mich warnt Heidegger damit vor der Erosion einer Fähigkeit, die ein Kernstück unseres Denkens darstellt: der Fähigkeit, die Aufmerksamkeit anhaltend auf einen laufenden Vorgang zu richten. Dieses Denken setzt einen nachhaltig konzentrierten Geist voraus. Je stärker wir abgelenkt sind, desto seichter werden unsere Gedanken; und je kürzer unsere Überlegungen sind, desto trivialer werden sie wahrscheinlich auch. Würde Heidegger heute noch leben, er wäre entsetzt, wenn er twittern sollte.

Hat sich die Aufmerksamkeit vermindert?

Eine Swingband aus Schanghai spielt Loungemusik in einer überfüllten Schweizer Kongresshalle, in der Hunderte von Menschen herumlaufen. Inmitten des hektischen Trubels steht Clay

Shirky seelenruhig an einem kleinen runden Stehtisch. Er konzentriert sich auf seinen Laptop und tippt eifrig. Ich habe Clay, einen in New York ansässigen Experten für soziale Medien, schon vor ein paar Jahren kennengelernt, hatte aber nur selten Gelegenheit, ihm persönlich zu begegnen. Ein paar Minuten stehe ich rechts von ihm, ungefähr einen Meter entfernt, und sehe ihm zu. Ich befinde mich im Blickfeld seiner Augenwinkel – wenn er ein wenig Aufmerksamkeitsbandbreite übrig hätte. Aber Clay nimmt keine Notiz von mir, bis ich seinen Namen ausspreche. Dann blickt er verblüfft auf, und wir beginnen eine Unterhaltung.

Aufmerksamkeit ist eine begrenzte Fähigkeit; Clays andächtige Konzentration füllt die Grenzen völlig aus, bis er sich mir zuwendet.

»Sieben plus/minus zwei« Informationseinheiten gelten als Obergrenze für den Strahl der Aufmerksamkeit, seit George Miller in den 1950er-Jahren diese »magische Zahl«, wie er sie nannte, in einem der einflussreichsten Aufsätze der Psychologie erstmals veröffentlichte.[11]

In jüngerer Zeit vertraten allerdings manche Kognitionsforscher die Ansicht, die Obergrenze liege bei vier Informationseinheiten.[12] Dies fesselte (jedenfalls für kurze Zeit) die begrenzte Aufmerksamkeit der Öffentlichkeit, und das neue Mem, die mentale Kapazität sei von sieben auf vier Informationseinheiten gesunken, verbreitete sich. »Grenzen des Verstands gefunden: vier Informationseinheiten«, verkündete eine Website für Wissenschaftsnachrichten.[13]

Einige hielten die angebliche Schrumpfung der geistigen Kapazität für einen Beleg, dass wir im Alltagsleben des 21. Jahrhunderts zu stark abgelenkt sind, und klagten lautstark darüber. Aber damit interpretiert man die Daten falsch.

»Das Arbeitsgedächtnis ist nicht kleiner geworden«, sagte der Kognitionsforscher Justin Halberda von der Johns Hopkins University. »Es stimmt nicht, dass das Fernsehen unser Arbeitsgedächtnis schrumpfen lässt« – dass wir also in den

1950er-Jahren eine Obergrenze von sieben plus/minus zwei Informationsbits hatten, während es jetzt nur noch vier sind.

»Der Geist gibt sich alle Mühe, das Beste aus seinen begrenzten Ressourcen zu machen«, erklärte Halberda. »Wir bedienen uns hilfreicher Gedächtnisstrategien« – beispielsweise setzen wir Einzelelemente wie 4, 1 und 5 zu einem einzigen Informationsbaustein zusammen, in diesem Fall zu der Vorwahlnummer 415. »Wenn wir unser Gedächtnis benutzen, kann das Ergebnis durchaus sieben plus/minus zwei Bits lauten. Aber das dröselt sich auf in eine feste Grenze von vier, und dann kommen noch einmal drei oder vier durch die Gedächtnisstrategien hinzu. Die Angaben von vier und sieben sind also beide richtig; es kommt darauf an, wie man es misst.«

Dann gibt es das, was viele Menschen für eine »Aufteilung« der Aufmerksamkeit auf verschiedene Aufgaben halten; aus der Kognitionsforschung wissen wir, dass auch ein solches »Multitasking« eine Fiktion ist. Wir haben keinen dehnbaren Aufmerksamkeitsballon, den wir mehrfach einsetzen können, sondern eine enge, feste Pipeline. Wir teilen nicht auf, sondern schalten schnell um. Und ständiges Umschalten schwächt die vollständige, konzentrierte Aufmerksamkeit.

»Die kostbarste Ressource in einem Computersystem ist heute nicht mehr der Prozessor, der Speicher, die Festplatte oder das Netzwerk, sondern die Aufmerksamkeit des Menschen«, stellte eine Forschergruppe an der Carnegie Mellon University fest.[14] Zur Beseitigung dieses menschlichen Nadelöhrs schlugen die Wissenschaftler vor, Ablenkungen so gering wie möglich zu halten: Im »Projekt Aura« hat man sich vorgenommen, lästige kleine Systemfehler zu beseitigen, damit wir keine Zeit mit Scherereien verschwenden.

Das Ziel, einfach zu bedienende Computersysteme zu schaffen, ist lobenswert. Sehr weit werden wir allerdings mit einer solchen Lösung nicht kommen: Wir brauchen keine technische, sondern eine kognitive Fehlerbehebung. Der Ursprung der Ablenkung liegt weniger in der verwendeten Technik als vielmehr in dem Frontalangriff einer wachsenden Welle von Ablenkungen auf unsere Konzentrationsfähigkeit.

Damit bin ich wieder bei Clay Shirky und insbesondere bei seiner Erforschung der sozialen Medien.[15] Keiner von uns kann sich auf alles gleichzeitig konzentrieren, aber wir alle gemeinsam schaffen eine Aufmerksamkeitsbandbreite, auf die jeder von uns bei Bedarf zurückgreifen kann. Dafür ist Wikipedia der beste Beleg.

Wie Shirky in seinem Buch *Here Comes Everybody* erklärt, kann man Aufmerksamkeit ebenso wie Erinnerungen oder jede andere kognitive Kompetenz als Fähigkeit betrachten, die sich auf viele Menschen verteilt. Was »im Trend liegt«, deutet darauf hin, worauf wir unsere kollektive Aufmerksamkeit richten. Manchmal wird zwar die Ansicht vertreten, unser technisch erleichtertes Lernen und Erinnern mache uns dumm, man kann aber auch argumentieren, dass sie eine mentale Prothese darstellen, die der individuellen Wachsamkeit mehr Kraft verleiht.

Unser soziales Kapital und unser Aufmerksamkeitsbereich wachsen, wenn wir die Zahl der sozialen Verknüpfungen steigern, durch die wir entscheidende Informationen erhalten – beispielsweise das stillschweigende Wissen, »wie das hier so läuft«, sei es in einer neuen Firma oder einer neuen Wohnumgebung. Gelegenheitsbekanntschaften können zu zusätzlichen Augen und Ohren in der Welt werden, zu entscheidenden Quellen für die Orientierung, die wir brauchen, um uns in komplizierten sozialen und informationellen Ökosystemen zurechtzufinden. Meist haben wir eine Handvoll enge Beziehungen – gute Freunde, denen wir vertrauen –, aber wir können auch Hunderte sogenannte schwache Beziehungen haben (zum Beispiel unsere »Freunde« bei Facebook). Schwache Beziehungen sind von hohem Wert als Verstärker unserer Aufmerksamkeitsfähigkeit und als Quelle für Hinweise auf Sonderangebote, freie Stellen oder potenzielle Lebenspartner.[16]

Wenn wir gemeinsam alles koordinieren, was wir sehen und wissen, vervielfachen solche Bemühungen unseren kognitiven Reichtum. Auch wenn unser eigener Beitrag zum kollektiven Arbeitsgedächtnis zu jedem beliebigen Zeitpunkt gering ist, können wir insgesamt durch diese enge Bandbreite eine ungeheure Datenmenge beziehen. Eine solche kollektive Intelligenz, die Summe dessen, was alle in einer dezentralen Gruppe beisteuern können, verspricht maximale Konzentration, die Gesamtheit von allem, was viele Augen wahrnehmen können.

Ein Forschungszentrum für kollektive Intelligenz am Massachusetts Institute of Technology ist der Ansicht, dass diese emergente Fähigkeit durch das Teilen von Informationen im Internet begünstigt wird. Das klassische Beispiel: Millionen Websites richten ihren Scheinwerferkegel auf schmale Nischenbereiche – und eine Websuche wählt aus und lenkt unsere Aufmerksamkeit so, dass wir all diese kognitiven Anstrengungen effizient nutzen können.[17]

Die Gruppe am MIT stellt eine grundsätzliche Frage: »Wie können wir Menschen und Computer so verknüpfen, dass wir kollektiv mit größerer Intelligenz handeln als jede einzelne Person oder Gruppe?«

Oder wie die Japaner sagen: »Wir alle sind klüger als jeder von uns.«

Gefällt Ihnen, was Sie tun?

Die große Frage: Freuen Sie sich morgens beim Aufstehen darauf zu arbeiten, zur Schule zu gehen oder was Sie sonst am Tag vorhaben?

Howard Gardner von der Harvard University, William Damon von der Stanford University und Mihaly Csikszentmihalyi von der Claremont Graduate University beschäftigten sich im Rahmen ihrer Forschung mit der »guten Arbeit«, wie sie es nennen: mit einer machtvollen Mischung aus dem, was Menschen gut können, wofür sie sich engagieren und was ihrer Ethik entspricht – was also nach ihrer Ansicht wichtig ist.[18] Meist handelt es sich dabei um sehr erfüllende Berufe: Den Menschen gefällt, was sie tun. Eine erfüllende Tätigkeit fühlt sich gut an, und Freude ist das emotionale Kennzeichen für einen Schaffensrausch oder »Flow«.

Im Alltagsleben kommt ein solcher Schaffensrausch relativ selten vor.[19] Ermittelt man nach dem Zufallsprinzip die Stimmungslage, so stellt sich heraus, dass die Menschen zu den meisten Zeiten entweder gestresst oder gelangweilt sind; der Flow stellt sich nur selten ein. Nur rund 20 Prozent der Menschen erleben mindestens einmal am Tag einen solchen Augenblick. Rund 15 Prozent erleben an einem typischen Tag nie einen solchen Zustand.

Mehr Flow im Leben stellt sich ein, wenn wir das, was wir tun, in Übereinstimmung mit dem bringen, was uns Spaß macht; so etwas gelingt jenen Glücklichen, die an ihrem Beruf große Freude haben. Die Leistungsträger auf allen Gebieten – die ohnehin die Glücklichen sind – haben diese Kombination verwirklicht.

Neben dem beruflichen Wechsel gibt es noch mehrere andere Wege, um einen Schaffensrausch zu erleben. Ein solcher Weg eröffnet sich, wenn wir eine Aufgabe in Angriff nehmen, die unsere Fähigkeiten bis zum Äußersten fordert – wenn eine »gerade noch machbare« Anforderung an unser Können gestellt wird. Eine andere Route führt über Tätigkeiten, die unsere Leidenschaft sind; dann treibt uns die Motivation manchmal in den Schaffensrausch. Der eigentliche gemeinsame Weg ist aber in beiden Fällen die volle Konzentration: Beide Prozesse steigern die Aufmerksamkeit. Ganz gleich, wie man dorthin gelangt: Scharfe Konzentration setzt den Schaffensrausch in Gang.

Dieser optimale Gehirnzustand für gute Arbeit ist durch größere neuronale Harmonie gekennzeichnet – durch eine reichhaltige, zeitlich gut koordinierte Verknüpfung verschiedener Gehirnareale.[20] Im Idealfall sind dabei die Schaltkreise, die für die jeweilige Aufgabe gebraucht werden, sehr aktiv, während andere, unnötige, ruhiggestellt werden, sodass das Gehirn sich präzise auf die augenblicklichen Anforderungen einstellt. Wenn unser Gehirn sich in diesem Zustand befindet, erbringen wir mit größter Wahrscheinlichkeit unsere persönliche Bestleistung, ganz gleich, um was für eine Aufgabe es sich handelt.

In Umfragen unter Arbeitnehmern findet man dagegen zahlreiche Menschen mit einem ganz anderen Gehirnzustand: Sie tagträumen, vergeuden Stunden mit dem Surfen im Web oder auf YouTube und tun nur das erforderliche Minimum. Ihre Aufmerksamkeit verzettelt sich. Eine solche Loslösung und Gleichgültigkeit ist insbesondere bei sich wiederholenden, anspruchslosen Tätigkeiten weit verbreitet. Um die nichtengagierten Arbeitskräfte wieder stärker in den Bereich der Konzentration zu führen, muss man Motivation und Enthusiasmus steigern, Zielbewusstsein wecken und auch einen gewissen Druck ausüben.

Eine andere große Gruppe steckt aber auch in einem Zustand, den Neurobiologen als »Ausfransen« bezeichnen: Ihr Nervensystem wird durch ständigen Stress von Cortisol und Adrenalin überschwemmt. Dann konzentriert sich die Aufmerksamkeit nicht auf den Beruf, sondern auf die Sorgen. Eine solche emotionale Erschöpfung kann zum Burn-out führen.

Vollständige Konzentration kann uns das Tor zum Schaffensrausch aufstoßen. Wenn wir uns aber entschließen, uns nur noch auf eine Sache zu konzentrieren und alles andere nicht zur Kenntnis zu nehmen, erschaffen wir eine – in der Regel unsichtbare – Spannung: die Spannung zwischen den beiden Seiten der großen neuronalen Wasserscheide. Der obere Teil des Gehirns rangelt mit dem unteren.

AUFMERKSAMKEIT
OBEN UND UNTEN

»Später wandte ich mich dem Studium gewisser arithmetischer Fragen zu, anscheinend recht erfolglos«, schrieb der französische Mathematiker Henri Poincaré im 19. Jahrhundert. »Über meinen Misserfolg verstimmt, fuhr ich für ein paar Tage an die See, um auf andere Gedanken zu kommen.«[1]

Als er eines Morgens oberhalb des Meeres an einer Klippe entlangging, überkam ihn plötzlich die Erkenntnis, »dass die arithmetischen Transformationen der indefiniten ternären quadratischen Formen mit denen der nichteuklidischen Geometrie identisch seien«.

Die Einzelheiten seines Beweises brauchen uns hier nicht zu interessieren (zum Glück: Ich selbst verstehe die Mathematik nicht einmal ansatzweise). Faszinierend ist, *wie* Poincaré die Erleuchtung kam: mit »Kürze, Plötzlichkeit und unmittelbarer Gewissheit«. Sie war für ihn eine Überraschung.

Die überlieferte Geschichte der Kreativität ist voll von solchen Berichten. Der Mathematiker Carl Gauß, der im 18. und 19. Jahrhundert lebte, arbeitete jahrelang am Beweis für ein Theorem, ohne eine Lösung zu finden. Eines Tages fiel ihm dann die Antwort »wie ein plötzlicher Lichtblitz« ein. Er konnte aber nicht beschreiben, welcher gedankliche Faden seine jahrelange harte Arbeit mit diesem plötzlichen Geistesblitz verband.

Woher kommt die Verblüffung? Unser Gehirn verfügt über zwei teilweise unabhängige, im Wesentlichen getrennte mentale Systeme. Das eine besitzt eine große Rechenleistung und arbeitet ständig, surrt in aller Stille vor sich hin, um unsere Probleme zu bearbeiten, und überrascht uns mit einer plötzlichen Lösung für komplexe Grübeleien. Da es jenseits des Horizonts unserer bewussten Wahrnehmung tätig ist, sind wir für seine Arbeit blind. Dieses System präsentiert uns die Früchte seiner umfangreichen Bemühungen in Form von Gedanken, die aus dem Nichts zu kommen scheinen und vielfältige Formen annehmen, vom Leitfaden für die Syntax eines Satzes bis zur Konstruktion komplizierter, vollständiger mathematischer Beweise.

Diese Hinterkopf-Aufmerksamkeit rückt in der Regel nur dann in den Mittelpunkt der Konzentration, wenn das Unerwartete geschieht. Wir unterhalten uns beim Autofahren mit jemandem am Handy (das Fahren spielt sich dabei im Hinterkopf ab), und plötzlich macht uns ein Hupen darauf aufmerksam, dass die Ampel auf Grün geschaltet hat.

Die neuronale Verdrahtung dieses Systems liegt zum größten Teil in den unteren Gehirnteilen, das heißt in subkortikalen Schaltkreisen; seine Bemühungen machen sich jedoch im Bewusstsein bemerkbar, weil es von unten her den Neocortex in Kenntnis setzt, die oberste Schicht des Gehirns. Durch ihre Grübeleien profitierten Poincaré und Gauß von Durchbrüchen aus den unteren Gehirnschichten.

Für diese von unten nach oben gerichtete Wirkungsweise des neuronalen Apparats aus den tieferen Gehirnschichten hat sich in der Kognitionsforschung die Formulierung »Bottom-up« eingebürgert.[2] Entsprechend gibt es auch eine von oben nach unten gerichtete »Top-down«-Aktivität, die sich vorwiegend im Neocortex abspielt, die tiefer liegenden Vorgänge überwacht und ihnen ihre Ziele aufzwingen kann. Es ist, als wären zwei geistige Apparate tätig.

Der Bottom-up-Mechanismus ist

- die schnellere Gehirntätigkeit, die sich in Millisekunden bemisst;
- unwillkürlich, automatisch und ständig aktiv;
- intuitiv, weil er durch Assoziationsnetzwerke funktioniert;
- impulsiv und von Gefühlen getrieben;
- zuständig für die Ausführung gewohnter Routinetätigkeiten und Leitfaden für Handlungen;
- der Verwalter unserer mentalen Weltmodelle.

Dagegen ist der Top-down-Mechanismus

- langsamer;
- willentlich;
- anstrengend;
- der Ort der Selbstbeherrschung, die (manchmal) die Oberhand über automatische Routinetätigkeiten gewinnt und emotional bedingte Impulse zum Schweigen bringen kann;
- in der Lage, neue Modelle zu erlernen, neue Pläne zu schmieden und – bis zu einem gewissen Grad – die Verantwortung für unser automatisches Handlungsrepertoire zu übernehmen.

Willentliche Aufmerksamkeit, Willenskraft und absichtliche Entscheidungen laufen von oben nach unten ab; reflexhafte Aufmerksamkeit, Impulse und erlernte Gewohnheiten (beispielsweise die Aufmerksamkeit, die durch schicke Kleidung oder raffinierte Werbung geweckt wird) kommen von unten. Wenn wir uns entschließen, uns auf die Schönheit eines Sonnenuntergangs einzulassen, uns auf unsere Lektüre zu konzentrieren oder mit jemandem ein tiefgründiges Gespräch zu führen, findet eine Verlagerung von oben nach unten statt.

Unser geistiges Auge vollführt einen ständigen Tanz zwischen der reizgetriebenen Fesselung von Aufmerksamkeit und der absichtlichen Konzentration.

Das Bottom-up-System kann mehrere Aufgaben gleichzeitig ausführen: Es mustert parallel eine Fülle verschiedener Inputs, darunter Aspekte unserer Umgebung, die noch nicht in den Mittelpunkt der Aufmerksamkeit gerückt sind; es analysiert die Inhalte unseres Wahrnehmungsfeldes, bevor es uns darüber in Kenntnis setzt, was es für uns als relevante Inhalte ausgewählt hat. Das Top-down-System dagegen braucht mehr Zeit, um sich auf das einzustellen, was ihm präsentiert wird; es arbeitet die Dinge nacheinander ab und stellt sorgfältigere Analysen an.

Insgesamt ergibt sich eine optische Täuschung des Geistes: Wir setzen den Inhalt unseres Bewusstseins mit der gesamten Tätigkeit unseres Geistes gleich. In Wirklichkeit findet die große Mehrzahl der geistigen Abläufe im Hinterzimmer des Geistes und im Getümmel der Bottom-up-Systeme statt.

Vieles (manche sagen sogar: alles), von dem das Top-down-System glaubt, es würde sich nach eigener Entscheidung darauf konzentrieren oder darüber nachdenken, sind in Wirklichkeit Pläne, die von unten nach oben diktiert werden. Wäre das Ganze ein Film, so meinte der Psychologe David Kahneman mit trockenem Humor, dann wäre das Top-down-System »ein Nebendarsteller, der sich für den Filmhelden hält«.[3]

Die reflexhaft und schnell handelnden Bottom-up-Schaltkreise gehen in der Evolution Millionen von Jahren weit zurück und begünstigen kurzfristiges Denken, Impulse und schnelle Entscheidungen. Die Top-down-Mechanismen im vorderen und oberen Teil des Gehirns kamen später hinzu; vollständig ausgereift sind sie erst seit einigen Hunderttausend Jahren.

Durch die Top-down-Verdrahtung erweitert sich unser geistiges Repertoire um Fähigkeiten wie Selbstwahrnehmung und Reflexion, bewusste Entscheidungen und Planung. Die willentliche, von oben nach unten gerichtete Konzentration verschafft dem Geist ein Mittel, um das Gehirn zu verwalten. Wenn wir mit unserer Aufmerksamkeit von einer Aufgabe, einem Plan, einer Sinneswahrnehmung oder Ähnlichem zu einer anderen wechseln, werden die zugehörigen Gehirnschaltkreise aktiv. Rufen wir uns eine schöne Erinnerung an einen Tanz ins Bewusstsein, erwachen die Neuronen für Freude und Bewegung zum Leben. Die Erinnerung an die Bestattung eines Angehörigen aktiviert die Schaltkreise für Traurigkeit. Üben wir mental einen Golfschlag, werden die Axone und Dendriten, die eine solche Bewegung koordinieren, ein wenig enger verknüpft.

Das Gehirn gehört zu jenen evolutionären Konstruktionen, die zwar »gut genug«, aber keineswegs perfekt sind.[4] Seine älteren Bottom-up-Systeme waren offenbar für das schiere Überleben im größten Teil unserer Vorgeschichte ausreichend und nützlich, aber heute führt ihr Aufbau zu gewissen Problemen. In sehr vielen Lebensbereichen dominieren nach wie vor die älteren Systeme – in der Regel zu unserem Vorteil, manchmal aber auch zu unserem Schaden: Verschwendung, Suchterkrankungen und rücksichtslose Raserei auf den Straßen sind Anzeichen, dass das System aus dem Tritt geraten ist.

Die Überlebenserfordernisse in der Frühzeit unserer Evolution haben unser Gehirn mit voreingestellten, von unten nach oben funktionierenden Programmen vollgepackt: Sie sagen uns, wie wir Kinder zeugen und großziehen können, was angenehm und was ekelhaft ist, wann wir vor einer Gefahr weglaufen und zum Essen hinlaufen sollen und so weiter. Und dann sind wir plötzlich in unserer heutigen, ganz anders gearteten Welt: Jetzt müssen wir uns trotz des ständigen Sogs der Bottom-up-Systeme einschließlich all ihrer Launen und Triebe im Leben zurechtfinden, indem wir von oben nach unten entscheiden.

Ein überraschender Faktor verschiebt das Gleichgewicht

ständig in Richtung der Bottom-up-Vorgänge: Das Gehirn geht sparsam mit Energie um. Kognitive Anstrengungen wie das Erlernen von technischen Neuerungen erfordern jedoch aktive Aufmerksamkeit, und die kostet Energie. Aber je öfter wir eine anfangs neue Tätigkeit ausführen, desto stärker verwandelt sie sich in eine automatische Gewohnheit; dann wird sie von den Bottom-up-Schaltkreisen übernommen, insbesondere von den Basalganglien, einer golfballgroßen Masse, die an der Gehirnunterseite unmittelbar über dem Rückenmark liegt. Je häufiger wir eine Tätigkeit üben, desto stärker übernehmen die Basalganglien sie von anderen Gehirnteilen.

Die Bottom-up- und Top-down-Systeme teilen die Tätigkeiten so unter sich auf, dass wir mit der geringstmöglichen Anstrengung die bestmöglichen Ergebnisse erzielen. Wenn eine Tätigkeit vertrauter und damit einfacher wird, verlagert sie sich von oben nach unten. Die neuronale Übertragung macht sich dadurch bemerkbar, dass wir ihr immer weniger und schließlich überhaupt keine Aufmerksamkeit mehr widmen müssen – sie läuft automatisch ab.

Die Krönung der Automatisierung erfahren wir dann, wenn wir durch andauernde Übung anspruchsvolle Aufgaben mit geringer Aufmerksamkeit bewältigen können, sei es bei einem Schachturnier, einem Autorennen oder der Schaffung eines Ölgemäldes. Wenn wir nicht genug geübt haben, erfordert all dies bewusste Konzentration. Haben wir aber die erforderlichen Fähigkeiten so weit beherrschen gelernt, dass sie den Anforderungen entsprechen, erfordern sie keine zusätzliche kognitive Anstrengung mehr – unsere Aufmerksamkeit wird frei für jene Dinge, die nur Spitzenkönner sehen.

Weltklassechampions können es bestätigen: Auf dem allerobersten Niveau, auf dem die Gegner ebenso viele tausend Stunden geübt haben wie man selbst, wird jeder Wettbewerb zu einem mentalen Spiel: Der Geisteszustand bestimmt darüber, wie gut man sich konzentrieren kann und welche Leistungen man erbringt. Je mehr man sich entspannen und sich auf die Bottom-up-Vorgänge verlassen kann, desto stärker wird der Geist befreit, und desto beweglicher kann er sein.

Nehmen wir beispielsweise Footballstars, die als Quarterback »einen guten Spielüberblick« haben, wie Sportanalytiker es nennen: Sie erkennen die Verteidigungsformation des Gegners, spüren seine beabsichtigten Spielzüge, stellen sich sofort darauf ein und gewinnen so die kostbaren ein oder zwei Sekunden, in denen ein Mitspieler ungedeckt ist und einen Pass annehmen kann. So etwas zu »sehen« erfordert ungeheuer viel Übung, damit das, was anfangs die Aufmerksamkeit bindet – *weiche dem Angreifer aus* –, automatisch abläuft.

Unter dem Gesichtspunkt des mentalen Rechenaufwands ist es keine geringe Leistung, einen frei stehenden Mitspieler zu erkennen, wenn mehrere 100-Kilo-Athleten aus verschiedenen Winkeln auf einen zustürmen. Der Quarterback muss die Laufrichtungen mehrerer potenzieller Anspielpartner im Kopf behalten, während er gleichzeitig die Bewegungen aller elf Gegenspieler auswertet und darauf reagiert – eine Herausforderung, der man am besten mit gut geübten Bottom-up-Schaltkreisen gerecht wird (und mit der jemand, der bewusst über jede Bewegung nachdenken muss, völlig überfordert wäre).

Rezept zum Vermasseln

Lolo Jones stand im Begriff, den 100-Meter-Hürdenlauf der Damen zu gewinnen, und damit war sie bei den Olympischen Spielen 2008 in Peking auf dem Weg zur Goldmedaille. Sie lag in Führung und überwand die Hürden mit mühelosem Rhythmus – aber dann ging etwas schief.

Zuerst war es nur das schwache Gefühl, die Hürden kämen zu schnell auf sie zu. Währenddessen hatte Jones den Gedanken: *Pass auf, dass du in deiner Technik nicht nachlässig wirst … Pass auf, dass deine Beine richtig ausgreifen.*

Mit solchen Gedanken im Kopf übertrieb sie es. Sie zog das Tempo ein wenig zu stark an – und strauchelte an der neunten der zehn Hürden. Jones wurde nicht Erste, sondern Siebte und brach tränenüberströmt auf der Aschenbahn zusammen.[5]

Als sie es bei den Olympischen Spielen 2012 in London (wo sie im 100-Meter-Lauf am Ende Vierte wurde) noch einmal versuchte, konnte Jones sich im Rückblick an den Augenblick ihrer früheren Niederlage kristallklar erinnern. Und wenn man Neurowissenschaftler fragt, können sie den Fehler mit gleicher Klarheit diagnostizieren: Als sie anfing, über die Einzelheiten ihrer Technik nachzudenken, statt die Aufgabe einfach den motorischen Schaltkreisen zu überlassen, die diese Bewegungen geübt hatten und meisterhaft beherrschten, verließ Jones sich nicht mehr auf ihre Bottom-up-Systeme, sondern sie ließ zu, dass diese von oben gestört wurden.

Die Gehirnforschung bestätigt es: Während des Wettbewerbs über die eigene Technik nachzudenken ist für einen Spitzensportler ein sicheres Rezept, um den Sieg zu vermasseln. Wenn ein Spitzenfußballer einen Ball im Zickzack durch eine Linie von Verkehrsbaustellenkegeln dribbelt und dabei aufpassen muss, mit welcher Seite des Fußes er den Ball kontrolliert, macht er mehr Fehler.[6] Das Gleiche geschieht, wenn Baseballspieler darauf achten, ob sich der Schläger während des Ausholens vor einem Schlag aufwärts oder abwärts bewegt.

Der motorische Cortex, in dessen Schaltkreise solche Bewegungen bei einem gestandenen Sportler nach Tausenden von Trainingsstunden tief eingegraben sind, funktioniert am besten, wenn man ihn in Ruhe lässt. Wenn dagegen der präfrontale Cortex aktiv wird und wir darüber nachdenken, was wir tun und wie wir es tun – oder, noch schlimmer, was wir *nicht* tun dürfen –, überträgt das Gehirn die Kontrolle zum Teil an Schaltkreise, die zwar wissen, wie man denkt und sich Sorgen macht, aber nicht, wie man die Bewegung als solche ausführt.

Ob 100-Meter-Lauf, Fußball oder Baseball: Überall ist es das Rezept, um sich selbst ein Bein zu stellen.

Aus dem gleichen Grund sagte Rick Aberman, der bei den Spitzenleistungen der Baseballmannschaft der Minnesota Twins die Regie führt: »Wenn der Trainer sich Aufnahmen eines Spiels ansieht und sich dabei nur auf das konzentriert, was man beim nächsten Mal *nicht* tun darf, ist das für die Spieler ein Rezept zum Versagen.«

Das gilt nicht nur im Sport. Als eine weitere Tätigkeit, bei der uns zu viel analytisches Denken und Selbstkritik in die Quere kommen können, fällt einem die Sexualität ein. Auf eine dritte weist ein Zeitschriftenartikel über die »paradoxen Effekte des Versuchs, sich unter Stress zu entspannen«, hin.[7]

Entspannung und Sex funktionieren am besten, wenn man nichts zu erzwingen versucht, sondern es einfach geschehen lässt. Das parasympathische Nervensystem, das während solcher Tätigkeiten eingreift, wirkt in der Regel unabhängig von der Exekutive unseres Gehirns, die darüber nachdenkt.

Edgar Allan Poe bezeichnete die unglückselige mentale Tendenz, ein heikles Thema anzusprechen, das man eigentlich nicht erwähnen wollte, als »Imperativ des Perversen«. Den kognitiven Mechanismus, der diesen Imperativ antreibt, beschreibt ein Artikel des Psychologen Daniel Wegner von der Harvard University mit dem passenden Titel »Wie man bei jeder Gelegenheit genau das Schlechteste denkt, sagt oder tut«.[8]

Nach Wegners Erkenntnissen eskalieren Schnitzer gerade in dem Maße, in dem wir abgelenkt, gestresst oder auf andere Weise mental belastet sind. Unter solchen Umständen wirkt ein kognitives Kontrollsystem, das normalerweise mögliche Fehler überwacht (und beispielsweise *Sprich das Thema nicht an* sagt), unabsichtlich als Auslöser, der genau die Wahrscheinlichkeit dieses Fehlers steigert (*Erwähne das Thema*).

Als Wegner freiwillige Versuchspersonen aufforderte, nicht an ein bestimmtes Wort zu denken, und sie dann unter Druck setzte, damit sie in einem Wortassoziationstest schnell antworteten, boten sie paradoxerweise häufig gerade das verbotene Wort an.

Überforderte Aufmerksamkeit lässt die mentale Kontrolle schrumpfen. Gerade in Augenblicken, in denen wir uns besonders gestresst fühlen, vergessen wir die Namen von Menschen, die wir gut kennen, ganz zu schweigen von ihren Geburtstagen, unserem Hochzeitstag und anderen menschlich wichtigen Angaben.[9]

Ein anderes Beispiel ist das Übergewicht. Wissenschaftlern zufolge stieg die Häufigkeit der Fettleibigkeit in den Vereinigten Staaten während der letzten 30 Jahre im Gefolge der explosionsartigen Vermehrung von Computern und anderen technischen Geräten im Leben der Menschen – und es besteht der Verdacht, dass diese Korrelation kein Zufall ist. Ein Leben voller digitaler Ablenkungen ist mit einer nahezu ständigen kognitiven Überforderung verbunden. Und durch eine solche Überforderung nutzt sich die Selbstbeherrschung ab.

Den Entschluss, eine Diät zu machen, kann man dann vergessen. In die digitale Welt vertieft, greifen wir gedankenlos nach den Kartoffelchips.

Die Verdrehung von Oben und Unten

In einer Umfrage wurden Psychologen gefragt, ob es »eine quälende Sache« gebe, die sie an sich selbst nicht verstehen.[10]

Einer antwortete, er gehe schon seit 20 Jahren der Frage nach, warum trübes Wetter das ganze Leben düster aussehen lässt, es sei denn, man ist sich bewusst, wie der trübe Himmel die Stimmungslage beeinträchtigt – aber obwohl er das alles wisse, fühle er sich bei schlechtem Wetter einfach nicht wohl.

Für einen anderen war es ein Rätsel, dass er geradezu zwanghaft Artikel über irregeleitete Forschung schrieb und das auch dann fortsetzte, wenn keiner der betroffenen Wissenschaftler ihm große Aufmerksamkeit schenkte.

Ein Dritter sagte, er habe die »männliche sexuelle Wahrnehmungsvoreingenommenheit« studiert – damit meinte er, dass Männer die Freundlichkeit einer Frau fälschlich als sexuelles Interesse deuteten –, und dennoch werde er selbst immer noch zum Opfer dieser falschen Wahrnehmung.

Die Bottom-up-Schaltkreise lernen begierig – und in aller Stille; jeden Tag nehmen sie neue Lektionen in sich auf. Solche unausgesprochenen Lernprozesse brauchen nie in unser Bewusstsein zu dringen und wirken dennoch im Leben – zum Besseren oder zum Schlechteren – als Lenkungsmechanismen.

Meistens funktioniert das automatische System gut: Wir wissen, was los ist und was wir zu tun haben. Wir kurven einigermaßen gut zwischen Alltagserfordernissen hindurch und denken dabei an andere Dinge. Aber das System hat auch seine Schwächen: Unsere Gefühle und Motive schaffen in unserer Aufmerksamkeit die verschiedensten Verzerrungen und Voreingenommenheiten; diese nehmen wir in der Regel nicht wahr, ja wir bemerken noch nicht einmal, dass wir sie nicht wahrnehmen.

Ein Beispiel ist die Sozialangst. Ängstliche Menschen fixieren sich auf alles, was auch nur ansatzweise bedrohlich sein könnte; wer an Sozialangst leidet, achtet zwanghaft noch auf das geringste Anzeichen für Ablehnung, beispielsweise auf flüchtige widerwillige Gesichtsausdrücke – worin sich die gewohnheitsmäßige Annahme widerspiegelt, man sei in zwischenmenschlichen Beziehungen ein Versager. Dieses emotionale Wechselspiel läuft zum größten Teil außerhalb des Bewusstseins ab und veranlasst die Betroffenen dazu, Situationen zu vermeiden, in denen sie Angst empfinden könnten.

Zur Linderung dieser Verdrehung von Oben und Unten gibt es eine sehr subtile Methode. Die Betroffenen haben dabei keine Ahnung, dass ihre Aufmerksamkeitsmuster neu verdrahtet werden (genau wie sie auch keine Ahnung haben, dass zuvor schon einmal eine Verdrahtung stattgefunden hat). Bei dieser unmerklichen Therapie, »Modifikation kognitiver Verzerrungen« genannt, lässt man Menschen, die an starker Sozialangst leiden, Fotos eines Publikums betrachten, und gleichzeitig sollen sie beim Aufleuchten bestimmter Lichtmuster so schnell wie möglich einen Knopf drücken.[11]

Die Lichter leuchten nie in Bereichen der Bilder auf, die bedrohlich wirken, wie beispielsweise Gesichter mit gerunzelter Stirn. Ein solcher Eingriff bleibt unterhalb der Bewusstseinsschwelle, aber im Lauf mehrerer Sitzungen lernen die Bottom-up-Schaltkreise, ihre Aufmerksamkeit auf nicht bedrohliche Anhaltspunkte zu richten. Obwohl die Betroffenen keine Ahnung haben, dass ihr Aufmerksamkeitsmuster sich auf subtile Weise verändert, vermindern sich ihre Ängste in zwischenmenschlichen Situationen.[12]

Hier werden die Schaltkreise also zu guten Zwecken genutzt. Es gibt aber auch die Werbung. Wenn man auf einem belebten Markt auf sich aufmerksam machen will, funktioniert immer noch die alte Taktik: Etwas muss neu, besser oder überraschend sein. Aber ein kleiner Zweig der Gehirnforschung hat sich in den Dienst des Marketings gestellt und Taktiken entwickelt, mit denen man den unbewussten Geist manipulieren kann. In einer solchen Studie stellte sich beispielsweise heraus, dass Menschen in ihren Entscheidungen egozentrischer werden, wenn man ihnen Luxusgüter zeigt oder auch nur dafür sorgt, dass sie an Luxusgüter denken.[13]

Eines der aktivsten Forschungsgebiete im Zusammenhang mit unbewussten Entscheidungen dreht sich um die Beantwortung der Frage, was uns beim Einkaufen dazu veranlasst, nach einem Produkt zu greifen. Die Marketingexperten wollen wissen, wie sie unsere Bottom-up-Gehirnmechanismen mobilisieren können.

Ein Befund der Marketingforschung lautet: Wenn man Bilder eines Getränks in Verbindung mit fröhlichen Gesichtern zeigt, die aber so schnell über den Bildschirm huschen, dass sie nicht bewusst wahrgenommen werden – während die Bottom-up-Systeme sie bemerken –, trinken die Betrachter anschließend mehr, als wenn die flüchtigen Bilder verärgerte Gesichter zeigen.

Eine Übersichtsuntersuchung zu diesen und ähnlichen Forschungsarbeiten gelangte zu dem Schluss, die Menschen seien sich solcher subtilen Werbeeinflüsse »in großem Umfang nicht bewusst«, obwohl sie unser Einkaufsverhalten prägen.[14] Die Bottom-up-Wahrnehmung macht uns zu Opfern unterbewusster Auslöser.

Unser Leben, so hat es den Anschein, wird heute in beunruhigendem Maße von Impulsen gelenkt. Eine Werbeflut treibt uns über die Bottom-up-Mechanismen dazu, uns eine Fülle von Waren zu wünschen und Geld dafür auszugeben, ohne darauf zu achten, ob wir es uns leisten können. Die Herrschaft der Impulse erstreckt sich nicht nur auf übermäßiges Geldausgeben und Kredite, sondern auch auf übermäßiges Essen und anderes Suchtverhalten, von Schokoriegel-Fressorgien bis zum stundenlangen Starren auf diesen oder jenen Bildschirm.

Neuronenkaperung

Was fällt uns als Erstes auf, wenn wir irgendein Büro betreten? Dies ist ein Anhaltspunkt dafür, was unsere Bottom-up-Aufmerksamkeit in dem jeweiligen Moment antreibt. Wenn wir uns ein finanzielles Ziel gesetzt haben, bemerken wir als Erstes vielleicht die Gewinnkurve auf einem Computermonitor. Wenn wir an einer Spinnenphobie leiden, fixieren wir uns auf das staubige Netz in der Fensternische.

Das alles sind unterbewusste Aufmerksamkeitsentscheidungen. Zu einer solchen Fesselung der Aufmerksamkeit kommt es, wenn die Schaltkreise des Mandelkerns (Amygdala), die im Gehirn für emotionale Bedeutungen zuständig sind, irgendetwas für bedeutsam halten; eine Vorstellung davon, auf was für instinktive Interessen das Gehirn dabei eingestellt ist, vermittelt der Gedanke an ein übergroßes Insekt, einen zornigen Blick oder ein süßes Kleinkind.[15] Diese im Mittelhirn angesiedelten Bottom-up-Systeme reagieren viel schneller als der von oben nach unten wirkende präfrontale Bereich. Sie senden Signale aufwärts und aktivieren damit die höheren Leitungsbahnen der Hirnrinde; die sorgen dafür, dass die (relativ) trägen exekutiven Zentren aufwachen und aufmerksam werden.

Die Aufmerksamkeitsmechanismen unseres Gehirns haben sich in Hunderttausenden von Jahren der Evolution so entwickelt, dass wir in einem Dschungel voller Klauen und Zähne überleben konnten: Dort nahten Gefahren innerhalb eines bestimmten Gesichtsfelds und mit Geschwindigkeiten innerhalb eines bestimmten Spektrums, das ungefähr zwischen dem Zustoßen einer Schlange und dem Sprung eines Tigers lag. Diejenigen unter unseren Vorfahren, deren Amygdala schnell genug reagierte und ihnen half, der Schlange zu entgehen oder dem Tiger zu entfliehen, gaben die Konstruktion ihrer Neuronen an uns weiter.

Schlangen und Spinnen, zwei Tiere, auf die das Gehirn offenbar von seiner Anlage her mit Beunruhigung reagiert, ziehen die Aufmerksamkeit selbst dann auf sich, wenn ihre Bilder so schnell aufblitzen, dass uns der Anblick nicht ins Bewusstsein dringt. Die Bottom-up-Schaltkreise machen sie schneller aus als neutrale Gegenstände und lösen Alarm aus. (Zeigt man die Bilder einem Schlangen- oder Spinnenexperten, erregen sie ebenfalls Aufmerksamkeit – aber ein Alarmsignal gibt es nicht.)[16]

Für das Gehirn ist es unmöglich, emotionale Gesichter zu übersehen, insbesondere wenn sie einen wütenden Ausdruck zeigen.[17] Verärgerte Gesichter stechen besonders hervor: Wenn wir eine Menschenmenge mustern, fallen sie uns besonders auf.

Die tiefer liegenden Gehirnareale nehmen sogar eine Zeichnung mit V-förmigen Augenbrauen (wie die Kinder in *South Park*) schneller wahr als ein fröhliches Gesicht.

Wir sind so verdrahtet, dass wir »übernormalen Reizen« – ganz gleich, ob sie sich auf Sicherheit, Ernährung oder Sexualität beziehen – reflexhaft unsere Aufmerksamkeit widmen wie eine Katze, die nicht anders kann, als einer Mausattrappe an einem Faden hinterherzujagen. In der heutigen Welt zerrt Werbung, die mit diesen voreingestellten Neigungen spielt, auch an unseren Bottom-up-Mechanismen und verschafft sich unsere reflexhafte Aufmerksamkeit. Man braucht nur Sex oder Prestige mit irgendeinem Produkt zu verbinden, schon werden genau diese Schaltkreise aktiviert und stimmen uns darauf ein, es zu kaufen – und die Gründe bemerken wir nicht einmal.

Noch anfälliger werden wir durch unsere individuellen Vorlieben. Das ist der Grund, warum Alkoholiker besonders auf Wodkawerbung und Lustmolche auf Sexsymbole in Urlaubsanzeigen ansprechen.

Es handelt sich hier um vorselektierte Bottom-up-Aufmerksamkeit; der Griff von unten erfolgt dabei automatisch und durch unwillkürliche Entscheidungen. Am anfälligsten sind wir für eine solche emotionsgetriebene Konzentration, wenn wir die Gedanken schweifen lassen, wenn wir abgelenkt sind oder wenn wir von Informationen überschwemmt werden – oder wenn alle drei Voraussetzungen gegeben sind.

Dann gibt es noch Emotionen, die außer Rand und Band geraten. Gerade gestern, als ich am Schreibtisch saß und diesen Abschnitt verfasste, überfiel mich aus heiterem Himmel ein Anfall von Schmerzen im unteren Rücken. Vielleicht kam er nicht ganz plötzlich: Die Schmerzen hatten sich seit dem Morgen ganz allmählich verstärkt. Aber als ich dann am Schreibtisch saß, fuhren sie plötzlich durch den ganzen Körper, von der Lendenwirbelsäule aufwärts bis in die Schmerzzentren des Gehirns.

Als ich aufstehen wollte, wurden die Schmerzen so stark, dass ich mich auf meinem Stuhl zusammenkrümmte. Und was noch schlimmer war: In meinem Kopf rasten Gedanken über das Schlimmste, was passieren konnte: *Du bist jetzt lebenslang behindert, du brauchst ab jetzt regelmäßig Cortisonspritzen* ... und mitten in diesem Gedankengang fiel meinem panischen Geist wieder ein, dass eine Pilzinfektion aus einer schlecht geführten Pharmafabrik zum Tod von 27 Patienten durch Meningitis geführt hatte – und zwar genau nach solchen Spritzen.

Zufällig hatte ich gerade einen Textabschnitt über ein ähnliches Thema gelöscht, weil ich ihn in diesem Buch ungefähr hierher verschieben wollte. Aber als meine Aufmerksamkeit von Schmerzen und Ängsten gefesselt war, hatte ich den Abschnitt völlig vergessen – er war in einem schwarzen Loch verschwunden.

Solche emotionalen Überfälle werden von der Amygdala ausgelöst, dem Bedrohungsradar des Gehirns, das unsere Umwelt ständig nach Gefahren absucht. Wenn diese Schaltkreise eine Bedrohung wahrnehmen (oder etwas, das sie als Bedrohung interpretieren – sie täuschen sich häufig), schickt eine neuronale Impulsautobahn ein Trommelfeuer von Signalen aufwärts in den präfrontalen Cortex; die unteren Gehirnniveaus treiben die oberen vor sich her: Die Aufmerksamkeit verengt sich und klebt an dem, was uns aufregt; das Gedächtnis ordnet sich neu, sodass wir uns leichter an alles erinnern, was mit der gegenwärtigen Bedrohung zu tun hat; der ganze Organismus arbeitet auf Hochtouren, weil eine Welle von Stresshormonen die Gliedmaßen auf Kämpfen oder Weglaufen vorbereitet. Wir fixieren uns auf das, was uns beunruhigt, und vergessen alles andere.

Je heftiger das Gefühl, desto stärker die Fixierung. Die Vereinnahmung ist der Superkleber der Aufmerksamkeit. Allerdings stellt sich die Frage, wie lange die Aufmerksamkeit gefesselt bleibt. Das hängt, wie sich herausgestellt hat, davon ab, wie gut das linke präfrontale Gehirnareal in der Lage ist, die erregte Amygdala zu beruhigen (es gibt zwei Mandelkerne, einen in jeder Gehirnhälfte).

Von der neuronalen Impulsautobahn, die von der Amygdala zum präfrontalen Cortex führt, zweigen Bahnen zur rechten und linken präfrontalen Seite ab. Wenn unsere Aufmerksamkeit vereinnahmt ist, nehmen die Schaltkreise der Amygdala die rechte Seite in Beschlag und übernehmen die Kontrolle über sie. Die linke Seite kann aber Signale abwärtssenden und damit die Fesselung lockern.

Emotionale Flexibilität hängt letztlich davon ab, wie schnell wir uns von Beunruhigungen erholen. Bei sehr flexiblen Menschen, die sofort wieder bei der Sache sind, kann die Aktivierung im linken Präfrontalbereich bis zu 30-mal stärker sein als bei anderen.[18] Die gute Nachricht lautet: Wie wir in Teil 5 noch genauer erfahren werden, können wir die Schaltkreise des linken Präfrontalareals, die beruhigend auf die Amygdala einwirken, stärken.

Leben im Automatikmodus

Mein Freund und ich sitzen in einem belebten Restaurant. Das Mittagessen ist fast vorüber, und wir sind ins Gespräch vertieft.

Er geht völlig in seiner Erzählung auf und berichtet mir, welches besonders eindringliche Erlebnis er kürzlich hatte.

Er ist so mit seiner Schilderung beschäftigt, dass er noch nicht einmal aufgegessen hat. Mein Teller dagegen ist schon seit einiger Zeit leer.

In diesem Augenblick kommt die Bedienung an unseren Tisch und fragt: »Schmeckt es Ihnen?«

Er nimmt sie kaum wahr, murmelt ein schnelles »nein, noch nicht« und fährt ohne Unterbrechung mit seiner Geschichte fort.

Eigentlich hat mein Freund natürlich nicht auf die Frage der Kellnerin geantwortet, sondern auf das, was Kellner üblicherweise in diesem Stadium einer Mahlzeit fragen: »Sind Sie fertig?«

Der kleine Fehler verdeutlicht die Kehrseite eines automatischen, von unten nach oben gesteuerten Lebens: Wir verpassen den Augenblick, wenn er da ist, und reagieren stattdessen mit einem festgelegten Muster von Annahmen über den Ablauf, und wir verpassen auch den Humor eines solchen Augenblicks:

Kellnerin: »Schmeckt es Ihnen?«

Gast: »Nein, noch nicht.«

Früher, als die Leute in vielen Büros lange Schlange stehen mussten, um das Kopiergerät zu benutzen, ließ die Psychologin Ellen Langer von der Harvard University einfach jemanden neben der Schlange ganz nach vorne gehen und sagen: »Ich muss ein paar Kopien machen.«

Natürlich mussten alle anderen in der Schlange ebenfalls Kopien machen. Aber in der Mehrzahl der Fälle ließ die Person am vorderen Ende der Schlange Langers Mitarbeiter gewähren. Das, so die Psychologin, ist ein Musterbeispiel für gedankenlose, automatische Aufmerksamkeit. Aktive Aufmerksamkeit dagegen würde dazu führen, dass die Person vorn in der Schlange sich erkundigt, ob wirklich ein dringender Bedarf die Vorzugsbehandlung rechtfertigt.

Aktive Aufmerksamkeit ist ein Kennzeichen der Top-down-Prozesse und ein Gegengift gegen die Tendenz, mit zombiehaften Automatismen durch den Tag zu gehen. Wir können Werbung kritisch betrachten, gegenüber den Vorgängen um uns herum wachsam bleiben und automatische Routineabläufe infrage stellen oder verbessern. Eine solche konzentrierte, oftmals zielgerichtete Aufmerksamkeit wirkt gedankenlosen mentalen Gewohnheiten entgegen.[19]

Emotionen können also zur Triebkraft unserer Aufmerksamkeit werden, wir können unsere Gefühle aber auch von oben nach unten steuern. Dann übernehmen die präfrontalen Areale die Macht über die Amygdala und schwächen ihre Wirkung ab. Ein verärgertes Gesicht und selbst ein niedliches Baby fesseln unsere Aufmerksamkeit nicht mehr, wenn die Schaltkreise für Top-down-Aufmerksamkeit über die Entscheidungen des Gehirns bestimmen, dieses oder jenes zu ignorieren.

VOM WERT SCHWEIFENDER GEDANKEN

Denken wir einmal kurz und mit ein wenig Abstand über das Denken nach. In allem, was ich bisher geschrieben habe, liegt ein unausgesprochenes Vorurteil: Danach hat konzentrierte, zielgerichtete Aufmerksamkeit einen höheren Wert als offene, spontane Wahrnehmung. Aber mit der wohlfeilen Annahme, Aufmerksamkeit sei im Dienste der Problemlösung oder zum Erreichen von Zielen notwendig, spielt man die fruchtbare Neigung unseres Geistes herunter, die Gedanken schweifen zu lassen, sobald er sich selbst überlassen bleibt.

Jede Form von Aufmerksamkeit hat ihre Nutzeffekte. Schon die Tatsache, dass Tagträume ungefähr die Hälfte unserer Gedanken ausmachen, legt die Vermutung nahe, dass ein Geist, der phantasievoll agieren kann, gewisse Vorteile hat.[1] Vielleicht revidieren wir unsere Gedanken über den »wandernden Geist«, wenn wir bedenken, dass wir vielleicht nicht von dem *weg*wandern, was wichtig ist, sondern dass wir uns mit unserer Wanderung auf etwas Wertvolles *zubewegen*.[2]

Wenn die Gehirnforschung sich mit den wandernden Gedanken beschäftigt, steht sie vor einem einzigartigen Widerspruch: Top-down-Absichten liefern keine fruchtbaren Bottom-up-Vorgänge. Jemanden anzuweisen, spontane Gedanken zu haben, und damit den Geist dieses Menschen auf die Wanderschaft zu schicken ist unmöglich.[3] Wer schweifende Gedanken in freier Wildbahn einfangen will, muss sie nehmen, wo sie auftauchen. Eine bevorzugte Forschungsmethode besteht darin, das Gehirn von Menschen zu scannen und sie währenddessen in zufällig ausgewählten Augenblicken zu fragen, was gerade in ihnen vorgeht. Auf diese Weise erhält man eine chaotische Mischung geistiger Inhalte, darunter auch zahlreiche schweifende Gedanken.

Die innere Tendenz, von anstrengender Konzentration abzuschweifen, ist so stark, dass der wandernde Geist nach Ansicht der Kognitionsforscher den »Grundzustand« des Gehirns darstellt – der Zustand, in den das Gehirn sich dann begibt, wenn es nicht an irgendeiner mentalen Aufgabe arbeitet. Die Schaltkreise für dieses »voreingestellte« Netzwerk haben ihren Mittelpunkt, wie man aus Untersuchungen mit bildgebenden Verfahren weiß, im mittleren Bereich des präfrontalen Cortex.

Neuere Scanuntersuchungen des Gehirns erbrachten eine Überraschung: Wenn der Geist auf Wanderschaft geht, ist offenbar nicht nur der Streifen in der Mitte beteiligt, den man schon seit Langem mit diesem Vorgang in Verbindung gebracht hatte, sondern es sind sogar *zwei* Gehirnareale aktiv.[4] Dem zweiten – dem exekutiven System des präfrontalen Cortex – hatte man zuvor nur eine entscheidende Bedeutung für die anhaltende Konzentration auf Aufgaben zugeschrieben. Die Scanaufnahmen zeigen aber offensichtlich, dass beide Areale aktiv sind, wenn der Geist gewundene Wege geht.

Das ist ein wenig rätselhaft. Wenn der Geist auf die Wanderschaft geht, wendet sich die Konzentration naturgemäß von den gerade anstehenden Aufgaben ab, und das behindert insbesondere bei kognitiv anspruchsvollen Tätigkeiten unsere Leistungsfähigkeit. Eine vorläufige Lösung dieses Rätsels bietet die Wissenschaft mit der Vermutung, dass schweifende Gedanken die Leistung vielleicht gerade deshalb vermindern, weil sie das exekutive System für andere Aufgaben mit Beschlag belegen.

Damit sind wir wieder bei der Frage, *wohin* der Geist wandert: in den meisten Fällen in Richtung unserer derzeitigen persönlichen Sorgen und ungelösten Aufgaben – zu Dingen, mit denen wir uns beschäftigen müssen (Näheres im nächsten Kapitel). Die schweifenden Gedanken vermindern zwar vielleicht die unmittelbare Konzentration auf eine anstehende Aufgabe, einen gewissen Teil der Zeit arbeiten sie aber an der Bewältigung von Problemen, die für unser Leben wichtig sind.

Außerdem lässt ein schweifender Geist unsere kreativen Säfte fließen. Während die Gedanken wandern, verbessern sich unsere Leistungen in allem, was von plötzlichen Geistesblitzen abhängt, von phantasievollen Wortspielen über Erfindungen bis zu originellen Gedanken. Tatsächlich haben Menschen, die mentale Aufgaben besonders gut lösen können, wenn diese – wie beispielsweise komplizierte Mathematikaufgaben – kognitive Steuerung und ein hervorragendes Arbeitsgedächtnis erfordern, häufig Schwierigkeiten mit kreativen Erkenntnissen, weil sie ihre ausschließliche Konzentration auf ein Thema nicht abschalten können.[5]

Der schweifende Geist hat auch andere positive Auswirkungen: Er schafft Szenarien für die Zukunft, ermöglicht die Selbstreflexion und die Orientierung in einem komplexen sozialen Umfeld, brütet kreative Ideen aus, macht die Konzentration flexibler, denkt darüber nach, was wir lernen, organisiert unsere Erinnerungen und grübelt ganz allgemein über das Leben nach – und er gönnt den Schaltkreisen für intensivere Konzentration eine erfrischende Pause.[6]

Nach kurzem Nachdenken kann ich noch zwei weitere Funktionen hinzufügen: Er erinnert mich an Dinge, die ich tun muss, sodass sie nicht im Durcheinander der Gedanken verloren gehen, und er sorgt für Unterhaltung. Ich bin mir sicher, dass jedem Leser, der seine Gedanken schweifen lässt, noch weitere nützliche Aspekte einfallen.

Die Architektur glücklicher Zufälle

Ein persisches Märchen erzählt von den drei Prinzen von Serendip, die »immer durch Zufall und Scharfsinn Dinge entdeckten, nach denen sie nicht gesucht hatten«.[7] Ungefähr so funktioniert auch Kreativität in freier Wildbahn.

»Du kommst nicht auf neue Ideen, wenn du dir nicht selbst die Erlaubnis dazu gibst«, sagte mir Marc Benioff, der CEO von Salesforce. »Als ich noch Vizepräsident von Oracle war, flog ich für einen Monat zur Erholung nach Hawaii, und dabei eröffneten sich für meine Karriere neue Ideen, Perspektiven und Richtungen.«

In diesem Freiraum wurde Benioff klar, welchen potenziellen Nutzen das Cloud Computing haben könnte; daraufhin verließ er Oracle, gründete in einer Mietwohnung das Unternehmen Salesforce und predigte ein damals radikal neues Konzept. Salesforce wurde zum Pionier einer Branche, die heute viele Milliarden Dollar umsetzt.

Ist ein Wissenschaftler dagegen allzu sehr entschlossen, seine Hypothesen zu bestätigen, läuft er Gefahr, Befunde zu übersehen, die nicht seinen Erwartungen entsprechen – er tut sie als Hintergrundrauschen oder Fehler ab und sieht in ihnen keinen Zugang zu neuen Entdeckungen; damit übergeht er Theorien, die sich ansonsten als fruchtbar erweisen könnten. Und der chronische Neinsager, der in Sitzungen zur Ideenfindung jeden neuen Gedanken niedermacht, erstickt innovative Erkenntnisse schon im Keim.

Ein aufgeschlossenes Bewusstsein schafft eine mentale Plattform für kreative Durchbrüche und unerwartete Einsichten. Im aufgeschlossenen Bewusstsein haben wir keinen Advocatus Diaboli, keinen Zynismus, kein Urteilsvermögen – wir sind einfach nur aufnahmefähig für alles, was uns durch den Kopf geht.

Wenn uns aber erst einmal ein großartiger kreativer Gedanke gekommen ist, müssen wir die Beute auch schnappen, indem wir umschalten und uns scharf darauf konzentrieren, wie die Idee sich anwenden lässt. Glückliche Zufälle ergeben sich aus der Aufgeschlossenheit für Möglichkeiten, aber dann müssen wir darauf abzielen, sie nutzbar zu machen.

Die kreativen Aufgaben des Lebens haben kaum einmal die Form genau formulierter Fragestellungen. Stattdessen müssen wir überhaupt erst einmal erkennen, dass es notwendig ist, eine kreative Lösung zu finden. Oder wie Louis Pasteur es formulierte: Der Zufall begünstigt den vorbereiteten Geist. Tagträume brüten kreative Entdeckungen aus.

Ein klassisches Modell für die Stadien der Kreativität unterscheidet grob zwischen drei Formen der Konzentration: die Orientierungsphase, in der wir suchen und uns in alle möglichen Eindrücke vertiefen; die selektive Aufmerksamkeit für die jeweilige kreative Herausforderung; und das aufgeschlossene Bewusstsein, mit dem wir frei assoziieren und zulassen, dass sich eine Lösung herauskristallisiert – auf die wir uns dann konzentrieren.

Wie sich herausgestellt hat, sind die Gehirnsysteme, die an den Wanderungen des Geistes beteiligt sind, bereits kurz vor der kreativen Erkenntnis aktiv – und besonders aktiv sind sie interessanterweise bei Menschen mit einer pathologischen Aufmerksamkeitsdefizitstörung (ADS). Betroffene zeigen im Verhältnis zu anderen Menschen ein höheres Maß an originellem, kreativem Denken und erbringen mehr echte kreative Leistungen.[8] Der Unternehmer Richard Branson, der das Firmenimperium mit Virgin Air und anderen Unternehmen gründete, bezeichnet sich selbst als Musterbeispiel dafür, wie man mit ADS Erfolg haben kann.

Nach Angaben der US-amerikanischen Centers for Disease Control and Prevention haben zehn Prozent aller Kinder diese Krankheit in Verbindung mit Überaktivität. Bei Erwachsenen lässt die Überaktivität nach, und die ADS bleibt zurück; das Problem besteht anscheinend bei ungefähr vier Prozent aller Erwachsenen.[9] Wenn Menschen vor einer kreativen Herausforderung stehen und beispielsweise neue Verwendungszwecke für einen Backstein finden sollen, schneiden Personen mit ADS besser ab, obwohl sie sich häufig ausklinken – oder vielleicht gerade deshalb.

Hier können wir alle etwas lernen. In einem Experiment wurden Freiwillige vor die Aufgabe mit den neuen Verwendungszwecken gestellt. Diejenigen, die ihre Gedanken hatten schweifen lassen, kamen im Vergleich zu jenen, deren Aufmerksamkeit völlig konzentriert war, auf 40 Prozent mehr originelle Antworten. Und als Personen, die bereits kreative Leistungen wie einen Roman, ein Patent oder eine Kunstausstellung erbracht hatten, daraufhin untersucht wurden, ob sie unwichtige Informationen ausblenden und sich auf eine Aufgabe konzentrieren können, schweiften ihre Gedanken häufiger ab als die anderer Personen – ein Indiz für eine aufgeschlossene Wahrnehmung, die ihnen bei ihrer kreativen Arbeit gute Dienste geleistet haben dürfte.[10]

In weniger hektischen kreativen Augenblicken ruht das Gehirn unmittelbar vor einer Erkenntnis in der Regel in entspannter, aufgeschlossener Konzentration, die durch einen Alpharhythmus der Gehirnwellen gekennzeichnet ist. Dieser Rhythmus ist das Kennzeichen von Tagträumereien. Da das Gehirn verschiedenartige Informationen in weiterreichenden Schaltkreisen speichert, steigert ein ungehindert schweifendes Bewusstsein die Chancen, dass sich nützliche Zufallsassoziationen und neue Kombinationen einstellen.

Bei Rappern, die sich in das »Freestyling« vertiefen und ihre Texte ad hoc improvisieren, erkennt man eine verstärkte Aktivität in Schaltkreisen, die für Gedankenwanderungen zuständig sind, aber auch in anderen Teilen des Gehirns – was neue Verknüpfungen zwischen weit entfernten Neuronennetzwerken möglich macht.[11] In einem derart geräumigen mental-ökologischen Umfeld stellen sich mit größerer Wahrscheinlichkeit neue Assoziationen ein und schaffen die Aha-Erlebnisse, die kreative Erkenntnisse – oder auch einen guten Reim – kennzeichnen.

In unserer komplexen Welt, in der nahezu jeder auf die gleichen Informationen zugreifen kann, erwachsen neue Werte aus einer originellen Synthese, aus der neuartigen Zusammenstellung von Ideen und aus klugen Fragen, die bisher brachliegende Potenziale nutzbar machen. Kreative Erkenntnisse bestehen darin, dass Elemente auf neue, nützliche Weise verbunden werden.

Stellen wir uns einmal kurz vor, wir würden in einen knackigen Apfel beißen: Malen wir uns das Farbmuster auf der Schale aus, das Geräusch, wenn wir hineinbeißen, die Welle aus Aroma, Geruch und Konsistenz. Erleben wir einmal einen Augenblick lang diesen virtuellen Apfel.

Wenn dieser imaginäre Augenblick in unserem Geist lebendig wird, produziert das Gehirn mit ziemlicher Sicherheit eine spitze Gammawelle. Solche Gammaspitzen sind den Kognitionsforschern vertraut: Sie treten bei mentalen Tätigkeiten wie dem Biss in den virtuellen Apfel regelmäßig auf – und zwar unmittelbar vor kreativen Erkenntnissen.

Deshalb in den Gammawellen das Geheimnis der Kreativität zu sehen hieße, zu viel daraus zu machen. Aufschlussreich scheint aber der *Ort* zu sein, an dem die Gammaspitzen während einer kreativen Erkenntnis auftreten: Das gleiche Areal verbindet sich auch mit Träumen, Metaphern sowie der Logik von Kunst, Mythen und Dichtung. Diese werden in der Sprache des Unbewussten tätig, in einem Bereich, in dem alles möglich ist. Einen Zugang zu diesem Zustand des offenen Bewusstseins eröffnet Freuds Methode des freien Assoziierens, bei dem man unzensiert alles ausspricht, was einem einfällt.

Unser Geist hält endlos viele Ideen, Erinnerungen und potenzielle Assoziationen bereit, die nur darauf warten, sich zu verwirklichen. Aber die Wahrscheinlichkeit, dass die richtige Idee sich im richtigen Zusammenhang mit den richtigen Erinnerungen verbindet – und dass dies alles in den Lichtkegel der Aufmerksamkeit gerät –, vermindert sich dramatisch, wenn wir entweder übermäßig konzentriert sind oder uns so im Griff einer Überfülle von Ablenkungen befinden, dass wir die Erkenntnis nicht bemerken.

Hinzu kommt das, was im Gehirn anderer Menschen gespeichert ist. Die Astronomen Arno Penzias und Robert Wilson suchten das Weltall ungefähr ein Jahr lang mit neuen Instrumenten ab, die viel leistungsfähiger waren als alles, womit man bis dahin die Weiten des Universums gemustert hatte. Sie wurden von einer riesigen Welle neuer Daten überflutet und wollten sich die Arbeit vereinfachen, indem sie ein scheinbar sinnloses statisches Rauschen, für das sie Fehler in ihren Apparaturen verantwortlich machten, außer Acht ließen.

Eines Tages verschaffte ihnen eine Zufallsbekanntschaft mit einem Kernphysiker eine wichtige Erkenntnis (und am Ende einen Nobelpreis). Sie erkannten, dass es sich bei dem vermeintlichen »Rauschen« in Wirklichkeit um das schwache Signal des immer noch anhaltenden Widerhalls aus den Zeiten des Urknalls handelte.

Der kreative Kokon

»Der intuitive Geist ist ein heiliges Geschenk, und der rationale Geist ist ein treuer Diener«, sagte Albert Einstein einmal. »Wir haben eine Gesellschaft geschaffen, die den Diener ehrt und das Geschenk vergessen hat.«[12]

Für viele Menschen ist es ein Luxus, sich im Lauf des Tages einige ungestörte private Augenblicke zu verschaffen, in denen sie sich zurücklehnen und nachdenken können. Aber gerade diese Augenblicke gehören, insbesondere wenn es um Kreativität geht, zu den wertvollsten im Tagesablauf.

Damit aber solche Assoziationen auch Früchte in Form einer handfesten Neuerung tragen können, ist noch etwas erforderlich: die richtige Atmosphäre. Wir brauchen freie Zeit, in der wir ein aufgeschlossenes Bewusstsein aufrechterhalten können.

Das ununterbrochene Trommelfeuer der E-Mails, SMS und

Zahlungsaufforderungen – die »volle Katastrophe« des Lebens – stürzt uns in einen Gehirnzustand, der das genaue Gegenteil der aufgeschlossenen Konzentration ist, in der Zufallsentdeckungen gedeihen können. Im Tumult unserer alltäglichen Ablenkungen und To-do-Listen bleibt die Innovation auf der Strecke; in aufgeschlossenen Zeiten gedeiht sie. Deshalb sind die Annalen der Entdeckungen voll von Geschichten über großartige Erkenntnisse, die jemandem bei einem Spaziergang, in der Badewanne, auf einem langen Ritt oder im Urlaub kamen. Unverplante Zeit lässt den kreativen Geist aufblühen; volle Terminkalender töten ihn ab.

Ein gutes Beispiel ist der verstorbene Peter Schweitzer, einer der Begründer des Fachgebiets zur Bewertung der Kryptographie, jener Verschlüsselungscodes, die für das ungeschulte Auge wie Unsinn aussehen, in Wirklichkeit aber alle möglichen Geheiminformationen schützen, von regierungsamtlichen Berichten bis zu Kreditkartendaten.[13] Schweitzers Spezialität: Er knackte Codes zu dem gutartigen Zweck, Verschlüsselungsmechanismen zu überprüfen und damit festzustellen, ob ein Feind, beispielsweise ein krimineller Hacker, das System aushebeln und Geheimnisse stehlen könne.

Eine solche schwierige Aufgabe erfordert, dass man sich eine große Zahl neuartiger potenzieller Lösungen für ein außerordentlich kompliziertes Problem ausdenkt und dann jede einzelne davon überprüft, indem man systematisch mehrere Schritte abarbeitet.

Das Labor, in dem Schweitzer an dieser ungeheuren Aufgabe arbeitete, war kein schallisoliertes, fensterloses Büro. In der Regel grübelte er über Verschlüsselungscodes nach, wenn er lange Spaziergänge machte oder einfach mit geschlossenen Augen den Sonnenschein genoss. »Es sah aus, als würde er einen Mittagsschlaf machen, aber in Wirklichkeit spielte sich in seinem Kopf höhere Mathematik ab«, wie ein Kollege es formulierte. »Er lag in der Sonne, und sein Geist raste mit Millionen Stundenkilometern.«

Wie wichtig solche räumlichen und zeitlichen Kokons sind, wurde in einer Studie der Harvard Business School deutlich, die sich mit dem geistigen Arbeitsleben von 238 Mitgliedern kreativer Projektteams beschäftigte. Diese wurden vor neuartige Aufgaben gestellt, wobei das Spektrum von komplizierten Problemen aus der Informationstechnologie bis zur Erfindung von Küchengeräten reichte.[14] Fortschritte bei solchen Aufgabenstellungen setzen einen stetigen Strom kleiner kreativer Erkenntnisse voraus.

Gute Voraussetzungen für Erkenntnisse haben nichts mit atemberaubendem Durchbrüchen oder großen Triumphen zu tun. Der Schlüssel lag, wie sich herausstellte, in dem kleinen Geländegewinn – geringfügigen Neuerungen und der Lösung ärgerlicher Probleme – auf dem konkreten Weg in Richtung eines größeren Ziels. Die kreativen Ideen flossen am besten, wenn die Menschen ein klares Ziel hatten, wobei es ihnen aber gleichzeitig freistand, den Weg dorthin selbst zu wählen. Und am entscheidensten war, dass sie zeitliche Freiräume hatten – Freiräume, die ausreichten, um wirklich frei zu denken. Einen kreativen Kokon.

DAS GLEICHGEWICHT FINDEN

»Die Fähigkeit, wandernde Gedanken immer und immer wieder absichtlich zurückzuholen, ist die Wurzel von Urteilsvermögen, Charakter und Willen«, erklärte William James, der Begründer der amerikanischen Psychologie.

Fragt man aber Menschen, ob sie an etwas anderes denken als an das, was sie gerade tun, stehen die Chancen, dass sie die Gedanken gerade schweifen lassen, 50 zu 50.[1]

Im Einzelnen ist diese Wahrscheinlichkeit jedoch sehr unterschiedlich, je nachdem, was jemand gerade tut. Wie sich in einer Umfrage unter Tausenden zufällig ausgewählten Menschen herausstellte, war die Konzentration auf das Hier und Jetzt verständlicherweise beim Sex weitaus am größten – was offenbar sogar für jene galt, die auf diese zum unpassenden Zeitpunkt gestellte Frage mithilfe einer Smartphone-App antworteten. Mit weitem Abstand an zweiter Stelle lag körperliches Training, gefolgt von Gesprächen mit anderen Menschen und dem Spielen. Am häufigsten dagegen (Arbeitgeber, aufgepasst!) schweiften die Gedanken bei der Arbeit, bei der Beschäftigung mit dem häuslichen Computer und auf dem Weg zur und von der Arbeit ab.

Die Stimmung der Menschen neigte im Durchschnitt meist in Richtung des Unangenehmen, wenn der Geist auf die Wanderschaft ging; selbst Gedanken mit scheinbar neutralem Inhalt hatten dann eine negative emotionale Färbung. Schon den Geist wandern zu lassen schien also manchmal oder meistens die Ursache düsterer Stimmung zu sein.

Wohin streifen unsere Gedanken, wenn wir nicht an etwas Bestimmtes denken? In den meisten Fällen geht es um das eigene Ich. Dieses »Ich«, so William James, hält unser Selbstgefühl zusammen, indem es unsere Geschichte erzählt – es fügt zufällige Bruchstücke des Lebens in eine zusammenhängende Handlung ein. Diese Handlung, in der es »nur um mich geht«, schafft im Hintergrund unseres Erlebens, das sich von Augenblick zu Augenblick wandelt, ein Gefühl der Dauerhaftigkeit.

In dem »Ich« spiegelt sich die Tätigkeit der »voreingestellten Zone« wider, die den ruhelosen Geist erzeugt, damit er sich in einen gewundenen Gedankenstrom begibt, der wenig oder gar nichts mit der augenblicklichen Situation zu tun hat, aber alles mit, nun ja, mir selbst. Diese geistige Gewohnheit übernimmt immer dann die Kontrolle, wenn wir dem Geist eine Pause von einer konzentrierten Tätigkeit gönnen.

Sieht man von kreativen Assoziationen einmal ab, kreist der schweifende Geist in der Regel um unser Ich und unsere beherrschenden Gedanken: *die vielen Dinge, die ich heute noch tun muss; meine falsche Äußerung gegenüber jener Person; was ich stattdessen hätte sagen sollen.* Manchmal wandert der Geist zwar auch zu angenehmen Gedanken oder Phantasien, häufiger allerdings fühlt er sich anscheinend zu Grübeleien und Sorgen hingezogen.

Wenn unsere Selbstgespräche und Grübeleien im Hintergrund eine schwache Angst erzeugen, gibt der mittlere präfrontale Cortex eifrig Impulse ab. Im Zustand der vollen Konzentration jedoch wird dieser mittlere Bereich von einem Nachbarareal, dem seitlichen präfrontalen Cortex, gehemmt. Durch unsere selektive Aufmerksamkeit werden diese Schaltkreise für emotionale Beschäftigungen, die den wirksamsten Typ von Ablenkung darstellen, *abgewählt*. Wenn wir auf äußere Abläufe reagieren oder uns in irgendeiner Form aktiv konzentrieren, wird das »Ich« ausgeblendet, passive Konzentration dagegen lässt uns in den gemütlichen Morast der Grübeleien zurückgleiten.[2]

Die wirkungsvollste Ablenkung geht nicht vom Geplapper der Menschen um uns herum aus, sondern vom Geplapper unseres eigenen Geistes. Völlige Konzentration setzt voraus, dass diese inneren Stimmen zum Schweigen gebracht werden. Versuchen Sie mal, immer wieder die Zahl 7 von 100 abzuziehen; wenn Sie die Konzentration auf diese Aufgabe aufrechterhalten können, verstummt das innere Geplapper.

Der Anwalt und die Rosine

Ein Anwalt hatte seine Karriere vorangebracht, indem er eine kochende Wut über die Ungerechtigkeiten entwickelte, die man seinen Mandanten angetan hatte. Voller verärgerter Energie focht er seine Fälle erbarmungslos durch; seine Argumente brachte er mit wütender Kraft vor, und häufig arbeitete er bis spät in die Nacht an Recherchen und Vorbereitungen. Oftmals lag er fast die ganze Nacht wach und ärgerte sich, während er sich immer wieder die Notlage seiner Mandanten vergegenwärtigte und sich eine juristische Strategie zurechtlegte.

Dann lernte er im Urlaub eine Meditationslehrerin kennen und bat sie, ihn zu unterrichten. Zu seiner Überraschung gab sie ihm als Erstes ein paar Rosinen. Dann brachte sie ihm bei, langsam und mit voller Konzentration eine Rosine zu essen, wobei er in jedem Augenblick den reichhaltigen Eindrücken nachspüren sollte: der Empfindung, als er sie zum Mund führte und kaute, der Flut der Aromen, wenn er hineinbiss, den Essgeräuschen. Er vertiefte sich in die Fülle seiner Sinneseindrücke.

Dann richtete er die gleiche, vollständig im Jetzt befindliche Konzentration nach ihrer Anweisung auf den natürlichen

Strom seiner Atmung, wobei er alle Gedanken, die ihm durch den Kopf gingen, auf sich beruhen ließ.

Mit ihrer Anleitung setzte er diese Atemmeditation eine Viertelstunde lang fort.

Dabei verstummten seine inneren Stimmen. »Es war, als hätte man auf einen zenartigen Zustand umgeschaltet«, sagte er. Das gefiel ihm so sehr, dass er es sich zur täglichen Gewohnheit machte: »Hinterher fühle ich mich wirklich ruhig – und das mag ich sehr.«

Wenn wir unsere Aufmerksamkeit so vollständig auf unsere Sinne richten, bringt das Gehirn das übliche Geplapper zum Schweigen. Das Gleiche zeigen auch Scanaufnahmen des Gehirns, die im Zustand der Achtsamkeit – der Form der Meditation, mit der es der Anwalt probierte – angefertigt wurden: Die Gehirnschaltkreise für das Ich-konzentrierte geistige Geplapper verstummen.[3]

Schon das ist oftmals eine ungeheure Erleichterung. »Wenn Vertiefung bedeutet, dass wir den Zustand des wandernden Geistes aufgeben und die Konzentration ganz und gar auf eine Tätigkeit richten, deaktivieren wir damit wahrscheinlich auch die normalerweise tätigen Schaltkreise«, sagte der Neurowissenschaftler Richard Davidson. »Man kann nicht über sich selbst nachgrübeln, wenn man mit einer schwierigen Aufgabe beschäftigt ist.«

»Das ist einer der Gründe, warum die Menschen gern gefährliche Sportarten wie Bergsteigen betreiben, bei denen man sich ganz und gar konzentrieren muss«, fügte Davidson hinzu. Starke Konzentration schaffe ein Gefühl des Friedens und damit auch der Freude. »Aber wenn du dann wieder vom Berg abgestiegen bist, bringt dir das Selbstbezogenheitsnetzwerk sofort die Sorgen und den Kummer zurück.«

In dem utopischen Roman *Eiland* von Aldous Huxley fliegen trainierte Papageien über den Menschen und zwitschern: »Hier und jetzt, Jungs, hier und jetzt!« Damit erinnern sie die Bewohner der idyllischen Insel daran, dass sie ihre Tagträume platzen lassen sollen, um sich auf das zu konzentrieren, was sich an diesem Ort in diesem Augenblick abspielt.

Ein Papagei als Botschafter – das scheint die richtige Wahl zu sein: Tiere leben ausschließlich im Hier und Jetzt.[4] Die Katze, die uns auf den Schoß springt und gestreichelt werden möchte, der Hund, der sein Herrchen aufgeregt an der Tür erwartet, das Pferd, das den Kopf schief legt, um die Absichten des näher kommenden Menschen zu erkennen: Ihnen allen ist die Konzentration auf die Gegenwart gemeinsam.

Die Fähigkeit, unabhängig von unmittelbaren Reizen zu denken und zu erwägen, was geschehen ist oder – in all seinen Möglichkeiten – geschehen *könnte*, unterscheidet den Verstand der Menschen von dem nahezu aller anderen Tiere. Viele spirituelle Traditionen halten zwar wie Huxleys Papageien die Wanderungen des Geistes für eine Quelle des Unheils, Evolutionspsychologen erkennen darin jedoch einen großen kognitiven Schritt nach vorn. In beiden Sichtweisen steckt ein Stück Wahrheit.

In Huxleys Vision beinhaltet das ewige Jetzt alles, was wir für ein erfülltes Leben brauchen. Aber die menschliche Fähigkeit zum Nachdenken über Dinge, die sich nicht in dieser ewigen Gegenwart abspielen, ist die Voraussetzung für alle Errungenschaften unserer Spezies, die Planung und Phantasie oder logistische Fähigkeiten erfordern. Und dabei geht es zunächst einmal nur um ausschließlich menschliche Leistungen.

Das Grübeln über Dinge, die sich *nicht* im Hier und Jetzt abspielen – Kognitionsforscher sprechen von »situationsunabhängigem Denken« –, setzt voraus, dass wir den Inhalt unseres Geistes von dem, was unsere Sinne im jeweiligen Augenblick wahrnehmen, abkoppeln. Soweit wir wissen, kann keine andere Spezies diesen radikalen Übergang von der nach außen gerichteten zur nach innen gerichteten Konzentration auch nur annähernd mit der Kraft des menschlichen Geistes oder auch nur annähernd so oft vollziehen.

Je mehr unsere Gedanken schweifen, desto weniger nehmen wir zur Kenntnis, was hier und jetzt geschieht. Ein Beispiel: Begreifen wir, was wir lesen? Als man die Blickrichtung von Versuchspersonen aufzeichnete, die *Verstand und Gefühl* von Jane Austen lasen, signalisierten unstete Augenbewegungen, dass die Gedanken häufig abschweiften.[5]
Wandernde Blicke deuten darauf hin, dass die Verbindung zwischen Verständnis und dem Blickkontakt zum Text verloren gegangen ist, weil der Geist anderswo wandert (vielleicht wären die Gedanken weniger abgeschweift, wenn die Versuchspersonen sich den Lesestoff hätten aussuchen können – beispielsweise je nach persönlichem Geschmack *Blink!* oder *Shades of Grey*).

Anhand wechselnder Blickrichtungen oder »Erlebnis-Zufallsstichproben« (das heißt, man fragt einfach, was sich gerade abspielt) können Neurowissenschaftler bei Menschen, deren Gehirn gerade einer Scanaufnahme unterzogen wird, eine wichtige neuronale Dynamik beobachten: Während die Gedanken schweifen, schaltet die Sinneswahrnehmung ab, und wenn wir uns umgekehrt auf das Hier und Jetzt konzentrieren, sinkt die Aktivität der Schaltkreise für Gedankenwanderungen.

Auf der Ebene der Neuronen hemmen schweifende Gedanken und bewusste Wahrnehmung sich gegenseitig: Innere Konzentration auf einen Gedankengang lässt die Sinneswahrnehmung verstummen, und wenn wir hingerissen vor der Schönheit eines Sonnenuntergangs stehen, verstummt der Geist.[6] Und wenn wir ganz und gar in eine Tätigkeit vertieft sind, blenden wir unter Umständen alles andere völlig aus.

Die normalen Verhältnisse in unserem Nervensystem gestatten ein wenig gedankliches Abschweifen, während wir uns mit der Umwelt befassen – oder auch gerade genug Engagement, während die Gedanken auf Wanderschaft gehen und wir beispielsweise beim Autofahren unseren Tagträumen nachhängen. Natürlich birgt ein solches teilweises Ausblenden auch

Gefahren: In einer Studie gab die Hälfte von 1000 verletzten Unfallbeteiligten an, ihre Gedanken seien unmittelbar vor dem Unfall abgeschweift; je eindringlicher dabei die störenden Gedanken waren, desto größer war auch die Wahrscheinlichkeit, dass der betreffende Autofahrer den Unfall verursacht hatte.[7]

Situationen, die keine ständige Konzentration auf eine Tätigkeit erfordern – insbesondere wenn diese Tätigkeit langweilig oder Routine ist –, schaffen einen Freiraum für Gedankenwanderungen. Wenn der Geist abschweift und das voreingestellte Netzwerk seine Aktivität verstärkt, verstummen die Neuronenschaltkreise für die Konzentration – eine ganz ähnliche Form der Entkopplung wie zwischen Sinneswahrnehmung und Tagträumerei. Da Tagträume mit der Konzentration auf Tätigkeiten um die neuronale Energie konkurrieren, ist es kein Wunder, dass wir bei allen Tätigkeiten, die konzentrierte Aufmerksamkeit erfordern, mehr Fehler machen, wenn wir tagträumen.

Der schweifende Geist

In einer Anleitung zur Meditation findet sich der Ratschlag: »Immer wenn Sie merken, dass Ihr Geist abschweift, holen Sie ihn wieder zum Gegenstand seiner Konzentration zurück.« Entscheidend ist hier die Formulierung *immer wenn Sie merken*. Wenn unser Geist abschweift, fällt uns fast nie auf, zu welchem Zeitpunkt er abhebt und sich in seine eigene Umlaufbahn begibt. Eine solche Abschweifung vom Gegenstand der Meditation kann Sekunden, Minuten oder auch eine ganze Sitzung lang anhalten, bevor wir sie – wenn überhaupt – bemerken.

Diese einfache Aufgabe ist deshalb so schwierig, weil genau die Gehirnschaltkreise, die wir zum »Einfangen« unserer schweifenden Gedanken brauchen, sie überhaupt erst auf die Wanderschaft geschickt haben.[8] Was tun diese Schaltkreise? Offensichtlich machen sie aus den zufälligen Gedankensplittern, die den schweifenden Geist ausfüllen, einen zusammenhängenden Gedankengang (*Wie soll ich meine Rechnungen bezahlen?*). Solche Gedanken setzen voraus, dass die Gehirnschaltkreise für Abschweifungen mit denen für exekutive Organisation zusammenwirken.[9]

Den schweifenden Geist in flagranti zu ertappen ist nur schwer möglich; wenn wir uns in unseren Gedanken verlieren, ist uns meist nicht klar, dass der Geist überhaupt abgeschweift ist. Zu bemerken, dass er sich auf die Wanderschaft begeben hat, ist gleichbedeutend mit einer Veränderung der Gehirnaktivität; je stärker diese Metawahrnehmung wird, desto mehr schwächt sich die mentale Wanderung ab.[10] Mit bildgebenden Verfahren kann man es nachweisen: Sobald wir unseren schweifenden Geist ertappen, verringert sich durch diesen Akt der Metawahrnehmung die Aktivität der exekutiven und medialen Schaltkreise, vollständig unterdrückt wird sie aber nicht.[11]

Im modernen Leben sitzen wir gern in der Schule oder einem Büro und konzentrieren uns auf einen Gegenstand nach dem anderen – aber diese Form der Aufmerksamkeit zahlte sich in der Frühzeit der Menschheitsgeschichte wahrscheinlich nicht immer aus. Nach Ansicht mancher Neurowissenschaftler war es zum Überleben in der Wildnis manchmal notwendig, schnell die Aufmerksamkeit zu verschieben und zu handeln, ohne lange zu zögern und darüber nachzudenken, was zu tun ist. Was wir heute als Aufmerksamkeitsdefizit diagnostizieren, war früher vielleicht eine natürliche Form der Aufmerksamkeit, die in der Evolution ihre Vorteile hatte – und sich deshalb bis heute in unserem Genpool findet.

Wenn wir vor einer mentalen Aufgabe stehen, die – wie zum Beispiel eine schwierige Mathematikaufgabe – Konzentration erfordert, schweifen die Gedanken bei Personen mit ADS stärker ab, und die Aktivität der Schaltkreise im mittleren präfrontalen Bereich nimmt zu – davon war bereits die Rede.[12] Unter geeigneten Bedingungen können sich aber auch Menschen mit ADS gut konzentrieren und sich völlig in die vor ihnen liegende Aufgabe vertiefen. Am häufigsten sind solche Bedingungen etwa in einem Kunstatelier, auf dem Basketballspielfeld oder auf dem Börsenparkett gegeben – nur nicht im Klassenzimmer.

Die Ruhe selbst

Am 21.12.2012, dem Tag, für den angeblich im Mayakalender der Weltuntergang prophezeit wurde (ein eindeutig unbegründetes Gerücht), gingen meine Frau und ich zufällig mit unserer Enkeltochter ins Museum of Modern Art. Als angehende Künstlerin war sie erpicht darauf, die Sammlungen dieses berühmten New Yorker Museums zu sehen.

Eines der ersten Ausstellungsstücke, die uns beim Betreten des ersten Saals begrüßten, waren zwei Industriestaubsauger, makellos weiße, dreirädrige Zylinder mit hübschen Nadelstreifen. Sie waren übereinandergestapelt und in Plexiglaswürfel eingeschlossen; Neonbeleuchtung von unten ließ sie schimmern. Unsere Enkeltochter war nicht sonderlich beeindruckt; sie wollte lieber ein paar Etagen höher die *Sternennacht* von van Gogh sehen.

Erst am Tag zuvor hatte der leitende Kurator des MoMA einen Abend zum Thema »Aufmerksamkeit und Ablenkung« veranstaltet. Zielgerichtete Aufmerksamkeit ist der Schlüssel zu Museumsausstellungen: Die Rahmen um die Kunstwerke zeigen an, wohin wir blicken sollen. Die Plexiglaswürfel und die Neonlichter lenkten unsere Aufmerksamkeit *hierher* zu den glitzernden Staubsaugern und weg von *dort* – von allem, was sich sonst noch in dem Saal befand.

Dies wurde mir deutlich, als wir gingen. Vor einer unscheinbaren Wand in der höhlenartigen Eingangshalle des Museums fielen mir ein paar Stühle auf, die unordentlich übereinandergestapelt waren und offensichtlich für irgendeine Veranstaltung aufgestellt werden sollten. Daneben im Schatten konnte ich mit Mühe einen Gegenstand ausmachen, bei dem es sich anscheinend um einen Staubsauger handelte. Niemand schenkte ihm auch nur die geringste Aufmerksamkeit.

Aber unsere Aufmerksamkeit muss nicht davon abhängen, welche Rahmen unsere Umwelt uns bietet; wir können uns dafür entscheiden, den Staubsauger im Schatten genauso eingehend zu betrachten wie den im Rampenlicht. In ausgeglichener Aufmerksamkeit spiegelt sich eine Denkweise wider, bei der wir einfach aufnehmen, was unsere Aufmerksamkeit erregt, ohne dass wir uns von etwas Bestimmtem fesseln oder mitreißen lassen. Alles fließt durch uns hindurch.

Diese Offenheit können wir auch in Alltagssituationen beobachten, zum Beispiel wenn wir in der Schlange hinter einem Kunden stehen, der endlos lange braucht: Statt uns auf unseren Widerwillen zu konzentrieren oder daran zu denken, dass wir nun zu spät kommen werden, erfreuen wir uns einfach an der Hintergrundmusik im Laden.

Emotionale Reaktionen befördern uns in eine andere Form der Aufmerksamkeit, und dann verengt sich unsere Welt so, dass wir uns nur noch auf das fixieren, was uns ärgert. Menschen, denen es schwerfällt, die offene Wahrnehmungsfähigkeit aufrechtzuerhalten, lassen sich schnell von irritierenden Details fesseln, zum Beispiel von der Person vor ihnen in der Schlange, die bei der Sicherheitskontrolle am Flughafen ewig braucht, um alle erforderlichen Gegenstände abzulegen und durch den Scanner zu gehen; hinterher sind sie selbst dann noch wütend, wenn sie schon im Gate auf das Flugzeug warten. Eine solche emotionale Vereinnahmung gibt es bei offener Wahrnehmung nicht – dann existiert nur der Reichtum des Augenblicks.

Um die offene Wahrnehmung richtig einzuschätzen, kann man Versuchspersonen auffordern, eine gelegentlich in eine

Buchstabenreihe eingefügte Zahl zu finden: S, K, O, E, 4, R, T, 2, H, P ...

Wie sich herausstellte, fixieren sich viele Menschen auf die erste Zahl 4 und übersehen die zweite (2). Die Aufmerksamkeit ist unstet. Wer sich dagegen eine starke offene Aufmerksamkeit bewahrt hat, bemerkt auch die zweite Zahl.

Menschen, die ihre Wachsamkeit in diesem aufgeschlossenen Zustand halten können, bekommen von ihrer Umgebung mehr mit. Selbst in der Geschäftigkeit eines Flughafens verlieren sie sich nicht in diesem oder jenem Detail, sondern sie nehmen wahr, was um sie herum vorgeht. In neurologischen Tests verzeichnen jene, die auf der Skala der offenen Wahrnehmung am besten abschneiden, auch von Augenblick zu Augenblick mehr Detailwahrnehmungen als die meisten anderen. Ihre Aufmerksamkeit flackert nicht.[13]

Die gleiche Bereicherung der Aufmerksamkeit gilt auch für unser Innenleben: Mit offenem Bewusstsein nehmen wir viel mehr von unseren Gefühlen, Sinneseindrücken, Gedanken und Erinnerungen wahr, als wenn wir uns beispielsweise darauf konzentrieren, unsere To-do-Listen abzuarbeiten oder von einer Konferenz in die nächste zu eilen.

»Die Fähigkeit, mit offener Aufmerksamkeit in einer Panoramawahrnehmung zu verharren«, sagte Davidson, »lässt uns mit Gleichmut am Geschehen teilhaben, ohne dass wir in eine Bottom-up-Gefangenschaft geraten, die den Geist durch Urteile und Reaktionen einengt, seien sie negativ oder positiv.«

Sie vermindert auch die gedanklichen Abschweifungen. Das Ziel ist es, so fügte er hinzu, den Geist besser schweifen lassen zu können, wenn man es möchte, sonst aber nicht.

Wiederherstellung der Aufmerksamkeit

Der Zeitschriftenredakteur William Falk klagte, er habe einmal mit seiner Familie in einer Ferienanlage in den Tropen Urlaub gemacht, und während seine Tochter darauf wartete, dass er mit ihr an den Strand ging, habe er nur auf seine Arbeit gestarrt.

»Noch vor nicht allzu langer Zeit wäre es für mich unvorstellbar gewesen, im Urlaub zu arbeiten«, überlegte er. »Ich weiß noch, wie ich während eines zweiwöchigen Ferienaufenthalts keinen Kontakt zu Vorgesetzten und Mitarbeitern hatte, ja nicht einmal zu Freunden. Aber damals bin ich noch ohne Smartphone, iPad und Laptop gereist, und seither habe ich gelernt, in einem stetigen Strom von Informationen und Verbindungen zu leben.«[14]

Betrachten wir einmal, welche kognitive Leistung unsere neuerdings ganz normale Informationsflut erfordert – die wachsende Zahl von Nachrichtenkanälen, E-Mails, Telefonanrufen, Tweets, Blogs, Chats, Gedanken über Meinungen über Meinungen, denen unsere kognitiven Prozessoren Tag für Tag ausgesetzt sind.

Dieses neuronale Summen verursacht angesichts der Anforderung, eine Leistung zu erbringen, zusätzliche Anspannung. Denn die Konzentration streng auf eine Sache zu richten erfordert das Ausblenden zahlreicher anderer Dinge. Der Geist muss alle anderen Anforderungen abwehren und Wichtiges von Unwichtigem trennen. Das erfordert kognitive Anstrengung.

Streng gebündelte Aufmerksamkeit wird – ganz ähnlich wie ein überanstrengter Muskel – müde, wenn wir es bis zur kognitiven Erschöpfung treiben. Die Anzeichen der mentalen Ermüdung – Leistungsabfall, Zunahme von Ablenkbarkeit und Reizbarkeit – geben uns zu verstehen, dass die mentale Anstrengung zur Aufrechterhaltung der Konzentration den Glukosevorrat, der den Neuronen ihre Energie liefert, aufgebraucht hat.

Gegen die Ermüdung der Aufmerksamkeit hilft das gleiche Mittel wie gegen körperliche Erschöpfung: ausruhen. Aber wie ruht sich ein mentaler Muskel aus?

Versuchen Sie, in einem ruhigen Umfeld eine Entspannungspause zu machen und dabei von der Top-down-Steuerung zu einer passiveren Bottom-up-Tätigkeit umzuschalten. Die ruhigste Umgebung, so meint Stephen Kaplan von der University of Michigan, finden wir in der Natur. Er hat die von ihm so genannte »Theorie der Aufmerksamkeitswiederherstellung« formuliert.[15]

Eine solche Wiederherstellung findet statt, wenn wir von angestrengter Aufmerksamkeit, bei der unser Geist die Ablenkungen unterdrücken muss, zur Lockerheit umschalten und zulassen, dass unsere Aufmerksamkeit sich auf alles richtet, was sich gerade anbietet. Aber nur bestimmte Formen der Bottom-up-Konzentration stellen die Energie für konzentrierte Aufmerksamkeit wieder her. Websurfen, Videospiele oder das Beantworten von E-Mails haben nicht diese Wirkung.

Wir tun gut daran, uns in regelmäßigen Abständen auszuklinken; Ruhepausen stellen Konzentration und Gelassenheit wieder her. Aber das Abschalten ist nur ein erster Schritt. Wichtig ist auch, was wir als Nächstes tun. Wie Kaplan betont, erfordert auch ein Spaziergang durch die Stadt unsere Aufmerksamkeit – wir müssen uns zwischen anderen Menschen den Weg bahnen, Autos ausweichen und sowohl das Hupen als auch den allgemeinen Straßenlärm ausblenden.

Ein Spaziergang im Wald oder durch einen Park stellt dagegen viel weniger solche Ansprüche an die Aufmerksamkeit. In der Natur können wir uns regenerieren – dazu reicht es schon, ein paar Minuten durch einen Park zu schlendern oder einen faszinierenden Anblick zu genießen, beispielsweise die roten Wolken beim Sonnenuntergang oder einen flatternden Schmetterling. Das alles löst eine »mäßige« Bottom-up-Aufmerksamkeit aus, wie Kaplans Arbeitsgruppe es formuliert: Die Schaltkreise für die Top-down-Anstrengungen können ihre Energievorräte auffüllen, Aufmerksamkeit und Erinnerungsvermögen wiederherstellen und die Kognition verbessern.[16]

Ein Spaziergang durch einen Park mit Bäumen trägt besser dazu bei, dass wir uns wieder auf eine Aufgabe konzentrieren, als ein Bummel durch die Innenstadt.[17] Schon neben einer Wandmalerei mit einer Naturlandschaft zu sitzen – insbesondere wenn darin auch Wasser vorkommt – ist besser als ein Aufenthalt im Café um die Ecke.

So bleibt aber noch der folgende Punkt offen: Solche Augenblicke mögen gut geeignet sein, um die intensive Aufmerksamkeit abzuschalten, aber sie machen auch den Weg für die immer noch eifrig schweifenden Gedanken der voreingestellten Schaltkreise frei. Wir können noch einen Schritt weiter gehen, um den beschäftigten Geist abzuschalten: Dazu müssen wir uns vollständig auf etwas Entspannendes konzentrieren.

Der Schlüssel liegt in einem Erlebnis, in dem wir ganz und gar aufgehen, wobei unsere vollständige Aufmerksamkeit im Wesentlichen passiver Natur ist. Dies geschieht, wenn wir sanft unsere Sinnessysteme anregen, sodass die Systeme der anstrengenden Aufmerksamkeit beruhigt werden. Diesen Zweck erfüllt jede angenehme Tätigkeit, in die wir uns ganz vertiefen können. Denken wir noch einmal daran, was in einer Umfrage zur Stimmungslage als konzentrierteste und gleichzeitig angenehmste Tätigkeit des Tages genannt wurde: Sex.

Völlige positive Versunkenheit bringt die innere Stimme zum Schweigen, jenen laufenden Dialog mit uns selbst, der sich auch in ruhigen Augenblicken fortsetzt. Das ist der Haupteffekt praktisch aller kontemplativen Praktiken, die den Geist konzentriert auf ein neutrales Ziel richten, beispielsweise auf die eigene Atmung oder ein Mantra.

Zu dem idealen Umfeld für einen solchen »Rückzug« gehören nach der klassischen Vorstellung alle Zutaten, die für eine Wiederherstellung der Kognition gebraucht werden. Klöster, die der Meditation dienen sollen, liegen meist in einer ruhigen, natürlichen Umgebung.

Aber so weit ins Extrem brauchen wir gar nicht zu gehen. William Falk bediente sich eines einfachen Heilmittels: Er hörte auf zu arbeiten und spielte stattdessen mit seiner Tochter in der Brandung. »Als ich mit meiner Tochter in den Wellen tobte und johlte, war ich in diesem Augenblick vollkommen gegenwärtig. Vollkommen lebendig.«

Teil 2

SELBST-
WAHRNEHMUNG

DAS INNERE STEUERRUDER

Football, Basketball, Diskussionen, man kann nehmen, was man will: Die große Konkurrenz meiner Highschool im kalifornischen Central Valley befand sich in der nächsten Ortschaft am Highway 99. Mit einem Schüler dieser Nachbarschule hatte ich mich im Lauf der Jahre angefreundet.

Während der Highschoolzeit interessierte er sich kaum für den Unterricht – beinahe wäre er sogar von der Schule geflogen. Er lebte auf einer Ranch am Ortsrand, war viel allein und las Science-Fiction; außerdem bastelte er an frisierten Autos herum – das war seine große Leidenschaft. Eine Woche vor der Abschlussprüfung fuhr ein anderer Wagen auf ihn auf, als er gerade nach links in seine Einfahrt abbiegen wollte. Sein kleiner Sportwagen war Schrott, und er wäre um ein Haar ums Leben gekommen.

Nachdem er wieder gesund war, ging mein Freund auf das örtliche Gemeindecollege, und dort entdeckte er eine Berufung, die seine Aufmerksamkeit fesselte und seine kreative Begabung weckte: Filmemachen. Nachdem er an eine Filmhochschule gewechselt war, drehte er als Studienprojekt einen Film, der einem Hollywoodregisseur ins Auge stach, und dieser machte ihn zu seinem Assistenten. Der Regisseur beauftragte meinen Freund mit der Arbeit an seinem Lieblingsprojekt, einem Small-Budget-Film.

Das wiederum führte dazu, dass mein Freund ein Studio fand, das ihn als Regisseur und Produzent eines weiteren kleinen Films unterstützte, dieses Mal mit seinem eigenen Drehbuch – kurz vor der Premiere hätte das Studio den Film fast aus dem Programm genommen, aber später erzielte er unerwartet gute Einnahmen.

Aber die willkürlichen Schnitte und andere Veränderungen, die von den Studiochefs vor der Veröffentlichung vorgenommen wurden, waren für meinen Freund eine bittere Lehre, denn für ihn war es von entscheidender Bedeutung, die kreative Kontrolle über seine Arbeit zu behalten. Als er wieder einen Film auf der Grundlage eines eigenen Drehbuchs in Angriff nehmen wollte, bot ein großes Hollywoodstudio ihm einen Standardvertrag an: Das Studio finanzierte das Projekt und behielt sich das Recht vor, den Film vor der Freigabe zu verändern. Er lehnte ab – die eigene künstlerische Redlichkeit war ihm wichtiger.

Stattdessen »kaufte« sich mein Freund die kreative Kontrolle, indem er es allein machte und jeden Cent der Einnahmen aus seinem ersten Film in das zweite Projekt steckte. Als es fast fertig war, ging ihm das Geld aus. Er bemühte sich um Kredite, aber eine Bank nach der anderen wies ihn ab. Erst in letzter Minute erhielt er von der zehnten Bank ein Darlehen, das sein Projekt rettete.

Der Film hieß *Star Wars*.

Dass George Lucas darauf beharrte, trotz aller finanziellen Schwierigkeiten die kreative Kontrolle zu behalten, spricht für seine ungeheure Redlichkeit – und wie wir heute wissen, erwies es sich auch als Gewinn bringende geschäftliche Entscheidung. Aber das Motiv für diese Entscheidung war nicht das Gewinnstreben; »Nebenrechte« bedeutete damals, dass man Filmplakate und T-Shirts verkaufte – eine unbedeutende Einnahmequelle. Alle, die sich in der Filmbranche auskannten, hatten George zu jener Zeit davor gewarnt, auf eigene Rechnung zu arbeiten.

Eine solche Entscheidung erfordert ungeheures Vertrauen in die eigenen Leitwerte. Wie kommt es, dass Menschen einen so starken inneren Kompass haben, einen Polarstern, der sie nach den Regeln ihrer tiefsten inneren Werte und Ziele durchs Leben steuert?

Der Schlüssel liegt in der Selbstwahrnehmung und insbesondere in der präzisen Entschlüsselung der inneren Stimme. In unseren kleinen physiologischen Reaktionen spiegelt sich die Gesamtheit aller Erfahrungen wider, die für die anstehende Entscheidung von Bedeutung sind.

Die Entscheidungsrichtlinien, die wir aus unserer Lebenserfahrung ableiten, sind in subkortikalen Neuronennetzwerken angesiedelt, die von jedem Ereignis in unserem Leben Algorithmen sammeln, speichern und anwenden. Damit schaffen sie unser inneres Steuerruder.[1] In diesen subkortikalen Regionen beherbergt unser Gehirn das tiefste Gespür für Sinn und Ziel – und sie sind schlecht mit den Spracharealen des Neocortex, dafür aber sehr gut mit dem Darm verknüpft. Unsere Werte spüren wir zuerst in Form eines Bauchgefühls für Richtig und Falsch; erst später artikulieren wir diese Gefühle für uns selbst.

Selbstwahrnehmung stellt demnach eine unentbehrliche Form der Konzentration dar: Sie stimmt uns auf die leise innere Stimme ein, die uns helfen kann, unseren Weg durchs Leben zu finden. Und wie wir noch genauer erfahren werden, ist dieses innere Radar der Schlüssel zum Umgang mit allem, was wir tun – und, genauso wichtig, für das, was wir *nicht* tun. Unser innerer Kontrollmechanismus ist entscheidend für den Unterschied zwischen einem gut geführten und einem gescheiterten Leben.

Sie ist Happy, und das weiß sie

Der wissenschaftliche Test auf Selbstwahrnehmung im Tierreich ist in der Theorie einfach: Man bringt im Gesicht des Tiers eine Markierung an, stellt es vor einen Spiegel und beobachtet, ob sein Verhalten darauf schließen lässt, dass es das Gesicht mit der Markierung im Spiegel als sein eigenes erkennt.

In der Praxis ist ein solcher Test zumindest bei Elefanten nicht so einfach. Zunächst einmal braucht man dazu einen elefantensicheren Spiegel. Man kann es mit einer zweieinhalb mal zweieinhalb Meter großen, reflektierenden Acrylplatte versuchen, die auf Sperrholz geklebt, in einen Stahlrahmen montiert und dann an die Betonwand eines Elefantengeheges gedübelt wird.

Genau das machten Wissenschaftler im Bronx-Zoo. Dort lebt Happy, ein 34 Jahre altes asiatisches Elefantenweibchen, zusammen mit ihren schwergewichtigen Freundinnen Maxine und Patty. Die Wissenschaftler ließen den Elefanten ein paar Tage Zeit, damit sie sich an die Spiegel gewöhnen konnten. Anschließend klebten sie jeweils einem Weibchen ein großes weißes X auf die Stirn; würde sie merken, dass sie dort eine Markierung trug? Das wäre ein Zeichen von Selbsterkennung gewesen.

Wenn man Elefanten testen will, kommt noch eine weitere Komplikation hinzu. Sie betreiben »Körperpflege«, das heißt, sie nehmen Schlammbäder und besprühen sich gegenseitig aus dem Rüssel mit Staub. Elefanten haben also eine Menge Schmutz auf der Haut, und demnach ist es durchaus denkbar, dass eine Markierung, die uns Menschen stark auffällt, für die Elefanten unbedeutend ist – nur ein Stück von dem üblichen Dreck. Tatsächlich schenkten Maxine und Patty ihrem X keinerlei Aufmerksamkeit.

Aber an dem Tag, als Happy das große weiße X auf der Stirn trug, ging sie zum Spiegel, betrachtete sich zehn Sekunden lang und trottete von dannen – ganz ähnlich wie ein Mensch, der morgens einen Blick in den Spiegel wirft und dann aus dem Haus geht. Anschließend betastete sie das X mehrmals mit ihrer empfindlichen Rüsselspitze, was auf Selbstwahrnehmung schließen ließ.

Einen solchen Test haben nur wenige handverlesene Arten aus dem Tierreich bestanden, darunter Schimpansen und einige andere Menschenaffen, aber auch (in der Unterwasserversion des Experiments) Delfine. Sie alle gehören wie die Elefanten zu den wenigen Tieren, deren Gehirn einen Typ von Neuronen enthält, der nach Ansicht mancher Neurowissenschaftler unentbehrlich für die Selbstwahrnehmung ist. Diese spindelförmigen Neuronen, die nach ihrem Entdecker Constantin von Economo kurz als VENs (*von Economo neurons*) bezeichnet werden, können die doppelte Größe anderer Gehirnzellen erreichen und sind durch weniger – dafür aber viel längere – Fortsätze mit anderen Gehirnzellen verbunden.[2]

Mit ihrer Größe und der Spindelform haben die VENs gegenüber anderen Neuronen einen einzigartigen Vorteil: Die von ihnen ausgesandten Signale wandern schneller und weiter. Und mit ihrer Lage in Arealen, die das exekutive Gehirn mit Gefühlszentren verbinden, bringen sie alle Voraussetzungen für ein persönliches Radar mit. Die betreffenden Areale leuchten in Scanaufnahmen auf, wenn wir uns im Spiegel sehen. Nach den Erkenntnissen der Neurowissenschaft gehören sie zu den Gehirnschaltkreisen, die auf allen Ebenen unser Ichgefühl erzeugen: das Gefühl »das bin ich«, »so fühle ich mich jetzt« und unsere persönliche Identität.

Die Landkarte des Körpers im Gehirn

Nachdem bei Steve Jobs Leberkrebs diagnostiziert worden war, an dem er einige Jahre später sterben sollte, hielt er vor einem Doktorandenseminar an der Stanford University einen sehr aufrichtigen Vortrag. Sein Rat lautete: »Lassen Sie nicht zu, dass Ihre innere Stimme in den Stimmen anderer untergeht. Und was am wichtigsten ist: Haben Sie den Mut, Ihrem Herzen und Ihrer Intuition zu folgen. Irgendwie wissen die schon, was Sie wirklich werden wollen.«[3]

Aber wie hört man »die innere Stimme«, die uns sagt, was Herz und Intuition schon wissen? Dazu müssen wir uns auf die Signale unseres Körpers verlassen.

Manch einer hat vielleicht schon einmal jenes recht bizarre Bild des menschlichen Körpers gesehen, das seiner Kartierung im somatosensorischen Cortex entspricht, der Gehirnregion, die alle von verschiedenen Hautabschnitten aufgenommenen Empfindungen verarbeitet: Dieses Wesen hat einen winzigen Kopf, aber dicke Lippen und eine dicke Zunge, schmale Arme und riesige Finger – ein Spiegelbild der relativen Empfindlichkeit von Nerven in den verschiedenen Körperteilen.

Für die inneren Organe findet eine ähnliche Überwachung in der Inselrinde statt, die sich hinter den Frontallappen des Gehirns verbirgt. Die Inselrinde kartiert das Innere unseres Körpers mithilfe von Schaltkreisen, die sie mit Darm, Herz, Leber, Lunge und Genitalien verbinden – jedes Organ hat seine eigene Stelle. Deshalb wirkt die Inselrinde als Steuerungszentrum der Organfunktionen: Ihre Signale veranlassen beispielsweise das Herz, langsamer zu schlagen, oder die Lunge, tiefer einzuatmen.

Wenn wir unsere Aufmerksamkeit nach innen auf einen bestimmten Körperteil richten, steigt die Empfindlichkeit der Inselrinde für den Bereich, auf den wir uns jeweils konzentrieren. Achten wir auf den Herzschlag, aktiviert die Inselrinde in den betreffenden Schaltkreisen mehr Neuronen. Die Fähigkeit, den eigenen Herzschlag zu spüren, ist sogar zu einer Standardmethode für die Messung der Selbstwahrnehmung geworden. Je besser ein Mensch es kann, desto größer ist die Inselrinde.[4]

Die Inselrinde macht uns aber nicht nur auf unsere Organe aufmerksam; von ihr hängt auch ganz allgemein ab, wie wir uns fühlen.[5] Bei Menschen, die nicht auf ihre eigenen Gefühle achten (und nicht auf die Gefühle anderer – was, wie wir noch erfahren werden, aufschlussreich ist), arbeitet die Inselrinde vergleichsweise schwerfällig, während sie bei denen, die ein gutes Gespür für ihr inneres Gefühlsleben haben, stärker aktiviert ist. Ein Extrem sind Menschen mit Alexithymie oder Gefühlsblindheit: Sie wissen nicht, was sie selbst gerade empfinden, und können sich auch nicht vorstellen, was ein anderer fühlt.[6]

Unsere »Bauchgefühle« sind Botschaften der Inselrinde und anderer Bottom-up-Schaltkreise, die unsere Aufmerksamkeit auf klügere Möglichkeiten richten und damit unsere Entscheidungen im Leben erleichtern. Je besser wir diese Botschaften »lesen« können, desto besser ist unsere Intuition.

Ein Beispiel ist jenes unbestimmte Gefühl, das sich manchmal einstellt, wenn wir auf eine große Reise gehen und vermuten, dass wir etwas Wichtiges vergessen haben. Eine Marathonläuferin erzählte mir, wie sie einmal auf dem Weg zu einem Wettbewerb war, der Hunderte von Kilometern entfernt stattfinden sollte. Dabei spürte sie dieses Ziehen – und ignorierte es. Aber als sie auf der Autobahn weiterfuhr, kam es wieder. Dann wurde ihr klar, was sie belastete: Sie hatte ihre Laufschuhe vergessen!

Ein Halt an einem Einkaufszentrum, das gerade schließen wollte, rettete sie. Aber die neuen Schuhe waren von einer anderen Marke als jene, die sie normalerweise trug. »So viele Blasen hatte ich noch nie!«, sagte sie.

Der Neurowissenschaftler Antonio Damasio bezeichnet die Empfindungen in unserem Körper, die uns mitteilen, ob eine Entscheidung sich falsch oder richtig anfühlt, als *somatische Marker*.[7] Diese Bottom-up-Schaltkreise melden uns ihre Erkenntnisse in Form unserer Bauchgefühle, und das häufig, lange bevor die Top-down-Schaltkreise zu einer stärker vernunftbetonten Schlussfolgerung gelangen.

Das ventromediale präfrontale Areal, ein entscheidender Teil dieser Schaltkreise, lenkt unsere Entscheidungen, wenn wir in unserem Leben vor besonders komplexen Alternativen stehen, beispielsweise der, wen wir heiraten oder ob wir ein Haus kaufen sollen. Solche Entscheidungen können nicht allein auf der Grundlage kalter, rationaler Analysen getroffen werden. Besser ist es, wenn wir uns ausmalen, wie sich die Entscheidung für A oder B anfühlen würde. Das ventromediale präfrontale Areal dient als inneres Steuerruder.

Die Selbstwahrnehmung hat zwei wichtige Ströme: das »Über mich«, das Berichte über Vergangenheit und Zukunft zusammensetzt, und das »Ich«, das uns in die unmittelbare Gegenwart versetzt. Wie wir bereits erfahren haben, stellt das »Über mich« Verknüpfungen zwischen Erfahrungen her, die wir zu verschiedenen Zeitpunkten gemacht haben. In krassem Kontrast dazu existiert das »Ich« ausschließlich im schieren Erleben des gegenwärtigen Augenblicks.

Das »Ich«, unser intimstes Gefühl für das eigene Selbst, spiegelt die zusammengestückelte Summe unserer Sinneseindrücke wider – insbesondere die Zustände unseres Körpers. Aufgebaut wird das »Ich« durch das Gehirnsystem, das auf dem Weg über die Inselrinde den Körper kartiert.[8]

Solche internen Signale dienen uns als innerer Leitfaden und helfen uns auf vielen Ebenen, von einer Lebensführung im Einklang mit unseren Leitwerten bis zur Erinnerung an unsere Laufschuhe.

Wie eine frühere Artistin des Cirque du Soleil mir erzählte, streben die Mitwirkenden des Zirkus bei ihren beängstigenden Auftritten nach einer »perfekten Ausführung«, wie sie es nannte: Dabei verbinden sich die physikalischen Bewegungsgesetze und die Regeln der Biomechanik mit zeitlicher Koordination, Winkeln und Geschwindigkeit; auf diese Weise, so erklärte sie, wird man »immer öfter perfekt – die ganze Zeit ist man niemals perfekt«.

Und woher wissen die Artisten, wann sie sich der Perfektion annähern? »Es ist das Gefühl. Du spürst es in den Gelenken, bevor du es im Kopf weißt.«

WIE SEHEN UNS DIE ANDEREN?

»Bei uns gilt die Regel ›Arschlöcher sind nicht erlaubt‹, aber unser leitender Techniker ist eines«, erzählte mir die Managerin eines Technik-Gründerzentrums in Kalifornien. »Er erbringt gute Leistungen, aber er ist auch ein Tyrann: Leute, die er nicht mag, lässt er links liegen, und seine Lieblinge bevorzugt er.«

»Er hat null Selbstwahrnehmung«, fügte sie hinzu. »Er merkt einfach nicht, wenn er sein Umfeld tyrannisiert. Wenn man ihn darauf hinweist, dass er es schon wieder gemacht hat, schiebt er die Schuld auf andere, wird wütend und glaubt, der Kritiker sei das Problem.«

Später erklärte mir der CEO des Unternehmens: »Wir haben noch ungefähr drei Monate mit ihm gearbeitet, aber dann mussten wir ihn gehen lassen. Er konnte sich nicht ändern – er war ein Tyrann und merkte es nicht einmal.«

Wenn wir »ausrasten« und in weniger wünschenswerte Handlungsweisen verfallen, denken wir nur allzu oft nicht daran, was wir eigentlich tun. Und wenn es uns keiner sagt, bleiben wir dabei.

Ein todsicherer Test der Selbstwahrnehmung ist eine »Rundumbewertung«, bei der wir uns selbst im Hinblick auf ein ganzes Spektrum einzelner Verhaltensweisen oder Eigenschaften einschätzen sollen. Diese Selbstbewertungen werden dann mit der Evaluierung durch ungefähr ein Dutzend Menschen verglichen, die uns nach denselben Maßstäben beurteilen sollten. Wir wählen sie aus, weil sie uns gut kennen und wir ihr Urteil respektieren – außerdem sind die Bewertungen anonym, sodass sie unbefangen vorgehen können.

Die Kluft zwischen der Selbsteinschätzung und der Beurteilung durch andere stellt eine der besten Möglichkeiten dar, die eigene Selbstwahrnehmung zu überprüfen. Zwischen Selbstwahrnehmung und Macht besteht ein faszinierender Zusammenhang: Bei Arbeitskräften auf niedrigeren Rängen bestehen relativ wenige Unterschiede zwischen eigenen und fremden Beurteilungen. Je höher aber jemand in einer Hierarchie steht, desto größer wird die Kluft.[1] Offensichtlich vermindert sich die Selbstwahrnehmung mit der Beförderung in der Firmenhierarchie.

Einer Theorie zufolge vergrößert sich die Lücke, weil mit dem Aufstieg einer Person im Unternehmen der Kreis derer schrumpft, die bereit oder mutig genug sind, Schwachpunkte ehrlich anzusprechen. Aber es gibt auch jene, die ihre Schwächen einfach leugnen oder überhaupt nicht erst erkennen.

Was der Grund auch sein mag: Abgehobene Führungsgestalten schätzen die eigene Leistungsfähigkeit weit höher ein als ihre Untergebenen. Ohne Selbstwahrnehmung fehlt das Korrektiv. Man denke nur an die TV-Serien *The Office* oder *Stromberg*.

Eine Rundumbewertung verschafft uns die Möglichkeit, uns selbst durch die Augen anderer zu sehen, und damit eröffnet sich ein weiterer Weg zur Selbstwahrnehmung. Der schottische Dichter Robert Burns pries diesen Weg in Versen:

Oh mögen doch die Götter
Die Fähigkeit uns schenken
Uns selbst so zu betrachten,
Wie andre von uns denken.

Sarkastischer sah W. H. Auden die Sache. »Um uns selbst zu lieben«, schaffen wir nach seinen Beobachtungen in unserem

Kopf ein positives Selbstbild, indem wir selektiv weniger schmei-chelhafte Dinge vergessen und uns an das erinnern, was uns an uns selbst bewundernswert erscheint. Und ein ähnliches Bild, so fügte er hinzu, versuchen wir auch »in den Köpfen der anderen zu schaffen, damit sie uns lieben«.

Der Philosoph George Santayana schließlich schloss den Kreis mit der Feststellung, es spiele kaum eine Rolle, was an-dere von uns denken – allerdings mit einer Ausnahme: Sobald wir es wissen, »färbt es stark auf das ab, was wir selbst von uns halten«. Gesellschaftsphilosophen sprechen von einem Spiegeleffekt oder vom »Ich im Spiegel«, wenn wir uns aus-malen, wie andere uns sehen.

Unser Ichgefühl entsteht dieser Vorstellung zufolge durch unsere zwischenmenschlichen Beziehungen; andere Menschen sind die Spiegel, die uns unser eigenes Bild vorhalten. Zusam-mengefasst wurde dieser Gedanke in der Formulierung »ich bin, was ich glaube, was du denkst, was ich bin«.

Durch die Augen – und die Ohren – der anderen

Das Leben bietet uns wenig Chancen zu erkennen, was an-dere wirklich von uns halten. Das ist möglicherweise der Grund, warum der Kurs mit dem Titel *Authentic Leadership Develop-ment* (»Entwicklung authentischer Führungsqualitäten«), den Bill George an der Harvard University leitet, dort zu den be-liebtesten Lehrveranstaltungen gehört: Jedes Mal, wenn er angeboten wird, ist er überbucht (und das Gleiche gilt für ei-nen ähnlichen Kurs an der Business School der Stanford Uni-versity).

Dazu erklärte mir George: »Wir wissen nicht, wer wir sind, bis wir uns selbst dabei zuhören, wie wir einer Person unseres Vertrauens die Geschichte unseres Lebens erzählen.« Um diese Verstärkung der Selbstwahrnehmung zu fördern, hat George »eingenordete Gruppen« geschaffen; mit dem »eingenordet«

ist dabei gemeint, dass man den eigenen inneren Kompass und ein Wertefundament findet. Sein Kurs bietet Studierenden die Möglichkeit, sich an einer solchen Gruppe zu beteiligen.

Das Motto der Gruppen lautet: Selbsterkenntnis beginnt mit Selbstoffenbarung.

In den Gruppen (die jeder gründen kann) geht es George zufolge mindestens so freimütig und intim zu wie bei den Treffen der Anonymen Alkoholiker oder in Therapiegruppen. Sie bieten »einen geschützten Ort, an dem die Mitglieder sehr persönliche Themen diskutieren können, die sie nach eigenem Eindruck anderswo nicht zur Sprache bringen dürfen – oftmals nicht einmal bei ihren engsten Angehörigen«.[2]

Dabei geht es nicht nur darum, uns selbst durch die Augen der anderen zu sehen. Wichtig ist auch, dass wir uns so hören wie die anderen. Das tun wir nicht.

Im Fachblatt *Surgery* wurde eine Studie beschrieben, die den Tonfall von Chirurgen bewertete; Grundlage waren dabei Zehn-Sekunden-Gesprächsfetzen, die während der Unterhaltung mit Patienten aufgezeichnet wurden.[3] Die Hälfte der Chirurgen, deren Stimmen bewertet wurden, war schon einmal wegen Kunstfehlern verklagt worden; bei der anderen Hälfte war das nicht der Fall. Die Stimmen derer, die schon einen solchen Prozess hinter sich hatten, wurden häufiger als dominierend und weniger einfühlsam beurteilt.

Chirurgen verwenden mehr Zeit als die meisten anderen Ärzte darauf, ihren Patienten technische Einzelheiten zu erläutern und sie über die schlimmsten Risiken einer Operation aufzuklären. Solche Gespräche sind schwierig: Sie können den Patienten in Angst versetzen und seine Aufmerksamkeit für emotionale Signale verstärken.

Wenn der Patient zuhört, wie der Chirurg die technischen Einzelheiten – und die beängstigenden potenziellen Risiken – erläutert, schaltet das Gefahrenradar des Gehirns auf Alarmzustand und sucht nach den kleinsten Hinweisen, die etwas darüber aussagen, wie gefährlich der Eingriff wirklich ist. Diese verstärkte Sensibilität dürfte ein Grund dafür sein, dass Mitgefühl oder Fürsorge – oder vielmehr das Fehlen von beiden –, die im Tonfall des Chirurgen zum Ausdruck kommen, eine Vorhersage darüber erlauben, ob er verklagt wird, wenn etwas schiefgeht.

Wegen der akustischen Verhältnisse in unserem Schädel klingt unsere Stimme für uns selbst ganz anders als für unsere Umwelt. Der Tonfall hat aber große Auswirkungen darauf, wie unsere Äußerungen wirken: Wie sich in wissenschaftlichen Untersuchungen herausgestellt hat, haben Menschen, denen negative Leistungsbeurteilungen in einem warmen, fürsorglichen Ton mitgeteilt werden, anschließend trotz der negativen Inhalte positive Gefühle. Werden ihnen dagegen positive Beurteilungen in einem kalten, distanzierten Ton mitgeteilt, sind ihre Gefühle am Ende trotz der guten Nachrichten negativ.[4]

Der Artikel in *Surgery* schlägt auch ein Gegenmittel vor: Chirurgen sollten sich Tonaufnahmen ihrer Patientengespräche anhören, damit ihnen klar wird, wie ihre Stimme klingt, und sie sollten durch Training lernen, wie sie mit ihrer Stimme Mitgefühl und Fürsorge ausdrücken können – kurz gesagt, sie sollten sich selbst mit den Ohren der anderen hören.

Gruppendenken: Gemeinsame blinde Flecken

Nach der wirtschaftlichen Kernschmelze der Anlageinstrumente, die sich auf Derivate zweitklassiger Kredite stützten, wurde ein Finanzmensch interviewt, dessen Aufgabe es gewesen war, genau diese Derivateinstrumente zu schaffen. Er erläuterte, wie er routinemäßig eine Riesenzahl fauler Kredite nahm und in drei Gruppen aufteilte: die Besten der Schlechten, die nicht ganz so Guten und die Schlechtesten der Schlechten. Dann nahm er jede dieser drei Kategorien, teilte sie nochmals durch drei und konstruierte dann für jede Gruppe die entsprechenden Derivate.

Er wurde gefragt: »Wer kauft denn so etwas?«

Die Antwort: »Idioten.«

Natürlich investierten auch scheinbar sehr kluge Menschen in solche Derivate; dabei nahmen sie Signale, dass die Produkte das Risiko nicht wert waren, nicht ernst und betonten stattdessen alles, was für ihre Entscheidung sprach. Als die Neigung, Belege für das Gegenteil zu ignorieren, sich ausbreitete und zu einer allgemeinen Selbsttäuschung wurde, war das Gruppendenken entstanden. Das unausgesprochene Bedürfnis, eine geschätzte Meinung zu schützen (und dazu wichtige, gegenteilige Daten in Misskredit zu bringen), lässt gemeinsame blinde Flecken entstehen, die zu schlechten Entscheidungen führen.

Ein klassisches Beispiel sind der innere Beraterkreis des Präsidenten George W. Bush und dessen Entscheidung, wegen imaginärer »Massenvernichtungswaffen« in den Irak einzumarschieren. Gleiches gilt für die Kreise von Finanzexperten, die für den Zusammenbruch der Hypothekenderivate sorgten. In beiden Fällen waren an dem katastrophalen Gruppendenken abgeschottete Gruppen von Entscheidungsträgern beteiligt, die nicht die richtigen Fragen stellten oder Daten, die gegen ihre Ansichten sprachen, in einer sich selbstbestätigenden Abwärtsspirale ignorierten.

In einer Gruppe oder einem Netzwerk verteilt sich die Kognition: Manche Mitglieder sind auf einem Gebiet Spezialisten, andere verfügen über ergänzende Fachkenntnisse. Die besten Entscheidungen werden gefällt, wenn Informationen innerhalb der Gruppe und in sie hinein freimütig fließen. Gruppendenken dagegen beginnt mit der unausgesprochenen Annahme: *Wir wissen alles, was wir wissen müssen.*

Von einem Unternehmen, das die Geldanlagen sehr reicher Menschen verwaltet, erhielt Daniel Kahneman einen Schatz: die Anlageergebnisse von 25 Finanzberatern aus acht Jahren. Bei der Analyse der Daten stellte Kahneman fest, dass es bei keinem einzelnen Berater einen Zusammenhang zwischen den

Ergebnissen von Jahr zu Jahr gab – oder mit anderen Worten: Kein Berater verwaltete das Geld der Kunden dauerhaft besser als irgendein anderer. Die Ergebnisse waren vielmehr nicht besser, als es dem Zufall entsprach.

Dennoch verhielten sich alle so, als besäßen sie eine besondere Fähigkeit – und jedes Jahr erhielten diejenigen, die die besten Leistungen erbracht hatten, große Bonuszahlungen. Als Kahneman diese Ergebnisse in der Hand hatte, traf er sich mit den Unternehmensleitern zum Abendessen und setzte sie darüber in Kenntnis, dass sie »das Glück belohnten, als wäre es eine Fähigkeit«.

Das hätte eigentlich eine erschreckende Nachricht sein müssen. Aber die Manager setzten ihr Essen in aller Ruhe fort, und Kahneman meinte: »Ich hatte nicht den geringsten Zweifel daran, dass unsere Ergebnisse und die Folgerungen, die sich aufdrängten, schnell unter den Teppich gekehrt würden und dass in der Firma alles so weiterginge wie zuvor.«[5]

Der Angriff galt also einer scheinbaren Fähigkeit, einer Illusion, die in der Kultur dieser Branche tief verwurzelt ist. Aber, so fügte er hinzu, »Tatsachen, die Grundannahmen infrage stellen – und dadurch das Auskommen und die Selbstachtung von Menschen bedrohen –, werden einfach ausgeblendet«.

In den 1960er-Jahren, als im Süden der Vereinigten Staaten die Bürgerrechtsbewegung hochkochte, reihte ich mich in meiner Heimatstadt in Kalifornien in eine Streikpostenkette vor einem Lebensmittelgeschäft ein, das damals keine Afroamerikaner einstellte. Aber erst Jahre später erfuhr ich von den Arbeiten des nigerianischen Anthropologen John Ogbu, der damals an der University of California in Berkeley arbeitete. Ogbu kam in einen Nachbarort und wollte dort das »Kastensystem« studieren, wie er es nannte – und erst jetzt wurde mir klar, dass ein solches System, eine Art faktische Rassentrennung, tatsächlich existierte.[6] An meiner Highschool gab es ausschließlich Weiße sowie sporadisch einige Asiaten und

Hispanics; eine andere Highschool war vorwiegend schwarz mit einigen Hispanics; die dritte war gemischt. Darüber hatte ich nie nachgedacht.

Als es um den Lebensmittelladen ging, konnte ich leicht sehen, welchen Anteil er an der Diskriminierung hatte – aber ich war blind gegenüber dem größeren Zusammenhang, in dem auch ich gefangen war, gegenüber der allgemeinen sozialen Hierarchie, die sich damit verband, wo die Menschen wohnten und (zu jener Zeit) auch zur Schule gingen. Gesellschaftliche Ungleichheit tritt in den Hintergrund, und wir gewöhnen uns daran, statt unsere Aufmerksamkeit darauf zu richten. Sie wieder in den Mittelpunkt der kollektiven Aufmerksamkeit zu rücken erfordert Anstrengung.

Eine solche Selbsttäuschung scheint ein allgemeiner Aspekt der Aufmerksamkeit zu sein. Wenn Autofahrer beispielsweise ihre fahrerischen Qualitäten beurteilen sollen, bewerten ungefähr drei Viertel ihre Fähigkeiten als überdurchschnittlich. Seltsamerweise hielten gerade diejenigen, die in Unfälle verwickelt waren, sich häufiger für bessere Fahrer als jene, die eine unfallfreie Vergangenheit vorweisen konnten.

Und was noch seltsamer ist: Im Allgemeinen glauben die meisten Menschen, sie würden ihre eigenen Fähigkeiten nicht so stark überbewerten wie andere. In dieser übertriebenen Selbsteinschätzung spiegelt sich der »Überdurchschnittlichkeitseffekt« wider, den man bei praktisch allen positiven Eigenschaften gefunden hat, von Fachkenntnissen und Kreativität bis zu Freundlichkeit und Ehrlichkeit.

Ich las Kahnemans Schilderung in seinem faszinierenden Buch *Schnelles Denken, langsames Denken,* als ich mich auf einem Flug von Boston nach London befand. Während der Landung plauderte ich mit dem Burschen, der auf der anderen Seite des Mittelgangs saß und den Buchumschlag gesehen hatte. Er sagte, er wolle das Buch ebenfalls lesen – und zufällig erwähnte er auch, er verwalte und investiere das Vermögen wohlhabender Personen.

Während die Maschine in Heathrow die lange Landebahn entlangrollte und schließlich den Weg zu unserem Gate fand, fasste ich für ihn die wichtigsten Aussagen des Buchs zusammen, darunter auch die Geschichte über das Finanzberatungsunternehmen – und ich fügte hinzu, man könne daraus wohl schließen, dass in dieser Branche das Glück belohnt werde, als wäre es eine Fähigkeit.

Darauf erwiderte er mit einem Achselzucken: »Ich glaube, ich brauche das Buch doch nicht zu lesen.«

Mit einer ähnlichen Gleichgültigkeit reagierten auch die Finanzmanager, denen Kahneman über seine Befunde berichtete. Oder wie er über solche unangenehmen Erkenntnisse sagt: »Sie werden vom Verstand nicht verdaut.«

Um ans Licht zu bringen, was eine Gruppe in einem Grab aus Gleichgültigkeit oder Unterdrückung beerdigt hat, bedarf es der Metakognition – in diesem Fall des Bewusstseins für unser fehlendes Bewusstsein. Klarheit beginnt damit, dass wir erkennen, was wir nicht wahrnehmen – und dass wir nicht wahrnehmen, dass wir nicht wahrnehmen.

Eine kluge Risikobewertung stützt sich auf eine weitgefasste, umfangreiche Datensammlung, die am Maßstab des Bauchgefühls überprüft wird; dumme Entscheidungen bauen auf einer zu schmalen Datenbasis auf. Aufrichtige Rückmeldungen von Menschen, denen wir Vertrauen und Respekt entgegenbringen, schaffen eine Selbstwahrnehmung, die uns vor einseitigen Informationen und fragwürdigen Annahmen schützen kann. Ein anderes Gegenmittel gegen das Gruppendenken lautet: Erweitere deinen Bekanntenkreis über die Zone des Angenehmen hinaus und schütze dich vor der Abschottung der Gruppe, indem du dir einen großen Kreis von außenstehenden Vertrauten schaffst, die ehrlich mit dir umgehen.

Eine solche kluge Verbreiterung der Basis geht über ein ausgewogenes Verhältnis von Geschlechtern und ethnischen Gruppen hinaus und schließt ein breites Spektrum von Altersgruppen, Klienten oder Kunden ein, aber auch alle anderen, die mit einer unverbrauchten Sichtweise aufwarten können.

»Zu Beginn des Betriebs sind unsere Server abgestürzt«, sagte ein Manager eines Unternehmens für Cloud Computing. »Unsere Konkurrenten haben uns genau beobachtet, und wenig später riefen unzählige Journalisten an und fragten, was los sei. Wir haben das Telefon nicht abgenommen, denn wir wussten nicht, was wir sagen sollten. Dann kam ein Angestellter, ein früherer Journalist, auf eine kreative Idee: Auf einer Website namens ›Trust Cloud‹ haben wir vollkommen ehrlich berichtet, was mit unserem Server los war – wo das Problem lag, wie wir es lösen wollten, alles.«

Den meisten Managern der Firma war diese Idee völlig fremd; sie kamen von Technikunternehmen, in denen strenge Geheimhaltung üblich war. Die unhinterfragte Annahme, sie sollten das Problem für sich behalten, trug den Samen des Gruppendenkens in sich.

»Aber als wir transparent waren«, sagte der Manager, »verflüchtigte sich das Problem. Unsere Kunden hatten die Sicherheit, dass sie wussten, was vor sich ging, und die Reporter riefen nicht mehr an.«

Oder wie der Richter Felix Frankfurter vom Obersten Gerichtshof einmal sagte: »Sonnenlicht ist das beste Desinfektionsmittel.«

EIN REZEPT
FÜR SELBSTBEHERRSCHUNG

Wenn meine ungefähr zwei Jahre alten Söhne sich ärgerten, beruhigte ich sie manchmal durch Ablenkung: *Sieh mal, der Vogel da* – oder mit dem begeisterten Allzweckausruf *Was ist das denn?*, wobei ich mit Blicken oder einem Finger ihre Aufmerksamkeit auf dieses oder jenes lenkte.

Wachsamkeit steuert Gefühle. Mit meinem kleinen Kunstgriff bediente ich mich der selektiven Aufmerksamkeit, um die erregte Amygdala zu beruhigen. Solange ein Kleinkind sich auf ein interessantes Objekt konzentriert, flaut sein Kummer ab; sobald das Objekt aber seine Faszination verliert, ist der Ärger – vorausgesetzt, die Netzwerke in der Amygdala halten daran fest – mit aller Macht wieder da.[1] Der Trick besteht natürlich darin, das Baby so lange zu faszinieren, bis die Amygdala sich beruhigt hat.

Wenn Kinder diese Steuerung der Aufmerksamkeit selbst lernen, erwerben sie damit eine der ersten Fähigkeiten zur emotionalen Selbstbeherrschung – eine Befähigung, die für ihr weiteres Schicksal extrem wichtig ist: Sie manipulieren damit die aufmüpfige Amygdala. Ein solcher Kunstgriff erfordert exekutive Aufmerksamkeit, eine Fähigkeit, die vom dritten Lebensjahr an aufblüht: Jetzt kann das Kleinkind »angestrengte Kontrolle« ausüben, das heißt, es konzentriert sich absichtlich, ignoriert Ablenkungen und unterdrückt Impulse.

Den Eltern fällt dieser Meilenstein unter Umständen auf,

wenn ein Kleinkind sich bewusst dafür entscheidet, angesichts einer Versuchung Nein zu sagen und beispielsweise auf den Nachtisch zu warten, bis es einige weitere Bissen von seinem Teller genommen hat. Auch dazu ist exekutive Aufmerksamkeit erforderlich, die dann zu Willenskraft und Selbstdisziplin heranwächst – zum Beispiel wenn wir unsere beunruhigenden Gefühle steuern und unsere Launen ignorieren, um uns weiterhin auf ein Ziel zu konzentrieren.

Mit acht Jahren beherrschen die meisten Kinder die exekutive Aufmerksamkeit in größerem Umfang. Sie wird zum mentalen Hilfsmittel und steuert die Tätigkeit anderer Netzwerke im Gehirn, die kognitiven Fähigkeiten wie dem Lesenlernen oder der Mathematik sowie ganz allgemein dem Wissenserwerb dienen (Näheres werden wir in Teil 5 erfahren).

Unser Geist bedient sich der Selbstwahrnehmung, um alles, was wir tun, im Griff zu behalten: Metakognition – das Nachdenken über das Nachdenken – hilft uns zu erkennen, wie unsere geistigen Tätigkeiten funktionieren und wie wir sie je nach Bedarf lenken können; die gleiche Wirkung hat Metaemotion auf die Steuerung des Lebens und der Impulse. Unser Gehirn ist so konstruiert, dass die Selbstwahrnehmung einerseits zur Steuerung unserer Emotionen beiträgt und andererseits auch spürt, was andere fühlen. Neurowissenschaftler betrachten die Selbstbeherrschung unter dem Gesichtspunkt der Gehirnareale, in denen exekutive Funktionen ablaufen; diese lenken mentale Fähigkeiten wie Selbstwahrnehmung und Selbststeuerung, die für die Orientierung im Leben von entscheidender Bedeutung sind.[2]

Exekutive Aufmerksamkeit ist der Schlüssel zum Selbstmanagement. Mit der Fähigkeit, unsere Konzentration auf einen Gegenstand zu richten und andere außer Acht zu lassen, erinnern wir uns an unsere Taille, wenn wir in der Gefriertruhe die Behälter mit Vanille-Schokoladen-Eis sehen. Diese kleine Alternative bringt den Kern der Willenskraft ans Licht, das Wesen der Selbststeuerung.

Unter allen Organen unseres Körpers reift das Gehirn als Letztes anatomisch heran – es wächst bis nach dem 20. Lebensjahr weiter und nimmt Gestalt an; die Aufmerksamkeitsnetzwerke gleichen einem Organ, das sich parallel zum Gehirn entwickelt.

Das Phänomen kennt jeder, der mehr als ein Kind hat: Jedes Baby ist vom ersten Tag an anders; eines ist aufmerksamer, das andere ruhiger, das eine aktiver als seine Geschwister. In solchen Temperamentsunterschieden spiegeln sich die Reifung und die genetischen Eigenschaften der verschiedenen Netzwerke im Gehirn wider.[3]

Welcher Anteil unserer Fähigkeit, aufmerksam zu sein, geht auf die Gene zurück? Das kommt darauf an. Wie sich herausgestellt hat, sind die verschiedenen Aufmerksamkeitssysteme in unterschiedlichem Ausmaß erblich.[4] Die stärkste erbliche Komponente findet sich in der exekutiven Steuerung.

Dennoch hängt auch der Aufbau dieser lebenswichtigen Fähigkeit in großem Umfang davon ab, was wir im Lauf unseres Lebens lernen. Die Wissenschaft der Epigenetik beschäftigt sich mit der Frage, welche Auswirkungen die Umwelt auf unsere Gene hat; sie lehrt uns, dass eine Gruppe von Genen nicht allein deshalb von Bedeutung ist, weil wir sie geerbt haben. Gene haben gewissermaßen einen biochemischen Ein-Aus-Schalter: Werden sie nie eingeschaltet, ist es das Gleiche, als besäßen wir sie nicht. Der »Ein«-Schalter kann verschiedene Formen haben, darunter die Ernährung, das Wechselspiel der chemischen Reaktionen im Organismus oder das, was wir lernen.

Willenskraft ist Schicksal

Aus jahrzehntelanger Forschung wissen wir, dass die Willenskraft wie kein anderer Faktor über den Verlauf unseres Lebens bestimmt. Eine der ersten derartigen Untersuchungen war ein kleines Projekt in den 1960er-Jahren, bei dem Kinder aus benachteiligten Familien in einem Vorschulprogramm besonders gefördert wurden, sodass sie neben anderen Fähigkeiten auch die Selbstbeherrschung kultivieren konnten.[5] Eigentlich wollte man damit den Intelligenzquotienten steigern, aber in dieser Hinsicht war das Vorhaben ein Fehlschlag. Jahre später jedoch, als man die ehemaligen Vorschulkinder mit Gleichaltrigen verglich, die nicht an dem Programm teilgenommen hatten, stellte sich heraus, dass es unter ihnen weniger Frühschwangerschaften, weniger Schulabbrüche und weniger Gesetzesübertretungen gab; selbst die Zahl der Fehltage am Arbeitsplatz war niedriger.[6] Die Befunde waren ein wichtiges Argument dafür, die Vorschulprogramme mit der Überschrift »Head Start« einzurichten, die es heute überall in den Vereinigten Staaten gibt.

Eine andere legendäre Studie war der »Marshmallowtest«, den der Psychologe Walter Mischel in den 1970er-Jahren an der Stanford University durchführte. Mischel lud Vierjährige an der Bing Nursery School auf dem Universitätsgelände einzeln in ein »Spielzimmer« ein. Dort wurde dem Kind ein Tablett mit Marshmallows oder anderen Leckereien gezeigt, unter denen es sich eines aussuchen durfte.

Dann folgte der schwierige Teil. Der Versuchsleiter sagte dem Kind: »Wenn du willst, kannst du deine Belohnung jetzt haben. Aber wenn du sie nicht isst, bevor ich von einer Besorgung zurückkomme, bekommst du zwei.«

In dem Zimmer waren jegliche Ablenkungen entfernt worden: kein Spielzeug, keine Bücher, nicht einmal ein Bild. Unter solchen unangenehmen Bedingungen war Selbstbeherrschung für die Vierjährigen eine beträchtliche Leistung. Ungefähr ein Drittel der Kinder griff sofort nach dem Marshmallow, ungefähr ein weiteres Drittel wartete endlose 15 Minuten, bevor es mit zwei Süßigkeiten belohnt wurde, und das letzte Drittel lag irgendwo dazwischen. Was am wichtigsten war: Kinder, die der Versuchung widerstanden, schnitten auch im Hinblick auf ihre exekutive Kontrolle und insbesondere auf die Neuausrichtung der Aufmerksamkeit besser ab.

Der Schlüssel zur Willenskraft, so Mischel, liegt in der Art, wie wir uns konzentrieren. In den vielen Hundert Beobachtungsstunden mit kleinen Kindern, die gegen Versuchungen ankämpften, erkannte er die entscheidende Fähigkeit: die »strategische Ausrichtung der Aufmerksamkeit«, wie er es nennt. Kinder, die volle 15 Minuten warteten, lenkten sich zu diesem Zweck mit verschiedenen Taktiken ab: Sie spielten »als ob«, sangen Lieder oder hielten sich die Augen zu. Wenn ein Kind einfach nur den Marshmallow anstarrte, hatte es schon verloren (oder genauer gesagt, war die Süßigkeit weg).

Wenn wir einer sofortigen Belohnung die Selbstbeschränkung entgegensetzen, spielen mindestens drei Formen der Aufmerksamkeit mit, und alle sind Aspekte der exekutiven Funktion. Erstens ist da die Fähigkeit, unsere Konzentration willentlich von einem Objekt der Begierde abzuwenden, das unsere Aufmerksamkeit stark in Anspruch nimmt. Die zweite, der Widerstand gegen Ablenkungen, lenkt unsere Konzentration in eine andere Richtung – beispielsweise auf ein Phantasiespiel –, sodass sie sich nicht wieder von dem begehrenswerten Gegenstand anziehen lässt. Und drittens können wir die Konzentration auf ein zukünftiges Ziel richten, beispielsweise auf die zwei Marshmallows, die wir später bekommen. Das alles summiert sich zu Willenskraft.

Schön und gut – das gilt für Kinder, die in einer konstruierten Situation wie dem Marshmallowtest ihre Selbstbeherrschung beweisen. Aber wie steht es mit dem Widerstand gegen die Versuchungen des wahren Lebens? Hier kommen die Kinder aus Dunedin in Neuseeland ins Spiel. Dunedin hat etwas mehr als 100.000 Einwohner und ist der Sitz einer der größten Universitäten des Landes. Mit dieser Kombination brachte der Ort ideale Voraussetzungen für eine der vielleicht bedeutsamsten Studien mit, die in den Annalen der Erforschung von Zutaten zum Lebenserfolg verzeichnet sind.

Es war ein ungeheuer ehrgeiziges Projekt: 1037 Kinder – sämtliche Babys, die in dem Ort in einem Zeitraum von zwölf

Monaten auf die Welt kamen – wurden während ihrer Kindheit eingehend beobachtet, und dann verfolgte ein Team von Wissenschaftlern aus mehreren Ländern ihr Schicksal mehrere Jahrzehnte weiter. Die Forscher kamen aus verschiedenen Fachgebieten und brachten jeweils ihre eigene Sichtweise für die Selbstbeherrschung mit, jenes entscheidende Anzeichen für die Selbstwahrnehmung.[7]

Während ihrer Schulzeit unterzogen sich die Kinder einer beeindruckenden Zahl verschiedener Tests; unter anderem wurden einerseits Frustrationstoleranz und Unruhe getestet, andererseits Konzentrationsfähigkeit und Ausdauer.[8]

Nach 20 Jahren konnte man noch 96 Prozent der Kinder ausfindig machen (was in einem stabilen Land wie Neuseeland weitaus einfacher ist als beispielsweise in den stark von Mobilität geprägten Vereinigten Staaten). Diese jungen Erwachsenen wurden nun auf folgende Eigenschaften untersucht:

- *Gesundheit:* Körperliche Untersuchungen und Labortests gaben Aufschluss über den Zustand von Herz und Kreislauf, Stoffwechsel, Psyche und Atemwegen, ja sogar über Zähne und entzündliche Erkrankungen.
- *Wohlstand:* Hier wurde gefragt, ob die Versuchspersonen Ersparnisse hatten, alleinerziehend waren, ein Eigenheim besaßen, Schwierigkeiten mit Schulden hatten, Geldanlagen oder eine Altersversorgung besaßen.
- *Kriminalität:* Mit Recherchen in allen Gerichtsakten aus Australien und Neuseeland ging man der Frage nach, ob die Betreffenden wegen eines Verbrechens verurteilt worden waren.

Das Ergebnis: Je größer die Selbstbeherrschung in der Kindheit gewesen war, desto besser schnitten die Kinder von Dunedin auch im Alter zwischen 30 und 40 Jahren ab. Ihr Gesundheitszustand war besser, sie waren finanziell erfolgreicher und gesetzestreuere Bürger. Je schlechter sie in der Kindheit mit ihren Impulsen zurechtgekommen waren, desto weniger verdienten sie, desto instabiler war ihre Gesundheit, und desto größer war die Wahrscheinlichkeit einer kriminellen Vergangenheit.

Der große Schock dabei: Wie sich in statistischen Analysen herausstellte, ist die Selbstbeherrschung eines Kindes in jeder Hinsicht ein ebenso verlässlicher Indikator für den späteren finanziellen Erfolg und den Gesundheitszustand (und übrigens auch für kriminelle Neigungen) wie soziale Herkunft, finanzielle Stellung der Herkunftsfamilie oder Intelligenzquotient. Die Willenskraft zeigte sich als völlig unabhängiger Faktor für den Erfolg im Leben – was den finanziellen Erfolg anging, erwies sich die Selbstbeherrschung in der Kindheit sogar als *stärkerer* Vorhersagefaktor als der Intelligenzquotient oder die soziale Schicht der Herkunftsfamilie.

Das Gleiche gilt für den schulischen Erfolg. In einem Experiment wurde amerikanischen Achtklässlern ein Dollar sofort oder zwei Dollar in einer Woche angeboten; wie sich herausstellte, korrelierte dieses einfache Maß für die Selbstbeherrschung enger mit dem Notendurchschnitt als der Intelligenzquotient. Eine starke Selbstbeherrschung lässt nicht nur eine Voraussage über bessere Noten zu, sondern auch über bessere emotionale Anpassung, bessere zwischenmenschliche Fähigkeiten, ein Gefühl der Sicherheit und größere Anpassungsfähigkeit.[9]

Die Bilanz: Kinder können aus noch so privilegierten wirtschaftlichen Verhältnissen stammen, wenn sie nicht die Fähigkeit beherrschen, die Belohnung beim Verfolgen ihrer Ziele auf später zu verschieben, geht dieser frühe Vorteil unter Umständen im Lauf des Lebens verloren. In den Vereinigten Staaten beispielsweise erreichen nur zwei von fünf Kindern, deren Eltern zu den obersten 20 Prozent des Vermögensspektrums gehören, die gleiche privilegierte Stellung; ungefähr sechs Prozent rutschen in die untersten 20 Prozent der Einkommensbezieher ab.[10] Gewissenhaftigkeit ist demnach anscheinend auf lange Sicht ein ebenso wirksamer Faktor wie noble Schulen, Nachhilfeunterricht und kostspielige Unterrichts-Sommerlager. Man sollte nicht unterschätzen, wie wertvoll es ist, Gitarre zu üben oder das Versprechen einzuhalten, das Meerschweinchen zu füttern und seinen Käfig zu säubern.

Eine andere Erkenntnis lautet: Alles, was wir tun können, um die Fähigkeit der Kinder zur kognitiven Selbstkontrolle zu stärken, wird ihnen während ihres ganzen Lebens helfen. Selbst ein Krümelmonster kann lernen, es besser zu machen.

Das Krümelmonster lernt knabbern

An dem Tag, als ich beim Sesame Workshop vorbeischaute – dem Hauptquartier von Ernie und Bert, Bibo, Krümelmonster und der übrigen Bande, die sich in den mehr als 120 Staaten, in denen die *Sesamstraße* ausgestrahlt wird, großer Beliebtheit erfreut –, traf die Kernmannschaft dort mit Kognitions- und Gehirnforschern zu einer Besprechung zusammen.

Die *Sesamstraße* ist Lernforschung, verpackt in Unterhaltung. »Im Mittelpunkt jeder Folge steht ein Lernziel«, sagte Michael Levine, Verwaltungsdirektor des Joan Ganz Cooney Center, bei dem Workshop. »Alles, was wir zeigen, wird vorher auf seinen erzieherischen Wert überprüft.«

Ein Netzwerk aus Fachleuten sieht sich den Inhalt an, und die wahren Experten – die Vorschulkinder – sorgen dafür, dass das Zielpublikum diese Inhalte auch versteht. Folgen mit besonderen Schwerpunkten, beispielsweise einem mathematischen Begriff, werden noch einmal auf ihren erzieherischen Wert getestet: Man fragt, was die Vorschulkinder tatsächlich gelernt haben.

An jenem Tag ging es in der Besprechung um wichtige Erkenntnisse der Kognitionsforschung. »Wir brauchen Spitzenforscher, die sich mit Spitzenautoren zusammensetzen und die Folgen entwickeln«, sagte Levine. »Aber wir müssen es richtig machen: Wir müssen den Wissenschaftlern zuhören und anschließend damit spielen – es muss Spaß machen.«

Eine Lektion zur Impulsbeherrschung steckt in einer Folge über die Geheimsoße beim »Cookie Connoisseur Club«. Alan, der Inhaber des Lebensmittelladens in der *Sesamstraße*, backt Kekse, die in dem Club verkostet werden sollen – aber niemand hat damit gerechnet, dass das Krümelmonster hinzukommt. Als es überraschend auf der Bühne erscheint, will es natürlich alle Kekse aufessen.

Alan erklärt dem Krümelmonster, dass man nur dann Mitglied im Club werden kann, wenn man den Impuls, alle Kekse zu verschlingen, unter Kontrolle hält. Stattdessen soll man lernen, das Erlebnis zu genießen. Erst nimmt man den Keks und sucht nach Mängeln, dann riecht man daran, und schließlich knabbert man ein Stückchen ab. Aber das Krümelmonster, der verkörperte Impuls, kann nur den ganzen Keks verschlingen.

Um in dieser Folge die richtigen Strategien zur Selbstbeherrschung zu vermitteln, konsultierte das Team nach Angaben von Rosemarie Truglio, leitende Vizepräsidentin für Bildung und Forschung, keinen anderen als Walter Mischel, den führenden Kopf hinter dem Marshmallowtest.

Mischel schlug vor, man solle dem Krümelmonster Strategien zur kognitiven Kontrolle beibringen, beispielsweise »stell dir vor, der Keks wäre etwas anderes«, und es solle sich dann an dieses Etwas erinnern. Das Krümelmonster sieht zum Beispiel, dass der Keks rund ist und einem Jo-Jo ähnelt; also sagt es sich selbst immer wieder, der Keks sei in Wirklichkeit ein Jo-Jo. Aber dann isst es ihn trotzdem.

Um das Krümelmonster dazu zu bringen, dass es nur ein wenig an dem Keks knabbert – was einen großen Triumph der Willenskraft darstellt –, schlug Mischel eine andere Strategie zur Verzögerung von Impulsen vor. Alan sagt zum Krümelmonster: »Ich weiß, das ist schwer für dich, aber was ist wichtiger: Jetzt den Keks oder Aufnahme in den Club, in dem du alle möglichen Kekse bekommst?« Das wirkte.

Ein Geist, der sich allzu leicht durch den leisesten Hinweis auf einen Keks ablenken lässt, hat nicht die Ausdauer, um die Bruchrechnung zu verstehen, von Differenzialrechnung ganz zu schweigen. Der Lehrplan der *Sesamstraße* macht an vielen Stellen solche Elemente der exekutiven Kontrolle deutlich und schafft damit die geistigen Voraussetzungen, um Themen wie Wissenschaft, Technologie, Ingenieurkunst und Mathematik behandeln zu können.

»Grundschullehrer sagen uns: ›Ich muss es schaffen, dass die Kinder zu mir kommen, sich hinsetzen, sich konzentrieren, ihre Gefühle im Griff behalten, auf Anweisungen hören, zusammenarbeiten und Freunde finden‹«, erklärte Truglio. »Erst dann kann ich ihnen Zahlen und Buchstaben beibringen.«

Um das Gespür für Mathematik und frühe Lesefähigkeit zu kultivieren, so erklärte mir Levine, braucht man Selbstbeherrschung, und die Grundlage dafür sind Veränderungen der exekutiven Funktionen in der Vorschulzeit. Die Selbstkontrolle, die im Zusammenhang mit den exekutiven Funktionen steht, korreliert eng mit den frühen Rechen- und Lesefähigkeiten. »Wenn man diese Fähigkeiten zur Selbststeuerung lehrt«, fügte er hinzu, »werden möglicherweise bei Kindern, bei denen sie bisher unterentwickelt waren, manche Teile des Gehirns neu verdrahtet.«

Die Kraft zu wählen

Mögen Sie dieses Kunstwerk? Menschen auf der ganzen Welt erklären Szenen wie diese zu ihren Lieblingsbildern: ein idyllischer Blick von einem erhöhten Standpunkt auf Wasser, Wiesen und vielleicht ein paar Tiere. Möglicherweise geht diese allgemein verbreitete Vorliebe auf die lange Phase unserer Vorgeschichte zurück, in der Vertreter unserer Spezies durch die Savannen streiften oder sich in schützenden, warmen Höhlen zusammendrängten, die an Berghängen lagen.

Wer es nun schafft, bei meinen Worten zu bleiben und nicht noch einmal die friedliche Szene zu betrachten, obwohl ein mentales Bedürfnis uns dazu drängt, der schafft in seinem eigenen Gehirn einen Konflikt zwischen Konzentration und Ablenkung. Dieses Spannungsverhältnis tritt immer dann auf, wenn wir versuchen, uns auf eine Sache zu konzentrieren und den Verlockungen einer anderen zu widerstehen. Es bedeutet, dass ein neuronaler Konflikt im Gange ist, ein Tauziehen auf der Erregungsebene zwischen den Top-down- und den Bottom-up-Schaltkreisen.

Wie gesagt: Schauen Sie nicht auf das Kunstwerk, sondern bleiben Sie hier bei dem, was ich Ihnen über die Vorgänge in Ihrem Gehirn zu berichten habe. Mit diesem inneren Konflikt wiederholt sich der Kampf, den ein Kind ausficht, wenn seine Gedanken von den Mathematikhausaufgaben abschweifen, weil es nach SMS von einer Freundin sehen will.[11]

Testet man die natürliche mathematische Begabung von Oberschülern, ergibt sich eine Spannweite: Manche Kinder sind entsetzlich schlecht, viele sind nicht so ganz gut, und rund zehn Prozent lassen ein großes Potenzial erkennen. Beobachtet man diese zehn Prozent im Mathematikunterricht eines ganzen Jahres, so werden die meisten von ihnen gute Noten erhalten. Entgegen den Voraussagen wird aber ein kleiner Teil dieser vielversprechenden Schüler auch recht schlecht abschneiden.

Jetzt geben wir jedem Mathematikschüler ein Gerät, das im Lauf des Tages zu zufälligen Zeitpunkten summt, und lassen sie dann jeweils zu diesen Zeiten ihre Stimmungslage notieren. Wenn sie zufällig gerade an den Mathematikaufgaben arbeiten, werden diejenigen, die gut abgeschnitten haben, viel häufiger über eine positive als über eine ängstliche Stimmung berichten. Bei denjenigen, die schlechte Leistungen erbringen, liegen die Verhältnisse umgekehrt: Hier sind ängstliche Stimmungen fünfmal häufiger als angenehme.[12]

In diesem Verhältnis steckt eine Antwort auf die Frage, warum jemand trotz großen Lernpotenzials scheitern kann. Wie die Kognitionsforschung uns lehrt, ist die Kapazität der Aufmerksamkeit begrenzt: Das Arbeitsgedächtnis stellt ein Nadelöhr dar und sorgt dafür, dass wir (wie in Kapitel 1 erwähnt wurde) zu jedem Zeitpunkt nur eine bestimmte Menge an Gedanken im Kopf behalten können. Wenn unsere Sorgen diese begrenzte Aufmerksamkeitskapazität in Anspruch nehmen, lassen die unwichtigen Gedanken die »Bandbreite« schrumpfen, die beispielsweise für Rechenaufgaben zur Verfügung steht.

Die Fähigkeit zu bemerken, dass wir ängstlich werden, und dann Schritte zur Erneuerung der Konzentration zu unternehmen, beruht auf Selbstwahrnehmung. Eine solche Metakognition versetzt uns in die Lage, unseren Geist in einem Zustand zu halten, der sich für die jeweilige Aufgabe am besten eignet, seien es algebraische Gleichungen, die Umsetzung eines Kochrezepts oder Modeentwürfe. Wo auch immer unsere Begabung liegt, Selbstwahrnehmung trägt dazu bei, sie bestmöglich zur Entfaltung zu bringen.

Unter den vielen Nuancen und Spielarten der Aufmerksamkeit spielen vor allem zwei für die Selbstwahrnehmung eine große Rolle. Selektive Aufmerksamkeit richtet unsere Konzentration auf ein Ziel und blendet alles andere aus. Offene Aufmerksamkeit veranlasst uns, umfassende Informationen aus der Umwelt und aus unserer Innenwelt aufzunehmen und so subtile Anhaltspunkte aufzugreifen, die uns sonst entgehen würden.

Im Extremfall können – wenn wir unsere Konzentration zu stark nach außen richten oder gegenüber den Vorgängen in unserem Umfeld zu offen sind – beide Formen der Aufmerksamkeit »es unmöglich machen, uns selbst wahrzunehmen«, wie Richard Davidson es formuliert.[13] Zu den exekutiven Funktionen gehört auch die Aufmerksamkeit für die Aufmerksamkeit als solche oder, allgemeiner gesagt, die Wahrnehmung unserer Geisteszustände; sie versetzt uns in die Lage, unsere Konzentration zu überwachen und in der richtigen Spur zu halten.

Exekutive Funktionen (wie die kognitive Kontrolle manchmal genannt wird) kann man, wie wir gerade erfahren haben, lernen (genauer werden wir das Thema in Teil 5 behandeln). Wenn Vorschulkinder exekutive Fähigkeiten erlernen, werden sie auf die Schulzeit besser vorbereitet als durch einen hohen Intelligenzquotienten oder vorzeitiges Lesenlernen.[14] Das Team der *Sesamstraße* kennt das Prinzip: Lehrer wünschen sich Schüler mit guten exekutiven Funktionen, die sich in Form von Selbstdisziplin, gesteuerter Aufmerksamkeit und der Fähigkeit, Versuchungen zu widerstehen, äußern. Solche exekutiven Funktionen sind neben dem Intelligenzquotienten eines Kindes – und mehr als er – Vorzeichen für gute Rechen- und Leseleistungen während der gesamten Schulzeit.[15]

Natürlich gilt das alles nicht nur für Kinder. Die Fähigkeit, unsere Konzentration auf einen Gegenstand zu richten und anderes zu ignorieren, ist das Kernstück der Willenskraft.

Ein Sack voller Knochen

In Indien sollten Mönche im fünften Jahrhundert über die »32 Körperteile« meditieren. Die Liste enthielt wenig attraktive Aspekte unserer Biologie: Kot, Galle, Schleim, Eiter, Blut, Fett, Rotz und so weiter. Mit dieser Konzentration auf widerwärtige Aspekte sollte die Loslösung vom eigenen Körper vorangetrieben werden, und gleichzeitig wollte man den zölibatär lebenden Mönchen helfen, der Wollust abzuschwören – mit anderen Worten: Die Willenskraft sollte gestärkt werden.

Springen wir nun einmal 1600 Jahre weiter und stellen wir diese asketischen Bemühungen ihrem extremen Gegenteil gegenüber. Ein Sozialarbeiter, der in Los Angeles minderjährige Prostituierte betreut, erzählte mir: »Es ist unglaublich, wie impulsiv manche jungen Leute sein können. Sie leben auf der Straße, aber wenn sie 1000 Dollar bekommen, geben sie alles für das teuerste iPhone aus, statt sich ein Dach über dem Kopf zu suchen und die benötigte Sicherheit zu finden.«

Mit seinem Programm hilft er HIV-infizierten jungen Frauen, staatliche Hilfen zu beantragen und von der Straße wegzukommen; er verschafft ihnen kostenlose medizinische Versorgung, Geldmittel für Wohnung und Lebensmittel, ja sogar die Mitgliedschaft in einem Fitnessstudio. »Ich habe gesehen, wie Freunde von manchen dieser jungen Leute sich absichtlich mit HIV angesteckt haben, nur um diese Sozialleistungen zu erhalten«, sagte er.

Den gleichen Gegensatz zwischen starker und völlig fehlender kognitiver Kontrolle entdeckte man vor Jahren auch in einem harmloseren Bereich: in dem Test der Stanford University mit der verzögerten Belohnung bei Vierjährigen, die durch einen Marshmallow in Versuchung geführt wurden. Als man 57 der damaligen Vorschulkinder 40 Jahre später ausfindig machte, waren »starke Verzögerer«, die mit vier Jahren der Versuchung durch die Süßigkeit widerstanden hatten, immer noch in der Lage, Belohnungen hinauszuschieben; die »schwachen

Verzögerer« dagegen konnten ihre Impulse nur schwer kontrollieren.

Dieses Mal wurde das Gehirn mit dem Scanner beobachtet, während sie der Versuchung widerstanden. Im präfrontalen Cortex der starken Verzögerer wurden Schaltkreise aktiv, die für die Steuerung von Gedanken und Handlungen verantwortlich sind, darunter der rechte Gyrus frontalis inferior, auch untere Stirnwindung genannt, der zu Impulsen Nein sagt. Bei den schwachen Verzögerern dagegen wurde das ventrale Striatum aktiv, ein Schaltkreis im Belohnungssystem des Gehirns, der tätig wird, wenn wir den Versuchungen und zweifelhaften Freuden des Lebens nachgeben und beispielsweise Drogen oder ein üppiges Dessert konsumieren.[16]

Wie sich in der Studie aus Dunedin herausstellte, waren insbesondere die Teenagerjahre für die kognitive Kontrolle von besonderer Bedeutung. Jugendliche mit geringer Selbstkontrolle fingen in der Pubertät häufiger an zu rauchen, wurden öfter ungeplant schwanger und brachen häufiger die Schule ab – alles Fallstricke, die ihnen spätere Gelegenheiten verbauten und ihnen eine Lebensweise mit schlecht bezahlter Arbeit, schlechterem Gesundheitszustand und in manchen Fällen sogar einer kriminellen Karriere aufzwangen.

Heißt das, dass Kinder mit Überaktivität oder Aufmerksamkeitsdefizit dazu verurteilt sind, Probleme zu bekommen? Keineswegs: Wie bei Kindern ganz allgemein, so gab es auch bei denen mit ADHS alle Abstufungen vom Schlechten bis zum Guten. Auch in dieser Gruppe war eine im Verhältnis größere Selbstbeherrschung trotz der Aufmerksamkeitsprobleme in der Schulzeit ein Vorhersagefaktor für ein insgesamt erfolgreicheres Leben.

Das alles gilt nicht nur für Vierjährige und Teenager. Die chronische kognitive Überlastung, die das Leben so vieler Menschen kennzeichnet, senkt offenbar unsere Selbstbeherrschungsschwelle. Je größere Anforderungen an unsere Aufmerksamkeit gestellt werden, desto schlechter, so scheint es, können wir Versuchungen widerstehen. Wie man aus manchen Forschungsarbeiten schließen kann, dürfte die Epidemie der Fettleibigkeit in den Industrieländern zum Teil auf eine größere Anfälligkeit dafür zurückgehen, dass wir, wenn wir abgelenkt sind, unbewusst handeln und automatisch zu zuckerreichen, fetten Lebensmitteln greifen. Wie sich in Untersuchungen mit bildgebenden Verfahren herausgestellt hat, sind diejenigen, die am erfolgreichsten abgenommen und das niedrigere Gewicht gehalten haben, am besten zu kognitiver Kontrolle in der Lage, wenn sie mit kalorienreichen Leckerbissen konfrontiert werden.[17]

Dieses innere Spannungsverhältnis spricht Freud mit seinem berühmten Satz »Wo Es war, soll Ich werden« unmittelbar an. Es – die Welle der Impulse, die uns veranlassen, nach dem Schokoriegel zu greifen, einen zu teuren Luxusgegenstand zu kaufen oder auf eine unterhaltsame Webseite zu klicken, obwohl sie völlige Zeitverschwendung ist – kämpft ständig mit unserem Ich, der Exekutive unseres Geistes. Das Ich bewirkt, dass wir abnehmen, Geld sparen und unsere Zeit effektiv einsetzen.

Die Willenskraft (eine Facette des »Ich«) stellt einen Ringkampf zwischen Top-down- und Bottom-up-Systemen in der geistigen Arena dar. Willenskraft sorgt dafür, dass wir uns auf unsere Ziele konzentrieren, obwohl Impulse, Leidenschaften, Gewohnheiten und Sehnsüchte an uns zerren. Diese kognitive Kontrolle stellt ein »kühles« mentales System dar, das sich darum bemüht, unsere Ziele auch angesichts unserer »heißen« – schnellen, impulsiven, automatischen – emotionalen Reaktionen weiter zu verfolgen.

Die beiden Systeme kennzeichnen einen wichtigen Unterschied der Konzentration. Die Belohnungsschaltkreise fixieren sich auf die »heiße« Kognition, auf emotional stark aufgeladene Gedanken wie den, was an einem Marshmallow so verführerisch ist (*er ist lecker, süß und weich*). Je stärker die Emotionen, desto stärker ist auch der Impuls – und desto größer ist die Wahrscheinlichkeit, dass unsere nüchtern eingestellten präfrontalen Gehirnlappen von unseren Begierden vereinnahmt werden.

Das exekutive System im präfrontalen Cortex dagegen »kühlt die Hitze ab«: Es unterdrückt den Impuls zuzugreifen und sorgt für eine neue Bewertung der Versuchung (*er macht auch dick*). Dieses System können wir (oder auch der Vierjährige) aktivieren, indem wir beispielsweise über die Form, die Farbe oder die Herstellung von Marshmallows nachdenken. Ein solcher Wechsel der Konzentration verringert den Impuls, danach zu greifen.

In seinen Experimenten an der Stanford University tat Mischel das Gleiche, was er auch dem Krümelmonster vorgeschlagen hatte: Er half einigen Kindern mit einem einfachen mentalen Trick. Dazu lehrte er sie, sich vorzustellen, dass es sich bei der Süßigkeit nur um ein Bild in einem Rahmen handelt. Daraufhin war die unwiderstehliche Süßigkeit, die sich in ihrem Geist so breitgemacht hatte, plötzlich nichts Reales mehr, sondern etwas, auf das sie sich konzentrieren konnten oder auch nicht. Diese Veränderung der Beziehung zum Marshmallow war eine Art geistiges Judo: Es sorgte dafür, dass Kinder, die zuvor den Griff nach der Süßigkeit nicht länger als eine Minute unterdrücken konnten, der Versuchung plötzlich eine Viertelstunde lang widerstanden.

Eine solche kognitive Impulskontrolle ist für das weitere Leben ein gutes Zeichen. Mischel formulierte es so: »Wenn man mit heißen Gefühlen umgehen kann, kann man auch für den Schuleingangstest lernen, statt fernzusehen. Und man kann mehr Geld für die Altersversorgung zurücklegen. Es geht nicht nur um den Marshmallow.«[18]

Absichtliche Ablenkung, kognitive Neubewertung und andere metakognitive Strategien sind in der Psychologie seit den 1970er-Jahren Thema. Ähnliche geistige Strategien wandten aber schon die Mönche im fünften Jahrhundert an, als sie über die »verabscheuungswürdigen« Teile unseres Körpers nachdachten.

In einer Erzählung aus jener Zeit geht ein Mönch gerade spazieren, als eine attraktive Frau vorübereilt.[19] Sie hatte am Morgen eine hitzige Auseinandersetzung mit ihrem Mann und flüchtet nun ins Haus ihrer Eltern.

Wenige Minuten später kommt ihr Mann vorüber, der sie verfolgt. Er fragt den Mönch: »Ehrwürdiger Herr, haben Sie zufällig eine Frau vorübergehen sehen?«

Darauf antwortet der Mönch: »Ob Mann oder Frau, kann ich nicht sagen. Aber ein Sack voller Knochen ist in diese Richtung gegangen.«

Teil 3

IN ANDEREN LESEN

DIE FRAU, DIE ZU VIEL WUSSTE

Ihr Vater hatte ein ungestümes Temperament, und als Kind hatte sie immer Angst gehabt, es könne jeden Augenblick ausbrechen. Deshalb lernte Katrina, wie ich sie nennen möchte, übervorsichtig zu sein: Sie bemühte sich, noch die kleinsten Anhaltspunkte – eine Veränderung des Tonfalls, ein Herabziehen der Augenbrauen – dafür wahrzunehmen, dass wieder einmal einer seiner Wutausbrüche bevorstand.

Als Katrina heranwuchs, wurde das emotionale Radar noch empfindlicher. An der Universität zum Beispiel erkannte sie allein an der Körpersprache einer Kommilitonin, dass diese heimlich mit einem Professor geschlafen hatte.

Sie sah, wie die Körper der beiden sich in einem subtilen Tanz wie aufeinander abgestimmt bewegten. »Sie bewegten sich im Einklang«, erzählte mir Katrina. »Wenn sie zuckte, zuckte auch er. Als ich sah, wie sie auf körperlicher Ebene so eng aufeinander eingestellt waren, wie Geliebte, kam mir der Gedanke: *Oh, wie unheimlich …*«

»Liebende wissen es nicht, aber beide sprechen auf einer sehr grundlegenden Ebene übermäßig stark aufeinander an«, fügte sie hinzu.

Erst Monate später vertraute die andere Studentin ihrer Bekannten ihre geheime Affäre an. Katrina meinte dazu: »Das Verhältnis war beendet, aber körperlich waren sie immer noch zusammen.«

Wenn Katrina in Gesellschaft anderer Menschen ist, so sagte sie selbst, »nehme ich übermäßig stark Dutzende von Informationsströmen wahr, die man normalerweise nicht spürt – beispielsweise eine gehobene Augenbraue oder eine Handbewegung. Es ist zerstörerisch – ich weiß viel zu viel, und das bringt mich um. Ich bin überaufmerksam.«

Was Katrina spürt – und manchmal auch offen erkennen lässt –, verärgert nicht nur andere Menschen, sondern es kann auch sie selbst aus dem Gleis werfen. »Ich kam zu einer Besprechung zu spät und hatte alle anderen warten lassen. In dem, was sie aussprachen, waren alle vollkommen freundlich – aber mit dem Körper sagten sie mir etwas anderes. An ihrer Körperhaltung und der Art, wie sie meinen Blicken auswichen, konnte ich erkennen, dass alle verärgert waren. Mich überkam eine Welle der Traurigkeit, und ich hatte einen Kloß im Hals. Die Besprechung lief nicht gerade toll.

Ich sehe ständig Dinge, die ich nicht sehen soll – und das ist ein Problem«, fügte sie hinzu. »Ich stochere in Privatangelegenheiten herum, ohne es zu wollen. Lange Zeit war mir nicht klar, dass ich nicht alle aufschlussreichen Dinge, die ich weiß, anderen mitteilen muss.«

Nachdem andere aus ihrer Arbeitsgruppe ihr gesagt hatten, sie sei zu aufdringlich, arbeitete Katrina mit einem Verhaltenstrainer. »Der Coach hat mir gesagt, ich hätte das Problem, dass ich bestimmte emotionale Signale aussende – wenn mir etwas auffällt, was ich gar nicht merken soll, reagiere ich so, dass die Leute denken, ich sei ständig wütend. Deshalb bin ich jetzt auch in dieser Hinsicht vorsichtig.«

Sozial sensible Menschen wie Katrina achten feinsinnig noch auf die kleinsten emotionalen Signale und haben die fast gespenstische Fähigkeit, noch die subtilsten Anhaltspunkte zu lesen, die andere übersehen würden. Eine geringfügige Erweiterung der Iris, ein Heben der Augenbrauen oder eine kleine Bewegung des Körpers – mehr brauchen sie nicht, um zu wissen, wie sich der andere fühlt.

Probleme entstehen daraus, wenn man wie Katrina nicht gut mit solchen Erkenntnissen umgehen kann.

Die gleichen Fähigkeiten verleihen uns aber auch zwischenmenschliche Geschicklichkeit: Wir spüren, wann wir ein heikles Thema besser nicht ansprechen sollten, wann jemand allein sein möchte oder wann Menschen sich nach tröstenden Worten sehnen.

Ein geübter Blick für solche unterschwelligen Anhaltspunkte ist in vielen Lebensbereichen von Vorteil. Ein Beispiel sind Spitzenspieler in Sportarten wie Squash oder Tennis: Sie spüren, wo der Ball des Gegners landen wird, weil sie geringfügige Veränderungen seiner Körperhaltung wahrnehmen, wenn er vor dem Schlag seine Position einnimmt. Viele großartige Baseball-Hitter, unter ihnen Hank Aaron, sahen sich immer wieder Filme der Pitcher an, denen sie im nächsten Spiel gegenüberstehen würden: Sie wollten wissen, an welchen Anhaltspunkten sich ablesen ließ, wie der nächste Wurf aussehen würde.

Ein ähnlich gut trainiertes Mitgefühl wendet Justine Cassell, die Leiterin des Human-Computer Interaction Institute an der Carnegie Mellon University, im Dienst der Wissenschaft an. »In meiner Familie haben wir ›Menschen beobachten‹ gespielt«, erzählte sie mir. Diese Kindheitsbeschäftigung verfeinerte sie als Doktorandin: Jetzt studierte sie Hunderte von Stunden lang in Videoaufnahmen Handbewegungen von Menschen, die einen zuvor gesehenen Zeichentrickfilm beschreiben sollten.

In Videoabschnitten von 30 Bildern pro Sekunde hielt sie fest, wie sich die Form der Hand veränderte und wie der Wechsel ihrer Richtung, ihre Position im Raum und der Bewegungsweg abliefen. Um ihre Befunde zu überprüfen, ging sie dann den umgekehrten Weg: Sie begann bei ihren Notizen und untersuchte, ob sie die Handbewegung genau nachvollziehen konnte.

In jüngerer Zeit untersuchte Cassell die Bewegungen der Gesichtsmuskulatur: Blickrichtung, das Heben der Augenbrauen und das Nicken wurden Sekunde für Sekunde aufgezeichnet und überprüft. Solche Beobachtungen stellte sie über Hunderte von Stunden an – und tut es mit ihren Doktoranden in dem Labor an der Carnegie Mellon University bis heute.

»Gesten treten immer unmittelbar vor dem nachdrücklichsten Teil einer Äußerung auf«, erklärte mir Cassell. »Manche Politiker sehen wahrscheinlich deshalb unehrlich aus, weil man ihnen beigebracht hat, bestimmte Gesten zu machen, aber sie haben nicht den richtigen Zeitablauf gelernt; wenn sie solche Gesten dann nach den Worten anbringen, vermitteln sie uns das Gefühl, dass sie uns täuschen wollen.«

Der zeitliche Ablauf einer Geste vermittelt ihre Bedeutung. Stimmt er nicht, kann eine positive Äußerung negative Wirkungen haben. Cassell nannte ein Beispiel: »Wenn man sagt, ›Sie ist eine großartige Kandidatin für die Stellenbesetzung‹ und dabei die Augenbrauen hebt, nickt und gleichzeitig das Wort *großartig* betont, sendet man eine sehr positive emotionale Botschaft aus. Kommen aber das Nicken und das Heben der Augenbrauen in dem gleichen Satz nach dem Wort *großartig* und einem kurzen Schweigen, verschiebt sich die emotionale Bedeutung zum Sarkasmus – in Wirklichkeit sagt man damit, dass sie überhaupt nicht großartig ist.«

Solche nonverbalen Metabotschaften interpretieren wir augenblicklich, unbewusst und völlig automatisch. »Wir können dem, was jemand uns sagt, nicht *keinen* Sinn beimessen«, sagte Cassell. Das gilt gleichermaßen für Worte und/oder für Gesten. Alles, was wir von einem anderen Menschen mitbekommen, erhält auf einer unbewussten Ebene einen Sinn, und unsere Bottom-up-Schaltkreise nehmen es ständig wahr.

In einer Studie erinnerten sich Zuhörer, sie hätten eine Information »gehört«, die sie in Wirklichkeit nur in Form von Gesten gesehen hatten. Wenn beispielsweise jemand den Satz »er kommt unten aus dem Rohr heraus« hörte, wobei der Sprecher die Hand aber gleichzeitig zur Faust geballt und auf und ab bewegt hatte, sagte er hinterher, er habe gehört »und geht dann die Treppe hinunter«.[1]

Cassells Arbeiten machen Dinge sichtbar, die normalerweise in Sekundenbruchteilen an uns vorüberhuschen. Unsere automatischen Schaltkreise nehmen die Botschaft wahr, unser Top-down-Bewusstsein dagegen verpasst sie fast völlig.

Solche verborgenen Botschaften haben starke Wirkungen. Eheforscher beispielsweise wissen schon seit Langem, dass ein Paar mit großer Wahrscheinlichkeit nicht zusammenbleiben wird, wenn ein Partner immer wieder mit flüchtigen Gesichtsausdrücken seiner Abscheu oder Verachtung Ausdruck verleiht.[2] Wenn Therapeut und Klient sich in der Psychotherapie im Einklang bewegen, führt die Therapie wahrscheinlich zu einem besseren Ergebnis.[3]

Als Cassell noch Professorin am Media Lab des Massachusetts Institute of Technology war, nutzte sie ihre äußerst präzisen Analysen unserer Ausdrucksweise unter anderem zur Entwicklung eines Systems, das professionelle Trickfilmzeichner als Anleitung zur Kunst des nonverbalen Verhaltens verwenden. In diesem System – es heißt BEAT – kann der Trickzeichner einen Dialogabschnitt eintippen und erhält eine automatisch animierte Zeichentrickgestalt, die bereits die richtigen Gesten, Kopf- und Augenbewegungen sowie die korrekte Körperhaltung mitbringt; diese können dann je nach der künstlerischen Absicht optimiert werden.[4]

Damit wir aus den Äußerungen, dem Tonfall und den Gesten eines virtuellen Schauspielers genau das richtige »Feeling« ableiten können, brauchen wir offenbar das Top-down-Verständnis für Bottom-up-Prozesse. In ähnlichen Trickfilmen, die Cassell heute entwickelt, dienen Bilder von Kindern »für Grundschüler als virtuelle Gleichaltrige, zu denen sie mit sozialen Fähigkeiten eine enge Bindung herstellen, um mittels dieser dann das Lernen zu erleichtern«.

Als wir uns in einer Tagungspause bei einer Tasse Kaffee trafen, erklärte mir Cassell, wie die vielen Hundert Stunden, in denen sie nonverbale Botschaften analysiert hatte, auch ihre eigene Sensibilität verfeinerten. »Heute verfolge ich das automatisch, wenn ich mit jemandem zusammen bin«, erzählte sie mir – was mich, wie ich gestehen muss, ein wenig unsicher machte (und das umso mehr, als mir klar wurde, dass sie auch dies vermutlich bemerkt hat).

DIE TRIADE DER EMPATHIE

Die Fähigkeit, emotionale Signale zu lesen, stellt eine Spitzenleistung der *kognitiven* Empathie dar, einer von drei wichtigen
Spielarten der Fähigkeit, sich auf das Erleben anderer Menschen zu konzentrieren.[1] Diese Form der Empathie bewirkt,
dass wir uns die Sichtweise anderer Menschen zu eigen machen, ihren mentalen Zustand verstehen und mit unseren eigenen Emotionen umgehen, während wir uns gleichzeitig über
die Gefühle des anderen klar werden. Das alles können geistige Top-down-Tätigkeiten sein.[2]

Bei der *emotionalen* Empathie dagegen schließen wir uns
mit unseren Gefühlen dem anderen an; welche Tonart von
Freude oder Trauer der andere auch durchmacht, sie hallt in
unserem eigenen Körper wider. Für eine solche Hinwendung
sorgen in der Regel automatisch und spontan tätige Bottom-
up-Schaltkreise.

Kognitive oder emotionale Empathie bedeutet, dass wir erkennen, was ein anderer denkt, und dass diese Gefühle in uns
widerhallen; es führt aber nicht zwangsläufig zu Sympathie
oder zur Sorge um das Wohlergehen des anderen. Die dritte
Form, die empathische Besorgnis, geht noch einen Schritt weiter: Sie führt dazu, dass wir uns um den anderen kümmern,
und mobilisiert uns, damit wir bei Bedarf helfen. Diese mitfühlende Einstellung baut auf seit Urzeiten tief im Gehirn ver-
ankerten Bottom-up-Systemen für Fürsorge und Bindung auf,

sie vermischt sich aber mit der Tätigkeit stärker reflektierender Top-down-Schaltkreise, die beurteilen, welchen Wert wir auf das Wohlergehen des anderen legen.

Unsere Empathie-Schaltkreise wurden für persönliche Begegnungen konstruiert. Heute, wo wir online zusammenarbeiten, stehen sie vor besonderen Herausforderungen. Ein Beispiel ist jener vertraute Zeitpunkt in Besprechungen, wenn alle zu einer stillschweigenden Übereinkunft gelangt sind, und dann spricht einer laut aus, was alle anderen bereits wissen, aber nicht gesagt haben: »Na gut, dann sind wir uns da also einig.« Worauf allgemeines Nicken folgt.

In einer textbasierten Onlinediskussion zu einem solchen Konsens zu gelangen erfordert dagegen einen Blindflug: Hier kann man nicht auf den ständigen Sturzbach nonverbaler Botschaften zurückgreifen, die in einer persönlichen Begegnung dazu führen, dass irgendwann jemand die bisher unausgesprochene Übereinkunft formuliert. Vielmehr können wir andere nur danach beurteilen, was sie sagen. Darüber hinaus kann man aber auch zwischen den Zeilen lesen: Online sind wir auf die kognitive Empathie angewiesen, jene Form des Gedankenlesens, mit deren Hilfe wir Schlüsse darüber ziehen, was im Kopf eines anderen vorgeht.

Kognitive Empathie versetzt uns in die Lage, die Sichtweise und die Gedanken eines anderen zu verstehen. Die Welt durch die Augen anderer zu sehen und ihre Gedankengänge nachzuvollziehen hilft uns dabei, eine Sprache zu finden, die zu ihrer Art des Verständnisses passt.

Diese Fähigkeit verlangt »zusätzliche Rechenmechanismen«, wie Kognitionsforscher es formulieren: Wir müssen über Gefühle nachdenken. Eine solche Form der Empathie setzen die Wissenschaftler in Justine Cassells Arbeitsgruppe routinemäßig ein.

Wissbegier, die uns veranlasst, von allen zu lernen, treibt unsere kognitive Empathie an und verstärkt unser Verständnis für die Gedankenwelt anderer Menschen. Ein erfolgreicher

Manager, der ein Musterbeispiel für diese Einstellung ist, formulierte es so: »Ich wollte immer alles lernen und alle verstehen, die in meiner Nähe waren – warum sie so und nicht anders denken, warum sie so und nicht anders handeln, was für sie funktioniert und was nicht.«[3]

Die ersten Wurzeln dieser Fähigkeit, fremde Standpunkte einzunehmen, lassen sich bis in die früheste Jugend zurückverfolgen, in der Kleinkinder die Grundbausteine des Gefühlslebens erlernen: Sie erfahren, wie sich ihr eigener Zustand von dem anderer unterscheidet und wie Menschen auf die von ihnen geäußerten Gefühle reagieren. Diese grundlegende Form des emotionalen Verständnisses zeigt sich, wenn ein Kleinkind zum ersten Mal die Perspektive eines anderen einnimmt, mehrere Sichtweisen nachvollzieht und ihre Bedeutung anderen Menschen mitteilen kann.

Im Alter von zwei bis drei Jahren können Kleinkinder Gefühle mit Worten bezeichnen und erklären, dass ein Gesicht »fröhlich« oder »traurig« sei. Ungefähr ein Jahr später wird ihnen klar, dass die Reaktion eines anderen Kindes davon abhängt, wie dieses Kind einen Vorgang wahrnimmt. Bei Jugendlichen verstärkt sich ein anderer Aspekt: Sie können nun die Gefühle eines Menschen genau nachvollziehen, was den Weg für reibungslosere zwischenmenschliche Beziehungen eröffnet.

Tania Singer, die Direktorin der Abteilung für Soziale Neurowissenschaft am Max-Planck-Institut für Kognitions- und Neurowissenschaft in Leipzig, hat Empathie und Selbstwahrnehmung bei Menschen mit Alexithymie oder Gefühlsblindheit studiert; diese haben große Schwierigkeiten, ihre eigenen Gefühle zu verstehen und in Worte zu fassen. »Um die Gefühle anderer zu verstehen, muss man erst einmal die eigenen Gefühle kennen«, sagt sie.

Die exekutiven Schaltkreise, mit deren Hilfe wir über unsere eigenen Gedanken und Gefühle nachdenken können, versetzen uns auch in die Lage, die gleichen Überlegungen über den Geist anderer Menschen anzustellen. Die »Theorie des Geistes« – das Wissen, dass andere Menschen ihre eigenen Gefühle, Wünsche und Motive haben – veranlasst uns zu überlegen, was ein anderer vielleicht denkt und will. Eine solche kognitive Empathie ist teilweise in den gleichen Schaltkreisen angesiedelt wie die exekutive Aufmerksamkeit; sie blüht erstmals zwischen dem zweiten und fünften Lebensjahr auf und entwickelt sich dann bis ins Teenageralter hinein weiter.

Wenn die Empathie Amok läuft

Ein muskelbepackter Insasse eines Gefängnisses in New Mexico wurde von einem Psychologiestudenten befragt. Der Häftling war so gefährlich, dass das Büro mit einem Knopf ausgestattet war, auf den der Interviewer drücken konnte, wenn die Lage außer Kontrolle geriet. Der Gefängnisinsasse erzählte dem Psychologiestudenten in allen grausigen Einzelheiten, wie er seine Freundin umgebracht hatte – aber das tat er auf so liebenswürdige Weise, dass es dem Studenten schwerfiel, nicht mit ihm darüber zu lachen.

Ungefähr ein Drittel derer, die aus beruflichen Gründen kriminelle Soziopathen wie diesen Mörder befragen müssen, berichten über Gänsehaut, über ein kribbelndes Gefühl, das nach Ansicht mancher Fachleute das Einsetzen einer urtümlichen, defensiven Empathie kennzeichnet.[4]

Eine dunklere Seite der kognitiven Empathie zeigt sich, wenn jemand sie nutzt, um die Schwächen anderer zu erkennen und daraus einen Vorteil zu ziehen. Diese Strategie ist typisch für Soziopathen, die ihre kognitive Empathie benutzen, um andere zu manipulieren. Sie empfinden keine Angst, und deshalb schreckt eine Strafandrohung sie nicht ab.[5]

Das klassische Werk über Soziopathen (die man damals »Psychopathen« nannte) war das 1941 erschienene Buch *The Mask of Sanity* von Hervey M. Cleckley. Nach seiner Beschreibung verbirgt sich bei solchen Menschen »eine verantwortungslose Persönlichkeit« hinter »einer vollkommenen Maske normaler Emotionen, hoher Intelligenz und sozialen Verantwortungsbewusstseins«.[6] Der verantwortungslose Teil zeigt sich in einem Leben mit pathologischen Lügen, der parasitären Ausnutzung anderer und Ähnlichem. Interessanterweise deuten andere Signale auf Aufmerksamkeitsdefizite hin, etwa eine gelangweilte Ablenkbarkeit, eine schlechte Impulssteuerung und das Fehlen emotionaler Empathie oder Sympathie für Menschen, die sich in Notlagen befinden.

Als Soziopathen gilt ungefähr ein Prozent der Bevölkerung; wenn das stimmt, gibt es auf der Welt Millionen von »erfolgreichen Soziopathen«, wie Kliniker sie nennen (nachdem Bernie Madoff im Gefängnis saß, war er das Musterbeispiel für einen erfolglosen Fall). Soziopathen und die eng mit ihnen verwandten »machiavellistischen Persönlichkeiten« sind in der Lage, die Emotionen anderer zu erkennen, sie nehmen Gesichtsausdrücke aber nicht in demselben Gehirnareal wahr wie andere Menschen.

Soziopathen registrieren Emotionen nicht in den limbischen Zentren des Gehirns, sondern bei ihnen werden die frontalen Areale und insbesondere die Sprachzentren aktiv. Sie erzählen sich selbst etwas *über* Emotionen, spüren sie aber im Gegensatz zu anderen Menschen nicht unmittelbar; statt der normalen emotionalen Bottom-up-Reaktion »fühlen« Soziopathen von oben nach unten.[7]

Erstaunlich deutlich wird dies im Fall der Angst: Soziopathen können offenbar nicht einschätzen, was die Bestrafung ihrer Verbrechen für sie bedeuten wird. Einer Theorie zufolge leiden sie an einem Mangel an kognitiver Kontrolle über Impulse; dieser äußert sich als Aufmerksamkeitsdefizit, sodass sie sich auf den unmittelbaren Nervenkitzel konzentrieren und für die Folgen ihres Handelns blind sind.[8]

Emotionale Empathie: Ich spüre deinen Schmerz

»Diese Maschine kann Leben retten«, verkündet eine Werbeanzeige. Das Bild zeigt eine Krankenhausumgebung und eine Plattform mit Rädern, auf der ein Videomonitor mit Tastatur, ein Regal für Blutdruckmessgeräte und Ähnliches stehen.

Mit diesem »lebensrettenden« Apparat machte ich Bekanntschaft, als ich neulich beim Arzt war. Als ich mich auf den Untersuchungstisch setzte, um den Blutdruck messen zu lassen, war die Plattform rechts hinter mir versteckt. Die Arzthelferin stand neben mir und blickte nicht mich an, sondern den Monitor. Als die Werte angezeigt wurden, las sie vom Bildschirm mechanisch eine Reihe von Fragen nach meinem Gesundheitszustand ab und tippte die Antworten ein.

Unsere Blicke trafen sich nie, außer für einen kurzen Augenblick, bevor sie den Raum verließ und (ironisch, wenn man es genau überlegt) sagte: »War nett, Sie zu sehen.«

Es *wäre* nett gewesen, sie zu sehen, wenn wir die Gelegenheit dazu gehabt hätten. Durch den fehlenden Blickkontakt wird eine Begegnung anonym und entleert von emotionalen Bindungen. Angesichts eines solchen Mangels an menschlicher Wärme hätte ich (oder sie) ebenso gut ein Roboter sein können.

Und ich bin nicht der Einzige. Wie sich bei Studien an medizinischen Fakultäten herausgestellt hat, werden Ärzte von den Patienten besser bewertet, wenn sie ihrem Gegenüber in die Augen sehen, beim Zuhören nicken, den Patienten sanft berühren, wenn er Schmerzen hat, und beispielsweise fragen, ob ihm warm genug sei, wenn er auf dem Untersuchungstisch liegt. Blicken sie dagegen vorwiegend auf das Klemmbrett oder den Computerbildschirm, fallen die Bewertungen schlechter aus.[9]

Die Arzthelferin hatte zwar vielleicht kognitive Empathie für mich, aber für sie bot sich kaum eine Gelegenheit, sich auf meine Gefühle einzustellen. Die emotionale Empathie, das

Gespür dafür, was andere Menschen fühlen, und die Sorge um sie, hat in der Evolution uralte Wurzeln; die betreffenden Schaltkreise haben wir mit anderen Säugetieren gemeinsam, die wie wir genau auf Signale, dass ein Junges sich nicht wohlfühlt, achten müssen. Die emotionale Empathie wirkt von unten nach oben: Die neuronale Verdrahtung für die unmittelbare Wahrnehmung der Gefühle anderer liegt zu einem großen Teil unterhalb des Cortex in alten Teilen des Gehirns, die »schnell, aber nicht tief« denken.[10] Diese Schaltkreise versetzen unseren eigenen Körper in den emotionalen Zustand, den wir bei dem anderen wahrgenommen haben, und stellen uns damit auf ihn ein.

Stellen wir uns beispielsweise vor, wir würden eine ergreifende Geschichte hören. Wie sich in wissenschaftlichen Untersuchungen gezeigt hat, entsteht dabei im Gehirn der Zuhörer eine enge Verbindung zum Gehirn des Erzählers. Im Gehirnaktivitätsmuster des Zuhörers spiegelt sich das des Geschichtenerzählers exakt wider, allerdings mit zeitlicher Verzögerung von einer oder zwei Sekunden. Je größer die Überschneidungen in der neuralen Kopplung der beiden Gehirne sind, desto besser versteht der Zuhörer die Geschichte.[11] Und im Gehirn derer mit dem besten Verständnisvermögen – die völlig konzentriert sind und am meisten begreifen – spielt sich etwas Erstaunliches ab: Manche Aktivitätsmuster gehen denen des Geschichtenerzählers sogar um eine oder zwei Sekunden *voraus*.

Am Anfang der inneren Beziehung steht die vollkommene gemeinsame Konzentration zweier Menschen; diese führt zu einer unbewussten körperlichen Übereinstimmung, die dann ihrerseits ein angenehmes Gefühl entstehen lässt. Durch eine solche gemeinsame Konzentration mit dem Lehrer werden im Gehirn eines Kindes die besten Voraussetzungen zum Lernen geschaffen. Das Prinzip kennt jeder Lehrer, der sich schon einmal um die Aufmerksamkeit einer Klasse bemüht hat: Erst wenn alle Schüler sich beruhigt haben und sich konzentrieren, können sie den Stoff in Geschichte oder Mathematik aufnehmen.

Die Schaltkreise für emotionale Empathie werden bereits im frühen Kleinkindalter tätig und schaffen einen ersten Vorgeschmack des Widerhalls zwischen uns selbst und anderen. In seiner Entwicklung wird unser Gehirn so verdrahtet, dass wir die Freude oder den Schmerz eines anderen empfinden, bevor wir darüber nachdenken können. Das System der Spiegelneuronen, das einen Teil (allerdings keineswegs den einzigen) der Verdrahtung für diesen Widerhall übernimmt, wird bereits im Alter von sechs Monaten aktiv.[12]

Empathie ist auf einen Aufmerksamkeitsmuskel angewiesen: Um uns auf die Gefühle eines anderen einlassen zu können, müssen wir emotionale Signale aus Gesicht, Stimme und anderen Quellen aufnehmen. Der Gyrus cingulatus anterior, der zum Aufmerksamkeitsnetzwerk gehört, stimmt uns auf den Kummer eines anderen ein, indem er unsere eigene Amygdala anzapft, in der dieser Kummer widerhallt. In einem gewissen Sinn wird emotionale Empathie also »körperlich« – wir spüren tatsächlich in unserer Physiologie, was im Körper des anderen vorgeht.

Als Versuchspersonen ihr Gehirn mit bildgebenden Verfahren beobachten ließen, während sie zusahen, wie ein anderer Mensch einen schmerzhaften elektrischen Schlag erhielt, wurden auch ihre eigenen Schmerzschaltkreise aktiv und simulierten gewissermaßen das Leiden des anderen.[13]

Nach Tania Singers Befunden empfinden wir Mitgefühl mit den Schmerzen anderer auf dem Weg über unsere vordere Inselrinde – mit dem gleichen Areal spüren wir auch, wie sich unsere eigenen Schmerzen anfühlen. Wir empfinden also zunächst die Gefühle des anderen in uns selbst, weil unser Gehirn auf diese das gleiche System anwendet, mit dem es auch unsere eigenen Gefühlszustände wahrnimmt.[14] Empathie gründet sich auf unsere Fähigkeit, Bauchgefühle in unserem eigenen Körper wahrzunehmen.

Das Gleiche gilt für die Synchronie, jene nonverbale Verflechtung von Bewegungen und Handlungen, die in einer engen Beziehung eine Interaktion kennzeichnet. Das Phänomen kann man beispielsweise bei Jazzmusikern beobachten, die ihre Musik nicht genau proben und offensichtlich dennoch wissen, wann sie im Mittelpunkt stehen und wann sie in den Hintergrund treten müssen. Im Vergleich zu klassischen Musikern findet man im Gehirn von Jazzkünstlern mehr Anzeichen von Selbstwahrnehmung.[15] Ein Jazzmusiker formulierte es so: »Im Jazz musst du dich darauf einstellen, wie dein Körper sich anfühlt, dann weißt du, wann ein Riff kommt.«

Offensichtlich ist unser Gehirn von seiner ganzen Konstruktion her darauf angelegt, Selbstwahrnehmung mit Empathie zusammenzuführen: Es nimmt Informationen über uns selbst und andere mit den gleichen weitgespannten neuronalen Netzen auf. Was dabei besonders klug ist: Wenn unsere Spiegelneuronen und andere soziale Schaltkreise in unserem Gehirn und Körper das nachvollziehen, was in einem anderen Menschen vorgeht, fasst die Inselrinde alles zusammen. Empathie beinhaltet einen Akt der Selbstwahrnehmung: Wir verstehen andere, indem wir uns auf uns selbst einstellen.

Betrachten wir beispielsweise einmal die Von-Economo-Neuronen oder VENs. Wie bereits erwähnt wurde, sind diese einzigartigen Gehirnzellen für unsere Selbstwahrnehmung äußerst wichtig. Sie liegen in Arealen, die in Situationen der Verärgerung, Trauer, Liebe und Wollust aktiv werden – aber auch in zärtlichen Momenten, beispielsweise wenn eine Mutter ihr Baby weinen hört oder wir die Stimme eines geliebten Menschen vernehmen. Wenn diese Schaltkreise ein Ereignis als bedeutsam kennzeichnen, lenken sie auch unsere Konzentration darauf.

Die spindelförmigen VENs ermöglichen eine sehr schnelle Verbindung zwischen dem präfrontalen Cortex und der Inselrinde, zwei Bereichen, die sowohl bei der Introspektion als auch bei der Empathie aktiv sind. Die gleichen Schaltkreise mustern unsere zwischenmenschliche Umwelt und suchen nach Dingen, die für uns wichtig sind; das tun sie so schnell, dass wir augenblicklich reagieren können. Die grundlegenden Aufmerksamkeitsschaltkreise des Gehirns vermischen sich mit diesen Vorgängen und sorgen für soziale Sensibilität sowie dafür, dass wir die Erlebnisse und Sichtweisen anderer verstehen – kurz gesagt, für Empathie.[16] Diese soziale Superautobahn im Gehirn setzt uns über unsere eigenen Gefühle und die anderer Menschen in Kenntnis, damit wir darüber nachdenken und mit ihnen umgehen können.

Empathische Fürsorge: Ich bin für dich da

Eine Frau torkelt in das Wartezimmer einer chirurgischen Praxis. Sie blutet aus allen sichtbaren Körperöffnungen. Sofort springen die Ärztin und ihre Mitarbeiterinnen auf, um sich um den Notfall zu kümmern: Sie bringen die Frau in ein Behandlungszimmer, um die Blutung zu stillen, rufen einen Krankenwagen und sagen für den Rest des Tages alle anderen Patiententermine ab.

Die Patienten, die bereits gewartet haben, verstehen natürlich, dass diese Frau mit ihrem schlimmen Zustand wichtiger ist als sie. Das heißt, alle Patienten mit Ausnahme einer Frau: Die ist empört und schreit wütend die Sprechstundenhilfe an: »Ich habe mir extra freigenommen! Wie können Sie es wagen, meinen Termin abzusagen!«

Nach Angaben der Chirurgin, die mir diese Geschichte erzählte, ist eine solche Gleichgültigkeit gegenüber den Leiden und Bedürfnissen anderer in ihrer Praxis häufiger geworden. Sie war sogar ein Thema auf einer Tagung aller Chirurgen in ihrem Bundesstaat.

Das biblische Gleichnis vom barmherzigen Samariter erzählt, wie ein Mann stehen bleibt und einem Fremden hilft, der überfallen und ausgeraubt wurde und voller Schmerzen am Straßenrand liegt. Zwei andere hatten den Verwundeten bereits gesehen, aber weil sie fürchteten, selbst in Gefahr zu geraten, waren sie auf der anderen Straßenseite an ihm vorübergegangen.

Wie Martin Luther King jun. anmerkte, stellen diejenigen, die keine Hilfe leisten, sich die Frage:»Was wird aus mir, wenn ich stehen bleibe und diesem Mann helfe?«

Der barmherzige Samariter dagegen dreht die Frage um: »Was wird aus diesem Mann, wenn ich ihm nicht helfe?«

Mitleid basiert auf Empathie, und die wiederum setzt voraus, dass man sich auf andere konzentriert. Wenn wir mit uns selbst beschäftigt sind, nehmen wir andere einfach nicht zur Kenntnis, und dann gehen wir unter Umständen völlig gleichgültig über ihre Notlage hinweg. Sobald wir sie aber bemerken, können wir uns darauf einstellen, die Gefühle und Bedürfnisse des anderen spüren und etwas unternehmen.

Die empathische Fürsorge, die wir uns von unserem Arzt, unserem Vorgesetzten oder unserem Ehepartner wünschen (von uns selbst ganz zu schweigen), hat ihren Nährboden in den neuronalen Strukturen für das Elternverhalten. Bei Säugetieren erzwingen diese Schaltkreise Aufmerksamkeit und Fürsorge gegenüber Säuglingen und Jungtieren, die ohne ihre Eltern nicht überleben können.[17] Man braucht nur einmal zu beobachten, wohin die Menschen blicken, wenn jemand ein hübsches Baby ins Zimmer bringt; dann erkennt man deutlich, wie das Fürsorge-Gehirnzentrum der Säugetiere aktiv wird.

Empathische Fürsorge zeigt sich bereits in früher Kindheit: Wenn ein Baby ein anderes weinen hört, fängt es ebenfalls an zu weinen. Ausgelöst wird diese Reaktion von der Amygdala, dem Gefahrenradar des Gehirns (die gleichzeitig der Ort elementarer Urgefühle, negativer und positiver, ist). Einer Theorie aus der Gehirnforschung zufolge aktiviert die Amygdala Bottom-up-Schaltkreise im Gehirn des Babys, wenn dieses das Weinen hört, und dann spürt es die gleiche Traurigkeit oder

Verärgerung. Gleichzeitig sorgen Top-down-Schaltkreise für die Ausschüttung des Fürsorgebotenstoffs Oxytocin, der dann bei dem zweiten Baby ein rudimentäres Gefühl von Besorgnis und gutem Willen auslöst.[18]

Empathische Fürsorge ist also ein zweischneidiges Gefühl. Einerseits umfasst sie bei der Person, die den Kummer einer anderen unmittelbar miterlebt, ein unausgesprochenes ungutes Gefühl in Verbindung mit der gleichen Fürsorge, die Eltern auch gegenüber ihren Kindern empfinden. Andererseits kommt aber zu unserem Fürsorgeinstinkt eine soziale Gleichung hinzu, die abwägt, wie viel uns das Wohlbefinden des anderen wert ist.

Ob wir die richtige Mischung zwischen Bottom-up- und Top-down-Mechanismen hinbekommen, hat weitreichende Auswirkungen. Wer zu stark vom Mitgefühl aufgewühlt wird, leidet unter Umständen selbst – in den helfenden Berufen kann dies manchmal zu emotionaler Erschöpfung und Mitgefühlsmüdigkeit führen. Und wer sich durch die Abtötung von Gefühlen vor mitfühlendem Kummer schützt, verliert den Kontakt zur Empathie. Der neuronale Weg zur empathischen Fürsorge führt über das Top-down-Management des persönlichen Kummers, ohne dass wir dabei aber gefühllos gegenüber den Schmerzen anderer werden.

Als Versuchspersonen den Erzählungen von Menschen zuhörten, die körperliche Schmerzen erlebten, zeigte sich in den Scanaufnahmen des Gehirns, dass auch ihre eigenen Zentren für solche Schmerzerlebnisse sofort aktiv wurden. Ging es in der Geschichte aber um *psychisches* Leiden, dauerte es vergleichsweise lange, bis die höheren Gehirnzentren für empathische Fürsorge und Mitgefühl ihre Aktivität aufnahmen. Die Forschergruppe formulierte es so: Es dauert länger, »die psychologischen und moralischen Dimensionen einer Situation zu erfassen«.

Moralische Empfindungen leiten sich aus der Empathie ab, und moralische Reflexion erfordert Denken und Konzentration.

Ein Preis für den hektischen Strom der Ablenkungen, dem wir heute ausgesetzt sind, ist manchen Befürchtungen zufolge die Erosion von Empathie und Mitgefühl.[19] Je stärker wir abgelenkt sind, desto weniger können wir Empathie und Mitleid ausdrücken.

Die Wahrnehmung der Schmerzen anderer zieht reflexhaft unsere Aufmerksamkeit auf sich – der Ausdruck von Schmerzen ist ein wichtiges biologisches Signal, das Hilfeleistung veranlasst. Selbst Rhesusaffen ziehen nicht an einer Kette, um sich eine Banane zu verschaffen, wenn dabei gleichzeitig ein anderer Rhesusaffe einen elektrischen Schlag erhält (was vielleicht auf eine Wurzel des Anstands hindeutet).

Es gibt aber Ausnahmen. Zum einen findet das Mitgefühl für Schmerzen ein Ende, wenn wir die Menschen, die Schmerzen haben, nicht mögen – beispielsweise weil wir glauben, sie hätten sich unfair verhalten –, oder wenn wir sie für Mitglieder einer Gruppe halten, die wir ablehnen.[20] Dann kann die Empathie bei Schmerzen leicht ins Gegenteil umschlagen: in ein Gefühl der Schadenfreude.[21]

Angesichts knapper Ressourcen kann die Notwendigkeit, um diese zu konkurrieren, manchmal das empathische Mitgefühl unterdrücken, und in nahezu allen sozialen Gruppen gehört Konkurrenz – ob um Nahrung, Paarungspartner, Macht oder auch den Termin beim Arzt – zum Leben.

Eine andere Ausnahme versteht man leicht: In unserem Gehirn hallt der Schmerz eines anderen Menschen weniger stark wider, wenn es für die Schmerzen einen guten Grund gibt – beispielsweise weil sie Teil einer hilfreichen medizinischen Behandlung sind. Und schließlich spielt es eine Rolle, worauf wir uns konzentrieren: Unsere emotionale Empathie wird stärker, wenn wir auf die Heftigkeit der Schmerzen achten, und sie lässt nach, wenn wir wegsehen.

Von solchen Einschränkungen einmal abgesehen, kommt eine subtile Form der Fürsorge zum Tragen, wenn wir jemanden einfach mit unserer fürsorglichen, liebevollen Gegenwart beruhigen. Wie sich in Untersuchungen gezeigt hat, hat schon die schiere Gegenwart eines geliebten Menschen eine schmerzstillende Wirkung: Sie dämpft die Gehirnzentren, die Schmerzen wahrnehmen. Das Bemerkenswerte dabei: Je mitfühlender die anwesende Person ist, desto stärker ist die beruhigende Wirkung auf denjenigen, der Schmerzen hat.[22]

Das Empathie-Gleichgewicht

»Wissen Sie, wenn man in der Brust einen Knoten entdeckt, dann fühlt man sich irgendwie – nun ja, irgendwie ...« Die Stimme der Patientin erstirbt. Sie blickt zu Boden, in ihren Augen stehen Tränen.

»Wann genau haben Sie den Knoten gefunden?«, fragt die Ärztin leise.

Geistesabwesend erwidert die Patientin: »Ich weiß nicht genau. Es ist schon eine Weile her.«

Darauf die Ärztin: »Das hört sich beängstigend an.«

Die Patientin: »Ja, irgendwie schon.«

»Irgendwie beängstigend?«, fragt die Ärztin.

»Ja«, sagt die Patientin, »und ich glaube, irgendwie habe ich das Gefühl, dass mein Leben vorbei ist.«

»Aha. Besorgt und auch traurig.«

»Genau, Frau Doktor.«

Vergleichen wir dieses Gespräch einmal mit einem anderen: Unmittelbar nachdem die Patientin von dem Knoten in der Brust berichtet hat und in Tränen ausgebrochen ist, geht die Ärztin forsch eine Liste mit unpersönlichen, detaillierten medizinischen Fragen durch, wobei sie für die Tränen nicht mehr als ein Nicken übrig hat.

Nach diesem zweiten Gespräch wird die Patientin wahrscheinlich das Gefühl haben, dass man ihr nicht zugehört und sich nicht um sie gekümmert hat. Nach dem ersten dagegen fühlt sich die Patientin – deren Kummer das gleiche Ausmaß hatte – besser: Sie hat den Eindruck, verstanden und umsorgt worden zu sein.

Mithilfe dieser beiden Szenarien wurde in einem Fachartikel für Ärzte der entscheidende Unterschied aufgezeigt und deutlich gemacht, wie man Empathie mit Patienten aufbaut.[23] Der Titel des Aufsatzes bestand aus einer Formulierung, die Empathie ausdrückt: »Habe ich das richtig verstanden …?« Wie er darlegt, braucht man nur wenige Augenblicke lang Aufmerksamkeit für die Gefühle einer Patientin und ihre Krankheit zu zeigen, um eine emotionale Verbindung herzustellen.

Dass der Arzt nicht zuhört, steht auf der Liste der Kritikpunkte von Patienten ganz oben. Viele Mediziner klagen ihrerseits darüber, sie hätten nicht genügend Zeit für ihre Patienten, und deshalb komme die menschliche Seite der Beziehung zu kurz. Noch höher wird die Schranke für menschliche Kontakte, wenn Ärzte – die verpflichtet sind, digitale Aufzeichnungen zu führen – ihre Notizen während der Patientengespräche auf einer Computertastatur eintippen und so am Ende mit ihrem Rechner stärker kommunizieren als mit dem Kranken.

Viele Ärzte bezeichnen aber auch die persönlichen Augenblicke mit ihren Patienten als den befriedigendsten Teil ihres Arbeitstags. Eine solche enge Beziehung zwischen Doktor und Patient trägt erheblich dazu bei, dass die Diagnose genauer ausfällt und die Kranken die Anweisungen ihrer Ärzte besser befolgen; gleichzeitig verstärkt sie die Zufriedenheit und Loyalität der Patienten.

»Empathie, die Fähigkeit, eine Verbindung zum Patienten herzustellen – in einem tieferen Sinn zuzuhören und aufmerksam zu sein –, ist das Kernstück der medizinischen Praxis«, erklärt der Artikel seiner ärztlichen Leserschaft. Sich an den Emotionen des Patienten zu orientieren dient einer engen Beziehung. Wer Gefühle ausblendet und sich nur auf die klinischen Details konzentriert, baut eine Mauer auf.

Mediziner, die in den Vereinigten Staaten wegen Kunstfehlern verklagt werden, begehen aus medizinischer Sicht in der

Regel nicht mehr Fehler als solche, denen Prozesse erspart bleiben. Wie sich in wissenschaftlichen Untersuchungen gezeigt hat, lässt sich der Hauptunterschied häufig auf die Atmosphäre in der Beziehung zwischen Arzt und Patient reduzieren. Ärzte, die verklagt werden, zeigen weniger Anzeichen für emotionale Zuwendung: Ihre Patientengespräche sind kürzer, sie fragen nicht nach den Sorgen der Patienten oder achten nicht darauf, dass ihre Fragen beantwortet werden, und haben allgemein eine größere emotionale Distanz – gelacht wird beispielsweise wenig oder kaum.[24]

Aufmerksamkeit für den Kummer der Erkrankten zu zeigen stellt andererseits für Ärzte auch eine besondere Herausforderung dar, wenn sie erstklassige medizinische Versorgung leisten wollen – beispielsweise wenn sie mit äußerster Konzentration ein medizinisches Verfahren anwenden, obwohl der Patient dabei Schmerzen hat.

Das gleiche Neuronennetzwerk, das beim Anblick eines Menschen mit Schmerzen aktiv wird, gibt auch Impulse ab, wenn wir andere unangenehme Dinge sehen: *Das macht mir Angst – bloß weg hier* ist ein seit der Urzeit in uns angelegter Gedanke. Wenn Menschen sehen, wie ein anderer mit einer Nadel gestochen wird, signalisiert ihr Gehirn in der Regel durch entsprechende Impulse, dass das unangenehme Gefühl auch in ihren eigenen Schmerzzentren seinen Widerhall findet.

Bei Ärzten ist das nicht der Fall. Ihr Gehirn blockt auf einzigartige Weise solche automatischen Reaktionen auf Schmerzen und unangenehme Gefühle anderer ab – so jedenfalls der Befund einer Studie, die unter Leitung von Jean Decety, Professorin für Psychologie und Psychiatrie an der Universität Chicago, erstellt wurde.[25] Die Betäubung der Aufmerksamkeit erfolgt offenbar an der Verbindungsstelle zwischen Schläfen- und Scheitellappen (*temporal parietal junction*, TPJ) und im präfrontalen Cortex in Schaltkreisen, die Emotionen ausblenden und damit die Konzentration stärken. Die TPJ schirmt die Konzentration gegen Gefühle und andere Ablenkungen ab und trägt dazu bei, die Distanz zwischen der eigenen Person und anderen aufrechtzuerhalten.

Das gleiche Neuronennetzwerk wird auch immer dann aktiv, wenn wir ein Problem erkennen und nach einer Lösung suchen. Wenn wir beispielsweise mit jemandem sprechen, der sich gerade ärgert, verstehen wir mithilfe dieses Systems intellektuell die Sichtweise des anderen, weil wir von der emotionalen Herz-zu-Herz-Beziehung zur Kopf-zu-Herz-Beziehung der kognitiven Empathie umschalten.

Die Tätigkeit der TPJ schirmt das Gehirn vor der Flutwelle der Gefühle ab – sie bildet die Grundlage für das Klischee des Menschen, der inmitten des emotionalen Durcheinanders einen kühlen Kopf bewahrt. Der Wechsel zur Vorherrschaft der TPJ schafft eine Abgrenzung, sodass wir immun gegen ansteckende Gefühle sind; damit befreit sie unser Gehirn von dem Einfluss fremder Gefühle, während wir uns konzentrieren.

Manchmal ist das ein wichtiger Vorteil: Jemand kann ruhig und konzentriert bleiben, wenn es allen anderen nicht gelingt. Manchmal gilt aber auch das Gegenteil: Man blendet emotionale Anhaltspunkte aus und verliert so den Faden der Empathie.

Diese Dämpfung der emotionalen Verwicklung ist von offenkundigem Nutzen für jemanden, der inmitten erschreckender Vorgänge konzentriert bleiben muss: beispielsweise während einer Injektion in den Augapfel, beim Nähen blutender Wunden oder wenn man mit einem Skalpell ins Fleisch schneiden muss.

»Ich gehörte zu dem ersten Ärzteteam, das nach dem Erdbeben nach Haiti flog – wir waren schon nach wenigen Tagen da«, erzählte mir Dr. Mark Hyman. »Als wir in Port-au-Prince in ein Krankenhaus kamen, das wie durch ein Wunder noch stand, gab es keine Lebensmittel, kein Wasser, keinen Strom, fast kein medizinisches Material und nur einen oder zwei Krankenhausmitarbeiter. Hunderte von Leichen verwesten in der Sonne, wurden in der Leichenkammer des Krankenhauses gestapelt und dann auf Lastwagen geladen, die sie in ein Massengrab brachten. Auf dem Hof waren ungefähr 1500 Menschen, die verzweifelt auf Hilfe warteten – Beine, die an einem Faden hingen, Körper, die fast in der Mitte durchgeschnitten waren. Es war traumatisch. Und doch sind wir sofort an die Arbeit gegangen und haben uns auf das Mögliche konzentriert.«

Als ich mit Dr. Hyman sprach, war er gerade von einem mehrwöchigen Aufenthalt in Indien und Bhutan zurückgekehrt, wo er wiederum als Freiwilliger bedürftige Patienten medizinisch versorgt hatte. »Der Akt der Hilfeleistung versetzt einen in die Lage, über das viele Leid um einen herum hinwegzukommen«, sagte er. »In Haiti war es übermäßig real, ausschließlich im Hier und Jetzt. Es hört sich seltsam an, aber inmitten des ganzen Chaos herrschten eine gewisse Gleichmut und Ruhe, ja sogar Frieden und Klarheit. Alles andere außer dem, was wir gerade taten, fiel von uns ab.«

Die TPJ-Reaktion ist offensichtlich nicht angeboren, sondern wird erworben. Medizinstudenten erlernen sie, wenn sie in den Berufsstand hineinwachsen und mit Patienten zusammentreffen, denen es schlecht geht. Der Preis einer zu großen Empathie sind beunruhigende, störende Gedanken, die mit den medizinischen Notwendigkeiten um die Aufmerksamkeit konkurrieren.

»Wenn man in einer solchen Situation nichts tun kann, ist man gelähmt«, sagte Dr. Hyman über Haiti. »Manchmal, in Augenblicken von Müdigkeit, Erschöpfung durch die Hitze und Hunger, dringen die Leiden und Schmerzen all der Menschen zu einem durch. Aber meistens hat mein Geist mich in einen Zustand versetzt, in dem ich trotz der vielen Entsetzlichkeiten meiner Tätigkeit nachgehen konnte.«

William Osler, der Begründer der Assistenzarztausbildung, schrieb schon 1904, ein Arzt solle so abgeklärt sein, dass »seine Blutgefäße sich nicht zusammenziehen und sein Puls gleichmäßig bleibt, wenn er Entsetzliches zu Gesicht bekommt«.[26]

Osler empfahl den Ärzten eine Haltung der »abgeklärten Fürsorge«.

Das kann bedeuten, dass man die emotionale Empathie einfach dämpft – in der Praxis führt es aber manchmal dazu, dass sie völlig blockiert wird. Für den Mediziner besteht die große Herausforderung im Berufsalltag darin, sich mit kühlem Kopf zu konzentrieren und gleichzeitig seine Aufgeschlossenheit gegenüber den Gefühlen und Erlebnissen des Patienten zu bewahren – und diesem Verständnis und Zuwendung zu vermitteln.

Medizinische Versorgung scheitert, wenn Patienten nicht das befolgen, was der Arzt ihnen sagt; ungefähr die Hälfte aller verschriebenen Medikamente wird nie eingenommen. Der wichtigste Faktor, der darüber bestimmt, ob Patienten solche Anweisungen befolgen, ist das Gefühl, dass der Arzt sich wirklich Sorgen um sie macht.[27] Kürzlich erzählten mir die Dekane zweier großer medizinischer Fakultäten innerhalb derselben Woche unabhängig voneinander, sie stünden bei der Zulassung von Studierenden vor einem Dilemma: Woran soll man erkennen, wer wirklich empathische Fürsorge für seine Patienten empfindet?

Die Neurobiologin Jean Decety von der Universität Chicago, die Leiterin der Studie zu TPJ und Schmerzen bei Patienten, formulierte es so: »Wenn ich Schmerzen habe, möchte ich, dass mein Arzt mich ansieht – dass er da ist, dass er bei mir ist, der Patientin. Er soll empathisch sein – aber nicht zu empfindlich, damit er meine Schmerzen gut behandeln kann.«

Empathie aufbauen

In einer Umfrage erklärte ungefähr die Hälfte der befragten jungen Ärzte, ihre Empathie für Patienten habe im Lauf ihrer Ausbildung nachgelassen (und nur ein Drittel sagte, sie habe zugenommen).[28] Und dieser Mangel in der Kunst der Zuwendung bleibt bei vielen während der gesamten Berufslaufbahn bestehen. Damit sind wir wieder bei der TPJ, jenen Schaltkreisen, die bei Ärzten die physiologische Reaktion dämpfen, wenn sie einen leidenden Menschen sehen, und ihnen helfen, bei der Behandlung der Ursachen die Ruhe und einen klaren Kopf zu behalten.

Die Abschirmung von Leiden hilft vermutlich auch jungen Medizinern, wenn sie lernen, an Patienten schmerzhafte Behandlungen zu vollziehen. Wenn sie es aber erst einmal gelernt haben, läuft die Dämpfung des körperlichen Widerhalls offensichtlich automatisch ab, was vielleicht auf Kosten einer allgemeineren Empathie geht.

Dennoch stellt mitfühlende Fürsorge in der Medizin einen zentralen Wert dar; die Stärkung der Empathie gehört an den medizinischen Fakultäten zu den wichtigsten Lernzielen. Zwar wird die Kunst der Empathie nur in den wenigsten Studiengängen gezielt gelehrt, aber nachdem die Neurowissenschaft mittlerweile aufgedeckt hat, welche Schaltkreise ihr zugrunde liegen, könnte diese zutiefst menschliche Fähigkeit durch gut gestaltetes Training gestärkt werden.

Diese Hoffnung hat jedenfalls Dr. Helen Riess vom Massachusetts General Hospital, dem Flaggschiff der Harvard Medical School. Dr. Riess, die dort das Programm für Empathie- und Beziehungsforschung leitet, entwickelte ein Ausbildungsprogramm zur Stärkung der Empathie von Medizinstudenten und Assistenzärzten, das die Wahrnehmung der ärztlichen Empathie bei den Patienten deutlich verbesserte.[29]

Wie es der üblichen Form des Medizinstudiums entspricht, war diese Ausbildung zum Teil rein akademischer Natur: Die Studierenden erhielten einen Überblick über die Neurowissenschaft der Empathie, und das in einer Sprache, die Ärzte kennen und respektieren.[30] In einer Reihe von Videoaufnahmen wurde gezeigt, welche physiologischen Veränderungen (in Form von Schweißabsonderung) sich bei Ärzten und Patienten während schwieriger Gespräche abspielten – beispielsweise wenn ein Arzt arrogant oder überheblich war. Dabei zeigte sich, wie sich die Patienten ärgerten. Und wie die Videos sehr eindringlich deutlich machten, reagierten Arzt und Patient entspannter und in größerem biologischen Einklang, wenn Ersterer sich mit Empathie auf Letzteren einstellte.

Als Hilfe zur Selbstüberwachung lernten die Ärzte, sich auf eine tiefe Zwerchfellatmung zu konzentrieren und »das Gespräch aus der Vogelperspektive zu beobachten«, statt sich in ihren eigenen Gedanken und Gefühlen zu verlieren. »Wenn man die eigene Betroffenheit außen vor lässt und beobachtet, was sich abspielt, verschafft man sich ein nachdenkliches Bewusstsein für das Gespräch, statt nur noch blind zu reagieren«, sagte Dr. Riess. »Man erkennt, ob man selbst körperlich geladen oder ausgeglichen ist. Man nimmt Notiz von dem, was in der Situation passiert.«

Wenn die Ärztin beispielsweise merkt, dass sie gereizt ist, kann das ein Signal sein, dass auch der Patient sich nicht wohlfühlt. »Mit mehr Selbstwahrnehmung«, betonte Riess, »erkennt man, was der andere auf einen projiziert und was man selbst in den Patienten hineindeutet.«

Im Rahmen des Sensibilitätstrainings für nonverbale Anhaltspunkte lernen die Mediziner, aus dem Tonfall, der Körperhaltung und vor allem aus dem Gesichtsausdruck Erkenntnisse über die Gefühle des Patienten abzuleiten. Das Programm baut auf den Arbeiten des Emotionsexperten Paul Ekman auf, der präzise nachgewiesen hat, wie die Gesichtsmuskulatur sich bei starken Gefühlen bewegt; den Ärzten wird beigebracht, wie sie aus den Gesichtern ihrer Patienten flüchtige Gefühle ablesen können.

»Wenn man mitfühlend und fürsorglich handelt – wenn man den Patienten bewusst in die Augen sieht und ihre Gefühlsausdrücke wahrnimmt, selbst wenn einem anfangs überhaupt nicht danach ist –, fühlt man sich selbst engagierter«, erklärte mir Dr. Riess. Eine solche »Verhaltensempathie« beginnt vielleicht damit, dass man einfach bestimmte Bewegungen ausführt, aber schon damit stellt man eine engere Verbindung her. Das, so fügte sie hinzu, kann der gefühlsmäßigen Erschöpfung entgegenwirken, wenn ein Assistenzarzt um zwei Uhr nachts in der Notfallambulanz wieder einmal einen Patienten behandeln muss und denkt: *Konnte der nicht bis morgen früh warten?*

Als einer der wirksamsten Teile dieser Ausbildung erwies sich eine direkte Lektion in einer ganz bestimmten Empathiefähigkeit: dem Ablesen von Gefühlen aus dem Gesichtsausdruck. Je besser die angehenden Ärzte lernten, unterschwellige Gefühlsausdrücke zu deuten, desto mehr berichteten ihre tatsächlichen Patienten über das Gefühl empathischer Fürsorge.

Mit einem solchen Befund hatte Dr. Riess gerechnet. »Je besser man unterschwellige Gefühlsausdrücke wahrnimmt«, so sagte sie mir, »desto mehr empathisches Verständnis kann man aufbringen.«

Zweifellos kann ein empathischer Arzt es schaffen, gleichzeitig mit dem Laptop zu hantieren und eine Verbindung zu seinen Patienten herzustellen – beispielsweise wenn er beim Tippen von Zeit zu Zeit aufblickt und einen bedeutungsvollen Blickkontakt aufrechterhält. Der Arzt kann auch in geeigneten Augenblicken gemeinsam mit dem Patienten auf den Bildschirm blicken: »Ich habe gerade Ihre Laborbefunde vor mir – hier, sehen Sie mal«, und dann geht man die Werte gemeinsam durch.

Viele Mediziner haben aber auch Angst, ihren Terminplan nicht einzuhalten und mit solchen Kontakten zu viel Zeit zu verbrauchen. »Wir bemühen uns, diesen Mythos zu zerstreuen«, sagte Dr. Reiss. »Auf lange Sicht spart Empathie sogar Zeit.«

SOZIALE SENSIBILITÄT

Vor vielen Jahren nahm ich hin und wieder die Dienste eines freien Lektors in Anspruch. Aber jedes Mal, wenn wir in eine lockere Unterhaltung verfielen, ging diese immer weiter ... und weiter ... und weiter. Ich signalisierte ihm mit Sprachtempo und Tonfall *Lassen wir es gut sein* – was er nicht zur Kenntnis nahm. Ich sagte: »Ich muss mich jetzt sputen«, und er redete einfach weiter. Ich zog die Autoschlüssel aus der Tasche und ging zur Tür – dann kam er mit mir bis zum Auto, ohne seinen Redefluss auch nur einen Augenblick zu unterbrechen. Ich sagte: »Also bis später dann«, und er plapperte weiter.

Ich kenne mehrere Menschen, die diesem Lektor ähneln: Alle sind gleichermaßen blind gegenüber den Hinweisen, dass ein Gespräch beendet ist. Eine solche Neigung ist ein diagnostisches Merkmal für soziale Legasthenie. Das Gegenteil ist die soziale Intuition: Sie sagt etwas darüber aus, wie genau wir den Strom nonverbaler Botschaften entschlüsseln, die ständig von Menschen ausgehen, und stillschweigend das, was sie sagen, modifizieren.

Dieser stetige Strom des nonverbalen Austauschs fließt ständig zu und von jedem, mit dem wir interagieren, ob beim lockeren »Hallo« oder in einer angespannten Verhandlung; dabei werden Botschaften übermittelt, die beim Empfänger in jeder Hinsicht ebenso wirksam sind wie alles, was wir sagen. Vielleicht sogar noch wirksamer.

Wenn eine Bewerberin sich beispielsweise beim Vorstellungsgespräch im Einklang mit ihrem Gegenüber bewegt (und zwar nicht absichtlich – es muss von selbst als Folge der Gehirnsynchronisation eintreten), wird sie mit größerer Wahrscheinlichkeit eingestellt. Das ist ein Problem für Menschen mit »Gestenfehlfunktion« – mit diesem Begriff bezeichnen Wissenschaftler Leute, die ihre Aussagen offensichtlich nie mit den richtigen Bewegungen begleiten.

Prinz Philip, der Ehemann von Königin Elizabeth II., der allgemein für seine gesellschaftlichen Ausrutscher bekannt ist, bezeichnet sich selbst als Experten für »Dontopedalogie«, die Wissenschaft der Fettnäpfchen.

Nehmen wir beispielsweise ein bedeutsames Ereignis in Nigeria: den ersten Staatsbesuch eines britischen Monarchen seit 47 Jahren. Königin Elizabeth und ihr königlicher Begleiter, Prinz Philip höchstselbst, sollten eine Konferenz der Commonwealth-Staaten eröffnen. Der Präsident des Landes, stolz in traditionelle nigerianische Gewänder gekleidet, holte die beiden am Flughafen ab.

Bei der Begrüßung sagte Prinz Philip geringschätzig zu dem Präsidenten: »Sie sehen aus, als wollten Sie gerade zu Bett gehen.«

An einen Freund der Familie schrieb der Prinz einmal: »Ich weiß, du wirst nie viel von mir halten. Ich bin unhöflich und unmanierlich; ich sage viele Dinge zum falschen Zeitpunkt, und hinterher wird mir klar, dass ich damit jemanden verletzt habe. Dann bin ich voller Reue und versuche, die Sache in Ordnung zu bringen.«[1]

In einem solchen Mangel an Höflichkeit spiegelt sich das Fehlen von Selbstwahrnehmung wider: Menschen, die sich ausklinken, ecken nicht nur bei anderen an, sondern sie sind auch überrascht, wenn jemand ihnen sagt, sie hätten sich nicht angemessen verhalten. Ob sie im Restaurant zu laut reden oder unabsichtlich unhöflich sind, sie sorgen bei anderen häufig für ungute Gefühle.

Einen Test, mit dem sich soziale Sensibilität im Gehirn feststellen lässt, nutzt Richard Davidson: Er untersucht das fusiforme Gesichtsareal (*fusiform face area*) oder FFA, ein Gehirnareal für die Erkennung und Interpretation von Gesichtern, die den Versuchspersonen auf Fotos gezeigt werden. Fragt man die Probanden, was für Gefühle die abgebildete Person hat, leuchtet das FFA im Gehirnscanner auf. Bei Menschen mit guter sozialer Intuition stellt sich dabei erwartungsgemäß eine hohe Aktivität ein. Dagegen bleibt die Aktivität bei denen, die einfach nicht die richtige emotionale Wellenlänge treffen, niedrig.

Bei Menschen mit Autismus ist die FFA nur schwach tätig, dafür beobachtet man aber eine hohe Aktivität in der Amygdala, die Ängste wahrnimmt.[2] Der Anblick von Gesichtern macht solchen Menschen häufig Angst, insbesondere wenn sie dem anderen in die Augen blicken, die eine reichhaltige Quelle für emotionale Signale darstellen. Die Krähenfüße rund um die Augen eines Menschen sagen beispielsweise etwas darüber aus, wann er sich wirklich glücklich fühlt; ein Lächeln ohne diese Falten ist ein Signal für vorgetäuschte Freude. Kleine Kinder lernen normalerweise viel über Gefühle, indem sie anderen in die Augen blicken, Autisten dagegen meiden den Blickkontakt, und damit entgehen ihnen diese Lektionen.

Aber irgendwo auf dieser Skala befindet sich jeder. Ein Manager in einem Finanzberatungsunternehmen war dreimal in ebenso vielen Jahren wegen sexueller Nötigung angeklagt – und wie man mir berichtet hat, war er jedes Mal verblüfft, weil er keine Ahnung gehabt hatte, dass sein Verhalten nicht angebracht war. Solche Fettnäpfchentreter nehmen die unausgesprochenen Grundregeln einer Situation nicht wahr – und sie begreifen auch nicht, mit welchen zwischenmenschlichen Signalen sie bei anderen ungute Gefühle hervorrufen. Ihre Inselrinde ist nicht mit von der Partie. Das sind die Leute, die ungeniert ihre SMS prüfen, während für einen verstorbenen Kollegen eine Schweigeminute abgehalten wird.

Erinnern wir uns noch einmal an die Frau, die zu viel wusste – sie konnte hervorragend subtile, nonverbale Botschaften erfassen, platzte dann aber mit einer peinlichen Äußerung heraus. Um ihre innere Wahrnehmung zu verbessern, versuchte sie es mit Achtsamkeitstraining.

Nachdem sie einige Monate lang Achtsamkeit praktiziert hatte, berichtete sie: »Manchmal spüre ich schon, dass ich ein wenig die Wahl habe, wie ich auf Ereignisse reagieren will; ich sehe zwar immer noch, was die Menschen mir mit ihrem Körper sagen, aber ich muss nicht mehr sofort darauf reagieren. Das ist toll!«

Den Zusammenhang begreifen

Es gibt aber auch Situationen, in denen nahezu jeder zumindest anfangs »es nicht hinkriegt«. Wenn wir in einen neuen Kulturkreis reisen, neigen wir fast zwangsläufig dazu, in Fettnäpfchen zu treten: Wir sind gegenüber dem neuen System von Grundregeln zunächst einmal blind. Ich weiß noch, wie ich im Gebirge von Nepal in einem Kloster war: Eine burschikose europäische Trekkerin kam in kurzen Hosen herein – aus nepalesischer Sicht ein Fauxpas, aber die Frau hatte davon keine Ahnung.

Eine besondere Sensibilität für solche unausgesprochenen Normen brauchen diejenigen, die in der globalen Wirtschaft mit unterschiedlichen Menschen geschäftlich zu tun haben. In Japan lernte ich auf unangenehme Weise, dass der Augenblick, in dem man seine Visitenkarten austauscht, ein wichtiges Ritual ist. Wir Amerikaner neigen dazu, die Karte ohne näheres Hinsehen sofort in die Tasche zu stecken, aber das ist dort ein Zeichen für Respektlosigkeit. Man sagte mir, ich solle die Karte vorsichtig nehmen, in beiden Händen halten und eine Zeit lang studieren, bevor ich sie in eine besondere Hülle steckte (der Ratschlag kam ein wenig zu spät – ich hatte gerade eine Karte in die Tasche gestopft, ohne sie eines Blickes zu würdigen).

Die Begabung für kulturübergreifende soziale Sensibilität hängt offensichtlich mit der kognitiven Empathie zusammen. Zum Beispiel kommen Manager, die gut fremde Blickwinkel einnehmen können, in Auslandsstellungen besser zurecht, vermutlich weil sie einerseits schnell die unausgesprochenen Normen begreifen und andererseits die einzigartigen mentalen Muster der jeweiligen Kultur erlernen können.

Die Grundregeln für angemessenes Verhalten können zwischen Menschen, die aus verschiedenen Kulturen stammen und zusammenarbeiten, unsichtbare Schranken errichten. Ein Ingenieur aus Österreich, der bei einem niederländischen Unternehmen arbeitete, klagte einmal: »In der niederländischen Kultur werden Diskussionen hoch geschätzt; damit wächst man von der Grundschule an auf. Sie gelten als notwendig. Aber ich mag solche Diskussionen nicht; ich finde sie ärgerlich – die Konfrontation ist zu stark. Für mich besteht die Herausforderung an mich selber darin, so etwas nicht persönlich zu nehmen, mit den anderen in Kontakt zu bleiben und während der Konfrontation Respekt zu empfinden.«

Unabhängig von der Kultur gelten auch, je nachdem, mit wem man es zu tun hat, unterschiedliche Grundregeln. Manche Witze erzählt man zwar seinen besten Kumpel, aber sicher niemals dem Chef.

Mit unserer Aufmerksamkeit für den Zusammenhang nehmen wir subtile zwischenmenschliche Signale wahr, die uns einen Leitfaden für unser Verhalten bieten können. Wer sich auf diese Weise auf seine Umwelt einstellt, handelt geschickt, ganz gleich, in welcher Situation er sich befindet. Solche Menschen wissen nicht nur, was sie sagen und tun müssen, sondern auch – ebenso wichtig –, was sie nicht sagen oder tun dürfen. Sie befolgen instinktiv den universellen Etikette-Algorithmus und verhalten sich so, dass andere sich wohlfühlen. Ein Gespür dafür, wie Menschen gefühlsmäßig auf das reagieren, was wir tun oder sagen, hilft uns bei der Orientierung im verborgenen zwischenmenschlichen Minenfeld.

Von solchen Normen (Kleidung bei der Arbeit am Casual Friday, in Indien nur mit der rechten Hand essen) haben wir zwar eine gewisse bewusste Vorstellung, die Aufmerksamkeit für unausgesprochene Normen ist aber im Wesentlichen eine intuitive Bottom-up-Fähigkeit. Unser Gespür dafür, was sozial angemessen ist, stellt sich als körperliches Gefühl ein – wenn wir »danebenliegen«, haben wir das körperliche Gefühl: *Das fühlt sich nicht richtig an.* Wahrscheinlich nehmen wir dabei von den Menschen in unserer Umgebung unterschwellige Signale auf, dass es ihnen peinlich oder unangenehm ist.

Wenn wir auf solche Gefühle, sozial danebenzuliegen, nicht achten (oder wenn wir sie überhaupt nicht haben), machen wir einfach weiter und haben keine Ahnung, wie weit wir vom Kurs abgekommen sind. Im Gehirn kann man die Konzentration auf den Zusammenhang anhand der Funktion des Hippocampus testen, des Knotenpunkts für Schaltkreise, die soziale Umstände beurteilen. Der vordere Bereich des Hippocampus grenzt an die Amygdala und trägt entscheidend dazu bei, dass unser Verhalten im jeweiligen Zusammenhang angemessen ist. Dieser vordere Teil unterdrückt zusammen mit dem präfrontalen Cortex die Impulse, etwas Unpassendes zu tun.

Bei jenen, die besonders aufmerksam auf zwischenmenschliche Situationen achten, sind die Aktivität und Verknüpfungsdichte in diesen Gehirnschaltkreisen Richard Davidson zufolge höher als bei Menschen, die damit offenbar nicht zurechtkommen. Der Hippocampus, so meint er, sorgt dafür, dass wir uns unseren Angehörigen gegenüber anders verhalten als am Arbeitsplatz und im Büro wiederum anders, als wenn wir mit den Kollegen in der Kneipe sitzen.

Die Aufmerksamkeit für den Zusammenhang ist auch auf einer anderen Ebene hilfreich: Wir können damit die zwischenmenschlichen Netzwerke in einer Gruppe, an einer neuen Schule oder am Arbeitsplatz erfassen – eine Fähigkeit, mit der wir im Geflecht der Beziehungen gut zurechtkommen. Wie sich herausgestellt hat, erspüren Menschen, die in Unternehmen großen Einfluss haben, nicht nur das Geflecht der persönlichen Verbindungen besser, sondern sie können auch Menschen benennen, deren Meinungen sich am stärksten durchsetzen – und wenn es notwendig ist, konzentrieren sie sich dann mit ihrer Überzeugungsarbeit auf diejenigen, die ihrerseits andere überzeugen können.

Dann gibt es jene, die sich aus bestimmten sozialen Zusammenhängen einfach ausklinken – wie der Videospielmeister, der während eines großen Teil seines Lebens vor dem Monitor klebte, und als er sich dann einmal mit einem Journalisten in einem Restaurant verabredet hatte, war ihm rätselhaft, warum dort am Valentinstag so viel los war.

Einen Extremfall für die Unfähigkeit, soziale Zusammenhänge zu erkennen, bildet das posttraumatische Stresssyndrom: Die Betroffenen reagieren sogar auf harmlose Ereignisse wie eine Fehlzündung bei einem Auto, als handelte es sich um eine Notsituation, und verstecken sich unter Umständen unter dem Tisch. Interessanterweise schrumpft der Hippocampus bei Patienten mit posttraumatischem Stresssyndrom, aber wenn die Symptome nachlassen, wird er wieder größer.[3]

Die unsichtbare, trennende Wirkung der Macht

Miguel war Tagelöhner, einer von unzähligen illegalen Einwanderern aus Mexiko, die mit dem mageren Lohn, den sie sich mit täglich wechselnden Tätigkeiten verdienen – Gartenarbeit, Anstreichen, Reinigungsarbeiten, einfach alles –, mehr schlecht als recht über die Runden kommen.

Gruppen von Tagelöhnern findet man in Los Angeles früh am Morgen an bestimmten Straßenecken, die sich über den ganzen Innenstadtbereich verteilen. Die Einheimischen fahren dort vorüber, halten und bieten Arbeit an. Eines Tages ließ

Miguel sich von einer Frau zur Gartenarbeit anheuern, aber nachdem er einen ganzen Tag hart gearbeitet hatte, weigerte sie sich, ihm auch nur einen Cent zu bezahlen.

Diese niederschmetternde Enttäuschung spielte Miguel in einem Workshop nach, in dem er das Drama seines eigenen Lebens darstellen sollte. Bei der Veranstaltung kamen Methoden des »Theaters der Unterdrückten« zum Einsatz, die dazu beitragen sollen, dass ein relativ privilegiertes Publikum Mitgefühl mit der emotionalen Realität von Unterdrückungsopfern empfindet.

Nachdem jemand wie Miguel ein Szenario dargestellt hat, kommt ein Freiwilliger aus dem Publikum auf die Bühne und spielt die Szene nach. In Miguels Fall wiederholte eine Frau seinen Auftritt und fügte etwas hinzu, was sie für eine mögliche Lösung seines Dilemmas hielt.

»Sie stellte dar, wie sie zu der Arbeitgeberin ging und ihr sagte, sie sei unfair, und mit ihr diskutierte«, erzählte mir Brent Blair, der die Aufführung organisiert hatte.

Für Miguel war das aber keine realistische Möglichkeit: Die Herangehensweise hätte sich zwar für eine US-Bürgerin aus der Mittelschicht geeignet, für einen Einwanderer jedoch, der als Tagelöhner arbeitete, war sie unmöglich.

Miguel stand am Rand der Bühne und sah schweigend zu, wie seine eigene Geschichte nachgespielt wurde. »Am Ende konnte er sich nicht einmal umdrehen und mit uns anderen darüber sprechen – er weinte«, berichtete Blair. »Miguel sagte, ihm sei nicht klar gewesen, wie unterdrückt er wirklich war, bis er sah, wie seine eigene Geschichte von jemand anderem erzählt wurde.«

Der Kontrast zwischen der Vorstellung der Frau von seiner Situation und seiner Realität machte deutlich, wie es sich anfühlt, wenn man nicht gesehen, nicht gehört und nicht gefühlt wird – wenn man eine Unperson ist, die jeder ausbeuten kann.

Wenn die Methode funktioniert, können Menschen wie Miguel ihre eigene Geschichte durch die Augen eines anderen sehen und sich damit eine neue Sichtweise für sich selbst zu eigen machen. Wenn Personen aus dem Publikum sich melden und als Schauspieler solche Szenen nachspielen, versetzen sie sich im Idealfall in die Realität des unterdrückten Menschen hinein und werden im wahrsten Sinne des Wortes »mitfühlend«: Sie empfinden das gleiche Leid oder den gleichen Schmerz.

»Wenn man ein emotionales Erlebnis mitteilt, kann man ein Problem sowohl mit dem Herz als auch mit dem Kopf verstehen und neue Lösungen finden«, sagte Blair, der an der University of Southern California den Master-Studiengang für Applied Theatre Arts leitet; im Rahmen dieses Programms werden Menschen aus benachteiligten Bevölkerungsgruppen unterstützt. Er hat solche Theateraufführungen mit Vergewaltigungsopfern in Ruanda und mit Bandenmitgliedern aus Los Angeles inszeniert.

Dabei ist Blair auf eine unterschwellige Kraft gestoßen, die Menschen anhand ansonsten unsichtbarer Anzeichen von sozialer Stellung und Machtlosigkeit trennt: Die Mächtigen hören den Machtlosen häufig nicht zu, und das tötet die Empathie ab.

In diesem Zusammenhang berichtete Blair über einen Augenblick auf einer internationalen Tagung, in dem er sich selbst irgendwann durch die Augen einer mächtigeren Person sah. Er hörte, wie der CEO eines weltweit tätigen Brauereikonzerns – ein Mann, der wegen Lohnsenkungen berüchtigt war – davon sprach, sein Unternehmen würde Kindern helfen, ihren Gesundheitszustand zu verbessern.

In der Fragestunde nach dem Vortrag des Managers stellte Blair absichtlich eine provokative Frage: »Wie können Sie von gesunden Kindern reden, ohne gleichzeitig gesunde Löhne für ihre Eltern zur Sprache zu bringen?«

Der CEO ging auf Blairs Frage nicht ein, sondern wandte sich sofort der nächsten zu. Plötzlich fühlte sich Blair wie eine Unperson.

Die Tatsache, dass die Mächtigen unbequemen Menschen (und unbequemen Wahrheiten) eine Abfuhr erteilen können, indem sie ihnen einfach keine Beachtung schenken, ist ins Visier der Sozialpsychologen geraten: Sie haben einen Zusammenhang hergestellt zwischen der Macht und den Menschen, denen wir am meisten und am wenigsten Aufmerksamkeit schenken.[4]

Verständlicherweise konzentrieren wir uns auf die Menschen, die wir am meisten schätzen. Wer arm ist, ist auf gute Beziehungen zu Freunden und Angehörigen angewiesen, an die man sich wenden kann, wenn man Hilfe braucht – beispielsweise wenn jemand auf den Vierjährigen aufpassen muss, bis man von der Arbeit nach Hause kommt. Wer über wenig Mittel verfügt und sich in einer instabilen Lebenssituation befindet, »muss sich an Menschen anlehnen«, wie der Psychologe Dacher Keltner von der University of California in Berkeley es formulierte. Die Armen sind also gegenüber anderen Menschen und ihren Bedürfnissen besonders aufmerksam.

Wer dagegen wohlhabend ist, kann sich Hilfe kaufen – man bezahlt eine Kindertagesstätte oder leistet sich sogar ein Aupair-Mädchen. Deshalb, so Keltner, können reiche Menschen es sich leisten, die Bedürfnisse anderer Menschen weniger gut wahrzunehmen, und deshalb können sie auch gegenüber ihnen und ihrem Leiden weniger aufmerksam sein.

Im Rahmen seiner Forschungsarbeiten konnte er diese Geringschätzung während eines fünfminütigen Kennenlerntreffens ans Licht bringen.[5] Wohlhabende Menschen zeigen (zumindest wenn es sich um amerikanische Collegestudenten handelt) weniger Anzeichen für Engagement wie die Herstellung von Blickkontakt, Nicken und Lachen; dafür zeigen sie sich häufiger desinteressiert, beispielsweise indem sie auf die Uhr blicken, Männchen malen oder mit Gegenständen herumspielen. Studierende aus wohlhabenden Familien wirken distanzierter, solche aus ärmeren Verhältnissen geben sich engagierter, warmherziger und ausdrucksstärker.

In einer niederländischen Studie berichteten Fremde sich gegenseitig leidvolle Episoden aus ihrem Leben; das Spektrum reichte vom Tod eines Angehörigen und einer Ehescheidung bis zu Beziehungsproblemen und Betrug oder zu kindlichem Kummer, beispielsweise wenn man gehänselt wurde.[6] Auch hier war die mächtigere Person in den Zweiergruppen meist auch die gleichgültigere: Sie spürte den Schmerz des anderen weniger und war weniger empathisch, von Mitleid ganz zu schweigen.

Ähnliche Aufmerksamkeitsdefizite fanden Keltners Mitarbeiter auch, als sie verglichen, wie gut Personen auf den höheren und den niedrigeren Hierarchiestufen eines Unternehmens die Gefühle anderer aus dem Gesichtsausdruck ablesen können.[7] In solchen Gesprächen richtet die höher gestellte Person ihren Blick meist weniger auf das Gegenüber, und gleichzeitig neigt sie dazu, das Gespräch zu unterbrechen und an sich zu reißen – alles Anzeichen für einen Mangel an Aufmerksamkeit.

Dagegen schneiden Menschen mit niedriger sozialer Stellung in Tests der zutreffenden Empathie besser ab – sie können beispielsweise die Emotionen anderer besser am Gesicht und sogar an Muskelbewegungen rund um die Augen ablesen. Sie konzentrieren sich nach allen Maßstäben besser auf andere als höher gestellte Personen.

Die Verteilung der Aufmerksamkeit entsprechend der Machtverhältnisse zeigt sich an einem einfachen Maßstab: Wie lange dauert es, bis Person A auf eine E-Mail von Person B antwortet? Je länger jemand eine E-Mail ignoriert, bevor er schließlich darauf reagiert, desto mehr gesellschaftliche Macht hat diese Person im Verhältnis zur anderen. Zeichnet man die Reaktionszeiten quer durch eine ganze Firma auf, so erhält man ein bemerkenswert zutreffendes Diagramm der tatsächlichen sozialen Stellung. Der Chef lässt E-Mails stunden- oder tagelang unbeantwortet; wer in der Hierarchie niedriger steht, antwortet innerhalb weniger Minuten.

Das Ganze lässt sich auch mit einem Algorithmus einfangen; die Methode zur Datensammlung wurde an der Columbia University entwickelt und heißt »automatisierter Nachweis sozialer Hierarchien« (*automated social hierarchy detection*).[8] Als man sie vor dem Zusammenbruch des Enron-Konzerns auf das E-Mail-Archiv des Unternehmens anwandte, identifizierte man richtig die Stellung der obersten Manager und ihrer Untergebenen; dazu wurde nur ausgewertet, wie lange es dauerte, bis die E-Mails einer bestimmten Person beantwortet wurden. Mit dem gleichen Verfahren analysieren Geheimdienste auch mutmaßliche Terroristenbanden: Sie rekonstruieren die Einflussketten und machen so die zentralen Gestalten ausfindig.

Macht und Stellung stehen in einem engen Zusammenhang und können sich von einer Begegnung zur nächsten ändern. Aufschlussreich war ein Experiment, in dem Studierende aus wohlhabenden Familien glaubten, sie würden mit einer noch höher gestellten Personen sprechen: Dann verbesserte sich ihre Fähigkeit, Gefühle aus Gesichtern abzulesen.

Offensichtlich bestimmt also unsere eigene Einstufung auf der sozialen Leiter darüber, wie viel Aufmerksamkeit wir aufbringen: Wenn wir uns als Untergebene fühlen, sind wir wachsamer, als wenn wir uns für überlegen halten. Entsprechend aufmerksamer sind wir auch, je mehr uns an jemandem liegt – und je mehr Aufmerksamkeit wir aufbringen, desto mehr liegt uns am anderen. Aufmerksamkeit ist mit Liebe verflochten.

Teil 4

DER GROSSE ZUSAMMENHANG

MUSTER, SYSTEME UND CHAOS

Als Larry Brilliant ein Dorf im indischen Vorgebirge des Himalaja besuchte, stürzte er eine Treppe hinunter und musste mehrere Wochen lang das Bett hüten, bis seine Rückenverletzung verheilt war. Um sich die langen Stunden in der abgelegenen Hütte zu vertreiben, bat er seine Frau Girija, in der örtlichen Bibliothek nach Büchern über indische Münzen zu suchen – als Kind war er ein begeisterter Münzsammler gewesen.

Ungefähr zu jener Zeit lernte ich Dr. Larry, wie seine Freunde ihn nennen, kennen. Er war Arzt und hatte sich an dem Programm der Weltgesundheitsorganisation für weltweite Pockenimpfungen beteiligt. Ich kann mich noch gut erinnern, was er mir damals erzählte: Als er sich in die Lektüre über die Münzen des alten Indien vertiefte, begriff er nach und nach die historische Entwicklung der Handelsnetze in jenem Teil der Welt.

Als Dr. Larry wieder auf den Beinen war, hatte er erneut große Lust, Münzen zu sammeln. Auf seinen Reisen durch Indien suchte er nun örtliche Goldschmiede auf, die Gold- und Silbermünzen häufig nach Gewicht verkauften. Manche davon waren sehr alt.

Unter anderem fand er Münzen aus der Zeit der Kuschana, deren Großreich im zweiten Jahrhundert u. Z. von Kabul aus regiert wurde und sich vom Aralsee bis nach Benares erstreckte. Für ihre Münzen hatten die Kuschana ein Format von einer eroberten Gruppe übernommen, den Baktrern; diese waren

Nachfahren griechischer Soldaten, die Alexander der Große nach seinem Asienfeldzug als Besatzung von Außenposten zurückgelassen hatte. Die Münzen erzählten eine faszinierende Geschichte.

Die Münzen der Kuschana trugen auf einer Seite das Bild des Königs aus der jeweiligen Zeit; auf der Rückseite war ein Gott abgebildet. Die Kuschana waren Zoroastrianer, Anhänger einer persischen Religion, die damals zu den größten der Welt gehörte. Aber die verschiedenen Münzen stellten nicht nur die persische Gottheit dar, sondern auch ein breites Spektrum anderer Götter wie Shiva und Buddha, die man aus der Götterwelt der Perser, Ägypter, Griechen, Hindus und Römer übernommen hatte – also auch aus Ländern, die weit vom Gebiet der Kuschana entfernt waren.

Wie konnte man im zweiten Jahrhundert in einem Staat, der sein Zentrum in Afghanistan hatte, so viel über Religionen aus den Gebieten weit jenseits der eigenen Grenzen wissen – und ihren Gottheiten auch noch Ehrerbietung entgegenbringen? Die Antwort lag im Wirtschaftssystem jener Zeit. Das Reich der Kuschana stellte zum ersten Mal in der Geschichte eine geschützte Verbindung zwischen den bereits stark belebten Handelsrouten des Indischen Ozeans und der Seidenstraße her. Die Kuschana standen in regelmäßigem Austausch mit Kaufleuten und heiligen Männern, deren Herkunftsgebiete vom Mittelmeer bis zum Ganges und von der Arabischen Halbinsel bis zu den Wüsten im Nordwesten Chinas reichten.

Es gab auch andere Offenbarungen. »Ich habe in Südindien eine große Zahl römischer Münzen gefunden und wollte wissen, wie sie dorthin gekommen sind«, erzählte mir Dr. Larry. »Dabei habe ich herausgefunden, dass die Römer, deren Reich in Ägypten bis zum Roten Meer reichte, mit dem Schiff die Arabische Halbinsel umrundet haben, um in Goa Handel zu treiben. Aus den Orten, an denen diese alten Münzen auftauchen, kann man also im Umkehrschluss etwas über die Handelsrouten jener Zeit erfahren.«

Damals hatte Dr. Larry gerade seine Arbeit an dem erfolgreichen weltweiten WHO-Programm zur Ausrottung der Pocken abgeschlossen und stand im Begriff, sich an die University of Michigan zu begeben, um dort einen Master-Abschluss in der Gesundheitsverwaltung zu machen. Dabei ergab sich zwischen seiner Erkundung der Handelsrouten und dem, was er in Michigan lernen sollte, eine erstaunliche Parallele.

»Ich hatte Kurse in Systemanalyse belegt und beschäftigte mich mit Epidemiologie. Das passte gut zu meiner Denkweise. Eine Krankheitsepidemie zu verfolgen, das wurde mir damals klar, ist etwas ganz Ähnliches, wie wenn man die Ausbreitung einer antiken Zivilisation wie der Kuschana-Kultur verfolgt und dabei alle möglichen archäologischen, sprachlichen und kulturellen Indizien findet.«

Die Grippepandemie von 1918 beispielsweise forderte weltweit schätzungsweise 50 Millionen Todesopfer. »Sie nahm vermutlich in Kansas ihren Anfang und wurde zuerst durch amerikanische Soldaten verbreitet, die während des Ersten Weltkriegs ins Ausland reisten«, sagte Dr. Larry. »Dann umrundete die Grippe mit der Geschwindigkeit der Dampfschiffe und des Orientexpress die ganze Welt. Heute verbreiten sich Pandemien mit der Geschwindigkeit einer Boeing 747.«

Ein anderes Beispiel ist die Kinderlähmung, eine Krankheit, die in der Antike bekannt war, aber nur gelegentlich auftrat. »Zur Epidemie wurde die Kinderlähmung durch die Entwicklung der Städte; dort holten die Menschen ihr Wasser nicht mehr aus ihren eigenen Brunnen, sondern sie waren auf eine gemeinsame, verunreinigte Trinkwasserversorgung angewiesen.

Eine Epidemie zeigt beispielhaft die Dynamik von Systemen. Je stärker man unter dem Gesichtspunkt von Systemen denkt, desto besser kann man den Weg von Münzen, Kunst, Religion oder Krankheiten verfolgen. Der Weg von Münzen entlang der Handelsrouten hat seine Parallelen in der Ausbreitung eines Virus.«

Die Entdeckung solcher Gesetzmäßigkeiten kennzeichnet das systemorientierte Denken. Diese manchmal geradezu gespenstische Fähigkeit versetzt uns in die Lage, unter einer Riesenfülle visueller Eindrücke ohne Weiteres das aufschlussreiche Detail zu finden (man denke nur an Wimmelbilder). Wenn man Versuchspersonen ein Foto mit einer großen Zahl von Punkten zeigt und sie dann raten lässt, wie viele es sind, geben diejenigen, die besser systematisch denken können, meist auch die besseren Schätzungen ab. Ihren offenkundigsten Ausdruck findet diese Begabung unter anderem bei Menschen, die Software entwickeln oder sich Maßnahmen zur Rettung gefährdeter Ökosysteme ausdenken.

Ein »System« ist letztlich nichts anderes als eine zusammenhängende Gruppe regelmäßiger Muster, die bestimmten Gesetzen unterliegen. Die Mustererkennung findet in Schaltkreisen des Scheitellappens statt, aber ob es bestimmte Areale für ein umfassendes »Systemgehirn« gibt, und wenn ja, wo sie sich befinden, ist bisher nicht geklärt. Nach derzeitigem Kenntnisstand scheint es im Gehirn keine Netzwerke oder Schaltkreise zu geben, die uns gezielt eine natürliche Neigung zum Verstehen von Systemen verschaffen.

Mittels der bemerkenswerten allgemeinen Lernfähigkeit unserer Großhirnrinde erfahren wir, wie wir Systeme deuten und uns in ihnen zurechtfinden können. Solche Fähigkeiten der Hirnrinde – beispielsweise in Mathematik oder Ingenieurtechnik – können wir mit Computern vervielfachen. In dieser Hinsicht unterscheidet sich der systemorientierte Geist von Selbstwahrnehmung und Empathie, die in eigenen, im Wesentlichen von unten nach oben wirkenden Schaltkreisen angesiedelt sind. Etwas über Systeme zu lernen erfordert eine gewisse Anstrengung, aber um uns im Leben erfolgreich zurechtzufinden, brauchen wir in dieser Form der Konzentration ebenso gewisse Stärken wie in den beiden, die uns eher von Natur aus gegeben sind.

Chaos und ausgesprochen üble Probleme

Seine systemorientierte Sichtweise hat Dr. Larry auch an seine heutige Stelle als Leiter des Skoll Global Threats Fund mitgenommen, einer Organisation, die es sich zur Aufgabe gemacht hat, die Menschheit vor den verschiedensten Gefahren zu schützen, so vor dem Nahostkonflikt, der Weiterverbreitung von Atomwaffen, Pandemien, Klimawandel und den Konflikten, die aus der Wasserknappheit erwachsen können.

»Wir finden die Knackpunkte, an denen die Schwierigkeiten ihren Anfang nehmen können. Beispiele sind die Wasserknappheit und der Konflikt zwischen den drei Nuklearmächten Pakistan, Indien und China. In Pakistan werden ungefähr 95 Prozent des Wassers für die Landwirtschaft verbraucht, und die meisten wichtigen Flüsse des Landes haben ihren Oberlauf in Indien. Die Menschen in Pakistan glauben, Indien würde die Stauwehre manipulieren und damit kontrollieren, wann Pakistan Wasser bekommt und wie viel. Und die Inder glauben, dass China wiederum stromaufwärts die Kontrolle darüber hat, wie viel Wasser aus dem ›dritten Pol‹ abfließt, dem Eis und Schnee der Himalaja-Hochebene.«

Aber niemand weiß, wie viel Wasser durch diese Flussläufe strömt, zu welcher Jahreszeit es geschieht, wie viele Stauwehre wo oder zu welchem Zweck die Wassermenge steuern. »Diese Informationen werden von allen drei Regierungen aus politischen Gründen im Dunkeln gelassen«, sagte Dr. Larry. »Deshalb unterstützen wir eine vertrauenswürdige dritte Partei, die Daten sammelt und transparent macht. Damit schaffen wir die Voraussetzung für den nächsten Schritt: die Analyse der entscheidenden Knotenpunkte und der Stellen, an denen es problematisch wird.«

Eine schnelle Reaktion wird auch erforderlich sein, wenn wir in Zukunft weltweite Grippepandemien bekämpfen wollen, gegen deren mutierte Erregerstämme niemand immun ist. Gleichzeitig besteht aber keine Möglichkeit, eine solche Reaktion im Voraus zu erproben; die Situation wird historisch einzigartig sein (beispielsweise gab es während der letzten Pandemie 1918 noch keine Boeing 747), und es steht so viel auf dem Spiel, dass für Fehler kein Spielraum bleibt. Das sind einige der Gründe, warum Pandemien ein »übles« Problem sind – nicht im Sinn von »böse«, sondern mit der Bedeutung, dass seine Lösung äußerst schwierig ist.

Dagegen ist die Bekämpfung der globalen Erwärmung ein »superübles« Problem: Es gibt keine einzelne Instanz, die für seine Lösung zuständig wäre, die Zeit läuft uns davon, die Menschen, die das Problem lösen wollen, gehören zu denen (uns allen), die es auch verursachen, und die offizielle Politik spielt seine Bedeutung für unsere Zukunft herunter.[1]

Und das ist noch nicht alles: Sowohl Pandemien als auch die globale Erwärmung stellen ein »Chaos« dar, das heißt, ein beunruhigendes Dilemma steht in Wechselbeziehung zu einem ganzen System anderer, miteinander verflochtener Probleme.[2] Deshalb, so betonte Dr. Larry, sind dies unglaublich schwierige Probleme, und ein großer Teil der Informationen, die zu ihrer Lösung notwendig wären, fehlt.

Systeme sind mit bloßem Auge praktisch nicht zu erkennen, aber ihr Wirken kann man sichtbar machen, wenn man an einer ausreichenden Zahl verschiedener Punkte Daten sammelt und damit die Umrisse ihrer Dynamik in den Mittelpunkt rückt. Je mehr Daten zur Verfügung stehen, desto schärfer wird die Landkarte. Willkommen im Zeitalter der großen Datenmengen (Big Data).

Etliche Jahre nachdem Dr. Larry in Indien seine Münzen gesammelt hatte, wurde er zum Gründungsdirektor von Google. org, dem nichtkommerziellen Zweig von Google. Dort brachte er eines der ersten und allgemein gepriesenen Hilfsmittel zur Sammlung großer Datenmengen heraus: eine Software zum Erkennen der Grippe. Ein Freiwilligenteam aus Google-Ingenieuren analysierte in Zusammenarbeit mit Epidemiologen der Centers for Disease Control and Prevention (CDC) eine ungeheure Zahl von Suchanfragen für Wörter wie *fever* (Fieber) oder *ache* (Schmerzen) in Verbindung mit Grippesymptomen.[3]

»Wir haben fünf Jahre lang bei Zehntausenden von Computern gleichzeitig jeden Tastendruck auf Google erfasst und daraus einen Algorithmus zur Voraussage von Grippeepidemien abgeleitet«, erinnerte sich Dr. Larry. Der so entstandene Algorithmus erkennt einen Ausbruch der Krankheit innerhalb eines Tages; zuvor hatten die CDC in der Regel zwei Wochen gebraucht, um anhand der Berichte von Ärzten die Brennpunkte der Krankheit zu identifizieren.

Die Big-Data-Software analysiert gewaltige Informationsmengen; mit den Daten von Google die Grippeausbrüche dingfest zu machen war einer der ersten Versuche, eine solche Software auf eine große Menschenmenge anzuwenden – später sprach man von »kollektiver Intelligenz«. Durch Big Data wissen wir, worauf sich die kollektive Aufmerksamkeit konzentriert.

Die Anwendungsgebiete sind endlos. Wenn man beispielsweise analysiert, wer sich mit wem – per Telefon, Twitter, SMS und Ähnlichem – in Verbindung setzt, bringt man damit das menschliche Nervensystem einer Organisation ans Licht und kartiert ihre Verknüpfungen. Stark vernetzte Menschen sind in der Regel auch besonders einflussreich: Sie sind die sozialen Verknüpfungspunkte, Informationsbesitzer oder Machthaber einer Organisation.

Einige Beispiele für die vielfältigen kommerziellen Anwendungen von Big Data: Ein Mobilfunkunternehmen analysierte mit dem Verfahren die Telefonverbindungen seiner Kunden. Damit identifizierte man »Stammesführer«, das heißt Personen, die eine besonders große Zahl von Verbindungen zu einer kleinen Gruppe von Anhängern herstellten. Die Erkenntnis des Unternehmens: Wenn ein solcher Anführer einen neuen von der Firma angebotenen Dienst in Anspruch nahm, taten es mit großer Wahrscheinlichkeit auch die anderen »Stammesangehörigen«. Tauschte der Anführer dagegen seinen Telefonvertrag gegen einen anderen, folgten ihm seine Anhänger auch hier.[4]

»Früher richtete sich die Aufmerksamkeit der Organisationen auf interne Information«, erzählte mir Thomas Davenport, der die Anwendung von Big Data verfolgt. »Aus dieser Frucht haben wir so viel Saft herausgepresst, wie wir konnten. Deshalb haben wir uns jetzt den externen Informationen zugewandt: dem Internet, den Empfindungen von Kunden, den Risiken in Lieferketten und Ähnlichem.«

Als wir uns unterhielten, war Davenport, der frühere Direktor des Accenture Institute for Strategic Change, Dozent an der Harvard Business School. Er fügte hinzu: »Wir brauchen ein ökologisches Modell, in dem man sich einen Überblick über die externe Informationsumwelt verschafft – über alles, was im Umfeld einer Firma geschieht und möglicherweise Auswirkungen auf sie hat.«

Die Daten, die ein Unternehmen aus seinen Computersystemen bezieht, sind nach Davenports Ansicht häufig viel weniger nützlich als Informationen, die aus anderen Quellen in der allgemeinen Informationsökologie stammen und beispielsweise von Menschen beigesteuert werden. Eine Suchmaschine liefert zwar umfangreiche Daten, aber keinen Zusammenhang zu ihrem Verständnis, von klugen Schlüssen aus diesen Informationen ganz zu schweigen. Nützlich werden die Daten erst durch den Menschen, der damit umgeht.[5] Diese Person konzentriert sich im Idealfall auf die wichtigen Teile, blendet alle anderen aus, stellt einen Zusammenhang für die Bedeutung der Daten her und tut all das so, dass ihre Wichtigkeit deutlich wird – und so die Aufmerksamkeit der anderen fesselt.

Die besten derartigen Datenpfleger stellen die Daten nicht nur in einen sinnvollen Zusammenhang, sondern sie wissen auch, welche Fragen sie stellen müssen. Als ich Davenport befragte, schrieb er gerade ein Buch, in dem er die Beteiligten von Big-Data-Projekten ermutigte, Fragen wie diese zu stellen: Definieren wir das richtige Problem? Haben wir die richtigen Daten? Von welchen Annahmen geht der Algorithmus aus, dem die Daten eingegeben werden? Hat das Modell, das als Leitfaden für diese Annahmen dient, einen Bezug zur Realität?[6]

Auf einer Tagung am Massachusetts Institute of Technology, die dem Thema Big Data gewidmet war, wies einer der Vortragenden darauf hin, dass die Finanzkrise seit 2008 das Scheitern der Methode kennzeichnete: Auf der ganzen Welt brachen die Hedgefonds zusammen. Das Dilemma besteht darin, dass die mathematischen Modelle, die sich in Big Data verkörpern, Vereinfachungen sind. Sie liefern zwar prägnante Zahlen, die dahinter stehenden mathematischen Verfahren beruhen aber auf Modellen und Annahmen; deshalb können sie jeden, der zu viel Vertrauen in ihre Ergebnisse setzt, zum Narren halten.

Rachel Schutt, eine leitende Statistikerin bei Google Research, wies auf der gleichen Tagung darauf hin, dass die Erforschung von Daten mehr als nur mathematische Fähigkeiten erfordert: Notwendig sind auch Menschen mit weitgefasster Neugier, deren eigene Erfahrungen – und nicht nur Daten – als Leitfaden für Innovationen dienen. Letztlich beruht die beste Intuition auf einer gewaltigen Datenmenge: Sie greift auf unsere gesamte Lebenserfahrung zurück, die vom menschlichen Gehirn gefiltert wird.[7]

SYSTEMBLINDHEIT

Mau Piailug konnte in Sternen und Wolken, im Auf und Ab der Meereswellen und im Vogelflug lesen, als wären sie der Bildschirm eines Navigationsgeräts. Diese und viele andere Beobachtungen nahm Mau mitten im südlichen Pazifik vor, wo er wochenlang nichts als den Himmel und den Horizont zu sehen bekam. Er bediente sich ausschließlich der Kenntnisse über das Meer, die er in seiner Heimat, der Karolineninsel Satawal, von seinen Stammesältesten gelernt hatte.

Der 1932 geborene Mau war der letzte Einheimische, der noch die uralte polynesische Kunst des »Wegfindens« beherrschte: Er lenkte ein Katamaran-Kanu ausschließlich mithilfe der Überlieferung, die er in seinem Kopf hatte, und legte damit Hunderte oder Tausende von Kilometern von einer Insel zur anderen zurück.

Das Wegfinden verkörpert die höchste Kunst der Systemwahrnehmung: Man deutet geringfügige Anhaltspunkte wie die Temperatur oder den Salzgehalt des Meerwassers, Treibgut und Pflanzenreste, die Flugrichtung der Meeresvögel, die Temperatur, Geschwindigkeit und Richtung des Windes, Unterschiede in der Wellenhöhe sowie den Auf- und Untergang der Sterne in der Nacht. Das alles wird mit einem geistigen Modell von der Lage der Inseln abgeglichen – einer Überlieferung, welche die Einheimischen aus Geschichten, Gesängen und Tänzen erlernen.

Das alles versetzte Mau im Jahr 1976 in die Lage, ein Kanu polynesischer Bauart mehr als 3800 Kilometer von Hawaii nach Tahiti zu lenken. Durch die Reise wurde den Anthropologen klar, dass die Inselbewohner den Südpazifik schon in alter Zeit regelmäßig in beiden Richtungen von einer entfernten Insel zur anderen überqueren konnten.

Aber in dem halben Jahrhundert, in dem Mau sich seine hoch entwickelte Wahrnehmung natürlicher Systeme bewahrt hatte, waren die Polynesier dazu übergegangen, die Navigationshilfsmittel der modernen Welt zu verwenden. Seine Kunst starb aus.

Maus legendäre Reise mit dem Kanu gab den Anlass, die Kunst des Wegfindens bei den einheimischen Völkern des Südpazifiks genauer zu erforschen – ein wiedererwachtes Interesse, das bis heute erhalten geblieben ist. 50 Jahre nach seiner Initiation als Wegfinder hielt Mau zum ersten Mal wieder für eine Handvoll Schüler, die er ausgebildet hatte, die gleiche Zeremonie ab.

Solche Überlieferungen, die Generation für Generation von den Älteren zu den Jüngeren weitergegeben werden, sind ein Musterbeispiel für die Kenntnisse, auf die einheimische Völker zurückgriffen, um in ihrer jeweiligen ökologischen Nische zu überleben; sie halfen ihnen, Grundbedürfnisse nach Nahrung, Sicherheit, Kleidung und Obdach zu befriedigen.

Die Systemwahrnehmung – das Erkennen und Auswerten der Gesetzmäßigkeiten und Ordnungsprinzipien, die sich hinter dem Chaos der Natur verbergen – wurde in der Menschheitsgeschichte immer durch eine dringende Notwendigkeit vorangetrieben: Indigene Völker können nur überleben, wenn sie die Ökosysteme in ihrem Umfeld verstehen. Sie müssen wissen, welche Pflanzen giftig sind, satt machen oder eine heilende Wirkung haben; sie müssen wissen, wo es Trinkwasser gibt, wo man Kräuter sammeln und Nahrung finden kann; und sie müssen in der Lage sein, die Anzeichen der wechselnden Jahreszeiten zu erkennen.

Da liegt der Haken. Wir sind biologisch darauf eingestellt, zu essen und zu schlafen, uns zu paaren und zu ernähren, zu kämpfen oder zu flüchten und alle anderen Überlebensreaktionen zu vollziehen, die zu unserem natürlichen Repertoire gehören. Aber wie wir bereits erfahren haben, ist keines unserer neuronalen Systeme gezielt der Aufgabe gewidmet, die größeren Systeme zu verstehen, innerhalb deren sich dies alles vollzieht.

Systeme sind auf den ersten Blick für unser Gehirn unsichtbar – keines der vielen Systeme, die über unsere Lebensrealität bestimmen, nehmen wir unmittelbar wahr. Wir können sie nur indirekt durch mentale Modelle verstehen (solche Modelle sind beispielsweise die Bedeutung der Wellen, die Sternbilder oder der Flug der Seevögel) und auf ihrer Grundlage handeln. Je stärker sich solche Modelle auf Daten stützen, desto wirksamer werden unsere Eingriffe (beispielsweise wenn wir eine Rakete zu einem Asteroiden schicken). Je schwächer die Datengrundlage ist, desto geringer fällt auch die Wirkung aus (wie in großen Teilen der Bildungspolitik).

Die Quelle der Überlieferung sind bitter erlernte Lektionen, beispielsweise Erfahrungen mit der Heilwirkung bestimmter Kräuter, die sich als dezentrales Wissen unter den Menschen verteilt haben. Und die älteren Generationen geben dieses gesammelte Wissen an die jüngeren weiter.

Unter denen, die bei Mau Unterricht nahmen, war auch Elizabeth Kapu'uwailani Lindsey, eine in Hawaii geborene Anthropologin, die sich auf Ethnonavigation spezialisiert hat. Sie wurde Forscherin und Stipendiatin der National Geographic Society. Ihre Aufgabe: ethnografische Rettung, das Bewahren aussterbender indigener Kenntnisse und Traditionen.

»Dass die Überlieferung der Einheimischen verloren geht, liegt zu einem großen Teil an der kulturellen Angleichung und Kolonisierung, außerdem drängen Regierungen die Weisheit der Einheimischen an den Rand«, erzählte sie mir. »Die Überlieferung wird auf vielen Wegen weitergegeben. Die hawaiianischen Tänze zum Beispiel bestanden aus einem Bewegungs-kodex und Gesängen, die von unserer Abstammung, unserer Astronomie und den Naturgesetzen erzählten und damit den Hintergrund unserer Kulturgeschichte bildeten. Die Bewegun-gen der Tänzer, die Gesänge, sogar der Klang der Pahu-Trom-meln: Alles hatte eine Bedeutung. Das waren traditionell heilige Praktiken«, fügte sie hinzu. »Als dann die Missionare kamen, erklärten sie die Tänze für unmoralisch. Erst während unse-rer kulturellen Renaissance in den 1970er-Jahren erlebte der alte Hula oder Hula Kahiko wieder einen Aufschwung. Dage-gen war der moderne Hula-Tanz zur Touristenunterhaltung geworden.«

Mau hat viele Jahre bei zahlreichen Lehrern studiert: Als er ungefähr fünf Jahre alt war, wählte sein Großvater ihn für die Ausbildung zum Steuermann aus. Seit jener Zeit beglei-tete Mau die älteren Männer, wenn sie ihre Kanus vorbereite-ten und zum Fischen hinausfuhren; er fuhr mit ihnen zur See, und nachts, wenn sie im Kanu-Haus gemeinsam tranken, hörte er ihre Geschichten einschließlich der darin verborgenen Tipps für die Navigation. Alles in allem erhielt er seinen Unterricht von einem halben Dutzend fachkundiger Seefahrer.

Solche indigenen Überlieferungen sind die Wurzel der Wis-senschaft: Aus den frühen lebensnotwendigen Kenntnissen ging im Lauf der Jahrhunderte die heutige üppige Vielzahl der wissenschaftlichen Spezialgebiete hervor. Es war ein sich selbst organisierendes Wachstum, mit dem sich vielleicht unser an-geborener Trieb erfüllte, die Welt um uns herum zu verstehen und so zu überleben.

Die Erfindung der Kultur war für den Homo sapiens eine gewaltige Neuerung: Er schuf die Sprache und ein gemeinsa-mes Netzwerk des kognitiven Verstehens, das über Kennt-nisse und Lebensdauer jedes Einzelnen hinausging – und das wir nicht nur je nach Bedarf nutzen, sondern auch an neue Ge-nerationen weitergeben können. Kulturen teilen Fachkunde auf: Es gibt Hebammen und Heiler, Krieger und Baumeister,

Bauern und Weber. Jedes dieser Fachgebiete kann man mit anderen teilen, und diejenigen, die in einem davon den besten Wissensstand haben, werden für andere zu Vorbildern und Lehrern.

Überlieferung war ein entscheidender Teil unserer sozialen Evolution und der Weg, auf dem Kulturen ihre Kenntnisse über lange Zeit weitergaben. Die primitiven Gruppen aus der Frühzeit der Evolution waren auf Gedeih und Verderb darauf angewiesen, dass sie mit ihrer kollektiven Intelligenz das Ökosystem in ihrer Umgebung richtig deuten konnten: Sie mussten die Zeitpunkte für Aussaat, Ernte und Ähnliches vorhersehen – so entstanden die ersten Kalender.

Nachdem aber solche Überlieferungen in neuerer Zeit den Maschinen – Kompassen, Navigationsinstrumenten und schließlich Onlinelandkarten – Platz machen mussten, griffen die indigenen Völker wie alle anderen auf die Neuerungen zurück, und eigene Überlieferungen wie das Wegfinden wurden vergessen.

Die gleiche Entwicklung spielte sich bei fast allen traditionellen Kenntnissen ab, mit denen man sich auf die Systeme der Natur einstellte. Der erste Kontakt eines indigenen Volkes mit der Außenwelt wird in der Regel zum Ausgangspunkt für das allmähliche Verschwinden seiner Überlieferung.

Als ich mit Lindsey sprach, bereitete sie sich gerade auf eine Reise nach Südostasien vor; dort wollte sie das Seenomadenvolk der Moken besuchen. Kurz bevor der Tsunami 2004 über die von ihnen bewohnten Inseln im Indischen Ozean hinwegfegte, »merkten die Moken, dass die Vögel nicht mehr sangen und die Delfine weiter aufs Meer hinausschwammen«, erzählte sie mir. »Also sind sie alle in ihre Boote geklettert und auf die hohe See hinausgefahren, wo der Kamm der vorüberkommenden Tsunamiwelle noch niedrig war. Kein Einziger der Moken kam zu Schaden.«

Andere Völker – die längst vergessen haben, wie man auf Vögel hört, Delfine beobachtet oder das Verhalten dieser Arten interpretiert – gingen zugrunde. Lindsey macht sich Sorgen, dass auch die Moken gezwungen sein könnten, ihr Seenomadenleben aufzugeben und sich auf dem thailändischen und burmesischen Festland niederzulassen. Ökologische Intelligenz wie die ihre kann innerhalb einer Generation aus dem kollektiven Gedächtnis verschwinden, wenn es die Formen ihrer Weitergabe nicht mehr gibt.

Lindsey – eine Anthropologin, die von indigenen Heilern in Hawaii großgezogen wurde – sagte mir: »Eines habe ich von meinen Ältesten gelernt: Wenn du in den Wald gehst, um Blüten zur Herstellung von Blütenketten oder Pflanzen für Arzneien zu pflücken, dann nimmst du von jedem Zweig nur wenige Blüten oder Blätter. Wenn du fertig bist, sollte der Wald so aussehen, als wärst du nie dort gewesen. Heute gehen die Kinder häufig mit Plastikmülltüten los und brechen ganze Äste ab.«

Diese Nachlässigkeit gegenüber den Systemen in unserem Umfeld ist mir schon seit Langem ein Rätsel, insbesondere seit ich mich mit unserer kollektiven Orientierungslosigkeit angesichts der Bedrohung beschäftige, die unsere Alltagstätigkeiten für das Überleben unserer Spezies darstellen. Anscheinend sind wir auf eine seltsame Weise unfähig, unsere Umwelt so wahrzunehmen, dass wir die schädlichen Auswirkungen unserer eigenen Systeme verhüten, sei es bei Energie, Verkehr, Industrie oder Handel.

Die Illusion des Verstehens

Für einen großen, landesweit tätigen Einzelhandelskonzern war es Dilemma und Gelegenheit zugleich: Die Zeitschrifteneinkäufer berichteten, fast 65 Prozent aller in den Vereinigten Staaten gedruckten Zeitschriften würden nie verkauft. Das bedeutete für das System jährliche Kosten von mehreren Hundert Millionen Dollar, aber kein Beteiligter allein konnte daran etwas ändern. Also tat sich die Einzelhandelskette, die zu den größten Zeitschriftenabnehmern des Landes gehörte, mit einer Gruppe von Verlagen und Großhändlern zusammen, um das weitere Vorgehen zu erörtern.

Für die Zeitschriftenbranche, die durch die digitalen Medien und sinkende Auflagen unter Druck stand, war die Sache dringend. Jahrelang hatte niemand das Problem lösen können; alle hatten nur mit den Schultern gezuckt. Jetzt war die Branche bereit, schlagkräftige Maßnahmen zu ergreifen.

»Es war eine riesige Verschwendung, ganz gleich, ob man es unter dem Gesichtspunkt der reinen Kosten, der abgeholzten Bäume oder des produzierten Kohlendioxids betrachtete«, erzählte mir Jib Ellison, der CEO des Beratungsunternehmens Blu Skye.

Ellison, der dazu beitrug, dass sich die Gruppe zusammenfand, fügte hinzu: »Das Gleiche finden wir in den meisten Lieferketten: Sie wurden im 19. Jahrhundert im Hinblick darauf aufgebaut, was man verkaufen kann, aber dabei hatte man weder Nachhaltigkeit noch die Müllvermeidung im Blick. Wenn ein Teil der Kette sich allein optimiert, wird das Ganze in den meisten Fällen suboptimal.«

Eine der größten Schwierigkeiten bestand darin, dass Werbekunden nach der Auflage der Zeitschriften bezahlten, in denen ihre Anzeige erschien – aber nicht nach der Zahl der verkauften Exemplare. Aber eine Zeitschrift, die sich »im Umlauf« befindet, liegt vielleicht nur wochen- oder monatelang im Regal und wandert dann zum Altpapier. Die Verlage mussten sich also an ihre Werbekunden wenden und ihnen eine neue Berechnungsgrundlage schmackhaft machen.

Die Einzelhandelskette analysierte, welche Zeitschriften sich in welchen Filialen am besten verkauften. Dabei stellte sich beispielsweise heraus, dass *Roadster* vielleicht in fünf Märkten gut lief, in fünf anderen aber nicht. Die Kette konnte also die Lieferung der Zeitschriften danach ausrichten, wo sie gewünscht wurden. Alles in allem verminderte sich der Ausschuss durch die verschiedenen Verbesserungen um bis zu 50 Prozent. Das war nicht nur gut für die Umwelt; es schuf auch in den Regalen neuen Platz für andere Produkte, und gleichzeitig sparte es den angeschlagenen Verlagen Geld.

Um solche Probleme zu lösen, muss man die beteiligten Systeme im Blick haben. »Wir suchen nach Systemproblemen, die ein einzelner Beteiligter – eine Person, eine Regierung, ein Unternehmen – nicht lösen kann«, erklärte Ellison. In dem Zeitschriftendilemma wurde der erste Durchbruch damit erzielt, dass alle Beteiligten sich einfach zusammensetzten – und damit das System in ein Besprechungszimmer brachten.[1]

»Systemblindheit ist das Wichtigste, womit wir bei unserer Arbeit zu kämpfen haben«, sagte John Sterman, Inhaber des Jay-W.-Forrester-Lehrstuhls an der Sloan School of Management des Massachusetts Institute of Technology. Forrester, Stermans Mentor, begründete die Systemtheorie, und Sterman war als Leiter der Systems Dynamics Group des MIT jahrelang der angesagteste Systemexperte der Hochschule.

Sein klassisches Lehrbuch über die Anwendung des systemorientierten Denkens in Unternehmen und anderen komplexen Einrichtungen enthält eine grundlegende Aussage: Sogenannte Nebenwirkungen sind keine. In einem System gibt es keine Nebenwirkungen, sondern nur vorhergesehene oder unvorhergesehene Wirkungen. Wenn wir sie für »Nebenwirkungen« halten, spiegelt sich darin einfach nur unser fehlerhaftes Verständnis des Systems wider. In einem komplexen System, so seine Aussage, können Ursache und Wirkung räumlich und zeitlich weiter voneinander entfernt sein, als uns klar ist.

Als Beispiel nennt Sterman die Diskussion um die »Null-Emissions«-Elektroautos.[2] Aus Sicht des Systems verursachen sie keineswegs »null Emissionen«, wenn sie ihre Elektrizität aus einem Stromnetz beziehen, das im Wesentlichen von umweltschädlichen Kohlekraftwerken gespeist wird. Und selbst wenn die Energie beispielsweise von Solarkraftwerken erzeugt wird, hat sie für die Erde ihren Preis in Form der Treibhausgasemissionen, die bei der Herstellung der Solarkollektoren und der Energieversorgung der Lieferketten entstehen.[3]

Eine ihrer schlimmsten Folgen entfaltet die Systemblindheit, wenn Führungspersonen eine Problemlösungsstrategie umsetzen und dabei die Dynamik des zugehörigen Systems ignorieren.

»Das ist heimtückisch«, sagte Sterman. »Man gelangt kurzfristig zu einer Verbesserung, und wenn das Problem dann erneut auftritt, ist es oft schlimmer als zuvor.«

Verkehrsstau? Die kurzsichtige Lösung besteht darin, mehr und breitere Straßen zu bauen. Diese neue Kapazität lindert kurzfristig die Verstopfung. Aber da man nun leichter vorwärtskommt, haben gerade solche Straßen zur Folge, dass sich mehr Menschen, Geschäfte und Arbeitsplätze über die ganze Region verteilen. Auf lange Sicht nimmt der Verkehr zu, bis Verstopfung und Verspätungen ebenso schlimm sind wie zuvor oder sogar noch schlimmer – der Verkehr wächst weiter, bis das Autofahren so unangenehm wird, dass ein weiteres Wachstum aufhört.

»Verkehrsstaus werden durch Rückkopplung gesteuert«, erläuterte Sterman. »Immer wenn mehr Verkehrskapazität zur Verfügung steht, benutzen die Menschen häufiger ihre Autos, sie fahren weitere Strecken und kaufen mehr Autos. Wenn die Menschen sich räumlich immer weiter ausbreiten, sind die öffentlichen Verkehrsmittel nicht mehr konkurrenzfähig. Man steckt in der Falle.«

Wir glauben, wir würden vom Verkehrsstau aufgehalten, in Wirklichkeit erwächst der Stau als solcher aber aus der Dynamik der Straßennetze. Die Entkopplung zwischen solchen Systemen und unserem Verhältnis zu ihnen beginnt mit Verzerrungen unserer geistigen Modelle. Wir geben anderen Autofahrern die Schuld für die verstopften Straßen, berücksichtigen aber nicht, dass sie durch die Dynamik des Systems hierhergekommen sind.

»Meistens führen die Menschen das, was ihnen zustößt, auf

zeitlich und räumlich nahe liegende Ereignisse zurück«, stellte Sterman fest. »In Wirklichkeit ist es aber die Folge der Dynamik größerer Systeme, in die sie eingebettet sind.«

Verschärft wird das Problem durch die sogenannte Illusion der Erklärungstiefe: Wir glauben, wir hätten ein komplexes System verstanden, in Wirklichkeit verfügen wir aber nur über oberflächliche Kenntnisse. Man versuche einmal, ausführlich zu erklären, wie ein Stromnetz funktioniert oder warum eine Zunahme des Kohlendioxidgehalts in der Atmosphäre die Energie von Wirbelstürmen steigert; dann wird klarer, warum unser Verständnis für Systeme eine Illusion ist.[4]

Neben der Diskrepanz zwischen unseren geistigen Modellen und den Systemen, die sie angeblich abbilden, gibt es ein noch tiefgreifenderes Dilemma: Unsere Wahrnehmungs- und Gefühlssysteme sind für sie so gut wie blind. Das Gehirn des Menschen wurde durch Dinge geprägt, die uns und unseren Vorfahren in freier Wildbahn das Überleben erleichterten, insbesondere in der geologischen Epoche des Pleistozän, in der unsere Urahnen durch die Wildnis streiften (das heißt ungefähr vor zwei Millionen bis 12.000 Jahren, als der Aufstieg der Landwirtschaft begann).

Wir sind darauf abgestimmt, noch das leiseste Rascheln der Blätter wahrzunehmen, das möglicherweise einen herannahenden Tiger verrät. Andererseits haben wir aber keinen Wahrnehmungsapparat, mit dem wir die dünner werdende Ozonschicht der Atmosphäre oder die Karzinogene im Feinstaub eines Smogtags wahrnehmen könnten. Beides kann letztlich tödlich wirken, und doch besitzt unser Gehirn für solche Gefahren kein unmittelbares Radar.

Das Unsichtbare greifbar machen

Die falsche Einstellung der Wahrnehmung ist nicht das einzige Problem. Wenn unsere Gefühlsschaltkreise (insbesondere die

Amygdala, der Auslöser für die Flüchten-oder-Kämpfen-Reaktion) eine unmittelbare Gefahr spüren, überschwemmen sie uns mit Hormonen wie Cortison oder Adrenalin, die uns darauf vorbereiten, zuzuschlagen oder wegzulaufen. Das gilt aber nicht, wenn wir von potenziellen Gefahren hören, die uns vielleicht in Jahren oder Jahrhunderten drohen könnten; dann rührt die Amygdala sich kaum.

Die Schaltkreise der Amygdala konzentrieren sich in der Mitte des Gehirns und arbeiten automatisch von unten nach oben. Wir verlassen uns darauf, dass sie aufmerksam auf Gefahren reagieren und uns sagen, worauf wir dringend achten müssen. Aber unsere automatischen Systeme, die meist ein so zuverlässiger Leitfaden für unsere Aufmerksamkeit sind, verfügen weder über einen Wahrnehmungsapparat noch über eine emotionale Disposition für Systeme und ihre Gefahren. In dieser Hinsicht sind sie eine Niete.

»Eine automatische Bottom-up-Reaktion mit Top-down-Überlegungen außer Kraft zu setzen ist einfacher, als damit umzugehen, dass ein Signal völlig fehlt«, sagte die Psychologin Elke Weber von der Columbia University. »Aber genau in dieser Lage sind wir, wenn es um den Umgang mit unserer Umwelt geht. Hier im Hudson Valley deutet an diesem wunderschönen Sommertag nichts darauf hin, dass unser Planet sich erwärmt. Im Idealfall sollte ein Teil meiner Aufmerksamkeit sich darauf richten – immerhin ist es eine langfristige Bedrohung«, fügte Weber hinzu; sie berät unter anderem auch die National Academy of Sciences in umweltpolitischen Entscheidungen.[5] »Es gibt aber keine Bottom-up-Nachricht, dass wir aufmerksam sein sollen; nichts sagt uns: ›Da ist eine Gefahr! Tu etwas!‹ Deshalb ist es viel schwieriger, sich damit zu befassen. Was nicht da ist, bemerken wir nicht – und kein mentales System macht uns darauf aufmerksam. Es ist das Gleiche wie mit der Gesundheit oder der Altersvorsorge. Wenn wir ein üppiges Dessert essen, sagt uns kein Signal: ›Wenn du so weitermachst, stirbst du drei Jahre früher.‹ Und wenn du den schicken Zweitwagen kaufst, gibt es keine Instanz, die dir sagt: ›Das wirst du noch bereuen, wenn du alt und hinfällig bist.‹«

Dr. Larry, zu dessen Aufgaben die Bekämpfung der globalen Erwärmung gehört, formulierte es so: »Ich muss Sie überzeugen, dass es da ein geruchloses, geschmackloses, unsichtbares Gas gibt, das sich am Himmel ansammelt und die Sonnenwärme festhält, weil wir Menschen fossile Brennstoffe verfeuern. Das ist ein harter Brocken. Aber tatsächlich zeigen umfassende, komplexe wissenschaftliche Erkenntnisse, dass es so ist. Mehr als 2000 Wissenschaftler – der Weltklimarat – haben in elegant koordinierter Arbeit, wie es sie in der Geschichte vielleicht noch nie gegeben hat, ihre Befunde zusammengetragen. Damit wollten sie Menschen, die nicht so verdrahtet sind, dazu bringen, dass sie sich derartige Gefahren klarmachen.

Aber wenn man nicht gerade auf den Malediven oder in Bangladesch wohnt, scheint das alles weit weg zu sein. Die zeitliche Dimension ist ein großes Problem – wenn die globale Erwärmung sich so beschleunigen würde, dass sie nicht in Jahrhunderten, sondern in ein paar Jahren stattfindet, wären die Menschen aufmerksamer. So aber ist es wie mit der Staatsverschuldung: *Das überlasse ich meinen Enkeln – die werden sicher eine Lösung finden.*«

Sterman meinte dazu: »Der Klimawandel hat einen langen zeitlichen Horizont. Den können wir nicht sehen, und deshalb ist es schwierig, die Menschen zu überzeugen. Unsere Aufmerksamkeit wird durch Probleme wie das Blätterraschen geweckt, aber nicht durch die großen Dinge, an denen wir sterben werden.«

Einst hing das Überleben der Menschengruppen davon ab, dass sie auf ihre Umwelt eingestellt waren. Heute haben wir den Luxus, mit künstlichen Hilfsmitteln gut zu leben. Aber es ist nur ein scheinbarer Luxus: Die gleichen Einstellungen, mit denen wir uns auf die Technik verlassen, lullen uns auch ein und machen uns gleichgültig gegenüber dem Zustand der Natur – auf unsere eigene Gefahr.

Um also der Herausforderung des bevorstehenden Systemzusammenbruchs zu begegnen, brauchen wir letztlich eine Prothese für den Geist.

ENTFERNTE BEDROHUNGEN

Der indische Yogi Neem Karoli Baba sagte mir einmal: »Du kannst für hundert Jahre planen, aber was im nächsten Augenblick geschieht, weißt du nicht.«

Andererseits erklärte der Cyberpunk-Autor William Gibson: »Die Zukunft ist schon da. Sie ist nur nicht gleichmäßig verteilt.«

Was können wir wirklich über die Zukunft wissen? Die Antwort liegt irgendwo dazwischen: Wir haben Ahnungen, und doch besteht immer die Möglichkeit, dass ein schreckliches Ereignis alles hinwegfegt.[1]

Schon in den 1980er-Jahren erkannte Shoshana Zuboff in ihrem prophetischen Werk *In the Age of the Smart Machine*, dass die Einführung der Computer in Unternehmen dazu führen würde, dass die Hierarchien flacher werden. Während Wissen früher Macht war und die Mächtigsten ihre Informationen horteten, eröffneten die neuen technischen Systeme für jedermann den Zugang zu den Daten.

Als Zuboff ihr Buch schrieb, war diese Zukunft alles andere als gleichmäßig verteilt – das Internet gab es noch nicht, von der Cloud, YouTube oder Anonymus ganz zu schweigen. Heute dagegen (und mit Sicherheit auch morgen) fließt Information immer freizügiger, und das nicht nur innerhalb einer Organisation, sondern auf der ganzen Welt: Ein frustrierter Gemüsehändler verbrennt sich auf einem Marktplatz in

Tunesien und liefert damit den Zündfunken für den Arabischen Frühling.

Ich möchte zwei klassische Beispiele dafür nennen, wie jemand nicht wusste, was im nächsten Augenblick geschehen würde: die Prophezeiung von Thomas Robert Malthus aus dem Jahr 1798, das Bevölkerungswachstum werde das Dasein der Menschen zu einem »ständigen Kampf um Platz und Nahrung« machen und eine Abwärtsspirale von Hunger und Elend in Gang setzen; und die von Paul R. Ehrlich 1968 ausgesprochene Warnung vor der »Bevölkerungsbombe«, die nach seiner Ansicht bis 1985 zu einer riesigen Hungersnot führen würde.

Malthus sah die industrielle Revolution und die vielen Möglichkeiten, wie die Massenproduktion das Leben vieler Menschen verlängern würde, nicht voraus. Ehrlich berücksichtigte bei seinen Berechnungen nicht die heraufziehende »Grüne Revolution«, in deren Gefolge die Nahrungsmittelproduktion schneller wuchs als die Bevölkerung.

Das Zeitalter des Anthropozän, das mit der industriellen Revolution begann, ist die erste geologische Epoche, in der die Tätigkeit einer Spezies – der Menschen – unausweichlich die wenigen globalen Systeme zerrüttet, die das Leben auf der Erde ermöglichen.

Das Anthropozän ist durch eine Kollision von Systemen gekennzeichnet. Die von Menschen geschaffenen Systeme für Bau, Energieproduktion, Verkehr, Industrie und Handel beeinträchtigen jeden Tag den Ablauf natürlicher Systeme, darunter die Kreisläufe von Stickstoff und Kohlenstoff, die reichhaltige Dynamik der Ökosysteme, die Verfügbarkeit von Trinkwasser und Ähnliches.[2] Und das ist noch nicht alles: In den letzten Jahren hat diese Attacke eine »große Beschleunigung« erlebt, wie die Wissenschaftler es nennen. Dabei ist neben anderen Anzeichen für die bevorstehende Krise der Systeme auch der Kohlendioxidgehalt der Atmosphäre immer schneller gestiegen.[3]

Die Spuren der Menschen auf unserem Planeten, so erklärte Ehrlich, entstünden durch drei Kräfte: den Verbrauch jedes

Einzelnen, die Gesamtzahl der Menschen und die Methoden, mit denen wir uns das verbrauchte Material beschaffen. Mit diesen drei Maßstäben versuchte die britische Royal Society, die Kapazitätsgrenze der Erde abzuschätzen, das heißt die maximale Zahl an Menschen, die der Planet ernähren kann, ohne dass seine Lebenserhaltungssysteme zusammenbrechen. Das Ergebnis: Es kommt darauf an.

Die größte Unbekannte in der Vorhersage waren die technischen Verbesserungen. China beispielsweise weitete seine Kapazität, Strom aus Kohle zu erzeugen, besorgniserregend stark aus – in jüngster Zeit wuchs aber auch die Nutzung von Sonnen- und Windenergie sehr schnell. Unter dem Strich führte dies dazu, dass die CO_2-Emissionen in China im Verhältnis zur Wirtschaftsleistung während der letzten 30 Jahre um fast 70 Prozent zurückgegangen sind (allerdings verschleiern diese Zahlen das immer noch anhaltende, steile Wachstum der Kohlekraftwerke in der »Fabrik der Welt«).[4]

Kurz gesagt, können technische Revolutionen uns vor uns selbst retten, weil wir mit ihrer Hilfe die Ressourcen so nutzen können, dass die unentbehrlichen Lebenserhaltungssysteme unseres Planeten geschützt werden – vorausgesetzt, wir finden Methoden, die keine neuen Probleme schaffen oder alte verschleiern.

So zumindest die Hoffnung. Auf lange Sicht werden solche technischen Revolutionen allerdings nicht durch starke wirtschaftliche Kräfte begünstigt. Der kurzfristige Nutzen ergibt sich vor allem daraus, dass die Unternehmen Geld sparen können, aber nicht aus dem Nutzen der Nachhaltigkeit für unseren Planeten als solchem.

So sanken beispielsweise während der wirtschaftlichen Krise, die 2008 begann, in den Vereinigten Staaten die CO_2-Emissionen; das lag aber nicht an staatlichen Maßnahmen, sondern an den Marktkräften – die Nachfrage sank, billigeres Erdgas trat in den Kraftwerken an die Stelle der Kohle (wobei allerdings die lokale Umweltverschmutzung und die Gesundheitsprobleme, die vom Erdgas-Fracking ausgehen, wiederum Kopfschmerzen verursachen).

Wie wir bereits erfahren haben, trägt wahrscheinlich ein blinder Fleck im Gehirn der Menschen zu dem Chaos bei. Unser Wahrnehmungsapparat ist fein auf ein Aufmerksamkeitsspektrum abgestimmt, das sich in der Menschheitsgeschichte in Form des Überlebens ausgezahlt hat. Deshalb sind wir mit einer rasiermesserscharfen Konzentration auf Lächeln und Stirnrunzeln, Knurren und Babys ausgestattet, verfügen aber über keinerlei neuronales Radar dafür, welche Gefahren den globalen Systemen, die das Leben der Menschen ermöglichen, drohen. Sie sind zu groß oder zu klein, als dass wir sie unmittelbar bemerken würden. Wenn wir dann mit Nachrichten über diese globalen Bedrohungen konfrontiert werden, neigen unsere Aufmerksamkeitsschaltkreise dazu, nur mit den Schultern zu zucken.

Noch schlimmer ist, dass die Kernbestandteile unserer Technologie zu einer Zeit erfunden wurden, als wir noch nicht wussten, welche Gefahr sie für den Planeten darstellen. Die Hälfte aller industriellen CO_2-Emissionen ist auf die Verfahren zurückzuführen, mit denen wir Stahl, Zement, Kunststoff, Papier und Energie erzeugen. Mit verbesserten Methoden können wir zwar diese Emissionen erheblich senken, weit besser wäre es aber, die Verfahren völlig neu zu erfinden, sodass sie keinerlei negative Auswirkungen mehr haben oder sogar zur Erholung der Umwelt beitragen können.

Wodurch könnte sich eine solche neue Erfindung auszahlen? Ehrlich und andere, die sich um eine Diagnose des Dilemmas bemühten, haben einen Faktor übersehen: die ökologische Transparenz.

Entscheidend ist, dass man weiß, worauf man sich in einem System konzentrieren muss. Betrachten wir einmal die größte Schwierigkeit, der unsere Spezies gegenübersteht: Wir begehen Massenselbstmord in Zeitlupe, weil die von Menschen geschaffenen Systeme die globalen Lebenserhaltungssysteme zerstören. Wir können damit beginnen, diese Zerstörung etwas differenzierter zu handhaben, indem wir für die Produkte und Prozesse, die ihre Ursachen sind, eine Ökobilanz aufstellen.

Ein einfaches Glasgefäß beispielsweise durchläuft während seines Produktlebenszyklus ungefähr 2000 Einzelschritte. Für jeden dieser Schritte kann man im Rahmen der Ökobilanz zahlreiche Auswirkungen berechnen, von den Emissionen in Luft, Wasser und Boden bis zu Wirkungen auf die Gesundheit der Menschen oder die Zerstörung eines Ökosystems. Einer dieser Schritte, der Zusatz von kaustischem Soda zu der Glasmischung, ist zu ungefähr sechs Prozent an der Gefahr des Gefäßes für die Ökosysteme und zu drei Prozent an seiner gesundheitsschädlichen Wirkung beteiligt; 20 Prozent der Auswirkungen auf die Klimaerwärmung sind auf die Kraftwerke zurückzuführen, die der Glasfabrik ihre Energie liefern. Jeder der 659 Bestandteile, die in der Glasproduktion verwendet werden, hat sein eigenes Ökoprofil. Und so immer weiter.

Ökobilanzen können uns eine so große Flut von Informationen verschaffen, dass selbst die überzeugtesten Ökologen in der Geschäftswelt darin ertrinken. Ein Informationsverarbeitungssystem, das so gestaltet ist, dass es alle ökologischen Informationen speichert, würde eine verwirrende Masse von Millionen oder Milliarden Einzeldaten ausspucken. Wenn man aber diese Daten durchforstet, kann man beispielsweise genau herausfinden, an welcher Stelle im Lebenszyklus eines Gegenstands man seine ökologischen Wirkungen am einfachsten durch Eingriffe vermindern kann.[5]

In der Notwendigkeit, uns auf eine weniger komplizierte Ordnung zu konzentrieren (sei es beim Aufräumen unseres Kleiderschranks, bei der Entwicklung einer Geschäftsstrategie oder bei der Datenanalyse in einer Ökobilanz), spiegelt sich eine grundlegende Wahrheit wider. Wir leben in äußerst komplexen Systemen, aber im Umgang mit ihnen fehlt uns die kognitive Fähigkeit, sie vollständig zu verstehen oder zu handhaben. Zur Lösung dieses Problems hat unser Gehirn Mittel gefunden, um sich in komplizierten Angelegenheiten mit einfachen Entscheidungsregeln zurechtzufinden. So wird es beispielsweise einfacher, uns in der komplizierten sozialen Welt aller unserer Bekannten zu orientieren, wenn wir Vertrauen als erste Faustregel zur Organisation nutzen.[6]

Um die Datenflut der Ökobilanz zu vereinfachen, konzentriert sich eine vielversprechende Software auf die vier größten Wirkungen, die in der Lieferkette eines Produkts vier Stufen vorher eintreten.[7] Damit erfasst man die rund 20 Prozent der Ursachen, die für etwa 80 Prozent der Effekte verantwortlich sind – dieses Verhältnis ist unter dem Namen Pareto-Prinzip bekannt: Eine geringe Zahl von Variablen sorgt für den größten Teil der Wirkungen.

Eine solche Heuristik bestimmt darüber, ob eine Datenflut zu einem Aha-Erlebnis führt oder ob wir von den Informationen überwältigt werden. Diese Entscheidung (*Kapiert!* oder *Zu viel Information*) erwächst aus den dorsolateralen Schaltkreisen, einem schmalen Streifen im präfrontalen Cortex des Gehirns. Den Schiedsrichter an diesem kognitiven Scheideweg bilden dieselben Neuronen, die auch die turbulenten Impulse der Amygdala dämpfen. Wenn wir kognitiv überlastet sind, gibt die dorsolaterale Region auf – die Folge: Unsere Entscheidungen werden mit wachsender Angst immer schlechter.[8] Dann sind wir an dem Wendepunkt angelangt, an dem mehr Daten zu schlechteren Entscheidungen führen.

Besser ist es, sich in der Datenflut auf eine handhabbare Zahl sinnvoller Gesetzmäßigkeiten zu konzentrieren und alles andere außer Acht zu lassen. Der Mustererkennungsmechanismus in unserer Hirnrinde ist offenbar so konstruiert, dass er Komplexitäten zu handhabbaren Entscheidungsregeln vereinfacht. Eine kognitive Fähigkeit, die im Lauf der Jahre immer weiter wächst, ist die »kristallisierte Intelligenz«: Wir erkennen, was wichtig ist, das Signal inmitten des Rauschens. Manche sprechen von Weisheit.

Was ist Ihr Handabdruck?

Ich bin in diesen Systemen genauso gefangen wie jeder andere. Dennoch fällt es mir schwer, darüber zu schreiben, ohne dass es schrill klingt; was wir unserem Planeten antun, ist von seinem Wesen her schuldbelastet und deprimierend. Genau darum geht es mir. Wenn wir uns darauf konzentrieren, was an unserem Handeln falsch ist, werden Schaltkreise für unangenehme Gefühle aktiviert. Wie gesagt: Gefühle sind der Leitfaden unserer Aufmerksamkeit. Und Aufmerksamkeit wendet sich gern vom Unangenehmen ab.

Früher glaubte ich, vollständige Transparenz im Zusammenhang mit den negativen Auswirkungen dessen, was wir tun und kaufen – das heißt die Kenntnis unseres ökologischen Fußabdrucks –, würde von selbst eine Marktkraft schaffen, die uns alle dazu veranlasst, mit unseren Dollars oder Euros abzustimmen und bessere Alternativen zu kaufen.[9] Das hörte sich nach einer guten Idee an, aber ich hatte dabei eine psychologische Tatsache übersehen. Negative Konzentration führt zu Entmutigung und Abwendung. Wenn unsere Kummer-Gehirnzentren die Herrschaft übernehmen, richtet sich unsere Konzentration auf den Kummer selbst und auf die Frage, wie man ihn lindern kann. Wir sehnen uns danach, uns auszuklinken.

Wir brauchen also stattdessen eine positive Brille. Hier kommt www.handprinter.org ins Spiel, eine Website, die jeden auffordert, die Initiative zu ergreifen und die Umwelt zu verbessern. Dabei greift sie auf Daten aus der Ökobilanz zurück und bietet sie als Leitfaden an, damit wir unsere Gewohnheiten (beispielsweise beim Kochen, Reisen, Heizen und Kühlen) auf den Prüfstand stellen und uns eine Vorstellung von unserem CO_2-Fußabdruck verschaffen können. Aber das ist nur der Anfang.

Als Nächstes bewertet Handprinter alle nützlichen Dinge, die wir unternehmen – erneuerbare Energien nutzen, mit dem

Fahrrad zur Arbeit fahren, das Thermostat drosseln –, und gibt uns damit ein genaues Maß dafür, wie viel Gutes wir tun, wenn wir unseren Fußabdruck verringern. Die Gesamtsumme all unserer guten Gewohnheiten bildet den Wert unseres Handabdrucks. Die entscheidende Idee dahinter: Nimm weitere Verbesserungen vor, bis der Handabdruck größer wird als der Fußabdruck. Wenn es so weit ist, werden wir unter dem Strich zum Nutzen für den Planeten.

Wenn man andere dazu veranlassen kann, dem Vorbild zu folgen und die gleichen Veränderungen vorzunehmen, wächst der Handabdruck entsprechend. Handprinter ist wie gemacht für soziale Medien: Es existiert bereits als App auf Facebook. Familien, Geschäfte, Mannschaften und Clubs, ja selbst Ortschaften und ganze Unternehmen können ihren Handabdruck gemeinsam verstärken.

Das Gleiche gilt für Schulen. Diesen Weg hält Gregory Norris, der Entwickler von Handprinter, für besonders vielversprechend. Norris ist Industrieökologe und hat am MIT bei John Sterman studiert; später unterrichtete er dort Ökobilanz-Analyse. Heute ist er an einer Grundschule in York im US-Bundesstaat Maine tätig und trägt dort zur Verstärkung des Handabdrucks bei.

Den Leiter der Abteilung für Nachhaltigkeit bei Owens-Corning, einem Konzern für Glasprodukte, konnte Norris dazu bewegen, der Schule 300 Glasfaserabdeckungen für Wasserboiler zu spenden. In Maine können solche Abdeckungen die Kohlendioxidemissionen deutlich senken – und gleichzeitig sparen sie den Haushalten pro Jahr rund 70 Dollar an Energiekosten.[10] Die Bewohner der Häuser, die mit einer solchen Abdeckung ausgestattet wurden, leiten einen Teil der Einsparungen an die Schule weiter, die mit dem Geld ihre eigenen Einrichtungen verbessert und noch so viel übrig behält, dass sie weitere Boilerabdeckungen kaufen und an zwei andere Schulen weitergeben kann.[11] Diese beiden Schulen tun nun das Gleiche, geben wiederum Abdeckungen an zwei Schulen weiter und schaffen so einen Schneeballeffekt. Die Mathematik sagt für diese geometrische Reihe einen Effekt für die gesamte Region und möglicherweise weit darüber hinaus voraus.

In der ersten Runde wird jeder teilnehmenden Schule in ihrem Handabdruck eine Verringerung der CO_2-Emissionen um rund 130 Tonnen pro Jahr angerechnet, und das für eine voraussichtliche Lebensdauer der Abdeckungen von zehn Jahren. Handprinter gibt ihr in der Folge auch für alle anderen Schulen in der Kette Pluspunkte; nach nur sechs Runden sollten bereits 128 Schulen beteiligt sein, und der Kohlendioxidausstoß sollte sich um etwa 16.000 Tonnen vermindern. Geht man davon aus, dass alle drei Monate eine neue »Runde« beginnt, summiert sich dies zu Beginn des dritten Jahres bereits auf 60.000 und im vierten auf eine Million Tonnen.

»Anfangs ist die Ökobilanz für die Boilerabdeckung eines Hauses negativ, weil man die Lieferkette und den Lebenszyklus der Abdeckung einbeziehen muss«, sagte Norris. »Aber wenn dann ihr Gebrauch seine Wirkung entfaltet, wird sie von irgendeinem Punkt an für die Treibhausgase zunehmend positiv« – weil das Haus dann weniger Strom aus den Kohlekraftwerken bezieht oder weniger Heizöl verbrennt.[12]

Handabdrücke rücken die negative Seite – unseren Fußabdruck – in den Hintergrund und den positiven Aspekt in den Mittelpunkt der Aufmerksamkeit. Wenn wir durch positive Gefühle motiviert sind, fühlen sich unsere Handlungen viel sinnvoller an, und der Drang, etwas zu unternehmen, bleibt länger erhalten. Alles bleibt länger Gegenstand der Aufmerksamkeit. Die Angst vor der globalen Erwärmung dagegen zieht zwar vielleicht schnell unsere Aufmerksamkeit auf sich, aber wenn wir dann einmal etwas getan haben und uns ein wenig besser fühlen, glauben wir, die Sache sei erledigt.

»Vor 20 Jahren haben nur die wenigsten Menschen darauf geachtet, was ihre Aktivitäten für die Kohlendioxidemissionen bedeuten«, sagte Elke Weber von der Columbia University.

»Man konnte sie nicht messen. Heute haben wir mit dem Kohlenstoff-Fußabdruck ein Maß für die Auswirkungen unserer Tätigkeit, und das macht Entscheidungen einfacher: Man kann diagnostizieren, wo man steht. Wenn wir etwas messen können, schenken wir ihm mehr Aufmerksamkeit, und wir können uns Ziele setzen.«

Aber der Fußabdruck ist ein negatives Maß, und negative Emotionen sind schlechte Motivatoren. Eine Frau kann man beispielsweise auf die notwendige Vorsorgeuntersuchung der Brust hinweisen, indem man ihr Angst macht und erklärt, was geschehen kann, wenn sie sich nicht untersuchen lässt. Eine solche Taktik fesselt kurzzeitig die Aufmerksamkeit, aber da Angst ein negatives Gefühl ist, tun die Menschen nur gerade so viel, dass sich ihre Stimmung bessert – und dann ignorieren sie das Thema.

»Ein langfristiger Wandel erfordert aber anhaltende Handlungsbereitschaft«, fügte Weber hinzu. »Eine positive Botschaft lautet: ›Du kannst dieses oder jenes besser machen, und mit diesem Maßstab kannst du sehen, was du Gutes tust – wenn du weitermachst, wirst du ein immer besseres Gewissen haben.‹ Das ist das Schöne bei den Handabdrücken.«

Systemwissen

In *Raid on Bungeling Bay*, einem der ersten Videospiele, saß der Spieler in einem Hubschrauber, der einen militärischen Feind angreift. Man konnte Fabriken, Straßen, Hafenanlagen, Panzer, Flugzeuge und Schiffe bombardieren. Wenn man aber verstanden hatte, dass das Spiel eine Landkarte der feindlichen Nachschubketten anlegte, konnte man auch mit einer klügeren Strategie gewinnen: Man bombardierte zuerst die Versorgungsschiffe.

»Die meisten Leute sind einfach herumgeflogen und haben alles so schnell wie möglich in die Luft gesprengt«, sagte der

Spieledesigner Will Wright, besser bekannt als der führende Kopf hinter SimCity und seinen folgenden Welten der Simulation für zahlreiche Spieler.[13] Die Inspiration für eine der ersten seiner virtuellen Welten bezog Wright aus den Arbeiten von Jay Forrester, der am Massachusetts Institute of Technology der Mentor von John Sterman war und als Mitbegründer der modernen Systemtheorie gilt; Forrester bemühte sich in den 1950er-Jahren als einer der Ersten, im Computer ein lebendes System zu simulieren.

Was die Auswirkungen der Spiele auf die zwischenmenschlichen Fähigkeiten von Kindern angeht, bestehen zwar berechtigte Befürchtungen, sie haben aber auch den kaum anerkannten Nutzen, dass sie dazu motivieren, die Grundregeln einer unbekannten Realität zu erlernen. Spiele lehren die Kinder, wie man mit komplexen Systemen experimentiert. Um zu gewinnen, so Wright, muss man sich ein intuitives Gespür für die Algorithmen aneignen, die in das Spiel eingebaut sind, und man muss herausfinden, wie man sich zwischen ihnen orientiert.[14]

»Herumprobieren, etwas im Geist in seine Bestandteile zerlegen – all diese Formen, wie Kinder mit Spielen umgehen –, ein solches Denken sollte an den Schulen gelehrt werden. Die Welt wird immer komplexer«, fügte Wright hinzu, »und darauf bereiten Spiele besser vor.«

»Kinder denken von Natur aus systemorientiert«, sagte Peter Senge, der das Systembewusstsein in das organisationale Lernen integriert hat und es in jüngster Zeit auch an Schulen unterrichtet. »Man lässt drei Sechsjährige darüber nachdenken, warum sie sich auf dem Spielplatz oft streiten, und schon wird ihnen klar, dass es sich aufschaukelt, wenn man Schimpfworte sagt: Das führt zu Verletzungsgefühlen, was zu weiteren Schimpfworten führt, was zu weiteren Verletzungsgefühlen führt – und das Ganze eskaliert zum Streit.«

Warum sollte man diese Erkenntnis nicht in die allgemeine Erziehung einfließen lassen, die unsere Kultur ihren Kindern angedeihen lässt? Ganz ähnlich machte es Mau mit seinem Navigationsunterricht. Man kann es als Systemwissen bezeichnen.

Gregory Norris arbeitet heute am Center for Health and the Global Environment der Harvard School of Public Health und hat dort lange ein Seminar für Ökobilanzen abgehalten. Gemeinsam mit ihm überlegte ich, wie ein Lehrplan für Kinder in Systemwissen und Ökobilanzierung aussehen könnte.

Nehmen wir beispielsweise die Feinstaubemissionen der Kraftwerke, die sich vermindern, wenn man in den Häusern Wasserboilerabdeckungen installiert. Es gibt zwei Formen solcher Emissionen, und beide sind schädlich für die Lunge: Winzige Teilchen dringen bis in die hintersten Winkel der Atemwege vor, und Gase wie Stickoxid oder Schwefeldioxid können sich in Teilchen verwandeln, die dann den gleichen Schaden anrichten.

Für das öffentliche Gesundheitswesen sind solche Partikel ein gewaltiges Problem. Das gilt insbesondere in Ballungsräumen wie Los Angeles, Peking, Mexico City oder Neu-Delhi, wo die Luft an vielen Tagen im Jahr stark verschmutzt ist. Nach Schätzungen der Weltgesundheitsorganisation fordert die Luftverschmutzung im Freien jedes Jahr rund 3,2 Millionen Todesopfer.[15]

Aus solchen Daten könnte man in einem Kurs für Gesundheitserziehung oder im Mathematikunterricht den DALY-Wert für einen Smogtag in einer Großstadt berechnen. (DALY ist die Abkürzung für *disability-adjusted life years*; eine DALY-Einheit entspricht dem Verlust eines Jahres bei guter Gesundheit). Dazu rechnet man aus, wie viele gesunde Lebenstage durch die Feinstaubemissionen verloren gehen. Diesen Wert kann man schon für eine geringe Einwirkung errechnen und dann seine Bedeutung für die Zunahme der Krankheitshäufigkeit ermitteln.

In anderen Schulfächern würde man die Systeme entsprechend analysieren. Im Biologieunterricht könnte man beispielsweise untersuchen, welche Mechanismen beteiligt sind, wenn Feinstaub in der Lunge zu Asthma, Herz-Kreislauf-Erkrankungen oder Emphysemen führt. Im Chemieunterricht könnte man sich auf die Umsetzung der Gase Stickoxid und Schwefeldioxid zu Teilchen konzentrieren. In Gemeinschaftskunde oder Umweltwissenschaft ließe sich die Frage diskutieren, wie die heutigen Systeme der Energieerzeugung, des Verkehrs und des Bauwesens immer wieder solche Gefahren für die Gesundheit mit sich bringen – und wie man diese Systeme verändern könnte, um das gesundheitliche Risiko zu vermindern.

Wenn man diese Lehrstoffe in den Schulunterricht integriert, schafft man ein begriffliches Gerüst für das Denken in Systemen, das man später weiter ausbauen kann, wenn die Kinder in den höheren Klassen sich genauer mit den Einzelheiten befassen.[16]

»Um Interaktionen auf der Ebene der Systeme einschätzen zu können, braucht man einen Panoramablick«, sagte Richard Davidson. »Man muss mit seiner Aufmerksamkeit flexibel sein, damit man die Konzentration wie ein Zoomobjektiv erweitern oder verengen kann, um so große und kleine Elemente zu erkennen.« Warum sollte man Kindern diese grundlegenden Fähigkeiten im Erkennen von Systemen nicht beibringen?

Durch Ausbildung können geistige Modelle ausgebaut werden. Wenn man beispielsweise Schülern im Rahmen des allgemeinen Unterrichts beibringt, die kognitiven Landkarten für industrielle Ökologie zu beherrschen, werden die dabei gewonnenen Erkenntnisse im Erwachsenenalter in ihre Entscheidungskriterien einfließen.

Für Verbraucher würde das bedeuten, dass man darüber nachdenkt, welche Marken man kauft und welche man meidet; für Entscheidungsträger würde es sich auf alles Mögliche auswirken, von der Frage, wo man in Herstellungsprozesse und Rohstoffeinkauf investiert, bis zu Geschäftsstrategien und Risikovermeidung. Insbesondere sollte eine solche Denkweise einen Teil der jüngeren Generation dazu veranlassen, sich brennend für Forschung und Entwicklung und dabei vor allem für Biomimikry zu interessieren – es so machen wie die Natur.

Praktisch alle heutigen industriellen Plattformen, Chemikalien und Herstellungsprozesse wurden in einer früheren Zeit entwickelt, in der niemand etwas über die ökologischen Auswirkungen wusste oder sich darum kümmerte. Heute, da wir Systeme durch die Brille der Ökobilanzen betrachten können, müssen wir über alles neu nachdenken – was für die Zukunft eine große unternehmerische Chance bedeutet.

Auf einer nichtöffentlichen Tagung mehrerer Dutzend führender Köpfe aus dem Bereich der Nachhaltigkeit hörte ich zu meiner Freude, wie sie Listen mit Verbesserungen in ihren jeweiligen Unternehmen abhakten; das Spektrum reichte von energiesparenden, solarbetriebenen Fabriken bis zum Einkauf nachhaltig erzeugter Rohstoffe. Andererseits war ich aber enttäuscht, dass ich einen Chor von Klagen hörte, der sich auf einen einzigen Satz reduzieren ließ: »Unsere Kunden kümmert das nicht.«

Die beschriebene Ausbildungsinitiative sollte langfristig dazu beitragen, dieses Problem zu lösen. Die jungen Leute leben in einer Welt der sozialen Medien, in der die Kräfte, die aus der engen digitalen Verknüpfung erwachsen, Märkte und Einstellungen verändern können. Wenn eine Methode wie die Handabdrücke sich durchsetzt, schafft sie möglicherweise die heute noch fehlende ökonomische Kraft, die es für Unternehmen unumgänglich macht, ihre Geschäftspraktiken zu ändern.

Je mehr Informationen wir besitzen, desto besser. Wenn wir es mit einem ungeheuer großen System zu tun haben, muss unsere Aufmerksamkeit breit gestreut werden. Ein Augenpaar hat nur ein begrenztes Blickfeld; der Schwarm begreift viel mehr. Die leistungsfähigste Einheit nimmt die größte Menge einschlägiger Informationen auf, versteht sie am gründlichsten und reagiert am flexibelsten. Gemeinsam können wir zu einer solchen Einheit werden.

Fügen wir also das Systemwissen zu der langen, ständig wachsenden Liste der Dinge hinzu, die Menschen auf der ganzen Welt schon heute tun, um einen globalen Zusammenbruch zu vermeiden. Je mehr, desto besser: Wahrscheinlich gibt es für den Wandel keinen einzelnen Dreh- und Angelpunkt, sondern viele, die weit verstreut sind. Die gleiche Argumentation vertritt Paul Hawken in seinem Buch *Wir sind der Wandel*. Als der Klimagipfel von Kopenhagen 2009 (wie alle anderen zuvor) nicht zu einer Einigung führte, erklärte Hawken, dies sei ohne Bedeutung, »denn ich glaube nicht, dass der Wandel von dort kommt«.

Hawkens Sichtweise: »Stellen wir uns einmal vor, dass 50.000 Menschen in Kopenhagen ihre Fühler ausstrecken und Notizen, Visitenkarten, Kontakte, Ideen und so weiter austauschen, und dann verbreiten sie das in 192 Ländern auf der ganzen Welt. Energie und Klima bilden ein System; wir haben es mit einem Problem des Systems zu tun. Demnach trägt alles, was wir tun, zur Heilung des Systems bei, aber es gibt darin keinen archimedischen Punkt, an dem wir entweder scheitern oder aber, wenn wir uns mehr anstrengen, Erfolg haben.«[17]

Teil 5

KLUGES ÜBEN

DER MYTHOS
DER 10.000 STUNDEN

Das Iditarod ist vielleicht das grausamste Wettrennen der Welt: Schlittenhunde konkurrieren auf einer Strecke von mehr als 1850 Kilometer Arktiseis, ein Spießrutenlaufen, auf dem sie mehr als eine Woche unterwegs sind. In der Regel laufen die Hunde und ihre Schlittenführer den ganzen Tag und ruhen sich nachts aus, oder aber sie laufen die ganze Nacht und machen tagsüber Pause.

Susan Butcher erfand das Iditarod neu: Sie teilte das Rennen statt der zwölfstündigen Tages-und Nachtphasen in vier bis sechs Stunden lange Lauf- und Ruheetappen ein, die sich Tag und Nacht abwechselten. Es war eine riskante Neuerung – vor allem hatte sie weniger Möglichkeiten zum Schlafen (während die Hunde schliefen, musste sie die nächste Etappe vorbereiten). Aber sie und ihre Schlittenhunde hatten so trainiert, und von den ersten Versuchen an wusste Butcher tief in ihrem Inneren, dass ein solcher Zeitplan funktionieren konnte.

Im weiteren Verlauf gewann Butcher viermal das Iditarod. Zehn Jahre nach ihrer aktiven Zeit starb sie an Leukämie (der ihr Bruder schon als Kind zum Opfer gefallen war). Ihr zu Ehren erklärte der Bundesstaat Alaska den ersten Tag des Iditarod zum Susan Butcher Day.

Butcher war Tierarzthelferin und wurde zur Vorreiterin einer humanen Behandlung der Hunde: Sie machte es zum Standard, dass die Tiere das ganze Jahr über betreut und trainiert wurden, was bisher eine Ausnahme gewesen war. Und sie hatte ein Gespür für die biologischen Grenzen der Widerstandskraft ihrer Tiere. Deren schlechte Behandlung war bei dem Rennen einer der Hauptkritikpunkte gewesen.

Butcher trainierte ihre Hunde ganz ähnlich wie Marathonläufer, die sich auf einen Wettbewerb vorbereiten; ihr war klar, dass das Ausruhen ebenso wichtig ist wie das Laufen. »Für Susan hatte die Sorge um die Hunde oberste Priorität«, erzählte mir ihr Ehemann David Monson. »Die Hunde waren für sie das ganze Jahr über Profisportler; deshalb ließ sie ihnen tiermedizinische Versorgung, Training und Ernährung in höchstmöglicher Qualität angedeihen.«

Hinzu kam ihre eigene Vorbereitung. »Die meisten Leute können sich gar nicht vorstellen, wie schwierig es ist, in Eis und Schnee auf eine Expedition von 1800 Kilometern zu gehen, die bis zu 14 Tage dauern kann«, sagte Monson. »Die Temperatur schwankt zwischen plus 5 und minus 70 Grad; außerdem ist man auf Gedeih und Verderb den Schneestürmen ausgeliefert. Man muss Reparaturmaterial mitnehmen, aber auch Nahrung und Medikamente für sich selbst und für die Hunde, und dann muss man die richtigen strategischen Entscheidungen treffen. Es ist, als würde man sich auf eine Besteigung des Mount Everest vorbereiten.

Beispielsweise liegen 150 oder 160 Kilometer zwischen den Kontrollpunkten, an denen man Futter- und Nachschubvorräte für die nächste Etappe angelegt hat, und jeder Hund braucht jeden Tag ein halbes Kilo Futter. Wenn aber in der nächsten Region gerade ein Schneesturm wütet, muss man noch mehr Futter und Unterkünfte für die Hunde mitnehmen. Das ist zusätzliches Gewicht.«

Butcher musste solche Entscheidungen über Leben und Tod treffen – und gleichzeitig wachsam und aufmerksam bleiben –, während sie pro Tag nur ein bis zwei Stunden schlafen konnte. Die Hunde ruhten sich so lange aus, wie sie liefen, aber während dieser Pausen war Butcher eifrig damit beschäftigt, die

Hunde und sich selbst zu versorgen und zu füttern sowie notwendige Reparaturen vorzunehmen. »Um die Konzentration während einer so anstrengenden, stressigen Zeit aufrechtzuerhalten, muss man systematisch vorgehen und gut geübt sein, damit man auch unter Druck die richtigen Entscheidungen treffen kann«, sagte Monson.

Unzählige Stunden brachte sie damit zu, ihre Fähigkeiten als Hundeführerin zu vervollkommnen. Sie studierte die Feinheiten von Schnee und Eis und pflegte die Beziehung zu ihren Hunden. Der herausragende Aspekt ihres Trainingsplans war aber ihre Selbstdisziplin.

»Sie konnte sich wirklich gut konzentrieren«, meinte Joe Runyan, auch er ein Iditarod-Gewinner. »Das war der Grund, warum sie im Sport wirklich gut war.«

Zum heiligen Evangelium, das man auf Websites findet und das auch als Litanei in Seminaren für Spitzensportler ständig wiederholt wird, ist die sogenannte 10.000-Stunden-Regel geworden – danach muss man 10.000 Stunden trainieren, bis man auf irgendeinem Gebiet große Erfolge erzielen kann.[1] Das Problem dabei: Sie ist nur die halbe Wahrheit.

Wer beispielsweise im Golf ein Stümper ist und bei einem bestimmten Schwung oder Putt jedes Mal den gleichen Fehler macht, wird nicht besser spielen, wenn er 10.000 Stunden lang diesen Fehler trainiert. Hinterher ist man immer noch ein Stümper, wenn auch ein älterer.

Kein geringerer Fachmann als der Psychologe Anders Ericsson von der Florida State University, der mit seiner Forschung die 10.000-Stunden-Faustregel in Umlauf brachte, erklärte mir: »Nutzen bezieht man nicht aus mechanischer Wiederholung, sondern daraus, dass man die Ausführung immer und immer wieder verändert, um so dem Ziel näher zu kommen. Du musst das System optimieren, indem du Druck machst. Dazu musst du anfangs mehr Fehler zulassen und damit deine Grenzen hinausschieben.«[2]

Sieht man einmal von Sportarten wie Basketball oder Football ab, in denen vor allem körperliche Eigenschaften wie Größe und Gewicht eine Rolle spielen, kann nach Ericssons Ansicht fast *jeder* durch kluges Üben das höchste Leistungsniveau erreichen.

Die Iditarod-Schlittenführer äußerten sich anfangs sehr abfällig über Susan Butchers Aussichten, das Rennen zu gewinnen. »Damals«, erinnerte sich David Monson, »galt das Iditarod als eine Art Cowboysport für Männer – es musste grob zugehen. Man machte mit, weil man ein harter Kerl war. Andere Konkurrenten sagten, Susan könne niemals gewinnen, weil sie ihre Hunde wie kleine Kinder behandelte. Als sie dann Jahr für Jahr siegte, wurde den Leuten klar, dass Susans Hunde besser als die anderen für die Anstrengungen des Rennens geeignet waren. Das führte zu einem grundlegenden Wandel, und heute sehen die Vorbereitungen und das Rennen selbst ganz anders aus.«

Ericsson zufolge liegt das Geheimnis des Gewinnens in »gezielter Übung«: Ein fachkundiger Trainer (nichts anderes war Susan Butcher für ihre Hunde) führt jemanden über Monate oder Jahre durch ein gut aufgebautes Training, auf das man sich vollständig konzentriert.

Für gute Leistungen ist stundenlanges Üben zwar notwendig, aber nicht ausreichend. Wichtig ist auch, wie Fachleute aller Gebiete dem Üben ihre Aufmerksamkeit schenken. In einer häufig zitierten Studie an Geigern – darin wurde auch gezeigt, dass die Vertreter des obersten Niveaus weit mehr als 10.000 Stunden geübt hatten – stellte Ericsson fest, dass die Experten sich vollständig darauf konzentrierten, einen bestimmten Aspekt ihrer Leistung, den ihnen ein meisterhafter Lehrer genannt hatte, zu verbessern.[3]

Zum klugen Üben gehört immer ein Rückmeldemechanismus, durch den wir Fehler erkennen und korrigieren können – deshalb trainieren Tänzer vor dem Spiegel. Im Idealfall kommt das Feedback von jemandem mit fachkundigem Blick – aus diesem Grund hat jeder Weltklassesportler einen Trainer. Wer ohne eine solche Rückmeldung trainiert, schafft es nicht in die Spitzenränge. Nicht nur die Stunden spielen also eine Rolle, sondern auch Rückmeldung und Konzentration.

Das Erlernen und die Verbesserung jeder Fähigkeit erfordern eine Top-down-Konzentration. Die Neuroplastizität – die Stärkung vorhandener und der Aufbau neuer Gehirnschaltkreise für eine Tätigkeit, die wir einüben – setzt Aufmerksamkeit voraus: Wenn wir üben, während wir uns auf etwas anderes konzentrieren, nimmt das Gehirn nicht die notwendige Neuverdrahtung für diese spezielle Tätigkeit vor.

Tagträumereien sind der Feind der Übung: Wer beim Trainieren durchs Fernsehprogramm zappt, wird es nie zu Spitzenleistungen bringen. Volle Aufmerksamkeit steigert offenbar die Verarbeitungsgeschwindigkeit des Gehirns, stärkt die Synapsenverknüpfungen und erweitert oder schafft neuronale Netze für das, was wir üben.

Das gilt zumindest am Anfang. Wenn wir aber eine neue Tätigkeit bereits beherrschen, wird sie durch wiederholtes Üben von den Top-down-Systemen für gezielte Konzentration auf Bottom-up-Schaltkreise übertragen, die letztendlich für ihre mühelose Ausführung sorgen. Wenn es so weit ist, brauchen wir nicht mehr daran zu denken – dann können wir die Tätigkeit gut automatisch ausführen.[4]

An dieser Stelle trennen sich die Wege von Amateuren und Profis. Der Amateur ist an irgendeinem Punkt damit zufrieden, dass seine Anstrengungen zu einer Bottom-up-Fähigkeit geführt haben. Ob beim Skilaufen oder beim Autofahren, nach rund 50 Übungsstunden sind die Menschen auf diesem »ausreichenden« Leistungsniveau angekommen, auf dem sie die erforderlichen Bewegungen mehr oder weniger mühelos vollziehen können. Sie empfinden nicht mehr die Notwendigkeit, konzentriert zu üben, sondern geben sich damit zufrieden, das Erlernte ablaufen zu lassen. Ganz gleich, wie viel sie in diesem Bottom-up-Modus weiterhin üben, eine nennenswerte Verbesserung wird sich nicht mehr einstellen.

Die Experten dagegen behalten die Top-down-Aufmerksamkeit bei und widersetzen sich gezielt dem Drang des Gehirns, Tätigkeiten zu automatisieren. Sie konzentrieren sich aktiv auf Bewegungen, die sie noch vervollkommnen müssen, auf die Verfeinerung der mentalen Modelle des Spiels, auf die Korrektur jener Aspekte, die in ihrem Spiel noch nicht funktionieren, oder auf Einzelheiten, die ein erfahrener Trainer als Rückmeldung gegeben hat. Wer ganz oben steht, hört nie auf zu lernen. Wenn man irgendwann nachlässig wird und mit dem klugen Üben aufhört, geht ein zu großer Teil der Tätigkeit in den Bottom-up-Modus über, und man verharrt auf einem Leistungsplateau.

»Der Profi«, sagte Ericsson, »arbeitet solchen Tendenzen zur Automatisierung aktiv entgegen und baut sich zu diesem Zweck gezielt eine Trainingsform auf, bei der das gesetzte Ziel über das derzeitige Leistungsniveau hinausgeht.« Und, so fügte er hinzu: »Je mehr Zeit Spitzenakteure in das gezielte Üben mit voller Konzentration investieren können, desto weiter entwickeln und verfeinern sie ihre Leistung.«[5]

Susan Butcher trainierte sich selbst und ihre Schlittenhunde so, dass alle zusammen eine höchst leistungsfähige Einheit bildeten. Das ganze Jahr über durchliefen sie und ihre Hunde einen 24-Stunden-Zyklus mit Laufen und Ausruhen, auf den jeweils zwei Ruhetage folgten – damit ging sie der Gefahr aus dem Weg, dass ihre Hunde langsamer wurden, weil man sie mit den damals üblichen zwölf Stunden überforderte. Wenn sie dann zum Iditarod-Rennen antraten, konnten sie und ihre Hunde die Spitzenleistung abrufen.

Konzentrierte Aufmerksamkeit gleicht einem angestrengten Muskel: Sie ermüdet. Ericsson zufolge begrenzen Weltklasseakteure – ob Gewichtheber, Pianisten oder Hundeschlittenteams – das anstrengende Training in der Regel auf ungefähr vier Stunden am Tag. In ihren Trainingsplan sind Ruhe und die Wiederherstellung der körperlichen und mentalen Energie integriert. Sie treiben sich selbst und ihren Körper zu Höchstleistungen an, gehen aber nicht so weit, dass die Konzentration während der Trainingseinheit verloren geht. Optimales Üben setzt optimale Konzentration voraus.

Aufmerksamkeitsbrocken

Wenn der Dalai Lama auf seinen Welttourneen vor einem großen Publikum auftritt, steht oft Thupten Jinpa an seiner Seite, sein wichtigster englischsprachiger Dolmetscher. Jinpa hört mit gespannter Aufmerksamkeit zu, während Seine Heiligkeit auf Tibetanisch spricht; nur gelegentlich macht er sich eine schnelle Notiz. Wenn dann eine Pause eintritt, wiederholt Jinpa das Gesagte in seinem eleganten englischen Oxbridge-Akzent.[6]

Wenn ich selbst im Ausland Vorträge mithilfe eines Dolmetschers gehalten habe, hatte man mir vorher gesagt, ich solle nur wenige Sätze sprechen und dann eine Pause machen, damit der Dolmetscher meine Worte in der Landessprache wiederholen könne. Ansonsten sei es zu schwierig, alles zu behalten.

Dann aber war ich zufällig einmal zugegen, als die beiden Tibeter vor einer Menge von mehreren Tausend Menschen standen, und der Dalai Lama, so schien es mir, sprach in immer längeren Abschnitten, bevor er eine Pause machte und die Übersetzung ins Englische ermöglichte. Zumindest einmal fuhr er volle 15 Minuten auf Tibetanisch fort, bevor er innehielt. Dass ein Dolmetscher eine so lange Passage im Gedächtnis behalten könnte, schien unmöglich zu sein.

Nachdem der Dalai Lama geendet hatte, schwieg Jinpa einige Sekunden lang, und das Publikum wurde spürbar unruhig angesichts der Herausforderung für sein Erinnerungsvermögen.

Dann begann Jinpa mit der Übersetzung, und auch er sprach ununterbrochen 15 Minuten lang, ohne zu zögern oder auch nur eine Pause zu machen. Es war eine atemberaubende Leistung, die das gesamte Publikum mit Applaus würdigte.

Wo liegt das Geheimnis? Als ich Jinpa danach fragte, erklärte er sein gutes Gedächtnis mit der Ausbildung, die er als junger Mensch in einem tibetanisch-buddhistischen Kloster in Südindien genossen hatte. Dort musste er lange Texte auswendig lernen. »Es fängt an, wenn man erst acht oder neun Jahre alt ist«, erzählte er mir. »Wir beschäftigen uns mit Texten in klassischem Tibetanisch, die wir noch nicht verstehen – es ist, als ob ein europäischer Mönch lateinische Texte lernt. Wir merken sie uns am Klang. Manche Texte sind liturgische Gesänge – man kann sehen, wie Mönche diese Gesänge ausschließlich aus dem Gedächtnis rezitieren.«

Manchmal müssen die jungen Mönche bis zu 30 Seiten lange Texte auswendig lernen, hinzu kommen Hunderte von Seiten an Kommentaren. »Wir fangen mit 20 Zeilen an; die lernen wir am Morgen, dann wiederholen wir sie im Lauf des Tages mehrere Male mit dem Text als Stichworthilfe. Abends rezitieren wir die Zeilen dann im Dunkeln ausschließlich aus dem Gedächtnis. Am nächsten Tag nehmen wir wiederum 20 Zeilen hinzu und rezitieren alle 40 – bis wir schließlich den ganzen Text auswendig können.«

Eine ähnliche Fähigkeit hat Anders Ericsson, der Experte für kluges Üben, auch amerikanischen Collegestudenten beigebracht: Sie lernten durch pure Hartnäckigkeit, 102 Zufallszahlen in der richtigen Reihenfolge zu wiederholen (dieses Zahlengedächtnis war nach 400 Stunden des konzentrierten Übens erreicht). Nach Ericsson führt konzentrierte Aufmerksamkeit auch dazu, dass die Lernenden klügere Wege finden, um ihre Leistungen zu erbringen, sei es an der Klaviertastatur oder im Labyrinth des Geistes.

»Wenn es um diese Anwendung der Aufmerksamkeit geht, bedarf es einer gewissen Beharrlichkeit«, vertraute Jinpa mir an. »Man muss auch dann hartnäckig bleiben, wenn es langweilig ist.«

Solche bemerkenswerten Gedächtnisübungen erweitern *scheinbar* die Kapazität des Arbeitsgedächtnisses, in dem wir einige Sekunden lang alles speichern, was gerade Gegenstand unserer Konzentration ist, bevor wir es ans Langzeitgedächtnis weitergeben. Aber diese scheinbare Zunahme bedeutet keine wirkliche Vermehrung der Inhalte, die wir zu einem bestimmten Zeitpunkt mit unserer Aufmerksamkeit bedenken können. Das Geheimnis liegt vielmehr in der Stückelung – und die ist eine Form des klugen Übens.

»Wenn Seine Heiligkeit spricht«, erzählte mir Jinpa, »kenne ich den wesentlichen Gehalt seiner Äußerungen, und meistens kenne ich auch genau den Text, über den er gerade spricht. Wichtige Punkte notiere ich mir in Kurzschrift, aber wenn ich dann spreche, muss ich diese Aufzeichnungen nur selten zurate ziehen.« Die Kurzschrift ist ein Hinweis auf Unterteilung.

Der verstorbene Nobelpreisträger Herbert Simon, ehemals Professor für Informatik an der Carnegie Mellon University, sagte mir schon vor vielen Jahren: »Jeder Experte hat in seinem Spezialgebiet so etwas wie dieses Erinnerungsvermögen erworben. Gedächtnis ist ein Index; Experten erkennen ungefähr 50.000 vertraute Informationsbrocken wieder. Für einen Arzt handelt es sich bei vielen dieser Brocken um Krankheitssymptome.«[7]

Im mentalen Fitnessstudio

Stellen wir uns die Aufmerksamkeit einmal als mentalen Muskel vor, den wir durch Training stärken können. Gedächtnisübungen fordern diesen Muskel, Konzentration ebenso. Die mentale Entsprechung zum wiederholten Heben einer Hantel bemerkt, wenn der Geist abschweift, und führt ihn wieder auf den zielgerichteten Weg zurück.

Das Gleiche ist übrigens auch das Wesen der zielgerichteten Fokussierung bei der Meditation, die aus der Sicht der kognitiven Neurowissenschaft üblicherweise auch ein Aufmerksamkeitstraining einschließt. Man erhält die Anweisung, die Konzentration nur auf einen Gegenstand zu richten, zum Beispiel auf ein Mantra oder auf die eigene Atmung. Tut man das eine Zeit lang, so gehen die Gedanken zwangsläufig auf die Wanderschaft.

Deshalb lautet die allgemeine Anleitung: Wenn deine Gedanken abschweifen – und wenn du das bemerkst –, hole sie wieder zum Gegenstand deiner Konzentration zurück und halte dort die Aufmerksamkeit aufrecht. Und wenn die Gedanken wiederum abschweifen, tue nochmals das Gleiche. Und wieder. Und wieder. Und wieder.

An der Emory University beobachteten Neurowissenschaftler mithilfe der funktionalen Magnetresonanzbildgebung (fMRI) das Gehirn von Menschen, die meditierten und diese einfachen geistigen Übungen vollzogen.[8] Der kognitive Zyklus umfasst dabei vier Schritte: Die Gedanken schweifen ab, man bemerkt, dass sie abschweifen, man richtet die Aufmerksamkeit wieder auf die Atmung, und man hält sie dort fest.

Während die Gedanken schweifen, aktiviert das Gehirn wie üblich die Schaltkreise im medialen präfrontalen Cortex. Sobald man bemerkt, dass die Gedanken schweifen, steigert ein anderes Aufmerksamkeitsnetzwerk seine Aktivität, nämlich das für Auffälligkeiten. Und wenn wir die Konzentration wieder auf die Atmung richten und dort festhalten, übernehmen kognitive Steuerungsschaltkreise des präfrontalen Cortex die Vorherrschaft.

Wie bei jedem Training wird der Muskel durch Wiederholungen immer stärker. Menschen, die im Meditieren erfahren sind, können einer Studie zufolge den mittleren Streifen der Hirnrinde schneller deaktivieren, nachdem sie die schweifenden Gedanken bemerkt haben; wenn die Gedanken mit fortgesetztem Üben immer weniger »kleben bleiben«, wird es einfacher, sie fallen zu lassen und sich wieder auf die Atmung zu konzentrieren. Zwischen den Regionen für schweifende Gedanken und für die Entkopplung der Aufmerksamkeit bestehen mehr neuronale Verknüpfungen.[9] Die Stärkung der Verknüpfungen im Gehirn langjährig meditierender Menschen ist dieser Studie zufolge analog zur Stärkung der Brustmuskulatur bei denen, die regelmäßig Gewichte stemmen.

Bodybuilder wissen, dass man allein durch das Stemmen von Handeln keinen Sixpack-Bauch bekommt. Dazu muss man vielmehr die betreffenden Muskeln mit speziellen Übungen, sogenannten Crunches (Bauchpressen) trainieren. Auf solche gezielten Trainingseinheiten reagieren ganz bestimmte Muskeln. Beim Aufmerksamkeitstraining ist es genauso. Konzentration auf einen bestimmten Gegenstand ist das beste Aufmerksamkeitstraining. Aber diese Stärke kann man auf vielfache Weise anwenden.

Für das mentale Fitnessstudio gilt das Gleiche wie für jedes Training: Entscheidend ist, wie man im Einzelnen übt.

Betone das Positive

Larry David, Erfinder der Fernsehsitcoms *Seinfeld* und *Curb Your Enthusiasm* (dt. *Lass es, Larry!*), stammt aus Brooklyn, hat aber den größten Teil seines Lebens in Los Angeles verbracht. Bei einem seiner seltenen Aufenthalte in Manhattan anlässlich der Aufnahmen für weitere Episoden von *Curb* – in denen er sich selbst spielt – besuchte David ein Spiel im Stadion der Yankees.

Als in der Partie gerade nichts los war, fingen Kameras sein Bild ein und übertrugen es auf die Großbildleinwände. Daraufhin standen die Fans im Stadion auf und bejubelten ihn.

Als David aber später am Abend über den Parkplatz ging, beugte sich jemand aus einem vorüberfahrenden Auto und schrie: »Larry, du nervst!«

Auf dem Heimweg dachte Larry David wie besessen über diese eine Begegnung nach: »Wer ist der Typ? Was war denn das? Wer tut denn so etwas? Warum sagt man so etwas?«

Es war, als würden die 50.000 begeisterten Fans nicht existieren – als gäbe es nur diesen einen Typ.[10]

Negatives Denken konzentriert sich auf einen schmalen Bereich: auf das, was uns ärgert.[11] Eine Faustregel aus der Kognitionstherapie besagt, dass die Konzentration auf die negativen Seiten eines Erlebnisses ein Rezept für Depressionen darstellt. Ein Kognitionstherapeut würde wahrscheinlich einen Menschen wie Larry David auffordern, sich die guten Gefühle vor Augen zu führen, als die Menge ihn bejubelte, und die Konzentration darauf aufrechtzuerhalten.

Positive Gefühle erweitern das Spektrum unserer Aufmerksamkeit; es steht uns dann frei, alles einzubeziehen. Wenn die positiven Emotionen uns im Griff haben, verschiebt sich sogar unsere Wahrnehmung. Die Psychologin Barbara Fredrickson, die sich mit positiven Gefühlen und ihren Auswirkungen beschäftigt, formulierte es so: Wenn wir uns wohlfühlen, erweitert sich unsere Wahrnehmung von der üblichen, selbstzentrierten Konzentration auf »mich« zu einer umfassenderen, warmherzigen Konzentration auf das »wir«.[12]

Die Konzentration auf negative oder positive Aspekte bietet uns einen gewissen Ansatzpunkt, wenn wir wissen wollen, wie unser Gehirn funktioniert. Wenn wir uns in gehobener, energiegeladener Stimmung befinden, ist nach den Feststellungen von Richard Davidson insbesondere der linke präfrontale Bereich aktiv. In diesem Areal befinden sich Schaltkreise, die uns daran erinnern, wie großartig wir uns fühlen, wenn wir endlich ein lange erstrebtes Ziel erreicht haben – es sind diese Schaltkreise, die einen Doktoranden dazu veranlassen, an einer schwierigen Dissertation hartnäckig weiterzuarbeiten.

Auf der neuronalen Ebene wird die positive Stimmung dadurch widergespiegelt, wie lange wir eine solche Einstellung aufrechterhalten können. So kann man beispielsweise messen, wie lange Menschen lächeln, nachdem sie gesehen haben, wie man einer Person in einer Notlage geholfen hat, oder nachdem sie ein übermütiges Kleinkind beim Herumtollen beobachtet haben.

Ein sonniges Gemüt zeigt sich in den Geisteshaltungen: Der Umzug in eine andere Stadt oder das Zusammentreffen mit neuen Menschen ist dann nichts Beängstigendes, sondern ein Abenteuer, durch das sich spannende Möglichkeiten eröffnen – man kann großartige Orte entdecken und neue Freunde finden. Bringt das Leben überraschend einen positiven Augenblick – beispielsweise in Form eines warmherzigen Gesprächs – mit sich, bleibt die angenehme Stimmung lange bestehen.

Wie vielleicht nicht anders zu erwarten, konzentrieren sich Menschen, die das Leben in diesem Licht wahrnehmen, auf die Silberstreifen – und nicht nur auf die Wolken. Das Gegenteil ist der Zynismus, der den Pessimismus hervorbringt: Man konzentriert sich nicht nur auf die Wolken, sondern man ist auch überzeugt, dass dahinter noch dunklere Wolken lauern. Alles hängt davon ab, worauf man sich konzentriert: auf den einen, der boshafte Worte ruft, oder auf die 50.000, die einem zujubeln.

In der positiven Einstellung spiegelt sich unter anderem die Aktivität der Belohnungsschaltkreise im Gehirn wider. Wenn wir glücklich sind, wird der Nucleus accumbens aktiv, ein Areal im unteren Streifenkörper in der Mitte des Gehirns. Diese Region ist offenbar von entscheidender Bedeutung für die Motivation und für das Gefühl, dass eine Tätigkeit sich lohnt. Die betreffenden Schaltkreise sind reich an Dopamin und sorgen dafür, dass wir positive Gefühle haben, unsere Ziele verfolgen und Wünsche empfinden.

Hinzu kommt noch die Wirkung der körpereigenen Opiate, zu denen auch die Endorphine gehören (die Neurotransmitter, die das *runner's high* erzeugen). Dopamin treibt Motivation und Beharrlichkeit an, die Opiate verzieren das Ganze mit einem Lustgefühl.

Die Schaltkreise bleiben aktiv, solange wir in positiver Stimmung sind. In einer aufschlussreichen Studie verglich Davidson depressive Patienten mit gesunden Versuchspersonen; wie sich dabei herausstellte, konnten Depressive, die eine fröhliche Szene gesehen hatten, die daraus erwachsenden positiven Gefühle nicht aufrechterhalten – ihre Belohnungsschaltkreise stellten die Aktivität viel früher wieder ein.[13] Unsere exekutiven Areale können diese Schaltkreise aktivieren und uns in die Lage versetzen, positive Gefühle besser aufrechtzuerhalten, beispielsweise wenn wir trotz eines Rückschlags weiterarbeiten oder weiterhin ein Ziel verfolgen, das uns bei der Vorstellung, wie es sich anfühlen wird, wenn es erreicht wurde, lächeln lässt. Und positive Gefühle zahlen sich ihrerseits in Form von Leistung aus: Sie verschaffen uns Energie, sodass wir uns besser konzentrieren, flexibler denken und beharrlich bleiben können.

Eine Frage: Angenommen, in Ihrem Leben läuft alles perfekt – was tun Sie dann in zehn Jahren?

Diese Frage lädt uns ein, ein wenig zu träumen, zu überlegen, was uns wirklich wichtig ist und wie dies zum Leitfaden für unser Leben werden kann.

»Wenn wir über positive Ziele und Träume reden, werden Gehirnzentren aktiv, die uns aufgeschlossen für neue Möglichkeiten machen. Wechselt das Gesprächsthema aber zu der Frage, was man noch in Ordnung bringen sollte, werden wir verschlossener«, sagte der Psychologe Richard Boyatzis von der Weatherhead School of Management an der Case Western Reserve University (der seit unserer Doktorandenzeit mein Freund und Kollege ist).

Um diese gegensätzlichen Effekte beim persönlichen Coaching genauer zu untersuchen, fertigten Boyatzis und seine Kollegen Scanaufnahmen der Gehirne von Collegestudenten an, während diese befragt wurden.[14] Das Gespräch mit einigen Versuchspersonen konzentrierte sich auf positive Dinge wie die Frage, was sie in zehn Jahren gern tun würden und welchen Gewinn sie sich von der Zeit am College erhofften. In den Scanaufnahmen zeigte sich während solcher positiv besetzter

Gespräche eine größere Aktivität in den Belohnungsschaltkreisen des Gehirns sowie in den Arealen für angenehme Gefühle und glückliche Erinnerungen. Dies kann man als neuronale Anzeichen für die Aufgeschlossenheit interpretieren, die wir empfinden, wenn uns eine Vision inspiriert.

Bei anderen ging es in den Gesprächen um negative Dinge: um die Frage, für wie anstrengend sie ihren Stundenplan und ihre Lernziele hielten, wie schwierig sie es fanden, Freunde zu finden, und welche Leistungsängste sie hatten. Wenn die Studierenden sich mit solchen eher negativen Fragen herumschlugen, wurden im Gehirn jene Areale aktiv, die Ängste, mentale Konflikte oder Traurigkeit erzeugen.

Die Konzentration auf unsere Stärken, so Boyatzis, drängt uns in Richtung einer erwünschten Zukunft und begünstigt die Aufgeschlossenheit gegenüber neuen Ideen, Menschen und Plänen. Rücken wir dagegen unsere Schwächen ins Rampenlicht, entsteht eine defensive Empfindung von Verpflichtungen und Schuld, die uns untätig werden lässt.

Die positive Sichtweise hält die Freude am Üben und Lernen aufrecht – das ist der Grund, warum selbst die erfahrensten Sportler und Künstler noch Spaß daran haben, ihre Tätigkeit zu üben. »Du brauchst die Konzentration auf Negatives zum Überleben und die auf Positives zum Gedeihen«, meinte Boyatzis. »Wir brauchen beides, aber im richtigen Verhältnis.«

Dieses Verhältnis sollte weit stärker auf der positiven als auf der negativen Seite liegen; das zeigt sich auch im »Losada-Effekt«, wie er nach Marcial Losada genannt wird; der Unternehmenspsychologe studierte die Gefühle bei leistungsfähigen Teams von Geschäftsleuten. Er analysierte Hunderte solcher Gruppen und stellte dabei fest, dass das Verhältnis in den leistungsfähigsten Gruppen mindestens bei 2,9 guten Gefühlen je negativem Moment lag (die positive Einstellung hat aber auch eine Obergrenze: oberhalb eines Losada-Verhältnisses von ungefähr 11:1 werden die Teams offenbar so albern, dass sie keine guten Leistungen mehr erbringen).[15] Das gleiche Verhältnis gilt der Psychologin Barbara Fredrickson von der University of North Carolina (einer früheren Mitarbeiterin von Losada) zufolge auch für Menschen, die es im Leben zu etwas gebracht haben.[16]

Nach Boyatzis' Ansicht gilt dieser Vorteil des Positiven auch bei jeder Form des Unterrichts, ob er von einem Lehrer, Eltern, einem Vorgesetzten oder einem Managementcoach erteilt wird.

Ein Gespräch, das von den Träumen und Hoffnungen eines Menschen ausgeht, kann zu einem Lernverlauf führen, an dessen Ende eine Vision steht. In einer solchen Unterhaltung entwickelt man vielleicht aus der allgemeinen Vision einige konkrete Ziele und untersucht dann, welche Voraussetzungen gegeben sein müssen, damit sie erreicht werden – und an welchen Fähigkeiten man arbeiten sollte, um leichter dorthin zu gelangen.

Eine solche Methode steht im Gegensatz zu dem üblichen Verfahren, das sich auf die Schwächen einer Person – seien es nun schlechte Noten oder nicht erreichte Quartalsziele – und die Methoden zu ihrer Besserung konzentriert. Im Mittelpunkt eines solchen Gesprächs steht die Frage, was mit uns nicht stimmt – es dreht sich um unsere Schwachpunkte und die notwendigen Maßnahmen zur »Reparatur«; damit verbinden sich alle möglichen Gefühle von Schuld, Angst und Ähnlichem. Eine der schlechtesten Versionen dieser Methode wenden Eltern an, die ihr Kind für schlechte Noten bestrafen, bis die Leistungen besser werden. Die Angst vor der Bestrafung hemmt den präfrontalen Cortex des Kindes, wenn es sich darum bemüht, sich zu konzentrieren und zu lernen, und damit ergeben sich weitere Hindernisse für Verbesserungen.

In den Kursen, die Boyatzis an der Case Western University für Master-Studenten und Manager aus der mittleren Führungsebene gibt, wendet er die von den Träumen ausgehende Methode schon seit Jahren an. Natürlich reichen Träume allein nicht aus: Neue Fähigkeiten müssen auch bei jeder Gelegenheit, die sich ergibt, eingeübt werden. Das kann bedeuten, dass man an einem Tag keine oder auch ein Dutzend Chancen hat, die Tätigkeit zu üben, die man auf dem Weg zum eigenen Traum beherrschen will. Aber solche Augenblicke addieren sich.

Ein Manager und früherer MBA-Student wollte bessere Beziehungen aufbauen. »Er hatte eine technische Ausbildung«, erzählte mir Boyatzis. »Wenn man ihm eine Aufgabe gestellt hat, sah er nur diese Aufgabe, aber nicht die Menschen, die mit ihm daran arbeiteten, sie zu erfüllen.«

Entsprechend gestaltete er seinen Lehrplan: »Denke eine Zeit lang darüber nach, wie sich der andere fühlt.« Um sich außerhalb seines Arbeitsplatzes und seiner dortigen Gewohnheiten regelmäßige, ungefährliche Gelegenheiten für diese Übung zu verschaffen, half er mit, die Fußballmannschaft seines Sohnes zu trainieren, und dabei bemühte er sich, auf die Gefühle der Spieler zu achten.

Ein anderer Manager, der sich wegen des gleichen Lernziels beraten ließ, arbeitete ehrenamtlich in der Highschool eines armen Wohnviertels. Diese Gelegenheit, so Boyatzis, nutzte er, »um selbst zu lernen, wie man sich besser auf andere einstellt und ihnen ›sanfter‹ hilft« – eine neue Gewohnheit, die er dann auch auf seinen Arbeitsplatz übertrug. Das Training machte ihm Spaß, und er belegte noch mehrere weitere Kurse.

Um genaue Daten über den Erfolg der Methode zu gewinnen, bewertet Boyatzis systematisch die Absolventen seiner Kurse. Kollegen oder andere, die sie gut kennen, beurteilen die Studierenden anonym im Hinblick auf ein Dutzend einzelner Verhaltensweisen, an denen sich diese oder jene Kompetenzen der emotionalen Intelligenz zeigen, wie sie für Leistungsträger typisch sind (beispielsweise »versteht andere durch aufmerksames Zuhören«). Dann behält er die Studierenden im Auge und lässt sie einige Jahre später von denen, mit denen sie jetzt zusammenarbeiten, noch einmal einschätzen.

»Bisher haben wir 26 einzelne Längsschnittstudien durchgeführt und die Menschen verfolgt, ganz gleich, wo sie heute arbeiten«, erzählte mir Boyatzis. »Dabei haben wir festgestellt, dass die Verbesserungen, die im ersten Kurs erzielt wurden, noch sieben Jahre später nachweisbar sind.«

Ob wir unsere Fähigkeiten in Sport oder Musik verfeinern, unsere Gedächtnisleistung verbessern oder besser zuhören wollen, die Kernelemente des klugen Übens sind immer die gleichen: Im Idealfall bilden sie eine wirksame Kombination aus Freude, kluger Taktik und vollständiger Konzentration.

Im Zusammenhang mit den drei Formen der Konzentration haben wir auch erfahren, wie man jede einzelne davon stärken kann. Mit dem klugen Üben sind wir auf einer eher grundlegenden Ebene angelangt: Wir kultivieren das Fundament der Aufmerksamkeit, auf dem die dreifache Konzentration aufbaut.

GEHIRNE BEIM SPIELEN

Der Weltmeister Daniel Cates begann als Sechsjähriger mit dem regelmäßigen Training. Damals entdeckte er zum ersten Mal seine besondere Vorliebe für das Videospiel *Command & Conquer*. Von nun an hatte Cates keine Lust mehr, mit anderen Kindern zu spielen; er zog es vor, im Keller seines Elternhauses »zu kommandieren und zu erobern«.[1]

Als Cates auf einer mathematisch-naturwissenschaftlich ausgerichteten Highschool war, schwänzte er den Unterricht und spielte stattdessen im Computerraum das Rätselspiel *Minesweeper*. Dabei muss man Minen, die in einem undurchsichtigen Gitternetz verborgen sind, aufspüren und mit Fähnchen versehen, ohne sie freizulegen und damit eine Explosion auszulösen. Als er dieses Spiel zum ersten Mal spielte, erbrachte er nur mittelmäßige Leistungen, aber nach endlosen Übungsstunden konnte Cates alle Minen innerhalb von 90 Sekunden beseitigen – eine Leistung, die ihm unmöglich erschienen war, als er anfing, das Spiel zu lernen (und die auch für mich völlig unvorstellbar war, als ich mich online damit beschäftigte; jeder kann es selbst probieren).

Mit 16 Jahren entdeckte er sein ureigenes Metier: Onlinepoker. In nur 18 Monaten entwickelte sich Cates von jemandem, der Fünf-Dollar-Spiele beim Live-Action Kitchen Poker verlor, zu einem Spieler, der bis zu 500.000-Dollar-Gewinne einsackte (und zwar gerade noch rechtzeitig – schon nach wenigen Jahren wurde Onlinepoker zumindest in den Vereinigten Staaten zum Gegenstand gesetzlicher Verbote). Als Cates 20 war, hatte er mit dem Glücksspiel bereits 5,5 Millionen Dollar gewonnen, eine Million mehr als der zweitbeste Spieler des Jahres.[2]

Diese bemerkenswerte Summe gewann Cates durch *grinding* (dt. etwa »Schufterei«): Er spielte nicht nur ein Spiel nach dem anderen, sondern beteiligte sich parallel an mehreren Spielen mit allen möglichen Gegenspielern, darunter die größten Experten. Beim Onlinepoker kann man gegen so viele Gegner spielen, wie man gleichzeitig im Auge behalten kann; man erhält sofort die Rückmeldung über Gewinn und Verlust und kann damit die Lernkurve gewaltig beschleunigen. Ein Teenager, der gleichzeitig online ein Dutzend Kartenblätter bedient, gewinnt in wenigen Jahren so viel Übung in den Feinheiten des Spiels wie ein Spieler von über 50 Jahren, der sein ganzes Leben an den Spieltischen von Las Vegas zugebracht hat.

Cates' Begabung für Poker baute höchstwahrscheinlich auf einer kognitiven Grundlage auf, die er schon als Erstklässler gelegt hatte, als er sich in *Command & Conquer* vertiefte. Dieses Kampfspiel erfordert eine sehr schnelle kognitive Verarbeitung verschiedener Faktoren, beispielsweise der Frage, wie man die eigenen Truppen gegen den Gegner einsetzt; man muss wachsam auf Hinweise achten, wann der Feind erste Schwächen zeigt, und dann gnadenlos angreifen. Unmittelbar bevor er zum Poker wechselte, war Cates Weltmeister in *Command & Conquer*; die Beobachtungsgabe und der Killerinstinkt, die ihm diesen Titel verschafft hatten, konnte er ohne Weiteres auf das Kartenspiel übertragen.

Als Cates über 20 war, merkte er, in was für einem öden zwischenmenschlichen Umfeld er lebte und dass ihm ein Liebesleben fehlte. Nun bemühte er sich um eine Lebensweise, mit der er seine Gewinne genießen konnte. Was konnte das bedeuten?

»Training. Bei Mädchen«, sagte er.

Ein Weltklassespieler im Onlinebereich zu sein ist bei der Singleparty in der örtlichen Kneipe keine große Hilfe. Stärken, die sich im Videospiel auszahlen, wie unerbittliche Aggressionen bei den ersten Anzeichen für eine Schwäche des Gegners, lassen sich schlecht auf die Datingszene übertragen.

Als ich zum letzten Mal etwas von Cates hörte, las er gerade mein Buch *Soziale Intelligenz*. Ich wünsche ihm alles Gute. In dem Buch vertrete ich die Ansicht, dass Interaktionen wie die beim Onlinepoker einen wichtigen Lerneffekt für die zwischenmenschlichen Schaltkreise des Gehirns vermissen lassen, und diese Schaltkreise helfen uns, beispielsweise bei einer ersten Begegnung einen guten Eindruck zu machen.

»Neuronen, die gemeinsam feuern, verdrahten sich auch gemeinsam«, wie der Psychologe Donald Hebb es schon in den 1940er-Jahren formulierte. Das Gehirn ist plastisch: Während wir durch den Alltag gehen, gestaltet es seine Schaltkreise ständig um. Was wir auch tun, es trägt dazu bei, dass unser Gehirn manche Schaltkreise stärkt, andere aber nicht.

Im persönlichen Gegenüber nehmen unsere sozialen Schaltkreise vielfältige Anhaltspunkte und Signale auf, die uns bei der Herstellung zwischenmenschlicher Verbindungen helfen, und entsprechend werden die beteiligten Neuronen gemeinsam verdrahtet. Wenn wir aber Tausende von Stunden online verbringen, wird die Verdrahtung des sozialen Gehirns praktisch nie trainiert.

Stärkung der Gehirnleistung oder Schaden für den Geist?

»Unsere Sozialisation läuft zum größten Teil über Maschinen, und damit eröffnen sich sowohl großartige Möglichkeiten als auch viele Bedenken«, sagte Marc Smith, Mitbegründer der

Social Media Research Foundation.[3] »Zum größten Teil« dürfte zwar eine Übertreibung sein, aber sowohl um die Möglichkeiten als auch um die Bedenken toben heftige Debatten, und im Mittelpunkt stehen dabei die Videospiele.

Ein nicht abreißender Strom von Studien behauptet einerseits, dass solche Spiele den Geist schädigen, und andererseits, dass sie die Gehirnleistung steigern. Haben diejenigen recht, nach deren Ansicht die Spiele den Kindern ein bedenkliches Aggressionstraining ermöglichen? Oder trainieren sie, wie andere behaupten, die unentbehrliche Aufmerksamkeit? Oder trifft beides zu?

Um einen Beitrag zur Beilegung der Diskussion zu leisten, brachte die angesehene Wissenschaftszeitschrift *Nature* ein halbes Dutzend Experten zusammen, die Nutzen und Schaden auseinanderdividieren sollten.[4] Wie sich herausstellte, verhält es sich ähnlich wie mit den Wirkungen des Essens – es kommt einfach darauf an: Manches ist nahrhaft, anderes kann in zu großer Menge giftig sein. Bei Videospielen hängen die Antworten davon ab, welches Spiel im Einzelnen welche Gehirnschaltkreise auf eine bestimmte Weise stärkt.

Betrachten wir beispielsweise einmal die hyperaktiven Autorennen und Ballerspiele. Die Studien bescheinigen solchen Actionspielen eine gesteigerte visuelle Aufmerksamkeit und Verarbeitungsgeschwindigkeit von Informationen, ein besseres Verfolgen von Objekten und einen optimierten Wechsel von einer mentalen Tätigkeit zur anderen. Viele solche Spiele bieten anscheinend sogar ein stillschweigendes Training in statistischen Einschätzungen – man spürt, mit welcher Wahrscheinlichkeit man die Feinde angesichts ihrer Zahl und der eigenen Ressourcen schlagen kann.

Allgemeiner betrachtet, verbessern verschiedene Spiele den Befunden zufolge die visuelle Aufmerksamkeit und die räumliche Wahrnehmung, den Wechsel von einer geistigen Aufgabe zu einer anderen, die Entscheidungsfähigkeit und die Befähigung, Objekte zu verfolgen (aus vielen dieser Studien geht allerdings nicht hervor, ob Menschen, die sich von den Spielen angezogen fühlen, in dieser Hinsicht vielleicht ohnehin bereits über etwas bessere mentale Fähigkeiten verfügen oder ob diese erst durch die Spiele verbessert wurden).

Spiele, die nach und nach immer schwierigere kognitive Aufgaben stellen – genauere, schwierigere Urteile und Reaktionen mit höherer Geschwindigkeit, vollständig konzentrierte Aufmerksamkeit, eine immer größere Kapazität des Kurzzeitgedächtnisses –, treiben im Gehirn positive Veränderungen voran.

»Wenn man ständig den Bildschirm nach kleinen Unterschieden absuchen muss (weil die vielleicht ein Hinweis auf einen Feind sind) und dann das Augenmerk auf den fraglichen Bereich richtet, verbessert sich diese Fähigkeit zur Aufmerksamkeit«, sagte der Kognitionsforscher Douglas Gentile vom Media Research Lab der Iowa State University.[5]

Aber, so schränkte er ein, diese Fähigkeiten ließen sich nicht zwangsläufig auf das Leben außerhalb des Bildschirms übertragen. Sie können zwar für bestimmte Berufe, beispielsweise für Fluglotsen, von großem Wert sein, aber sie helfen nicht, wenn man das unruhige Kind neben sich ignorieren und sich auf eine Lektüre konzentrieren will. Durch Hochgeschwindigkeitsspiele, so meinen einige Experten, könnten sich manche Kinder an eine Reizdichte gewöhnen, die der im Klassenzimmer ziemlich unähnlich ist – und das ist eine Disposition, die zu mehr als nur der üblichen Langeweile in der Schule führen kann.

Videospiele stärken also möglicherweise die Aufmerksamkeit und Fähigkeiten wie das schnelle Ausfiltern visueller Ablenkungen, sie tragen aber kaum dazu bei, eine noch wichtigere Lernfähigkeit zu verbessern: die Aufrechterhaltung der Konzentration auf einen Informationsgehalt, der sich allmählich weiterentwickelt – beispielsweise wenn wir im Unterricht aufmerksam sind und verstehen müssen, was wir lesen und wie sich dieser Stoff in das, was wir letzte Woche oder letztes Jahr gelernt haben, einfügt.

Zwischen der Zahl der Stunden, die ein Kind mit Videospielen verbringt, und den schulischen Leistungen besteht eine negative Korrelation, die höchstwahrscheinlich in direktem Verhältnis zu der vom Lernen abgezweigten Zeit steht. In einer Studie in Singapur wurden 3034 Kinder und Jugendliche zwei Jahre lang beobachtet; diejenigen unter ihnen, die extrem oft Videospiele spielten, entwickelten zunehmend Ängste, Depressionen und soziale Phobien, außerdem wurden die Noten schlechter. Gaben sie die Gewohnheit zu spielen jedoch auf, gingen all diese Probleme zurück.[6]

Darüber hinaus haben unzählige Stunden mit Videospielen, die das Gehirn auf eine schnelle, gewalttätige Reaktion einstellen, eine weitere Kehrseite.[7] Manche Gefahren wurden dabei nach Ansicht des Expertengremiums in der Publikumspresse übertrieben: Gewalttätige Spiele stärken zwar vielleicht die Aggression auf einem niedrigen Niveau, aber die Spiele als solche machen ein gut erzogenes Kind nicht zu einem Gewalttäter. Werden die Spiele jedoch von Kindern gespielt, die beispielsweise zu Hause Opfer körperlicher Gewalt wurden (und deshalb ohnehin selbst stärker zu Gewalt neigen), könnte es zu einer gefährlichen Synergie kommen; bisher kann allerdings noch niemand mit Sicherheit voraussagen, bei welchem Kind diese schädliche Mischung eintritt und bei welchem Kind nicht.

Dennoch unterstützt der stundenlange Kampf gegen Horden, die einen umbringen wollen, verständlicherweise die Tendenz zur feindseligen Attribution (*hostile attribution bias*), das heißt die Neigung, sofort anzunehmen, dass das Kind, das einen auf dem Korridor angerempelt hat, einen Groll hegt. Ebenso beunruhigend ist, dass passionierte Videospieler weniger Besorgnis zeigen, wenn sie Zeuge von Mobbing und anderen feindseligen Handlungen werden.

Wollen wir in Anbetracht der Tatsache, dass die paranoide Wachsamkeit, die von solchen Spielen begünstigt wird, sich gelegentlich auf tragische Weise mit der Unruhe und Verwirrung geistig gestörter Menschen verbindet, unseren jungen Leuten wirklich dieses mentale Menü vorsetzen?

Die jüngeren Generationen, die mit Videospielen groß geworden sind oder aus anderen Gründen vor dem Bildschirm kleben, stellen, wie ein Neurowissenschaftler mir sagte, letztlich ein beispielloses Experiment dar: Im Vergleich zu früheren Generationen »wird ihr Gehirn im Leben ganz anders plastisch geformt«. Langfristig stellt sich also die Frage, welche Auswirkungen solche Spiele auf die neuronale Verdrahtung und damit auch auf das Geflecht der zwischenmenschlichen Beziehungen haben – und wie sich damit entweder neue Stärken entwickeln oder eine gesunde Entwicklung verhindert wird.

Positiv ist die Anforderung, dass der Spieler sich trotz verlockender Ablenkungen konzentriert: Dies stärkt die exekutiven Funktionen, sei es für die reine Konzentration jetzt oder die spätere Widerstandskraft gegen Impulse. Ist im Spiel außerdem noch die Notwendigkeit enthalten, mit anderen Spielern zu kooperieren und sich zu koordinieren, hat man ein Übungsfeld für einige wichtige zwischenmenschliche Fähigkeiten.

Kinder, die in ihren Spielen kooperieren müssen, zeigen sich auch allgemein im Lauf eines Tages hilfsbereiter. Vielleicht könnte man die ausschließlich gewalttätigen »Ich gegen den Rest der Welt«-Spiele so umgestalten, dass eine Gewinnstrategie die Unterstützung anderer erfordert, die in Schwierigkeiten sind und Helfer oder Verbündete finden müssen – statt einfach nur nach Feinden Ausschau zu halten.

Kluge Spiele

Das beliebte Computerspiel *Angry Birds* verleitet Millionen Menschen dazu, insgesamt Milliarden Stunden lang konzentriert mit den Fingern zu zucken. Wenn Neuronen, die gemeinsam Impulse abgeben, auch gemeinsam verdrahtet werden, muss man sich fragen, welche (wenn überhaupt) mentalen Fähigkeiten verbessert werden, wenn Kinder (oder ihre Eltern) so viel Zeit mit *Angry Birds* verbringen.

Das Gehirn lernt und erinnert sich am besten, wenn es sich am stärksten konzentriert. Videospiele fesseln die Aufmerksamkeit und veranlassen uns, immer wieder die gleichen Bewegungen auszuführen; damit sind sie ein wirksames Lehrmittel, und somit bieten sie auch die Gelegenheit, das Gehirn zu trainieren.

Eine Arbeitsgruppe von Michael Posner an der University of Oregon ließ Kindern von vier bis sechs Jahren fünf Tage lang ein Aufmerksamkeitstraining absolvieren, wobei die Sitzungen jeweils bis zu 40 Minuten dauerten. Während eines Teils der Zeit spielten sie ein Spiel, bei dem sie mit einem Joystick auf einem Bildschirm eine Katze steuern sollten, die hinter kleinen, beweglichen Objekten herjagte.

Die Übungszeit von etwas mehr als drei Stunden erscheint eigentlich recht kurz, wenn man Veränderungen in den neuronalen Aufmerksamkeitsnetzen nachweisen will; dennoch ließen die Gehirnwellen darauf schließen, dass sich die Aktivität der Schaltkreise für exekutive Aufmerksamkeit in Richtung eines Niveaus verschoben hatte, das man bei Erwachsenen beobachtet.[8]

Die Schlussfolgerung: Man sollte für ein solches Training insbesondere unaufmerksame Kinder – solche mit Autismus, Aufmerksamkeitsdefizit und anderen Lernbehinderungen – auswählen, denn sie werden davon am stärksten profitieren. Und über eine solche Linderung von Defiziten hinaus schlägt Posners Arbeitsgruppe vor, Aufmerksamkeitstraining in die Erziehung jedes Kindes aufzunehmen, weil es durchgehend den Lernerfolg verbessert.

Posner und einige andere, die den potenziellen Nutzen eines solchen Gehirntrainings erkannt haben, schlagen die Entwicklung besonderer Spiele vor, die alle möglichen Fähigkeiten verbessern können, von der visuellen Beweglichkeit bei »stumpfen Augen« (in der Fachsprache Amblyopie genannt) bis hin zur Hand-Augen-Koordination bei Chirurgen. Hinter dem Aufmerksamkeitsdefizit steht den Forschungsergebnissen zufolge ein Defekt des Wachsamkeitsnetzwerks; in der Fixierung beim Autismus kann man Orientierungsschwierigkeiten erkennen.[9]

In den Niederlanden ließ man elfjährige ADHS-Kinder ein Videospiel spielen, das verstärkte Konzentration erforderte: Sie mussten beispielsweise darauf achten, ob feindliche Bots auftauchten, und wachsam verfolgen, ob die Energie ihres eigenen Avatars zu stark nachließ.[10] Nach nur zehn einstündigen Sitzungen konnten sie sich auch bei Ablenkungen besser konzentrieren (und das nicht nur, wenn sie sich mit dem Spiel beschäftigten).

Im besten Fall »sind Videospiele ein kontrolliertes Trainingsprogramm«, das mit großer Motivation absolviert wird und »zu einer dauerhaften körperlichen und funktionellen neurologischen Umgestaltung führt«, so der Neurowissenschaftler Michael Merzenich von der University of California in San Francisco. Merzenich leitete die Entwicklung von Spielen, mit denen das Gehirn älterer Menschen, die an neurologischen Defiziten wie Gedächtnisverlust und Demenz litten, neu trainiert werden sollte.[11]

Ben Shapiro, der bei den Merck Research Laboratories für die weltweite – auch die neurowissenschaftliche – Medikamentenentwicklung zuständig war, sitzt heute im Vorstand eines Unternehmens, das Spiele zur Stärkung der Konzentration und zur Verminderung von Ablenkungen entwickelt. Er hält es für vorteilhaft, dafür keine Medikamente, sondern kluge Übungen einzusetzen. »Spiele wie diese sollten den altersbedingten Verlust wichtiger kognitiver Funktionen verlangsamen«, sagte er.

Außerdem fügte er hinzu: »Wenn man das geistige Leben der Menschen verbessern will, sollte man nicht mit molekularen

Mitteln arbeiten, sondern unmittelbar auf die geistigen Eigenschaften zielen – Medikamente sind ein Schrotschussverfahren, denn die Natur nutzt die gleichen Moleküle für viele verschiedene Zwecke.«

Allerdings hat Dr. Merzenich wenig Vertrauen in die recht zufälligen – und eindeutig gemischten – Nutzeffekte handelsüblicher Computerspiele. Deshalb bevorzugt er maßgeschneiderte Spiele, die auf eine bestimmte Kategorie kognitiver Fähigkeiten abzielen. Eine neue Generation von Gehirntrainingsprogrammen, so Douglas Gentile, würde sich der gleichen Methoden des klugen Übens bedienen, die man auch von ausgezeichneten Lehrern kennt:

- Klar formulierte Ziele auf zunehmend höherem Niveau.
- Anpassung an das individuelle Lerntempo.
- Unmittelbare Rückmeldung und abgestufte Schwierigkeit der Übungen bis hin zur Meisterschaft.
- Üben der gleichen Fähigkeiten in unterschiedlichen Zusammenhängen, was die Übertragung der Fähigkeiten begünstigt.

Eines schönen Tages, so manche Prophezeiungen, werden Gehirntrainingsspiele ein alltäglicher Bestandteil des Schulunterrichts sein; die besten derartigen Spiele werden dann Daten über die Spieler sammeln und sich gleichzeitig selbst auf die jeweiligen Bedürfnisse abstimmen – wie ein mitfühlender Kognitions-Tutor. Vorerst jedoch, das müssen die Experten bedauernd einräumen, sind die Summen, die für solche Unterrichtsspiele aufgewendet werden, winzig im Vergleich zu den Etats der Videospielfirmen – und deshalb sind derzeit selbst die besten Hilfsmittel zum Gehirntraining nur ein trauriger Abglanz eines Spiels wie *Grand Theft Auto*. Aber manches deutet darauf hin, dass hier ein Wandel bevorstehen könnte.

Gerade habe ich zugesehen, wie meine vier Enkel nacheinander auf dem iPad die Beta-Version eines Spiels namens *Tenacity* spielten. Das Programm bietet eine entspannte Reise durch ein halbes Dutzend Szenen, von einer öden Wüste bis zu einer phantastischen Wendeltreppe, die sich in den Himmel schraubt.

Die Aufgabe: Jedes Mal, wenn du ausatmest, musst du den Bildschirm des iPads mit einem Finger berühren. Und bei jedem fünften Ausatmen berührst du ihn mit zwei Fingern – zumindest auf dem untersten Level.

Die Enkelkinder sind sechs, acht, gerade zwölf und knapp 14 Jahre alt. Sie entsprechen letztlich einem natürlichen Experiment zur Reifung von Gehirn und Aufmerksamkeit.

Als Erster ist der Sechsjährige dran. Er wählt die Wüstenszene, die ihn auf einen langsamen Spaziergang zwischen Sanddünen, Palmen und Lehmziegelhäusern mitnimmt. Beim ersten Versuch muss man ihn daran erinnern, was er tun soll; beim dritten schafft er es schon recht gut, die Fingerbewegungen mit der Atmung zu koordinieren – manchmal vergisst er aber noch das doppelte Tippen.

Dennoch ist er begeistert: Jedes Mal, wenn er es richtig macht, wächst langsam ein Rosenbeet aus dem Wüstensand hervor.

Unsere Achtjährige entscheidet sich für die Wendeltreppe in den Himmel. Während diese sich aufwärtswindet, kommen immer wieder Ablenkungen ins Bild: Ein Hubschrauber fliegt vorüber, kehrt um und entfernt sich; später kommt ein Flugzeug, ein Vogelschwarm – und ganz oben verschiedene Satelliten. Volle zehn Minuten lang bleibt sie konzentriert und tippt mit dem Finger, und das, obwohl sie an jenem Tag ein wenig Fieber hat.

Die nächste Enkeltochter ist gerade zwölf geworden und wählt eine Wendeltreppe in den Weltraum. Hier tauchen Planeten, Asteroidenschwärme und Meteoriten als Ablenkungen auf. Während ihre beiden jüngeren Geschwister sich das richtige Tippen erleichtert haben, indem sie auf ihre Atmung achteten und laut zählten, atmet sie einfach ganz natürlich.

Die Älteste schließlich wird bald 14: Sie wählt die Wüstenszene und zieht die ganze Übung mühelos durch. Am Ende sagt sie zu mir: »Jetzt fühle ich mich ruhig und entspannt – das Spiel gefällt mir.«

Genau darauf hatten die Spieleentwickler gehofft. *Tenacity*, so erzählte mir Davidson, wurde von einer preisgekrönten Gruppe von Spieledesignern an der University of Wisconsin mithilfe seiner Informationen entwickelt. »Wir haben die Erkenntnisse über Konzentration und Ruhe aus unseren neurowissenschaftlichen Studien genutzt und daraus ein Spiel gemacht, damit die Kinder davon profitieren können.«

Tenacity, so fügte er hinzu, stärkt die selektive Aufmerksamkeit, »den Grundbaustein für alle anderen Arten des Lernens. Wenn die Aufmerksamkeit sich von selbst steuert, kann man sich auf ausdrücklich formulierte Ziele konzentrieren und Ablenkungen widerstehen« – was in allen Bereichen ein Schlüssel zum Erfolg ist.

»Wenn wir ein Spiel schaffen können, das die Kinder gern spielen, ist das eine wirksame Methode des Aufmerksamkeitstrainings; man braucht nur daran zu denken, wie viel Zeit Kinder mit dem Spielen verbringen und wie natürlich es ihnen vorkommt«, sagte Davidson, der an der Universität das Center for Investigating Healthy Minds leitet. »Sie machen dann gern ihre Hausaufgaben.«

An der Stanford University gibt es ein Calming Technology Lab. Dort beschäftigt man sich mit Geräten, die eine nachdenkliche, beruhigende Konzentration begünstigen. Ein solches Beruhigungsgerät ist *Breathware* mit einem Gurt, der die Atmungsgeschwindigkeiten misst. Sollte ein überquellender Posteingang die »E-Mail-Apnoe« auslösen, wie die Entwickler sie nennen, führt eine iPhone-App die betreffende Person durch Konzentrationsübungen, die für eine Beruhigung der Atmung – und damit des Geistes – sorgen.

Das Institute of Design der Stanford University bietet Doktoranden ein Seminar namens »Ruhegestaltung« an. Gus Tai, einer der beteiligten Dozenten, sagte dazu: »Ein großer Teil der Technik aus dem Silicon Valley ist auf Ablenkung ausgerichtet. Bei der Beruhigungstechnik dagegen fragen wir, wie wir die Welt stärker ins Gleichgewicht bringen können.«[12]

ATEMFREUNDE

Fährt man im Osten von Spanisch-Harlem in New York eine Straße entlang, bis man ganz am Ende an einer Sackgasse angelangt ist, so steht man vor der Grundschule P.S. 112. Sie liegt eingezwängt zwischen dem FDR Expressway, einer katholischen Kirche, dem Parkhaus eines Einkaufszentrums und den großen Sozialwohnungsklötzen »Robert F. Wagner«.

Die Kinder vom Kindergartenalter bis zur zweiten Klasse, die in die P.S. 112 gehen, kommen aus einkommensschwachen Haushalten; viele wohnen in den Sozialwohnungen. Als ein Siebenjähriger dort im Unterricht erwähnte, einer seiner Bekannten sei erschossen worden, fragte der Lehrer, wie viele andere Kinder ebenfalls ein Erschießungsopfer kannten. Alle Hände gingen nach oben.

Wenn man die P.S. 112 betritt, muss man sich an einem Schalter anmelden, der mit einer Polizistin besetzt ist – allerdings mit einer freundlichen älteren Frau. Geht man dann aber durch die Korridore, wie ich es an einem Vormittag tat, fällt vor allem die Atmosphäre auf: Als ich in die Klassenzimmer schaute, saßen die Kinder still und ruhig da, beschäftigten sich mit ihrer Arbeit oder hörten dem Lehrer zu.

Als ich in das Zimmer 302 kam, in dem die Lehrerinnen Emily Hoaldridge und Nicolle Rubin gemeinsam eine zweite Klasse unterrichten, lernte ich eine Zutat des Rezepts für die friedliche Atmosphäre kennen: die Atemfreunde.

Die 22 Zweitklässler sitzen jeweils zu dritt oder viert an einem Tisch und arbeiten an ihren Rechenaufgaben, da lässt Miss Emily einen melodischen Glockenschlag ertönen. Auf dieses Zeichen hin versammeln sich die Kinder schweigend auf einem großen Teppich, auf dem sie sich, das Gesicht den beiden Lehrerinnen zugewandt, mit gekreuzten Beinen in Reihen niederlassen. Ein Mädchen geht zur Tür des Klassenzimmers, hängt ein Schild mit der Aufschrift »Bitte nicht stören« an die äußere Klinke und schließt den Eingang.

Dann halten die Lehrerinnen, immer noch schweigend, ein Holzstäbchen nach dem anderen in die Höhe, jedes ist mit dem Namen eines Schülers beschriftet, und das ist für die Kinder jeweils das Signal, einzeln zu ihren Regalfächern zu gehen und ihre individuellen, faustgroßen Kuscheltiere zu holen: gestreifte Tiger, ein rosa Schwein, ein gelbes Hündchen, ein violetter Esel. Die Jungen und Mädchen suchen sich eine Stelle auf dem Fußboden, legen sich hin, stellen sich ihr Lieblingsplüschtier auf den Bauch und warten, die Hände neben den Körper gelegt.

Sie folgen den Anweisungen einer freundlichen Männerstimme, die sie durch eine Übung der tiefen Bauchatmung führt, und zählen dabei für sich »eins, zwei, drei«, während sie langsam aus- und einatmen.[1] Dann drücken sie die Augen zusammen und entspannen sie wieder; sie reißen den Mund weit auf, strecken die Zunge heraus und drücken die Fäuste zusammen, um sich anschließend wieder zu entspannen. Am Ende sagt die Stimme: »Jetzt setzt euch auf und fühlt euch entspannt.« Und während sie es tun, ist es offenbar genau so.

Ein erneuter Glockenschlag, und die Kinder nehmen, immer noch schweigend, ihre Plätze in einem Kreis auf dem Teppich ein und berichten, was sie erlebt haben: »Das fühlt sich schön an da drinnen.« »Ich habe mich träge gefühlt, weil es meinen Körper beruhigt hat.« »Ich hatte dabei glückliche Gedanken.«

Angesichts des geordneten Ablaufs der Übung und der ruhigen Konzentration im Klassenzimmer mag man kaum glauben, dass 11 der 22 Kinder der Einstufung zufolge »besonderen Förderbedarf« haben: Kognitionsstörungen wie Legasthenie, Sprachschwierigkeiten oder Hörbehinderungen, Aufmerksamkeitsdefizit und Hyperaktivität, Punkte auf der Autismus-Skala.

»Wir haben hier viele Problemkinder, aber wenn wir das machen, entfalten sich die Schwierigkeiten nicht«, sagte Miss Emily. Aber in der Woche zuvor führte eine Panne in der Schule dazu, dass das Ritual in Zimmer 302 ausfiel. »Es war, als hätte ich eine ganz andere Klasse vor mir«, erzählte Miss Emily. »Sie konnten nicht still sitzen; sie sind überall herumgelaufen.«

»Manche Kinder in unserer Schule lassen sich sehr leicht ablenken«, sagte auch Eileen Reiter, die Schulleiterin. »Das hier hilft ihnen, sich zu entspannen und zu konzentrieren. Wir gewähren ihnen auch regelmäßig Pausen, in denen sie sich bewegen können – all diese Strategien sind hilfreich.«

Reiter nannte ein Beispiel: »Wir bedienen uns nicht der ›Auszeit‹, sondern wir bringen den Kindern bei, sich eine ›Innenzeit‹ zu nehmen und so mit ihren Gefühlen zurechtzukommen.« Schwerpunktmäßig sollen die Schüler lernen, sich selbst zu steuern, statt auf Belohnungen und Bestrafungen zu achten. Und wenn Kinder dennoch Probleme haben, so fügte sie hinzu, »fragen wir sie, was sie beim nächsten Mal anders machen könnten«.

Dieser Unterricht mit den Atemfreunden ist Teil eines Programms mit der Bezeichnung *Inner Resilience* (»Innere Belastbarkeit«), das nach den Anschlägen auf das World Trade Center am 11. September 2001 ins Leben gerufen wurde. Als die Zwillingstürme in Flammen aufgingen, wurden in den Schulen der Umgebung Tausende von Kindern evakuiert. Viele von ihnen mussten kilometerweit den abgesperrten West Side Highway entlangwandern; die Lehrer gingen rückwärts und achteten darauf, dass die Kinder den entsetzlichen Anblick hinter ihnen nicht sahen.

In den Monaten danach erhielt Linda Lantieri, deren Konfliktlösungsprogramm bereits an vielen Schulen erfolgreich angewandt wurde, vom Roten Kreuz den Auftrag zur Entwicklung eines Programms, das den Kindern (und Lehrern) helfen sollte, nach dem 11. September wieder zur Ruhe zu kommen. Das so entstandene Programm *Inner Resilience* und ein ganzes Spektrum weiterer sozialer und emotionaler Lehrmethoden »haben die Schulen verwandelt«, sagte Reiter. »Es geht sehr ruhig zu. Und wenn Kinder ruhig sind, lernen sie besser. Am wichtigsten ist, dass die Kinder sich selbst steuern können. Wir sind eine Schule für kleine Kinder, und deshalb lernen die Schüler bei uns, ihre Probleme in den richtigen Blickwinkel zu rücken und Strategien für ihre Lösungen zu entwickeln. Sie lernen einzuschätzen, wie groß ein Problem ist, beispielsweise wenn man gehänselt oder gemobbt wird – es ist groß, wenn ein anderer deine Gefühle verletzt. Oder mittelgroß, wenn du beispielsweise wegen der Hausaufgaben frustriert bist. Dann können sie zu dem Problem die passende Strategie finden.«

In der P.S. 112 hat jedes Klassenzimmer eine »Friedensecke«, eine besondere Stelle, an die ein Kind sich bei Bedarf eine Zeit lang zurückziehen kann, um sich zu beruhigen. »Manchmal brauchen sie nur eine Pause, ein paar Augenblicke, in denen sie allein sind«, fügte Reiter hinzu. »Man sieht aber auch, wie ein Kind, das wirklich frustriert oder verärgert ist, in die Friedensecke geht und dann Strategien anwendet, die es gelernt hat. Die große Lektion lautet: Du musst dich darauf einstellen und wissen, was du selbst für dich tun kannst.«

Während die Fünf- bis Siebenjährigen in der Atemfreunde-Übung unterwiesen werden, üben sie ab acht Jahren das achtsame Atmen, das nachgewiesenermaßen sowohl für die Aufrechterhaltung der Aufmerksamkeit als auch für die Schaltkreise, die uns beruhigen, vorteilhaft ist. Die Kombination aus Ruhe und Sammlung schafft die optimalen inneren Voraussetzungen für konzentriertes Lernen.

Bei der Evaluierung der einsemestrigen Version des Programms stellte sich heraus, dass Kinder mit dem größten Förderbedarf – jene, für die ein »hohes Risiko« besteht, im Leben aus der Bahn geworfen zu werden – am meisten profitierten: Bei ihnen verbesserten sich Aufmerksamkeit und Wahrnehmungssensibilität signifikant, während Aggressivität, schlechte Stimmungslage und Frustration über die Schule zurückgingen.[2] Und das ist noch nicht alles: Lehrer, die sich des Programms bedienten, steigerten auch ihr eigenes Wohlbefinden, was eine gute Voraussetzung für die Lernatmosphäre in ihren Klassenräumen darstellt.

Die rote Ampel

In einer Vorschule werden Lieder vorgespielt; acht Dreijährige sitzen an einem niedrigen Tisch, und jedes von ihnen malt die Umrisse eines Clowns mit Farbe aus. Plötzlich hört die Musik auf – und die Kinder auch.

Dieser Augenblick fängt eine Lerngelegenheit für den präfrontalen Cortex eines jeden Dreijährigen ein, also für die Stelle im Gehirn, an der exekutive Funktionen wie die Unterdrückung von Impulsen für unbeherrschtes Verhalten angelegt werden. Eine dieser Fähigkeiten, die kognitive Kontrolle, ist der Schlüssel zu einem erfolgreichen Leben.

Auf ein Signal hin aufzuhören ist das höchste Ziel der kognitiven Kontrolle. Je besser die Kinder ihre Tätigkeit einstellen können, wenn die Musik aufhört – oder je besser sie bei »Kommando Pimperle« die richtige Bewegung machen –, desto kräftiger wird die Verdrahtung für die kognitive Kontrolle im präfrontalen Cortex.

Testen wir einmal die kognitive Kontrolle. Jetzt muss es schnell gehen: In welche Richtung zeigt der mittlere Pfeil in den einzelnen Reihen?

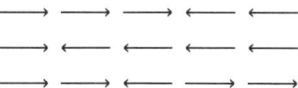

Wenn Versuchspersonen sich unter Laborbedingungen diesem Test unterziehen, findet man nachweisbare Unterschiede (die sich nach Tausendstelsekunden bemessen – auf den ersten Blick sind sie nicht zu erkennen) in der Geschwindigkeit, in der die Richtung des mittleren Pfeils benannt wird. Der Test wird »Flanker« genannt, weil die ablenkenden Pfeile den mittleren flankieren; man misst damit die Empfänglichkeit eines Kindes für Ablenkungen, die seine Konzentration stören. Sich etwa auf den mittleren, nach links gerichteten Pfeil zu konzentrieren und alle anderen, nach rechts weisenden außer Acht zu lassen erfordert von einem Kind viel kognitive Kontrolle, insbesondere wenn es eine anstrengende Folge mehrerer derartiger Aufgaben lösen soll.

Aufgekratzte Kinder – diejenigen, die der frustrierte Lehrer aus der Klasse wirft oder es gern tun würde – leiden an einem Defizit in diesen Schaltkreisen; ihre Handlungen werden von ihren Launen bestimmt. Aber warum sollte man solchen Kindern nicht Lektionen beibringen, mit denen sie sich selbst besser beherrschen können, statt sie zu bestrafen? Wenn Vorschulkinder beispielsweise Atemübungen machten und parallel dazu Anleitungen in Freundlichkeit erhielten, erbrachten sie im Flanker-Test präzisere und schnellere Leistungen.[3]

Wie sich in der Studie aus Neuseeland herausstellte, ist für den Erfolg im Leben vielleicht keine andere mentale Fähigkeit so wichtig wie die exekutive Kontrolle. In ihrem Leben ergeht es Kindern am besten, wenn sie Impulse ignorieren, Unbedeutendes ausblenden und sich längere Zeit auf ein Ziel konzentrieren können. Dafür gibt es ein Ausbildungsprogramm. Es heißt »Soziales und emotionales Lernen« oder SEL.

Wenn die Zweit- und Drittklässler in einer Schule in Seattle sich ärgern, sagt man ihnen, sie sollten an eine Verkehrsampel denken. Rotes Licht bedeutet: Halt – beruhige dich. Atme langsam tief durch, und wenn du ein wenig ruhiger geworden bist, erkläre dir selbst, worin das Problem besteht und wie du dich fühlst.

Das gelbe Licht erinnert die Kinder daran, sich zu bremsen, mehrere mögliche Lösungswege für das Problem zu durchdenken und dann den besten auszuwählen. Das grüne Licht signalisiert ihnen, den Plan auszuführen und zu beobachten, was daraus wird.

Plakate mit Verkehrsampeln begegneten mir zum ersten Mal, als ich einen Artikel für die *New York Times* schreiben sollte und dazu verschiedene staatliche Schulen in New Haven in Connecticut besichtigte. Das war, lange bevor ich richtig einschätzen konnte, wie wichtig das Aufmerksamkeitstraining ist, durch das ein solches Poster die Kinder führt. Mit der Verkehrsampel wird der Wechsel von dem Amygdala-getriebenen Bottom-up-Impuls zu der vom präfrontalen Cortex und seinen exekutiven Funktionen angetriebenen Top-down-Aufmerksamkeit eingeübt.

Die Verkehrsampelübung war das geistige Kind des Psychologen Roger Weissberg, der in den 1980er-Jahren an der Yale University arbeitete und für die staatlichen Schulen von New Haven erstmals ein Programm namens »Soziale Entwicklung« erarbeitete. Heute findet man das Bild von der Ampel an den Wänden Tausender von Klassenzimmern auf der ganzen Welt.

Und das aus gutem Grund. Damals legten nur vereinzelte Daten die Vermutung nahe, dass es sich positiv auswirkt, wenn Kinder lernen, so auf ihre Wut und Angst zu reagieren. Heute ist die Aussage so gut begründet wie kaum eine andere in der Sozialwissenschaft.

In einer Metaanalyse wurden mehr als 200 Schulen, in denen soziale und emotionale Lernprogramme wie das in New Haven umgesetzt werden, mit ähnlichen Schulen ohne solche Programme verglichen.[4] Das Ergebnis: Unterrichtsstörungen und Fehlverhalten lagen in den Schulen mit den Programmen um zehn Prozent niedriger, Aufmerksamkeit und andere positive Verhaltensweisen um zehn Prozent höher – und die Noten verbesserten sich um elf Prozent.

In der erwähnten Schule in Seattle wurde die Verkehrsampelübung mit einer zweiten verbunden. Den Zweit- und Drittklässlern wurden regelmäßig Karten gezeigt, auf denen Gesichter mit unterschiedlichem Ausdruck und dem Namen des jeweiligen Gefühls zu sehen waren. Die Kinder sprachen darüber, wie sich solche Emotionen anfühlen – beispielsweise wenn man wütend, verängstigt oder glücklich ist.

Die Karten mit den »Fühlgesichtern« stärken die emotionale Selbstwahrnehmung von Siebenjährigen; sie verbinden das Wort für ein Gefühl mit einem Bild und dann mit der eigenen Erfahrung. Dieser einfache kognitive Vorgang hat Auswirkungen auf die Neuronen: Die rechte Gehirnhälfte erkennt die abgebildeten Gefühle, die linke versteht den Namen und seine Bedeutung.

Emotionale Selbstwahrnehmung setzt voraus, dass dies alles durch die Querverbindungen des Corpus callosum zusammengeführt wird, eines auch als Gehirnbalken bezeichneten Gewebes, das die linke und rechte Gehirnhälfte verbindet. Je stärker die Verknüpfungen in dieser neuronalen Brücke sind, desto vollständiger können wir unsere Emotionen verstehen.

Die Fähigkeit, Gefühle zu benennen und sie in Verbindung zu Erinnerungen und Assoziationen zu bringen, erweist sich als entscheidende Voraussetzung für die Selbstbeherrschung. Wenn Kinder sprechen lernen, greifen sie den Erkenntnissen der Entwicklungspsychologen zufolge auf ihr inneres *Tu das nicht* zurück und ersetzen damit die Stimme der Eltern, wenn sie unbotmäßige Impulse handhaben.

Die Verbindung aus Verkehrsampel und Fühlkarten stärkt zwei einander ergänzende neuronale Mechanismen zur Impulssteuerung. Die Verkehrsampel sorgt für kräftigere Schaltkreise zwischen dem präfrontalen Cortex – dem unmittelbar hinter der Stirn gelegenen exekutiven Zentrum des Gehirns – und dem limbischen System im Mittelhirn, das den Schmelztiegel der Es-getriebenen Impulse darstellt. Die Fühlgesichter begünstigen Verknüpfungen zwischen den Gehirnhälften und verstärken damit die Fähigkeit, über Gefühle nachzudenken. Diese Verknüpfungen von unten nach oben und von rechts nach links fügen das Gehirn des Kindes zusammen und sorgen für eine nahtlose Integration von Systemen, die das chaotische Universum eines Dreijährigen schaffen, wenn man sie sich selbst überlässt.[5]

Bei kleineren Kindern sind diese neuronalen Verknüpfungen noch im Entstehen begriffen (abgeschlossen ist die Reifung der betreffenden Gehirnschaltkreise erst mit Mitte 20); das erklärt die seltsamen, manchmal nervtötenden Possen von Kindern, wenn sie von ihren Launen getrieben werden. Aber im Alter zwischen fünf und acht Jahren machen die Schaltkreise zur Impulskontrolle im Kindergehirn einen Wachstumsschub durch. Wegen der Fähigkeit, über die eigenen Impulse nachzudenken und ihnen mit einem Nein zu begegnen, sind Drittklässler weniger wild als die ungestümen Erstklässler auf demselben Schulkorridor. Das Projekt von Seattle ist so angelegt, dass dieser neuronale Bauboom in vollem Umfang genutzt wird.

Aber warum sollte man bis zur Grundschule warten? Die Entwicklung der hemmenden Schaltkreise beginnt schon bei der Geburt. Walter Mischel brachte Vierjährigen bei, den verlockenden Marshmallows durch eine andere Betrachtungsweise zu widerstehen – beispielsweise indem sie sich auf die Farbe konzentrierten. Und Mischel würde auch als Erster einräumen, dass selbst ein Vierjähriger, der nicht wartet und sofort nach der Süßigkeit auf dem Teller greift, noch lernen kann, die Belohnung hinauszuschieben – Impulsivität ist nicht zwangsläufig eine Eigenschaft, die während des ganzen Lebens erhalten bleiben muss.

In einer Zeit, in der Onlineeinkauf und Kurznachrichten die sofortige Belohnung begünstigen, brauchen Kinder in dieser Hinsicht mehr Übung. Die Wissenschaftler, die im neuseeländischen Dunedin die Kinder studierten, gelangten sehr nachdrücklich zu der Schlussfolgerung, dass die Selbstbeherrschung insbesondere in der frühen Kindheit und im Teenageralter gefördert werden muss. Dazu eignen sich die SEL-Programme: Sie decken die Jahre vom Kindergarten bis zur Oberschule ab.[6]

Faszinierenderweise verlangte Singapur als erstes Land der Welt von all seinen Schülern, dass sie an einem SEL-Programm teilnehmen. Der winzige Stadtstaat repräsentiert eine der großen wirtschaftlichen Erfolgsgeschichten der letzten 50 Jahre: Seine paternalistische Regierung baute die kleine Nation zu einem ökonomischen Kraftzentrum aus.

Singapur hat keine Bodenschätze, keine große Armee, keine große politische Macht. Sein Geheimnis liegt in seinen Menschen – und die Regierung hat diese menschliche Ressource als Triebkraft der Wirtschaft gezielt gefördert. Den Nährboden für Singapurs herausragende Arbeitsleistung bilden die Schulen. Mit Blick auf die Zukunft ist Singapur eine Partnerschaft mit Roger Weissberg eingegangen, dem heutigen Präsidenten des Collaborative for Academic, Social and Emotional Learning; gemeinsam will man auf der Grundlage der emotionalen Intelligenz neue Lehrpläne für die Schulen entwickeln.

Und das mit gutem Grund: Die an der Studie von Dunedin beteiligten Wirtschaftswissenschaftler schlussfolgerten, dass das Einkommen einer ganzen Nation um einige Stufen steigen kann, wenn man allen Kindern solche Fähigkeiten beibringt; weitere Gewinne ergeben sich auf gesundheitlichem Gebiet und in Form einer niedrigeren Verbrechensquote.

Achtsamkeit als Grundlage für emotionale Intelligenz

Das Aufmerksamkeitstraining, das die Kinder an der P. S. 112 durchlaufen, ergänzt sich gut mit dem übrigen Programm *Inner Resilience*, das zum Vorbild für die beste Umsetzung des sozialen und emotionalen Lernens geworden ist. Während ich mein Buch *Emotionale Intelligenz* schrieb, wurde ich zum Mitbegründer des Collaborative for Academic, Social and Emotional Learning, einer Gruppe, die dazu beigetragen hat, derartige Programme in Tausenden von Schulbezirken in der ganzen Welt zu implementieren.

Aus meiner damaligen Sicht stellten Kurse für emotionale Intelligenz – das heißt für Selbstwahrnehmung, Selbstbeherrschung, Empathie und zwischenmenschliche Fähigkeiten – eine Ergänzung zu den herkömmlichen Lehrplänen dar. Heute ist mir klar, dass die Grundlagen des Aufmerksamkeitstrainings ein nächster Schritt sind, eine technisch anspruchslose Methode, um die neuronalen Schaltkreise zu verstärken, die das Kernstück der emotionalen Intelligenz bilden.

»Ich betreibe SEL schon seit Jahren«, erzählte mir Linda Lantieri. »Als ich die Achtsamkeit hinzugenommen habe, konnte ich beobachten, wie die Fähigkeit, sich zu beruhigen, und die Lernbereitschaft sich wesentlich schneller einstellten. Es geschieht in früherem Alter und auch früher im Schuljahr.«

Anscheinend besteht zwischen SEL und Aufmerksamkeits- beziehungsweise Achtsamkeitstraining eine natürliche Synergie. In meinen Gesprächen mit Weissberg meinte er, die Organisation habe gerade begonnen, sich einen Überblick über die Auswirkungen des Achtsamkeitstrainings auf die SEL zu verschaffen.

»Anscheinend sind kognitive Kontrolle und exekutive Funktionen für Selbstwahrnehmung und Selbstmanagement von ebenso entscheidender Bedeutung wie der Lehrstoff«, sagte Weissberg.

Ein Schlüssel zum Selbstmanagement liegt in der gezielten Top-down-Aufmerksamkeit. Gehirnteile, die für solche exekutiven Funktionen zuständig sind, reifen vom Vorschulalter bis ungefähr zur zweiten Klasse schnell heran (und das Wachstum dieser neuronalen Netze setzt sich bis ins frühe Erwachsenenalter fort). Die betreffenden Schaltkreise sorgen sowohl für die »heiße« Verarbeitung emotionaler Augenblicke als auch für die »kühle« Verarbeitung neutralerer Informationen, wie beispielsweise wissenschaftliche Inhalte.[7] Diese Schaltkreise sind anscheinend während der gesamten Kindheit erstaunlich formbar, was die Vermutung nahelegt, dass SEL und ähnliche Eingriffe sie stärken können.

In einer Studie lernten Vier- bis Sechsjährige in nur fünf Sitzungen die Fähigkeit zur Aufmerksamkeit: Dazu wurden Spiele verwendet, in denen die visuelle Verfolgung geübt wurde (die Kinder mussten raten, wo eine unter Wasser schwimmende Ente an die Oberfläche kommt); außerdem mussten sie eine Comicfigur trotz verschiedener Ablenkungen im Auge behalten und die eigenen Impulse unterdrücken (und klicken, wenn ein Schaf hinter einem Heuhaufen hervorkam, aber nicht, wenn stattdessen ein Wolf auftauchte).[8]

Das Ergebnis: Das neuronale Gerüst für emotionale und kognitive Fähigkeiten war stärker ausgebildet. Das Gehirn der Vierjährigen ähnelte bereits nach diesem kurzen Training dem von Sechsjährigen, und die trainierten Sechsjährigen waren auf dem Weg zur neuronalen exekutiven Funktion von Erwachsenen ein gutes Stück vorangekommen.

Die Reifung der Gehirnregionen, die für exekutive Aufmerksamkeit verantwortlich sind, wird zwar von einem Gen gesteuert, aber solche Gene werden ihrerseits durch Erfahrungen reguliert – und das Training verstärkte offensichtlich ihre Aktivität. Die zwischen dem anterioren Gyrus cinguli und den präfrontalen Arealen verlaufenden Schaltkreise, die das alles handhaben, sind sowohl bei der emotionalen als auch bei der kognitiven Form der Aufmerksamkeitssteuerung aktiv: Sie wirken am Umgang mit emotionalen Impulsen ebenso mit wie an bestimmten Aspekten des Intelligenzquotienten wie dem nonverbalen und flüssigen Denken.

Nach der älteren psychologischen Unterscheidung zwischen »kognitiven« und »nichtkognitiven« Fähigkeiten würde man rein sachbezogene geistige Vorgänge in eine andere Kategorie einordnen als solche, die mit zwischenmenschlichen Beziehungen und Emotionen zu tun haben. Aber angesichts der

Tatsache, dass das neuronale Gerüst für exekutive Kontrolle die Grundlage sowohl für wissenschaftliche als auch für sozial-emotionale Fähigkeiten bildet, wirkt diese Trennung ebenso altertümlich wie die cartesianische Trennung von Seele und Körper. In der Anlage des Gehirns sind sie nicht vollständig unabhängig voneinander, sondern durch Wechselbeziehungen eng verflochten. Kinder, die nicht aufmerksam sein können, lernen auch nicht; und ebenso haben sie sich selbst nicht gut im Griff.

»Wenn man regelmäßige Ruhezeiten und ähnliche Elemente hat«, sagte Lantieri, »eine Friedensecke, in die Kinder sich allein zurückziehen können, wenn sie sich abregen müssen, und wenn man dann noch achtsam ist, gewinnt man auf der einen Seite mehr Besonnenheit und Selbstbeherrschung, und auf der anderen verstärken sich die Konzentration und die Fähigkeit, sie aufrechtzuerhalten. Man verändert Physiologie und Selbstwahrnehmung.«

Indem sie Kindern beibringt, wie sie sich beruhigen und konzentrieren können, »legen wir die Grundlagen für Selbstwahrnehmung und Selbstmanagement; darauf kann man dann andere SEL-Fähigkeiten wie aktives Zuhören, Identifikation mit Gefühlen und so weiter aufbauen«.

Damals, als sie mit der SEL anfingen, so Lantieri, »haben wir damit gerechnet, dass die Kinder ihre SEL-Fähigkeiten einsetzen, wenn sie sich zu etwas hatten hinreißen lassen, aber sie hatten keinen Zugriff darauf. Jetzt ist uns klar, dass sie zunächst ein grundlegenderes Hilfsmittel brauchen: die kognitive Kontrolle. Die verschaffen sie sich mit den Atemfreunden und der Achtsamkeit. Wenn sie erlebt haben, wie ihnen das hilft, gewinnen sie Selbstvertrauen und können sagen: ›Ich schaffe das.‹«

»Manche Kinder tragen bei Klassenarbeiten einen Biodot«. Das ist eine kleine Plastikscheibe, die ihre Farbe wechselt, wenn sich die Hauttemperatur – das heißt die Durchblutung in dem betreffenden Bereich – verändert. Dann wissen sie, wann sie zu ängstlich werden und nicht mehr gut über die Aufgaben nachdenken können. Wenn sie das erfahren, nutzen sie die gelernte Achtsamkeit, um sich zu beruhigen und zu konzentrieren; erst dann machen sie sich wieder an die Aufgaben, und nun können sie klarer denken.

Die Kinder wissen: Wenn sie in einer Klassenarbeit nicht gut abschneiden, dann nicht, weil sie dumm sind, sondern: ›Wenn ich supernervös bin, ist es da drin, aber ich habe keinen Zugang dazu. Aber jetzt weiß ich, wie ich mich konzentrieren und beruhigen kann, und dann schaffe ich es.‹ Sie haben die Einstellung: ›Ich bin jetzt selbst für mich verantwortlich – ich weiß, was ich tun kann, um mir selbst zu helfen.‹«

Das Programm *Inner Resilience* wird mittlerweile in Schulen von Youngstown in Ohio bis nach Anchorage in Alaska angewandt. »Am besten«, sagte Lantieri, »funktioniert es, wenn man es mit einem SEL-Programm kombiniert – und das machen all diese Einrichtungen.«

Eine Schneise im Durcheinander

Die wissenschaftliche Literatur über die Wirkungen der Meditation ist ein Mischmasch aus schlechten, guten und bemerkenswerten Befunden, die mit einer Mischung aus fragwürdigen Methoden, mittelmäßig angelegten Untersuchungen und hochkarätigen Studien gewonnen wurden. Deshalb bat ich Richard Davidson aus Wisconsin, den »Papst« der kontemplativen Neurowissenschaft, ein wenig Ordnung zu schaffen und die eindeutigen Nutzeffekte des Aufmerksamkeits- und Achtsamkeitstrainings zusammenzufassen. Daraufhin griff er sofort zwei wichtige Punkte heraus.

»Achtsamkeit«, so sagte er, »stärkt das klassische Aufmerksamkeitsnetzwerk im frontoparietalen System des Gehirns, das insgesamt durch seine Tätigkeit die Aufmerksamkeit zuordnet. Diese Schaltkreise sind für die grundlegenden Mechanismen der Wachsamkeit von entscheidender Bedeutung:

Sie sorgen dafür, dass wir die Konzentration von einem Gegenstand lösen, sie auf einen anderen richten und bei diesem neuen Objekt der Aufmerksamkeit bleiben können.«

Eine weitere wichtige Verbesserung betrifft die selektive Aufmerksamkeit, das heißt die Blockade verlockender Ablenkungen. Mit ihrer Hilfe konzentrieren wir uns auf Wichtiges, statt uns von den Vorgängen in unserem Umfeld ablenken zu lassen – Sie können die Konzentration auf die Bedeutung dieser Worte aufrechterhalten, statt sich beispielsweise ablenken zu lassen und die Literaturangaben zu lesen.[9] Das ist das Wesentliche an der kognitiven Kontrolle.

Zur Wirkung der Achtsamkeit bei Kindern gibt es bisher erst wenige gut angelegte Studien, aber »bei Erwachsenen liegen anscheinend handfeste Daten über die Achtsamkeits- und Aufmerksamkeitsnetzwerke vor«, erklärte Mark Greenberg, Professor für menschliche Entwicklung an der Pennsylvania State University.[10] Greenberg arbeitet selbst in leitender Funktion an Studien zur Achtsamkeit bei jungen Menschen mit und ist vorsichtig optimistisch.[11]

Einer der größten Vorteile für Schüler ist das bessere Verständnis. Schweifende Gedanken stanzen Löcher in die Auffassungsgabe. Das Gegenmittel ist eine Metawahrnehmung, die Aufmerksamkeit für die Aufmerksamkeit selbst, das heißt die Fähigkeit, *wahrzunehmen, dass man nicht wahrnimmt, was man wahrnehmen sollte*; anschließend kann man die Konzentration entsprechend anpassen. Achtsamkeitstraining stärkt diesen entscheidenden Aufmerksamkeitsmuskel.[12]

Hinzu kommen die gut belegten Entspannungseffekte, beispielsweise die Ruhe, die sich in einem Klassenzimmer während der Atemfreunde-Übung breitmacht. Diese physiologische Wirkung lässt darauf schließen, dass die Erregungseinstellung in den Schaltkreisen des Vagusnervs herabgesetzt wird, und das ist der Schlüssel, wenn man auch unter Stress die Ruhe bewahren und sich von Verärgerung schnell erholen will. Der Vagusnerv steuert eine Fülle physiologischer Funktionen, unter denen vor allem die Pulsfrequenz herausragt – und damit bestimmt er auch darüber, wie schnell wir uns von Stress erholen.[13]

Eine größere Spannkraft des Vagusnervs, die man durch Achtsamkeitstraining und andere Formen der Meditation herstellen kann, führt auf vielerlei Weise zu größerer Flexibilität.[14] Die Betreffenden können sowohl ihre Aufmerksamkeit als auch ihre Gefühle besser handhaben. Im zwischenmenschlichen Bereich gelingt es ihnen besser, positive Beziehungen herzustellen und effizient zu interagieren.

Über solche Nutzeffekte hinaus zeigt sich bei denen, die Achtsamkeitsmeditation praktizieren, eine Besserung der Symptome bei einem bemerkenswert breiten Spektrum physiologischer Erkrankungen, vom bloßen Zittern bis zu Bluthochdruck und chronischen Schmerzen. «Einige der größten Effekte, die sich durch das Achtsamkeitstraining einstellen, sind biologischer Natur», sagte Davidson, und dann fügte er hinzu: »Das ist erstaunlich für eine Übung, mit der die Aufmerksamkeit trainiert wird.«

Jon Kabat-Zinn begründete das Programm der Achtsamkeitsbasierten Stressreduktion (*Mindfulness-Based Stress Reduction*), das weltweit in Tausenden von Krankenhäusern, aber auch generell – von Gefängnissen bis zur Ausbildung von Führungskräften – eine Welle von Achtsamkeitsprogrammen in Gang setzte. Er erklärte mir: »Meistens kommen unsere Patienten, weil sie von Stress oder Schmerzen erdrückt werden. Es hat aber etwas für sich, wenn man den eigenen inneren Zuständen mehr Aufmerksamkeit schenkt und erkennt, was sich im Leben ändern muss. Die Leute geben von selbst das Rauchen auf oder ändern ihre Ernährung und nehmen plötzlich ab, obwohl wir solche Themen grundsätzlich nie direkt ansprechen.«

Nahezu jede Form der Meditation schult im Prinzip immer wieder unsere Aufmerksamkeitsgewohnheiten neu, insbesondere den Vorgang, der bei schweifenden Gedanken voreingestellt ist.[15] Als man drei Formen der Meditation – Konzentrationsübungen, Metta-Meditation (*loving-kindness*) und Offenes Gewahrsein (*open awareness*) – genauer untersuchte, stellte sich heraus, dass sie alle die Gehirnareale für schweifende Gedanken beruhigten.

Während also Videospiele einen vielversprechenden Weg zur Stärkung der kognitiven Fähigkeiten darstellen, sind Achtsamkeit und ähnliche Methoden, welche die Aufmerksamkeit trainieren, eine Alternative oder Ergänzung. Beide Trainingsmethoden lassen sich auch wie im Atemspiel *Tenacity* verbinden. Als ich mit Davidson sprach, sagte er mir: »Wir nehmen das, was wir von der Meditationsforschung lernen können, und passen es an die Spiele an, damit der Nutzeffekt sich weiter verbreiten kann. Unsere Forschungsergebnisse über Aufmerksamkeit und Beruhigung fließen in die Spielentwicklung ein.«

Methoden wie das Achtsamkeitstraining bieten wahrscheinlich einen »organischen« Weg, um Konzentrationsfähigkeit zu lernen, ohne dass man riskiert, jungen Leuten mit endlosen Stunden des Spielens ihre Fähigkeiten im sozialen Bereich zu rauben.[16] Das Achtsamkeitstraining stellt offenbar unsere Gehirnschaltkreise so ein, dass wir uns nicht aus der Welt zurückziehen, sondern uns mehr in ihr engagieren.[17] Ob ein gut gestaltetes Spiel auf die zwischenmenschlichen Schaltkreise des Gehirns ähnlich wirken kann, bleibt abzuwarten.[18]

Der Psychiater Daniel Siegel von der University of California in Los Angeles bezeichnet die Verknüpfungen zwischen den Schaltkreisen, mit denen wir uns auf uns selbst und andere einstellen, als »Resonanzschaltkreis«, der durch Achtsamkeitsübungen gestärkt wird.[19] Ein Leben mit guten Verknüpfungen, so Dr. Siegel, beginnt bei den Achtsamkeitsschaltkreisen in den präfrontalen exekutiven Zentren des Gehirns. Diese erfüllen eine Doppelfunktion: Sie spielen auch mit, wenn wir uns auf engere Beziehungen einstellen.

Achtsamkeitstraining stärkt die Verknüpfungen zwischen den präfrontalen exekutiven Arealen und der Amygdala; insbesondere beeinflusst es die Schaltkreise, die zu Impulsen Nein sagen können – eine unentbehrliche Fähigkeit, wenn wir uns im Leben zurechtfinden wollen (siehe Teil 2).[20]

Durch die Verstärkung der exekutiven Funktionen erweitert sich die Kluft zwischen Impuls und Handlung, und zwar unter anderem durch den Aufbau einer Metawahrnehmung, das heißt der Fähigkeit, unsere eigenen mentalen Prozesse zu beobachten, statt uns einfach von ihnen mitreißen zu lassen. Damit ergeben sich Entscheidungspunkte, die wir vorher nicht hatten: Wir können problemträchtige Impulse unterdrücken, die wir ansonsten ausgelebt hätten.

Achtsamkeit in Aktion

Google ist eine Bastion der hohen Intelligenzquotienten. Wie ich gehört habe, wird ein Bewerber dort nur dann zu einem Vorstellungsgespräch eingeladen, wenn er den Testergebnissen zufolge zu dem intelligentesten einen Prozent der Bevölkerung gehört. Als ich vor einigen Jahren bei dem Unternehmen einen Vortrag über die emotionale Form der Intelligenz hielt, war ich deshalb überrascht, dass der größte Konferenzraum im Google-Komplex die Masse der Zuhörer nicht fassen konnte und mein Vortrag auf Monitore in weiteren überfüllten Räumen übertragen wurde. Diese Begeisterung wurde später in Form eines Seminars für achtsamkeitsbasierte emotionale Intelligenz kanalisiert, dem die Google University den Namen *Search Inside Yourself* (»Suche in dir selbst«) gab.

Um diesen Kurs auf die Beine zu stellen, tat sich Chade-Meng Tan, der Google-Mitarbeiter Nummer 107, mit meiner alten Freundin Mirabai Bush zusammen, der Gründerin des Center for Contemplative Mind in Society. Gemeinsam gestalteten die beiden eine Veranstaltung, mit der die Selbstwahrnehmung gestärkt werden sollte – zum Beispiel durch Einsatz einer Körper-Geist-Entspannungsübung, mit der man sich auf

Gefühle einlassen kann. Bei Google ist ein innerer Kompass eine große Hilfe: Viele Neuerungen erwuchsen in dem Unternehmen aus dem Grundsatz, den Mitarbeitern jede Woche einen freien Tag zu gewähren, an dem sie ihre eigenen Lieblingsprojekte verfolgen konnten. Aber Meng, wie er allgemein genannt wird, hat eine umfassendere Vision: Er will das Seminar weit über Google hinaus insbesondere für Führungskräfte anbieten.[21]

Dann gibt es das neu gegründete, in Minneapolis ansässige Institute for Mindful Leadership, das leitende Manager der Unternehmen Target, Cargill, Honeywell Aerospace und zahlreicher anderer Firmen aus der ganzen Welt trainiert hat. Ein weiteres Mekka war das Center for Mindfulness-Based Stress Reduction an der University of Massachusetts Medical School in Worcester, das ein Trainingszentrum für Manager betreibt. Miraval, ein nobles Urlaubshotel in Arizona, bietet schon seit längerer Zeit alljährlich eine Achtsamkeitsklausur für Führungskräfte an; geleitet wird sie von Jon Kabat-Zinn, dessen Arbeit an dem von ihm gegründeten Zentrum der Ausgangspunkt der Achtsamkeitsbewegung war.

Programme zum Achtsamkeitstraining wurden von ganz unterschiedlichen Organisationen eingesetzt, so von der Seelsorgeeinheit der US-Armee, der Yale Law School und dem Lebensmittelhersteller General Mills, wo schon mehr als 300 Manager achtsame Führungsmethoden anwenden.

Was bewirkt das? In einem Biotechnologieunternehmen, in dem das Google-Programm *Search Inside Yourself* angeboten wurde, verstärkten sich ersten Befunden zufolge sowohl die Selbstwahrnehmung als auch die Empathie. Nach Angaben des Psychologen Philippe Goldin von der Stanford University, der die Wirkungen des Programms evaluierte, zeigten die Teilnehmer des Trainings eine Verbesserung einzelner Achtsamkeitsfähigkeiten, darunter eine größere Befähigung, ihr eigenes Erleben zu beobachten und zu beschreiben sowie bewusst zu handeln.

»Die Teilnehmer gaben an, sie seien jetzt besser in der Lage, Selbstbeherrschungsstrategien auch in der Hitze des Gefechts anzuwenden, wenn ihre Aufmerksamkeit eigentlich abgelenkt war, und sich dann beispielsweise auf weniger ärgerliche Aspekte einer angespannten Situation zu konzentrieren«, fügte Goldin hinzu. »Sie bauen den Muskel der Aufmerksamkeitsfähigkeit auf, sodass sie dann wählen können, welchen Aspekt eines Erlebnisses sie herausgreifen wollen. Es ist eine willentliche Umorientierung der Konzentration. Und sie sind eher in der Lage, solche Fähigkeiten anzuwenden, wenn es tatsächlich notwendig ist.

Wir haben auch festgestellt, dass sich die empathische Sorge für andere verstärkte und dass sie besser zuhören konnten. Das eine ist eine Einstellung, das andere die eigentliche Fähigkeit, der Muskel. Beide sind am Arbeitsplatz unentbehrlich.«

Eine Abteilungsleiterin von General Mills besuchte den Achtsamkeitskurs des Unternehmens, weil sie sich überfordert fühlte und eine Atempause brauchte. Als sie an ihren Arbeitsplatz zurückkehrte, brachte sie eine Vorstellung von Achtsamkeit mit: Sie bat ihre unmittelbaren Untergebenen, zuerst nachzudenken, bevor sie um eine Besprechung baten. Der Zweck dahinter: Sie sollten sich fragen, ob die Abteilungsleiterin überhaupt Zeit für die Besprechung aufwenden musste.

Die Folge: Hatte sie zuvor von 9 bis 17 Uhr in einer Besprechung nach der anderen gesessen, so eröffneten sich nun jeden Tag drei Stunden, in denen sie ihre eigenen Prioritäten setzen konnte.

Ein paar Überlegungen können jedem helfen, das eigene Achtsamkeitsniveau zu bewerten:[22]

- Können Sie sich nur schwer daran erinnern, was jemand Ihnen gerade in einem Gespräch gesagt hat?
- Haben Sie keine Erinnerung daran, wie Sie heute Morgen zur Arbeit gefahren sind?
- Haben Sie kein Geschmacksempfinden, während Sie essen?

- Schenken Sie Ihrem iPod mehr Aufmerksamkeit als der Person, mit der Sie gerade zusammen sind?
- Lesen Sie dieses Buch nur quer?

Je mehr Fragen Sie mit Ja beantworten, desto größer ist die Wahrscheinlichkeit, dass Sie sich ausklinken, statt sich einzulassen. Mit Achtsamkeit können wir besser selbst wählen, worauf wir uns konzentrieren.

Achtlosigkeit in Form schweifender Gedanken ist wahrscheinlich die größte Verschwendung von Aufmerksamkeit am Arbeitsplatz. Sich im Hier und Jetzt auf etwas zu konzentrieren – auf die anliegende Aufgabe, ein Gespräch oder die Herstellung von Einigkeit bei einer Besprechung – erfordert, dass wir das gesamte um uns selbst kreisende Mosaik der Gedanken zum Schweigen bringen, die im Augenblick nicht wichtig sind.[23]

Durch Achtsamkeitstraining entwickelt sich unsere Fähigkeit, von Augenblick zu Augenblick unser eigenes Erleben unparteiisch und leidenschaftslos zu beobachten. Wir üben uns darin, Gedanken an ein Objekt loszulassen und die Konzentration für alles zu öffnen, was uns im Strom der Wahrnehmung durch den Kopf geht, ohne uns dabei in einem Sturzbach der Gedanken an einen einzigen Gegenstand zu verlieren. Dieses Training verallgemeinern wir so, dass wir bei der Arbeit in Augenblicken, in denen wir auf *dieses* achten und den Strom der Gedanken an *jenes* ausblenden müssen, das eine loslassen und uns auf das andere konzentrieren können.

Durch Achtsamkeitstraining vermindert sich die Aktivität in den ichbezogenen Schaltkreisen, deren Mittelpunkt der mediale präfrontale Cortex ist – und je weniger Selbstgespräche wir führen, desto stärker können wir den Augenblick erleben.[24] Je länger Menschen die Achtsamkeit praktizieren, desto besser kann ihr Gehirn die beiden Formen der Selbstwahrnehmung entkoppeln und Schaltkreise aktivieren, die im Hier und Jetzt die Präsenz für die vor uns liegende Aufgabe fördern, wobei der Geist gleichzeitig vom »Ich-Geplapper« befreit wird.[25]

Besonders hilfreich ist der Aufbau der exekutiven Kontrolle für diejenigen unter uns, für die jeder Rückschlag, jede Verletzung oder Enttäuschung zum Anlass für endlose Grübeleien wird. Durch Achtsamkeit verändern wir unser Verhältnis zum Denken selbst, und damit unterbrechen wir den Strom der Gedanken, der ansonsten dazu führen kann, dass wir uns in unserem Kummer suhlen. Statt uns von diesem Strom mitreißen zu lassen, können wir innehalten und erkennen, *dass es nur Gedanken sind* – und dann können wir entscheiden, ob wir ihnen entsprechend handeln wollen.

Kurz gesagt, stärken Achtsamkeitsübungen die Konzentration, insbesondere die exekutive Kontrolle, die Kapazität des Kurzzeitgedächtnisses und die Fähigkeit, aufmerksam zu bleiben. Einige dieser Nutzeffekte stellen sich schon ein, wenn man nur vier Tage lang jeweils 20 Minuten übt (je länger das Training aber andauert, desto nachhaltiger sind die Effekte).[26]

Wie steht es mit dem Multitasking, dem Fluch der Effizienz? »Multitasking« bedeutet in Wirklichkeit, dass wir zwischen verschiedenen Inhalten, welche die Kapazität des Kurzzeitgedächtnisses auslasten, umschalten – und die häufige Unterbrechung der Konzentration auf eine bestimmte Tätigkeit kann bedeuten, dass Zeit für die ursprüngliche Aufgabe verloren geht. Unter Umständen dauert es 10 bis 15 Minuten, bis die volle Konzentration wiederhergestellt ist.

Als Mitarbeiter einer Personalabteilung in Achtsamkeit ausgebildet und dann in einer Simulation ihrer alltäglichen Hektik getestet wurden – sie mussten Besprechungen für Konferenzteilnehmer ansetzen, freie Besprechungsräume ausfindig machen, eine Tagesordnung für die Besprechung vorschlagen und so weiter, während sie gleichzeitig nach dem Zufallsprinzip Telefonanrufe, SMS und E-Mails mit allen möglichen Informationen erhielten –, verbesserte sich ihre Konzentrationsfähigkeit durch das Achtsamkeitstraining beträchtlich. Außerdem konnten sie länger und effizienter an einer Aufgabe arbeiten.[27]

Einmal nahm ich an einer Besprechung in den Büroräumen von More Than Sound teil (einer Produktionsfirma, die von einem meiner Söhne geleitet wird). Dort fuhr die Konzentration Achterbahn: Mehrere Gespräche liefen parallel, und einige Teilnehmer sahen diskret nach E-Mails. Ein solcher Augenblick, in dem die gemeinsame Konzentration sich auflöste, war mir aus Hunderten von anderen Besprechungen nur allzu vertraut – es war ein Signal, dass die Leistungsfähigkeit der Gruppe zusammenbrach. Plötzlich sagte einer der Anwesenden: »Es ist Zeit für ein paar achtsame Momente.« Dann stand er auf und ließ einen kleinen Gong ertönen.

Anschließend saßen wir alle einige Minuten schweigend da, bis der Gong ein zweites Mal ertönte und wir die Besprechung fortsetzten – jetzt aber mit neuer Energie. Für mich war das ein bemerkenswerter Augenblick, aber bei More Than Sound war er nichts Besonderes: Dort traf sich das Team offensichtlich in unregelmäßigen Abständen zu einigen gemeinsamen Minuten der Achtsamkeit, die jeweils durch den Gong angezeigt wurden. Die Pause, so erklärten sie, sorge für einen klaren Kopf und ermögliche eine neue Welle der energiegeladenen Konzentration.

Dass man bei einer derart kleinen Produktionsfirma den Wert der Achtsamkeit erkannt hat, ist nicht verwunderlich; als ich dort vorbeischaute, hatte die Firma gerade den Audio-Lehrgang *Mindfulness at Work* herausgebracht; die Autorin war Mirabai Bush, die Frau, die auch bei Google das Achtsamkeitstraining eingeführt hatte.

Das große Bild sehen

Leitende Manager stehen durch die immer schneller wachsende Komplexität der Systeme, in denen sie sich zurechtfinden müssen, unter großem Druck: Da ist die Globalisierung der Märkte, Lieferanten und Unternehmen; die Informationstechnologie, die sich mit immer größerem Tempo weiterentwickelt; die drohenden wirtschaftlichen Gefahren; Produkte, die auf die Märkte kommen und immer schneller veralten. Da kann einem schon schwindlig werden.

»Die meisten Führungskräfte halten einfach nicht inne«, erklärte mir ein erfahrener Managementcoach. »Aber man braucht Zeit zum Nachdenken.«

Sein Chef, der Leiter eines riesigen Konzerns für Investmentmanagement, formulierte es so: »Wenn ich mir diese Zeit nicht bewahre, werde ich wirklich aus der Bahn geworfen.«

Der gleichen Ansicht ist auch Bill George, der frühere CEO des Medizintechnikkonzerns Medtronic. »Heutige Führungskräfte stehen unter Druck. Sie haben den ganzen Tag über Termine im 15-Minuten-Rhythmus, und das mit Tausenden von Unterbrechungen und Ablenkungen. Man muss im Tagesablauf ein wenig Ruhe finden, um nachzudenken.«

Wenn wir uns regelmäßig jeden Tag oder jede Woche eine gewisse Zeit zum Nachdenken freihalten, kommen wir vielleicht über die Mentalität des alltäglichen Feuerlöschens hinweg, um Inventur zu machen und nach vorn zu blicken. Ganz unterschiedliche Experten, vom Kongressabgeordneten Tim Ryan bis zu dem Wirtschaftswissenschaftler Jeffrey D. Sachs von der Columbia University, stellen die gleiche Forderung: Führungskräfte sollten die Achtsamkeit als Weg betrachten, um das größere Bild zu sehen.[28] Nach ihrer Vorstellung brauchen wir nicht nur achtsames Führungspersonal, sondern auch eine achtsame Gesellschaft, in der wir uns auf dreierlei konzentrieren: auf unser eigenes Wohlbefinden, auf das der anderen und auf das Funktionieren der weiter gefassten Systeme, die unser Leben prägen.

Zur Achtsamkeit für uns selbst, so Sachs, gehört auch, dass wir genauer wahrnehmen, was uns wirklich glücklich macht. Die globalen Wirtschaftsdaten zeigen es ganz deutlich: Sobald in einem Land ein bescheidenes Einkommensniveau erreicht ist – das ausreicht, um grundlegende Bedürfnisse zu befriedigen –, besteht zwischen Glück und Wohlstand keinerlei Zusammenhang mehr. Immaterielle Dinge wie enge Beziehungen zu geliebten Menschen und sinnvolle Tätigkeiten machen die Menschen weitaus glücklicher als beispielsweise Einkaufen oder die Berufstätigkeit.

Aber wenn es um die Frage geht, unter welchen Voraussetzungen wir uns wohlfühlen, sind wir selbst unter Umständen schlechte Schiedsrichter. Wenn wir mehr Achtsamkeit darauf verwenden, wie wir unser Geld ausgeben, werden wir nach Sachs' Ansicht seltener verführerischer Werbung für Produkte nachgeben, die uns kein bisschen glücklicher machen. Achtsamkeit würde dazu führen, dass wir bescheidenere materielle Bedürfnisse haben und mehr Zeit und Energie darauf verwenden, unsere tiefer gehenden, erfüllenderen Bedürfnisse nach Sinn und Zusammenhang zu befriedigen.

Achtsamkeit gegenüber anderen auf gesellschaftlicher Ebene bedeutet, so Sachs, dass wir aufmerksam auf das Leiden der Armen und auf das soziale Sicherheitsnetz achten, das in den Vereinigten Staaten und vielen anderen hoch entwickelten Wirtschaftsordnungen große Löcher hat. Seine Argumentation: Wenn den Armen heute nur gerade so weit geholfen wird, dass sie knapp überleben können, schafft man damit eine generationsübergreifende Armut. Notwendig ist eine Generation lang ein Schub in Bildung und Gesundheitswesen, damit die ärmsten Kinder mit höherer Qualifikation durchs Leben gehen können und nicht mehr die gleiche Hilfe brauchen wie ihre Familien.

Zu diesem Zweck würde ich auch Programme wie das Achtsamkeitstraining hinzunehmen, die im Gehirn die exekutive Kontrolle stärken. In Dunedin erfreuten sich die Kinder, die ihre Selbstbeherrschung im Lauf der Kindheit stärken konnten, am Ende des gleichen Einkommens, der gleichen gesundheitlichen Nutzeffekte und des gleichen Erfolgs im Leben wie jene, die schon immer dazu geneigt hatten, eine Belohnung hinauszuschieben. Aber diese Stärkung der Impulskontrolle war ein Zufallsergebnis, das nicht aufgrund eines Plans erreicht wurde. Wäre es nicht sinnvoll, jedem Kind solche Fähigkeiten beizubringen?

Und schließlich gibt es noch die Achtsamkeit für Systeme auf globaler Ebene, insbesondere für die Auswirkungen des Menschen auf unseren Planeten. Um Probleme auf der Ebene der Systeme zu lösen, muss man sich auf die Systeme konzentrieren. Achtsamkeit für die Zukunft bedeutet, die langfristigen Folgen des eigenen Handelns für die Generation unserer Kinder, unserer Enkel und darüber hinaus einzukalkulieren.

Teil 6

DIE KONZENTRIERTE FÜHRUNGSKRAFT

WIE FÜHRUNGSKRÄFTE
DIE AUFMERKSAMKEIT LENKEN

»Tod durch PowerPoint« – so nennt man jene endlosen, dahin-
dümpelnden Präsentationen, denen diese Software offenbar
Vorschub leistet. Solche Präsentationen können peinlich sein,
wenn sich in ihnen ein Mangel an konzentriertem Denken und
ein schlechtes Gespür für Prioritäten widerspiegeln. Die Fähigkeit, den entscheidenden Punkt herauszuarbeiten, zeigt sich
unter anderem daran, welche Antwort jemand auf eine einfache Frage gibt: Was ist Ihre Hauptaussage?

Wie ich gehört habe, verbietet Steve Ballmer, der CEO von
Microsoft, (dem Geburtsort des gefürchteten PowerPoint) solche Präsentationen, wenn eine Besprechung ansteht. Stattdessen lässt er sich das Material im Vorhinein zeigen, und im
persönlichen Gespräch kann er dann die Angelegenheit ab-
kürzen und sofort die richtigen Fragen stellen, statt über einen langen, gewundenen Weg dorthin zu gelangen. Oder
wie er es formuliert: »Es verschafft uns größere Konzentration.«[1]

Aufmerksamkeit in die erforderliche Richtung zu lenken ist
eine ureigene Aufgabe für Führungskräfte. Die Begabung liegt
dabei in der Fähigkeit, das Augenmerk zum richtigen Zeitpunkt an den richtigen Ort zu verlagern, Trends und entstehende Realitäten zu spüren und Gelegenheiten zu nutzen.
Ob ein Unternehmen erfolgreich ist oder untergeht, liegt aber
nicht nur an der Konzentration eines einzigen strategischen

Entscheidungsträgers, sondern beruht auf der Gesamtheit einer breiten Aufmerksamkeit und Fertigkeit aller Mitarbeiter.[2]

Allein die Zahl der Menschen führt dazu, dass die Gesamtheit der Aufmerksamkeit in einem Unternehmen viel breiter gestreut sein kann als die eines Einzelnen: In der Frage, wer sein Augenmerk auf was richtet, herrscht Arbeitsteilung. Diese Vielfachkonzentration stärkt die Fähigkeit eines Unternehmens, mit seiner Aufmerksamkeit komplexe Systeme richtig zu deuten und darauf zu reagieren.

Im Unternehmen wie beim Einzelnen hat die Aufmerksamkeit aber nur eine begrenzte Kapazität. Auch Firmen müssen entscheiden, worauf sie die Aufmerksamkeit richten, und sich auf dieses konzentrieren, während sie jenes außer Acht lassen. Die Kernfunktionen eines Unternehmens – Finanzen, Marketing, Personalwesen und Ähnliches – sind gleichzeitig die Dinge, auf die sich jeweils eine bestimmte Gruppe konzentriert.

Anzeichen für ein »Unternehmens-Aufmerksamkeitsdefizit«, wie man es nennen könnte, sind fehlerhafte Entscheidungen aufgrund fehlender Daten, fehlende Zeit zum Nachdenken, die Unfähigkeit, auf den Märkten Aufmerksamkeit zu erregen, und das Unvermögen, sich zu konzentrieren, wo und wenn es wichtig wäre.

Unter anderem muss man auf den Märkten wahrgenommen werden, und dort ist die Aufmerksamkeit der Kunden bares Geld wert. Die Messlatte für die Erregung von Aufmerksamkeit steigt ständig; was letzten Monat noch aufregend war, wirkt heute langweilig. Eine Strategie, um die Blicke auf sich zu ziehen, nutzt unsere Bottom-up-Systeme und bietet überraschende, auffällige technische Effekte; aber auch eine ältere Methode erlebt eine Renaissance: Man erzählt eine gute Geschichte.[3] Geschichten fesseln unsere Aufmerksamkeit nicht nur, sondern halten sie auch fest. Diese Erkenntnis ist in den »Aufmerksamkeitsbranchen« – Medien, Fernsehen, Film, Musik und Werbung – nicht unbemerkt geblieben: Sie alle spielen ein Nullsummenspiel um unsere Aufmerksamkeit – der Gewinn des einen ist der Verlust des anderen.

In der Regel konzentriert sich Aufmerksamkeit auf Dinge, die einen Sinn haben – die wichtig sind. Wenn ein Chef eine Geschichte erzählt, verleiht er ihr damit eine größere Bedeutung und sagt so unausgesprochen auch den anderen, worauf sie ihre Aufmerksamkeit und Energie richten sollen.[4]

Führungsqualitäten selbst bestehen darin, dass man die kollektive Aufmerksamkeit effizient fesseln und in eine Richtung lenken kann. Eine solche Lenkung des Augenmerks setzt mehrere Elemente voraus: Zuerst muss man die eigene Aufmerksamkeit konzentrieren, dann die der anderen anziehen und ihr eine Richtung geben und schließlich die Aufmerksamkeit von Mitarbeitern und Kollegen, Kunden oder Klienten gewinnen und behalten.

Ein konzentrierter Chef kann die innere Konzentration auf Betriebsklima und Betriebskultur mit einer »Konzentration auf andere« – auf die Konkurrenz und Ähnliches – und der äußeren Konzentration auf die größere Realität, die das Umfeld seines Unternehmens prägt, ins Gleichgewicht bringen.

Das Aufmerksamkeitsgebiet einer Führungskraft – das heißt die Themen und Ziele, auf die sie sich konzentriert – lenkt die Aufmerksamkeit derer, die es ihr gleichtun wollen, und zwar unabhängig davon, ob die Führungskraft es ausdrücklich formuliert. Worauf Menschen sich konzentrieren, entscheiden sie danach, was ihren Vorgesetzten ihrer eigenen Wahrnehmung zufolge wichtig ist. Dieser Verbreitungseffekt lädt den Führungskräften eine zusätzliche Verantwortung auf: Sie lenken nicht nur ihre eigene Aufmerksamkeit, sondern in einem erheblichen Umfang auch die aller anderen.[5]

Ein gutes Beispiel ist die Strategie. Die Strategie eines Unternehmens stellt das erwünschte Muster der Aufmerksamkeit innerhalb der Organisation dar, also das, worauf jede Abteilung sich auf ihre besondere Weise bis zu einem gewissen Grade konzentrieren sollte.[6] Eine Strategie beinhaltet Entscheidungen darüber, was man außer Acht lässt und was wichtig ist: Marktanteile oder Gewinn? Derzeitige oder potenzielle Konkurrenten? Welche neue Technologie? Wenn Führungskräfte sich für eine Strategie entscheiden, lenken sie die Aufmerksamkeit.

Woher kommt die Strategie?

Kobun Chino, ein Meister in der Kunst des Zen-Bogenschießens oder Kyudo, wurde einmal eingeladen, seine Fähigkeiten am Esalen Institute zu demonstrieren, einer berühmten Erwachsenenbildungsstätte im kalifornischen Big Sur nicht weit von der Tassajara-Begegnungsstätte des San Francisco Zen Center.

Als der Tag gekommen war, baute jemand auf einer grasbewachsenen Anhöhe auf dem Gipfel einer hohen Klippe an der Pazifikküste eine Zielscheibe auf. Chino stellte sich in einiger Entfernung von dem Ziel auf, brachte seine Füße in die traditionelle Bogenschützenposition, straffte den Rücken, spannte sehr langsam den Bogen, wartete eine gewisse Zeit und ließ dann den Pfeil fliegen.

Der Pfeil ging weit über die Zielscheibe hinweg, beschrieb am Himmel einen Bogen und stürzte dann hinab in den Pazifik. Alle sahen entgeistert zu.

»Volltreffer!«, rief Kobun Chino fröhlich.

»Genie«, so Arthur Schopenhauer, »trifft das Ziel, das andere nicht sehen.«

Kobun Chino war der Zen-Lehrer des legendären, mittlerweile verstorbenen Apple-CEO Steve Jobs. Zu den unsichtbaren Zielen, die Jobs traf, gehörte die damals radikale Vorstellung von einem Computer, den nicht nur Eingeweihte verstehen und benutzen können, sondern jeder – eine Idee, die zu jener Zeit noch keinem Computerhersteller gekommen war. Nachdem er den ersten Apple-Desktoprechner geschaffen hatte, übertrugen er und seine Mitarbeiter die benutzerfreundliche Vision auf iPod, iPhone und iPad, alles praktische Produkte, von denen wir nicht gewusst hatten – oder uns überhaupt vorstellen konnten –, dass wir sie brauchten, bis wir sie gesehen hatten.

Steve Jobs wurde 1984 bei Apple hinausgeworfen; als er 1997 zurückkehrte, fand er ein Unternehmen mit einer Fülle von Produkten vor – Computer, Peripheriegeräte für Computer, zwölf verschiedene Typen des Macintosh. Das Unternehmen war in Schieflage. Dem setzte er eine einfache Strategie entgegen: Konzentration.

Anstatt Dutzende von Produkten anzubieten, konzentrierte sich Apple jetzt auf nur noch vier: jeweils einen Computer und einen Laptop für zwei Märkte – Privatverbraucher und professioneller Einsatz. Wie in seinen Zen-Übungen, wo man erkennt, dass man abgelenkt ist, und sich dann besser konzentriert, erkannte er auch hier, dass »die Entscheidung, was man *nicht* tut, ebenso wichtig ist wie die, was man tun will«.[7]

Jobs sortierte sowohl privat als auch in seinem Berufsleben gnadenlos alles aus, was er für unwichtig hielt. Eines aber wusste er: Um effizient vereinfachen zu können, muss man die Komplexität, die man verringern will, verstehen. Eine einzige Entscheidung zur Vereinfachung, beispielsweise Jobs' Ausspruch, mit einem Apple-Produkt solle der Nutzer alles, was er tun will, mit höchstens drei Klicks tun können, erfordert ein tiefes Verständnis von der Funktion des Computers und der Knöpfe, die man abschafft; erst dann kann man elegante Alternativen finden.

Mehr als 100 Jahre bevor Apple überhaupt existierte, machte eine andere radikale Vision die Singer-Nähmaschine weltweit zu einem ungeheuren kommerziellen Erfolg. Die umwälzende Annahme lautete: Hausfrauen können einen mechanischen Apparat bedienen – im 19. Jahrhundert, lange bevor die Frauen in den Vereinigten Staaten das Wahlrecht erhielten, war das ein radikaler Gedanke. Außerdem erleichterte Singer den Frauen den Erwerb der Maschinen, indem er ihnen Kredit gewährte, auch das eine völlig neue Strategie.

Allein im Jahr 1876 verkaufte Singer 262.316 Maschinen, zu jener Zeit eine ungeheure Zahl. Ein Mitbegründer der Firma baute das Dakota, ein wegweisendes Apartmenthaus in Manhattan, in dem später Berühmtheiten wie Yoko Ono und John Lennon wohnten. Im Jahr 1908 war das Singer Building, die nagelneue, 47-stöckige Unternehmenszentrale, das höchste Bauwerk der Welt.

Meine Mutter, die 1910 geboren wurde (und zwei Monate vor ihrem 100. Geburtstag starb), besaß seit ihrem Teenageralter eine Singer-Nähmaschine. Ich kann mich gut erinnern, wie ich als Kind mit ihr in den örtlichen Laden für Schnittmuster ging. Zu ihrer Zeit war es üblich, dass Frauen die Kleidung für sich und ihre Familie selbst nähten. Aber als ich – das spät geborene dritte Kind – zur Welt kam, kaufte sie mir die Kleidung.

Durch kulturelle Wandlungen wie die, dass Hausfrauen früher die Nähmaschine bedienten und später für ihre Familie fertige Kleidungsstücke kauften, die dann zunehmend von billigen Arbeitskräften im Ausland gefertigt wurden, eröffnen sich ständig neue Möglichkeiten: Es gibt neue Zielgruppen und Einkaufsmöglichkeiten, weiterentwickelte Bedürfnisse, neue Technologien, Vertriebswege und Informationssysteme. Jeder Fortschritt öffnet eine Tür zu einer Fülle potenzieller Gewinnstrategien.

Apple und Singer hinterließen frische Fußspuren, denen ihre Konkurrenten in einem verzweifelten Aufholspiel folgten. Heute steht eine kleine Branche von Beratern bereit, um die Unternehmen durch ein Standarddrehbuch strategischer Entscheidungen zu führen. Aber solche vorgefertigten Strategien sorgen in der Taktik eines Unternehmens nur für die Feinabstimmung – neue Spielregeln schaffen sie nicht.

Der Begriff *Strategie* stammt ursprünglich vom Schlachtfeld und bedeutet »Kunst des Führers«. Damit waren damals die

Generäle gemeint. Die Strategie entschied darüber, wie man Ressourcen einsetzte; die Schlacht selbst wurde dann mit einer Taktik geführt. Die Strategien, die Führungskräfte heute entwickeln müssen, sind in dem größeren System, in dem sie jeweils wirksam werden, sinnvoll – und damit sind sie ein Gegenstand der äußeren Konzentration.

Eine neue Strategie bedeutet, dass man sich umorientiert: vom normalen Geschäft in eine neue Richtung. Damit man sich eine radikal neue Strategie ausdenken kann, muss man einen neuen Blickwinkel einnehmen, den die Konkurrenz nicht hat. Siegreiche Taktiken stehen jedem zur Verfügung, werden aber von den allermeisten Menschen übersehen.

Heerscharen von Beratern bieten hoch entwickelte Analysewerkzeuge zur Feinabstimmung von Strategien an. Sie sind aber völlig überfragt, wenn es um die eine große Frage geht: Woher kommt eine Siegerstrategie? Ein klassischer Artikel über Strategien schüttelt dazu eine Bemerkung aus dem Ärmel und belässt es dabei: Gewinnstrategien zu finden »setzt Kreativität und Kenntnisse voraus«.[8]

Beides erfordert Konzentration nach innen und außen. Als Marc Benioff, der Gründer und erste CEO des Unternehmens Salesforce, das Potenzial des Cloud Computing erkannte, überwachte er die Evolution einer systemverändernden Technologie – was nach außen gerichtete Konzentration erforderte –, und gleichzeitig sagte ihm sein Bauchgefühl, wie es einem Unternehmen, das solche Dienstleistungen anbot, ergehen würde. Salesforce unterstützt Firmen mithilfe der Cloud beim Management ihrer Kundenbeziehungen und schlug in diesem von harter Konkurrenz geprägten Bereich frühzeitig seine Pflöcke ein.

Die besten Führungskräfte verfügen über eine Systemwahrnehmung, mit deren Hilfe sie die immerwährende Frage beantworten können: In welche Richtung sollen wir gehen und wie? Selbstbeherrschung und zwischenmenschliche Fähigkeiten, die auf der Konzentration nach innen und auf andere beruhen, sind die Bausteine der emotionalen Intelligenz, die Menschen den notwendigen Schub in dieser Richtung verleiht. Eine Führungskraft muss eine potenzielle strategische Entscheidung an allem anderen messen, was sie kennt. Und wenn die Entscheidung gefallen ist, muss die Führungskraft sie leidenschaftlich und geschickt vertreten, wobei sie sich der kognitiven und emotionalen Empathie bedient. Aber solche individuellen Fähigkeiten allein reichen nicht aus, wenn den Führungskräften die strategische Klugheit fehlt.

»Systemorientiertes Denken«, sagte Larry Brilliant, »wird zur Triebkraft im Umgang mit Werten, Visionen, Aufgaben, Strategien, Zielen, Taktik, Arbeitsergebnissen, Evaluierung und der Rückmeldung, die den ganzen Prozess erneut beginnen lässt.«

Das aufschlussreiche Detail am Horizont

Mitte der 2000er-Jahre war das Blackberry zum Liebling der Firmen-Informationstechnologie geworden. Den Unternehmen gefiel es, dass das System in einem eigenen, geschlossenen Netzwerk lief und zuverlässig, schnell und sicher war. Sie verteilten die Geräte zu Tausenden an ihre Mitarbeiter, und das Wort *crackberry* (für die Sucht der Blackberry-Nutzer) ging in den Wortschatz ein. Dass der Hersteller eine marktbeherrschende Stellung erlangte, lag an vier Stärken: leichtes Eintippen, hervorragende Sicherheit, lange Akkulebensdauer und die Kompression der drahtlos übertragenen Daten.

Eine Zeit lang war das Blackberry eine Gewinnertechnologie: Es änderte die Spielregeln, weil es Konkurrenten (in diesem Fall manche Funktionen von PCs und Laptops sowie alle Mobiltelefone jener Zeit) verdrängte. Aber schon als die Blackberrys den Firmenkundenmarkt beherrschten und schnell zu einem neuen Konsumtrend wurden, veränderte sich die Welt. Das iPhone leitete eine Epoche ein, in der immer mehr Mitarbeiter sich ein eigenes Smartphone ihrer Lieblingsmarke –

und nicht unbedingt ein Blackberry – kauften, und die Unternehmen stellten sich zunehmend darauf ein, indem sie die Geräte ihrer Mitarbeiter im Firmennetzwerk zuließen. Plötzlich löste sich die beherrschende Stellung des Blackberry auf dem Firmenmarkt in Luft auf, und der Hersteller musste mit allen anderen konkurrieren.

Research in Motion (RIM), der in Kanada ansässige Blackberry-Hersteller, tat sich mit der Aufholjagd schwer. Der Touchscreen beispielsweise, den RIM schließlich einführte, reichte nicht an andere längst auf dem Markt befindliche Geräte heran. Das geschlossene Blackberry-Netzwerk, das früher ein Aktivposten gewesen war, wurde jetzt, da die Telefone selbst – das iPhone und die auf dem Android-Betriebssystem basierenden Geräte – zur Plattform für ihre eigene App-Welt geworden waren, zur Belastung.

RIM wurde von einer Doppelspitze aus zwei CEOs geleitet; beide waren Ingenieure, und der anfängliche Erfolg der Marke gründete sich auf ihre überlegene Technik. Nachdem der Aufsichtsrat die beiden CEOs zum Aufgeben gezwungen hatte, gab RIM bekannt, man werde sich wieder auf das Kerngeschäft mit Unternehmen konzentrieren, obwohl das Wachstum mittlerweile zum größten Teil auf das Konsumentengeschäft zurückzuführen war.

Der neue CEO Thorsten Heins formulierte es so: RIM habe in seiner Nische wichtige Paradigmenwechsel verpasst. Man hatte nicht berücksichtigt, dass in den Vereinigten Staaten die Drahtlosnetzwerke der vierten Generation (4G) eingeführt wurden, und dafür selbst dann noch keine Geräte entwickelt, als die Konkurrenz sich bereits im Markt breitgemacht hatte. Außerdem hatte man unterschätzt, wie populär der Touchscreen des iPhone werden würde, und war stattdessen bei der Tastatur geblieben.

»Wenn man ein tolles Touch-Interface hat, sind die Leute sogar bereit, dafür Akkulebensdauer zu opfern«, sagte Heins. »Damit hatten wir nicht gerechnet. Mit der Sicherheit ist es das Gleiche« – die Unternehmen hatten ihre Standards so geändert, dass die Mitarbeiter sich mit ihren eigenen Smartphones in die Unternehmensnetzwerke einklinken konnten.[9]

Hatte die Marke Blackberry früher etwas Revolutionäres gehabt, so hatte sie jetzt »anscheinend keine Ahnung, was die Kunden wollen«, wie ein Analyst es formulierte.[10]

Auf Märkten wie Indonesien behielt das Blackberry zwar seine marktbeherrschende Stellung, aber nur fünf Jahre nachdem die Marke den amerikanischen Markt dominiert hatte, war der Marktwert von RIM um 75 Prozent gesunken. Während ich diese Zeilen schreibe, hat RIM bekannt gegeben, man werde einen letzten Versuch unternehmen, mit einem neuen Telefon Marktanteile zurückzugewinnen. Aber möglicherweise ist die Unternehmensgeschichte von RIM bereits in eine Phase eingetreten, die tödlich enden kann – in ein »Tal des Todes«.

Diese Formulierung stammt von Andrew Grove, dem legendären Gründungs-CEO von Intel, der sich auch aus der Geschichte seines eigenen Unternehmens an ein Nahtoderlebnis erinnert. Der Intel-Konzern stellte in seinen Anfangsjahren Silizium-Speicherchips für die Computerindustrie her, die damals noch in den Kinderschuhen steckte. Wie Grove berichtete, achteten führende Manager des Unternehmens nicht auf Warnungen ihres eigenen Vertriebspersonals, wonach die Kunden in Scharen auf billigere, in Japan hergestellte Chips umstiegen.

Hätte Intel nicht nebenher auch Mikroprozessoren vertrieben – woraus in der Blütezeit der Laptops das allgegenwärtige »Intel Inside« wurde –, das Unternehmen wäre zugrunde gegangen. Damals, so räumte Grove ein, litt Intel an einer »strategischen Dissonanz«: Man mochte nicht von der Herstellung von Speicherchips, die den ersten unternehmerischen Erfolg gebracht hatten, zur Konstruktion von Mikroprozessoren wechseln.

Mit dem Titel seines Buchs – *Nur die Paranoiden überleben* – räumt Grove stillschweigend ein, dass man ständig wachsam sein und am Horizont nach aufschlussreichen Details suchen muss. Das gilt besonders für den Hightechsektor, in dem (im Vergleich beispielsweise zu Kühlschränken) ungeheuer kurze Produktzyklen zu einem brutalen Innovationstempo führen.

Mit ihrem rasenden Tempo der Produktinnovationen ist die Hightechbranche auch eine willkommene Quelle für Fallstudien – sie erinnert ein wenig an die Bedeutung der sich hektisch fortpflanzenden, kurzlebigen Taufliegen in der Genetik. Im Bereich der Videospiele riss die Nintendo-Konsole Wii den Markt der Playstation 2 von Sony an sich; Google fegte die Vormachtstellung von Yahoo als beliebtestes Webportal hinweg. Microsoft hatte irgendwann einmal bei Handy-Betriebssystemen einen Marktanteil von 42 Prozent und musste dann zusehen, wie die iPhone-Gewinne in die Höhe schossen und den Gesamtgewinn von Microsoft in den Schatten stellten. Innovationen verschaffen uns ein neues Gefühl dafür, was möglich ist.

Nachdem Apple den iPod herausgebracht hatte, brauchte Microsoft vier oder fünf Jahre, um Zune auf den Markt zu bringen, eine eigene Version eines tragbaren Abspielgeräts für digitale Medien – und weitere sechs Jahre dauerte es, bis das gescheiterte Produkt wieder verschwand.[11] Die Fixierung von Microsoft auf seine goldene Gans, die Windows-Softwarefamilie, ist nach Angaben von Analysten dafür verantwortlich, dass das Unternehmen den Durchmarsch von Apple zu einer marktbeherrschenden Stellung mit iPod, iPhone und iPad nicht verhindern konnte.

Über die Unfähigkeit, die Konzentration von Lieblingsthemen abzuwenden, schrieb Clay Shirky: »Anfangs bemerken die Leute, die das alte System lenken, den Wandel nicht. Wenn sie ihn bemerken, halten sie ihn für geringfügig. Dann ist es eine Nische, dann eine Mode. Und wenn sie endlich begreifen, dass die Welt sich tatsächlich verändert hat, haben sie den größten Teil der Zeit, in der sie sich darauf hätten einstellen können, bereits vergeudet.«[12]

Anders denken

Die Schwierigkeiten von RIM sind ein Lehrbuchbeispiel für starre Organisationsstrukturen: Ein Unternehmen, das als Erstes eine neue technische Lösung auf den Markt bringt und damit aufblüht, fällt bei späteren technischen Neuerungen zurück, weil es seine Konzentration nicht auf die nächste Neuerung gerichtet, sondern auf das alte neue Objekt. Ein Unternehmen, das seine Aufmerksamkeit nach innen richtet, kann hervorragend arbeiten. Aber wenn es sich nicht auch auf die größere Umwelt eingestellt hat, in der es tätig ist, steht diese Arbeit am Ende im Dienst einer gescheiterten Strategie.

In jedem Managerseminar über Strategie wird von zwei Ansätzen die Rede sein: wirtschaftliche Ausbeutung und Erkundung. Manche Menschen – und manche Unternehmen, darunter RIM – haben mit einer Strategie der Ausbeutung Erfolg: Sie verfeinern eine vorhandene Fähigkeit, eine Technologie oder ein Geschäftsmodell und lernen, wie man es verbessern kann. Andere sind durch Erkundung erfolgreich: Sie experimentieren mit innovativen Alternativen zum derzeit Bekannten.

Unternehmen mit einer siegreichen Strategie verfeinern in der Regel ihre derzeitigen Tätigkeiten und Angebote, versuchen es aber nicht mit radikalen Veränderungen. Ein mentaler Balanceakt – das Neue zu erkunden, während man das, was bereits funktioniert, nutzt – kommt nicht von selbst. Aber Unternehmen, die sowohl ausbeuten als auch erkunden können – wie Samsung es mit den Smartphones getan hat –, sind »doppelbödig«: Sie trennen ihre Strategie in Untereinheiten auf, die unterschiedlich funktionieren und eine unterschiedliche Kultur pflegen. Gleichzeitig hat aber eine verschworene Mannschaft leitender Mitarbeiter das Gleichgewicht zwischen der Konzentration nach innen, nach außen und auf andere im Blick.[13]

Was auf der Ebene der Unternehmen funktioniert, hat auch eine Parallele im Geist des Einzelnen. Die Exekutive unseres

Geistes, der Schiedsrichter, der darüber bestimmt, worauf sich unsere Konzentration richtet, verwaltet sowohl die für das Ausbeuten erforderliche Konzentration als auch die Aufgeschlossenheit, die eine Voraussetzung für das Erkunden darstellt.

Erkunden bedeutet, dass wir uns von unserer derzeitigen Konzentration abkoppeln und nach neuen Möglichkeiten suchen. Damit werden Flexibilität, neue Entdeckungen und Neuerungen möglich. Ausbeutung erfordert anhaltende Konzentration auf das, was man bereits tut, damit man die Effizienz steigern und die Leistung verbessern kann.

Wer ausbeutet, findet einen sicheren Weg zum Gewinn, aber diejenigen, die erkunden, können möglicherweise mit der nächsten Neuerung weitaus größeren Erfolg haben – das Risiko des Scheiterns ist allerdings ebenfalls größer, und die Gewinnschwelle ist weiter entfernt. Ausbeutung ist die Schildkröte, Erkundung der Hase.

Das Spannungsverhältnis zwischen diesen beiden Polen stellt sich im Kopf jedes Entscheidungsträgers ein. Bleibt man bei der Batterietechnik, mit der das Unternehmen bisher immer besser verdient hat? Oder investiert man in Erforschung und Entwicklung einer neuen Energiespeichertechnik, die Batterien möglicherweise überflüssig macht (oder auch nicht)? Das sind die praktischen strategischen Entscheidungen, die, wie James March, der Guru der Strategietheorie von der Stanford University, schon seit Jahren betont, über Wohl und Wehe eines Unternehmens bestimmen.[14]

Die besten Entscheidungsträger wahren geschickt das Gleichgewicht zwischen beiden Seiten und wissen, wann sie von der einen zur anderen wechseln müssen. Sie stehen an der Spitze von Unternehmen, die den Wechsel beherrschen und beispielsweise nach Wachstum streben, indem sie gleichzeitig Neuerungen entwickeln und die Kosten eindämmen – zwei sehr unterschiedliche Ziele. Kodak war in der Analogfotografie führend, scheiterte aber an der neuen Realität der Konkurrenz durch die Digitalkameras.

Wenn es mit einem Unternehmen bergab geht, lauert eine Fülle von Gefahren. Die Firma konzentriert sich dann verständlicherweise darauf, zu überleben und ihre Bilanzen durch Kostensenkung in Ordnung zu bringen – aber das geht häufig auf Kosten der Mitarbeiter, oder man ist dem Wandel in der Welt nicht mehr gewachsen. Im Überlebensmodus verengt sich die Aufmerksamkeit.

Aber auch geschäftlicher Erfolg garantiert kein Geschick in beiden Richtungen. Am schwierigsten ist die Umstellung unter Umständen für jene, die in der »Erfolgsfalle« gefangen sind, wie Grove von Intel sie nannte. Nach seinen Beobachtungen kommt jedes Unternehmen irgendwann an einen Punkt, an dem es sich dramatisch wandeln muss, um zu überleben, von einer Leistungssteigerung ganz zu schweigen. »Wenn man diesen Augenblick verpasst, beginnt der Niedergang«, warnte er.

Bei Intel beispielsweise arbeiteten die besten Köpfe der Entwicklungsabteilung nach Groves Angaben zu lange an den Speicherchips, und das selbst dann noch, als das Überleben des Unternehmens immer stärker von den Mikroprozessoren abhing, die im Lauf der nächsten zehn Jahre zu einem riesigen Wachstumsmotor werden sollten. Intel hatte Schwierigkeiten, sich von der Ausbeutung zu lösen und zum Erkunden überzugehen.

Geradezu vorgeschrieben wird der Wechsel zum Erkunden durch den Apple-Slogan *Think different* (»Denke anders«). Auf neues Gelände vorzustoßen und sich nicht mit Effizienzsteigerungen einzubunkern ist nicht nur ein Unterschied in der Haltung – auf der Ebene des Gehirns repräsentieren beide Strategien zwei ganz unterschiedliche mentale Funktionen und neuronale Mechanismen. Für Entscheidungsträger, die den Wechsel vollziehen müssen, liegt der Schlüssel in der Aufmerksamkeitssteuerung.

Welche Schaltkreise im Einzelnen für die verschiedenen Formen der Konzentration sorgen, zeigte sich an 63 gestandenen Entscheidungsträgern aus der Wirtschaft, deren Gehirn mit bildgebenden Verfahren untersucht wurde, während sie in einem Planspiel entweder die Ausbeutungs- oder Erkundungsstrategie verfolgten – oder zwischen beiden wechselten.[15] Die Ausbeutung war von Aktivität in den Gehirnschaltkreisen für Vorfreude und Belohnung begleitet – es fühlt sich gut an, mit einer angenehmen, vertrauten Tätigkeit weiterzumachen. Das Erkunden dagegen mobilisierte die Aktivität in den exekutiven Zentren des Gehirns und in Arealen für die Aufmerksamkeitssteuerung; die Suche nach Alternativen zur derzeitigen Strategie, so scheint es, setzt absichtliche Konzentration voraus.

Der erste Schritt auf neues Gelände verbindet sich mit der Loslösung von angenehmer Routine und dem Kampf gegen die Trägheit der eingefahrenen Gleise; dieser kleine Akt der Aufmerksamkeit erfordert »kognitive Anstrengung«, wie man es in der Neurowissenschaft nennt. Die gezielte Prise an exekutiver Kontrolle verschafft der Aufmerksamkeit die Freiheit, auf die Wanderschaft zu gehen und neue Wege einzuschlagen.

Was hält Menschen davon ab, diese kleine neuronale Anstrengung aufzubringen? Eine Antwort ist, dass mentale Überlastung, Stress und Schlafmangel (vom Alkohol ganz zu schweigen) an den exekutiven Schaltkreisen zehren, die für einen solchen kognitiven Wechsel erforderlich sind, und uns so auf unseren eingefahrenen Gleisen festhalten. Und Stressüberlastung, Schlafmangel und der Rückgriff auf beruhigende Wirkstoffe sind unter denen, die anspruchsvolle Berufe haben, nur allzu verbreitet.

DIE DREIFACHKONZENTRATION
DER FÜHRUNGSKRÄFTE

Als Steven Tuttleman gerade einmal elf Jahre alt war, las er zum ersten Mal zusammen mit seinem Großvater das *Wall Street Journal*, eine Gewohnheit, die sich 40 Jahre später auf seinen Tabletcomputer verlagert hat. Jeden Tag checkt er mehr als 20 Websites, außerdem Nachrichten- und Meinungsfeeds, die ihm ein RSS-Reader liefert. Vom Aufwachen an und dann ein halbes Dutzend Mal im Lauf des Tages sieht er – vor allem auf den Websites von *New York Times*, *Wallstreet Journal* und Google News – nach neuen Schlagzeilen. Eine Web-App organisiert den Inhalt von 26 Zeitschriften, die er zurzeit abonniert hat, sodass er wichtige Artikel kennzeichnen und später lesen kann. Tuttleman sagte dazu: »Wenn der Artikel sehr wichtig ist, wenn man sich genauer damit befassen oder ihn zum Nachschlagen speichern muss, lese ich ihn noch einmal, wenn ich dazu komme.«

Dann gibt es die Spezialveröffentlichungen, die sich jeweils mit einer bestimmten Branche beschäftigen. *National Restaurant News* berichtet über eine Kette von Dunkin'-Donuts-Filialen, an denen er beteiligt ist; *Bowlers Journal* hält ihn über das Management von Ebonite auf dem Laufenden, einem Betrieb, der ihm gehört und Kugeln sowie anderes Zubehör für Bowlingspieler herstellt. Das *Journal of Practical Estate Planning* und ein halbes Dutzend ähnlicher Zeitschriften informieren ihn über alles, was für seine Funktion als Direktor von

Hirtle Callaghan von Bedeutung sein könnte, eines Unternehmens, das die Vermögenswerte gemeinnütziger Organisationen, Universitäten und wohlhabender Privatleute verwaltet. Und *Private Equity Investor* hilft ihm, die Bedingungen für das Geschäft zu verfolgen, das er als Präsident der Firma Blue 9 Capital betreibt.

»Klar, da muss man vieles durchsehen«, erzählte mir Tuttleman. »Manchmal habe ich das Gefühl, es erfordert zu viel Zeit. Aber ich stelle immer einen Bezug zu dem her, was ich gerade lese. Es liefert mir die Grundlagen für meine Tätigkeit.«

Im Jahr 2004 wurde Tuttleman gefragt, ob er in eine Einzelhandelskette namens Five Below investieren wolle. Dazu sagte er: »Sie haben uns die Prognosen für einen Modellladen gezeigt, und die Zahlen für Kosten und Margen stimmten.«

Dennoch gab Tuttleman sich mit den Zahlen nicht zufrieden. Er besichtigte einen der sechs Läden der Kette und achtete darauf, was seine innere Stimme ihm über die Reaktionen der anderen Kunden sagte. »Sie haben ein reizvolles Warensortiment unter einem ganz bestimmten Blickwinkel angeboten. Ihre Zielgruppe sind Kunden zwischen 12 und 15 Jahren, und in den Läden sieht man vor allem Mütter mit ihren Kindern. Vor allem ist mir aber aufgefallen, dass der Laden den Leuten gefiel, und mir gefiel er auch.«

Im Lauf der nächsten Jahre steckte Tuttleman mehr Geld in Five Below. Die Kette, die 2004 aus sechs Läden bestanden hatte, war bis Ende 2012 auf 250 Filialen gewachsen, und das Unternehmen hatte einen erfolgreichen Börsengang hinter sich. Dieser vollzog sich kurz nach dem Debakel des Facebook-Börsengangs, lief aber dennoch gut ab.

»Die Leute kommen ständig mit Anlagevorschlägen zu mir«, sagte Tuttleman. »Sie legen mir ein ›Buch‹ mit den genauen Zahlen einer Firma vor, die schon auf dem Markt ist. Aber ich muss das in einem breiteren Zusammenhang abwägen und mich fragen, was in Gesellschaft, Kultur und Wirtschaft vor sich geht. Ich verschaffe mir immer einen Überblick darüber, was insgesamt in der Welt geschieht; man braucht einen breiteren Blickwinkel.«

Schon 1989 kaufte Tuttleman Aktien von Starbucks, Microsoft, Home Depot und Wal-Mart. Manche davon besitzt er heute noch. Warum hat er sie gekauft? »Ich habe gekauft, was mir gefiel«, erklärte er. »Ich habe mich auf mein Bauchgefühl verlassen.«

Wenn wir solche Entscheidungen treffen, werden subkortikale Systeme außerhalb der bewussten Wahrnehmung aktiv, sammeln die Entscheidungsregeln, die unser Leitfaden sind und unsere Lebenserfahrung speichern – und äußern dann ihre Meinung als »Gespür«. Diese subtile Regung – *Es fühlt sich einfach richtig an* – gibt uns die Richtung vor, bevor wir diese Richtung überhaupt in Worte fassen können.

Die erfolgreichsten Unternehmer sammeln Daten, die sich für eine wichtige Entscheidung als bedeutsam erweisen könnten, aus einem viel größeren Umkreis – und aus wesentlich vielfältigeren Quellen –, als es den meisten Menschen notwendig erscheint. Und wenn sie vor wichtigen Entscheidungen stehen, ist ihnen außerdem klar, dass auch Bauchgefühle letztlich Daten sind.

Zu den subkortikalen Schaltkreisen, die solche Bauchgefühle kennen, bevor wir Worte dafür haben, gehören auch die Amygdala und die Inselrinde. Ein wissenschaftlicher Übersichtsartikel über die Intuition aus dem Bauch gelangte zu dem Schluss, dass die Nutzung von Gefühlen als Informationen »in der Regel eine sinnvolle Beurteilungsstrategie« ist und nicht, wie übermäßig rational eingestellte Menschen meinen könnten, eine ständige Quelle von Irrtümern.[1] Wenn wir uns auf unsere Gefühle als Informationsquelle einlassen, zapfen wir eine Riesenmenge von Entscheidungsregeln an, die unser Geist unbewusst gesammelt hat.

Tuttlemans Anleitung für die Nutzung des Bauchgefühls wurzelt wahrscheinlich in jenen Kindheitstagen, an denen er mit seinem Großvater das *Wall Street Journal* durchging; dieser, ein russischer Einwanderer, hatte Arbeit in einem Lebensmittelgeschäft gefunden; am Ende kaufte er den Laden, und dann kaufte er den Großhändler, der den Laden belieferte. Nachdem er das Unternehmen wieder verkauft hatte, investierte er am Aktienmarkt.

Wie sein Vater und sein Großvater vor ihm, erklärte Tuttleman, »wusste auch ich immer, dass ich Investor werden würde. Als ich aufwuchs, drehten sich die Gespräche bei Tisch ständig um das Geschäft. Ich bin seit fast 30 Jahren in dem Geschäft und hatte immer ein ganzes Unternehmensportfolio. Jedes Unternehmen hat seine eigenen Probleme, und mit denen habe ich ständig zu tun. An meiner inneren Datenbank baue ich immer noch.«

Die optimalen Voraussetzungen für kluge Entscheidungen ergeben sich also nicht nur aus Branchenkenntnissen, sondern auch aus einer gut ausgeprägten Selbstwahrnehmung. Wenn man sich selbst ebenso gut kennt wie das Geschäft, kann man die Tatsachen klüger interpretieren – wobei man sich hoffentlich gegen die inneren Verzerrungen wappnet, die den Blick trüben können.[2]

Im anderen Fall bleibt uns nur die kalte Rationalität, wie sie sich beispielsweise in Entscheidungsbäumen (einer Anwendung der »Theorie der erwarteten Nützlichkeit«) verkörpert – dabei erwägen und berechnen wir das Pro und Kontra aller einschlägigen Faktoren. Ein Problem dabei: Das Leben fügt sich kaum einmal so säuberlich. Ein anderes: Unser Bottom-up-Geist verfügt über entscheidende Informationen, zu denen das Top-down-Gehirn keinen unmittelbaren Zugang hat, ganz zu schweigen von ihrer Integration in den Entscheidungsbaum. Was auf dem Papier gut aussieht, ist in Wirklichkeit möglicherweise längst nicht so großartig: Beispiele sind die unregulierten Märkte für Subprime-Derivate oder die Invasion im Irak.

»Die erfolgreichsten Führungskräfte streben ständig nach neuen Informationen«, sagte Ruth Malloy, Ausbildungsleiterin für Führungskräfte und Talente bei dem Management-Beratungsunternehmen Hay Group. »Sie wollen verstehen, in welchem Gelände sie sich bewegen. Sie müssen auf neue Trends achten und neue Gesetzmäßigkeiten erkennen, die für sie von Bedeutung sein könnten.«

Wenn wir von einer »fokussierten« Führungskraft sprechen, meinen wir damit in der Regel eine einseitige Ausrichtung auf Geschäftsergebnisse oder eine bestimmte Strategie. Aber reicht eine solche Zielrichtung aus? Wie steht es mit dem Rest des Aufmerksamkeitsrepertoires?

In Tuttlemans geschäftliche Entscheidungen fließen Zahlen ebenso ein wie Informationen aus einem viel weiter gefassten Umfeld; dazu gehören seine Bauchgefühle ebenso wie seine Deutung des Befindens anderer. Man kann mit Fug und Recht die Ansicht vertreten, dass Führungskräfte nur dann hervorragende Leistungen erbringen, wenn sie das ganze Spektrum der Konzentration nach innen, nach außen und auf andere nutzen – und dass eine Schwäche in einem dieser Bereiche eine Führungskraft aus dem Gleichgewicht bringen kann.

Wenn Führungskräfte inspirieren

Betrachten wir einmal zwei Führungskräfte. Der eine arbeitete als leitender Manager bei einem Bauunternehmen. Anfang der 2000er-Jahre, während des Baubooms in Arizona (und lange vor dem nachfolgenden Zusammenbruch), wechselte er immer wieder die Stellung, und jedes Mal übernahm er eine höhere Position. Mit seiner Beweglichkeit beim Erklimmen der Karriereleiter konnten seine Fähigkeiten als inspirierende Führungskraft jedoch nicht mithalten. Als er eine Vision formulieren sollte, mit der er sein Unternehmen in die Zukunft führen könnte, scheiterte er. »Wir müssen besser sein als die Konkurrenz« – mehr hatte er nicht zu sagen.

Führungskraft Nummer zwei leitete ein gemeinnütziges Unternehmen, das den Gemeinschaften der Hispanics im Südwesten der Vereinigten Staaten Gesundheits- und Sozialdienstleistungen anbot. Er formulierte seine Visionen sehr freimütig und konzentrierte sich dabei ganz unverblümt auf höhere Ziele: »Wir wollen ein gutes Umfeld für diese Gemeinschaft schaffen, die unser Unternehmen während all dieser Jahre hat wachsen lassen, damit daraus ein Projekt zur Verteilung der Profite wird – und damit sie von unseren Produkten profitieren kann.« Seine positive Version umfasste auch eine erweiterte Sicht auf die Aktionäre.

In den folgenden Wochen sollten Mitarbeiter, die unmittelbar für die beiden Führungskräfte tätig waren, in einer vertraulichen Umfrage beurteilen, wie inspirierend sie ihren Chef fanden. Führungskraft Nummer eins bekam unter den 50 beurteilten Führungskräften eine der schlechtesten Bewertungen; Führungskraft Nummer zwei schaffte es in die Spitzengruppe.

Noch faszinierender war, dass das Gehirn beider Führungskräfte auf seine »Kohärenz« hin überprüft worden war, das heißt, man hatte gemessen, wie stark die Schaltkreise einer Gehirnregion untereinander verknüpft waren und ihre Aktivitäten koordinierten. Bei der untersuchten Gehirnregion handelte es sich um das präfrontale Areal der rechten Gehirnhälfte, eine Zone, die an der Integration von Gedanken und Gefühlen mitwirkt und auch am Verstehen der Gedanken und Gefühle anderer beteiligt ist. Bei den inspirierenden Führungskräften fand man in diesem Areal, das für die innere und auf andere gerichtete Wahrnehmung von so entscheidender Bedeutung ist, ein hohes Maß an Kohärenz; bei langweiligen Führungskräften war die Kohärenz gering.[3]

Führungskräfte, von denen Inspiration ausgeht, können gemeinsame Werte so formulieren, dass sie in der Gruppe ihren Widerhall finden und sie motivieren. Das sind die Chefs, für die andere gern arbeiten und deren Visionen alle antreiben.

Aber um von Herzen zu den Herzen zu sprechen, muss eine Führungskraft zunächst ihre eigenen Werte kennen. Das erfordert Selbstwahrnehmung.

Um als Führungskraft zu inspirieren, muss man sich sowohl auf die eigene innere Gefühlsrealität als auch auf die derer, die man inspirieren möchte, einstellen. Über diese Elemente der emotionalen Intelligenz musste ich im Licht unserer neuen Erkenntnisse über die Konzentration nochmals ein wenig nachdenken.

Über Aufmerksamkeit wird in der Welt der emotionalen Intelligenz nur indirekt gesprochen, nämlich in Form von «Selbstwahrnehmung«, auf der das Selbstmanagement basiert, und als »Empathie«, die eine Grundlage für Beziehungsfähigkeit darstellt. Aber die Wahrnehmung des eigenen Ich und anderer sowie die Art und Weise, wie wir sie einsetzen, um mit unserer Innenwelt und unseren Beziehungen zurechtzukommen, sind das Wesen der emotionalen Intelligenz.

Akte der Aufmerksamkeit sind untrennbar mit dem Gewebe der emotionalen Intelligenz verflochten: Auf der Ebene der Gehirnstruktur verschwimmt die Grenze zwischen Emotionen und Aufmerksamkeit. Die neuronalen Schaltkreise für Aufmerksamkeit und Gefühle überschneiden sich in vielerlei Hinsicht – sie haben Leitungsbahnen gemeinsam oder stehen in Wechselbeziehung.

Während also die Schaltkreise für Aufmerksamkeit und emotionale Intelligenz im Gehirn eng verflochten sind, kann man davon ausgehen, dass diese Fähigkeiten mit ihren gemeinsamen neuronalen Schaltkreisen bis zu einem gewissen Grad von der stärker akademisch geprägten Variante, die mit dem Intelligenzquotienten gemessen wird, getrennt sind.[4] Demnach verfügt eine Führungskraft auch dann, wenn sie sehr klug ist, nicht zwangsläufig über die Konzentrationsfähigkeit, die sich mit der emotionalen Intelligenz verbindet.

Ein gutes Beispiel ist die Empathie. Schlecht zuhören zu können ist in Führungspositionen eine verbreitete Krankheit.

Ein CEO beurteilte seine eigenen Schwierigkeiten mit dieser Form der Empathie ganz unverblümt: »Meine Gedanken rasen einfach zu schnell; selbst wenn ich jemandem zugehört habe – der Betreffende hat nicht das Gefühl, verstanden worden zu sein, wenn man ihm nicht zeigt, dass man es auch verarbeitet hat. Manchmal hört man wirklich nicht zu, weil man zu schnell denkt. Aber wenn man das Beste aus seinen Leuten herausholen will, muss man ihnen tatsächlich zuhören, und sie müssen das Gefühl haben, dass sie Gehör finden. Ich muss also lernen, mich zu bremsen und mich in dieser Hinsicht zu bessern, sowohl, um selbst besser zu werden, als auch, damit die Leute um mich herum besser werden.«[5]

Ein in London tätiger Managercoach erklärte mir: »Wenn ich den Leuten mitteile, was andere über sie sagen, geht es oft darum, dass Vorgesetzte nicht aufmerksam zuhören. Wenn ich ihnen dann beibringe, anderen mehr Aufmerksamkeit zu schenken, höre ich von den Managern oft: Das kann ich doch.«

Darauf antworte ich: »Sie *können* es, aber die Frage ist, wie *oft* Sie es tun.« In Augenblicken, die uns besonders wichtig sind, schenken wir anderen große Aufmerksamkeit. Aber inmitten der Hektik und der Ablenkungen unseres Arbeitsalltags ist schlechtes Zuhören zu einer Epidemie geworden.

Aber aufmerksames Zuhören zahlt sich aus. Ein CEO erzählte mir von einer Zeit, als sein Unternehmen mit einer staatlichen Behörde im Konflikt über den Erwerb großer Waldflächen stand. Statt die Angelegenheit einfach den Anwälten zu überlassen, bat der CEO den Behördenleiter um einen Gesprächstermin.

Letzterer führte bei dieser Gelegenheit eine lange Liste von Beschwerden über das Unternehmen an und erklärte, das Land müsse nicht erschlossen, sondern geschützt werden. Der CEO hörte rund 15 Minuten aufmerksam zu. In dieser Zeit wurde ihm klar, dass man beider Bedürfnisse in Einklang bringen konnte. Er schlug einen Kompromiss vor: Das Unternehmen werde nur einen kleinen Teil der Flächen erschließen und den

Rest in eine Naturschutzstiftung einbringen, die ihn dauerhaft schützen sollte.

Die Besprechung endete damit, dass die beiden die Verabredung per Handschlag besiegelten.

Wenn Gewinnaussichten blind machen

Sie war Partnerin in einer großen Anwaltskanzlei und trieb ihre Mitarbeiter zur Verzweiflung. Sie kümmerte sich um jede Kleinigkeit, stellte alles im Nachhinein infrage, schrieb Berichte um, die nicht ihren Anforderungen entsprachen, auch wenn sie eigentlich völlig in Ordnung waren. Sie fand immer etwas zu kritisieren, lobte aber nie jemanden. Ihre beharrliche Konzentration auf das Negative demoralisierte die ganze Arbeitsgruppe – ein herausragender Mitarbeiter kündigte, andere bemühten sich um Versetzung innerhalb des Unternehmens.

Personen wie diese überkritische Anwältin mit ihrem leistungsorientierten, ungeheuer konzentrierten Führungsstil werden auch als »Schrittmacher« (Pacemaker) bezeichnet; damit meint man, dass sie gern ein Vorbild wären und ein schnelles Tempo vorgeben, wobei sie annehmen, dass andere sie nachahmen werden. Schrittmacher bedienen sich in der Regel eines Führungsstils mit »Befehlen und Zwingen«: Sie geben einfach Anweisungen und erwarten Gehorsam.

Führungskräfte, die ausschließlich den Stil des Schrittmachers oder des Befehlsgebers, aber keinen anderen an den Tag legen, schaffen ein vergiftetes Klima, das ihren Untergebenen den Mut nimmt. Solche Führungskräfte haben unter Umständen durch persönliche Heldentaten – beispielsweise wenn sie selbst ein Geschäft abschließen – kurzfristigen Erfolg, aber langfristig gefährden sie damit den Aufbau ihres Unternehmens.

»Wenn die Führung Amok läuft« lautete die Überschrift eines Artikels in der *Harvard Business Review*, der die dunkle

Seite des Schrittmacher-Stils beschrieb. Die Autoren waren Scott Spreier und seine Kollegen von dem Beratungsunternehmen Hay Group. »Sie sind so auf den Gewinn fixiert«, erklärte mir Spreier, »dass sie blind dafür werden, welche Wirkung sie auf die anderen Menschen im Raum ausüben.«

In dem Artikel beschrieb Spreier jene knallharte Anwältin als Musterbeispiel für die schlimmste Form eines Schrittmachers. Solche Führungskräfte hören nicht zu, von Konsensentscheidungen ganz zu schweigen. Sie nehmen sich nicht die Zeit, die Menschen kennenzulernen, mit denen sie tagaus, tagein arbeiten, sondern haben zu ihnen eine völlig eindimensionale Beziehung. Sie helfen anderen nicht, neue Stärken zu entwickeln oder ihre Fähigkeiten zu verfeinern, sondern tun deren Lernbedürfnis einfach als Versagen ab. Deshalb wirken sie arrogant und ungeduldig.

Und sie breiten sich aus. Wie sich in einer Langzeitstudie herausgestellt hat, nimmt die Zahl der Ehrgeizlinge in Organisationen aller Art seit den 1990er-Jahren stetig zu.[6] Seitdem schuf das Wirtschaftswachstum eine Atmosphäre, in der Heldentum nach dem Motto »lege die Schwelle um jeden Preis immer höher« vergöttert wurde. Die Kehrseiten eines solchen Führungsstils – ethische Fehltritte, Beschreiten des einfachsten Wegs und Rücksichtslosigkeit gegenüber anderen – wurden nur allzu oft geflissentlich übersehen.

Dann folgte eine Serie von Zusammenbrüchen und geplatzten Blasen, vom Kollaps des Enron-Konzerns bis zum Dotcom-Debakel. Diese eher nüchterne wirtschaftliche Realität warf ein Schlaglicht auf die Kehrseite der Einseitigkeit, mit der Schrittmacher sich auf Kosten anderer grundlegender Führungsqualitäten auf die finanziellen Ergebnisse konzentrieren. Während der Finanzkrise der Jahre seit 2008 »förderten viele Unternehmen starke, von oben nach unten arbeitende Führungskräfte, die Krisensituationen gut handhaben konnten«, erzählte mir Georg Vielmetter, ein Unternehmensberater aus Berlin. »Aber damit veränderte sich der Kern des Unternehmens. Zwei Jahre später hatten dieselben Führungskräfte ein Klima geschaffen, in dem Vertrauen und Loyalität sich in Luft auflösten.«

Das Versagen betraf dabei nicht das Erreichen des Ziels, sondern das Verhältnis zu den Menschen. Die Einstellung, etwas müsse einfach nur getan werden, ging rücksichtslos über menschliche Belange hinweg.

Jedes Unternehmen braucht Menschen, die sich leidenschaftlich auf wichtige Ziele konzentrieren, ständig lernen können, wie man es besser macht, und die Fähigkeit besitzen, Ablenkungen mit gezielter Konzentration auszublenden. Innovation, Produktivität und Wachstum gibt es nur mit solchen Leistungsträgern.

Aber das gilt nur bis zu einer gewissen Grenze. Ehrgeizige Umsatz- oder Wachstumsziele sind nicht das einzige Maß für die Gesundheit eines Unternehmens – und wenn sie auf Kosten anderer grundlegender Notwendigkeiten erreicht werden, wiegen die Nachteile, beispielsweise der Verlust leistungsstarker Mitarbeiter, auf lange Sicht schwerer als der kurzfristige Erfolg, denn solche Kosten führen später zum Scheitern.

Wenn wir auf ein Ziel fixiert sind, räumen wir allem, was für diesen Gegenstand der Konzentration wichtig ist, Vorrang ein. Die Konzentration wählt nicht nur Richtiges aus, sondern sie sagt auch Nein zu dem, was falsch ist. Verneint die Konzentration aber auch richtige Dinge, geht sie zu weit. Einseitige Fixierung auf ein Ziel verwandelt sich in übermäßigen Ehrgeiz, wenn die Kategorie der »Ablenkungen« sich auch auf die berechtigten Bedenken, klugen Ideen und lebenswichtigen Informationen anderer ausweitet. Von ihrer Moral, Loyalität und Motivation ganz zu schweigen.

Die Wurzeln diesbezüglicher Forschungsarbeiten gehen auf die Studien des Professors David McClelland von der Harvard University zurück. Er untersuchte, wie ein gesunder Leistungsdrang zur Triebkraft des Unternehmergeistes wird. Von Anfang an fiel ihm aber auch auf, dass einige besonders ehrgeizige Führungskräfte »sich so sehr darauf fixieren, einen Abkürzungsweg zu ihrem Ziel zu finden, dass sie im Hinblick auf die Mittel, mit denen sie es erreichen wollen, nicht allzu wählerisch sind«.[7]

»Vor zwei Jahren erhielt ich eine ziemlich ernüchternde Rückmeldung über meine Leistung«, vertraute mir der CEO eines weltweit tätigen Maklerunternehmens für Büroimmobilien an. »Ich hatte großartige Geschäftserfahrung, aber wenn es um inspirierende Führungsqualitäten und Empathie ging, taten sich Lücken auf. Ich hatte geglaubt, ich würde alles richtig machen, und deshalb hatte ich diese Erkenntnis anfangs geleugnet. Dann dachte ich nach und erkannte, dass ich zwar oft mitfühlte, aber in dem Augenblick dichtmachte, in dem Leute ihre Aufgaben nicht gut erfüllten. Dann wurde ich sehr kühl und sogar fies. Mir wurde klar, dass ich vor allem Angst vor dem Versagen hatte. Das war meine Triebkraft. Und wenn jemand in meinem Team mich enttäuschte, kam die Angst wieder hoch.«

Wenn die Angst von diesem CEO Besitz ergriff, fiel er wieder in den Stil des Schrittmachers zurück. Scott Spreier, der die Führungskräfte des Unternehmens coachte, sagte dazu: »Wenn man von dem Bedürfnis, ein Ziel zu erreichen, überwältigt wird und dann nicht über die nötige Selbstwahrnehmung verfügt, geht die Empathie verloren, und man handelt nur noch automatisch.«

Das Gegenmittel: Man muss sich klarmachen, dass es notwendig ist zuzuhören, zu motivieren, Einfluss zu nehmen, zu kooperieren – zwischenmenschliche Fähigkeiten, mit deren Gebrauch Schrittmacher-Führungskräfte in der Regel nicht vertraut sind. »Im schlimmsten Fall fehlt den Schrittmachern die Empathie«, erklärte mir George Kohlrieser, ein Experte für Führungskräfte bei der Schweizer Managerschule IMD. Kohlrieser bringt Managern aus der ganzen Welt bei, zu Führungskräften mit »sicherem Fundament« zu werden, die Mitarbeiter mit ihrem emotional unterstützenden, empathischen Führungsstil dazu ermutigen, bei der Arbeit ihr Bestes zu geben.[8]

»Wir sind hier alle Schrittmacher«, räumte der CEO eines der weltweit größten Finanzdienstleister ein wenig verschämt ein. Aber ein ganzes Rudel von Schrittmachern muss das Geschäftsklima nicht unbedingt schädigen: Es kann funktionieren, wenn alle aufgrund hoher Begabung und eines starken Erfolgsdranges ausgewählt wurden – das heißt, wenn sie Schrittmacher sind.

Andererseits aber schrieb ein Finanzanalyst über eine Bank, in der die Schrittmacher-Kultur zu einem brüsken Umgang mit den Kunden führte: »Ich würde mein Geld nicht dorthin bringen – aber ich würde empfehlen, die Aktie zu kaufen.«

Wirkungsmanagement

Im Frühjahr 2010, in den ersten Wochen nach der katastrophalen, von BP verursachten Ölpest im Golf von Mexiko, als unzählige Meerestiere und Vögel verendeten und die Anwohner am Golf über die Katastrophe klagten, lieferten die Führungskräfte von BP ein Lehrbuchbeispiel dafür, wie man eine Krise *nicht* managen soll.

Der Höhepunkt der Torheit war erreicht, als Tony Hayward, der CEO von BP, schändlicherweise erklärte: »Niemand wünscht sich mehr als ich, dass diese Sache vorübergeht. Ich will mein Leben zurück.«

Statt auch nur die geringste Besorgnis um die Opfer der Ölpest zu zeigen, hatte es den Anschein, als gehe es ihm nur um seine eigene Bequemlichkeit. Im weiteren Verlauf behauptete er, die Katastrophe sei nicht die Schuld von BP, sondern der Fehler liege bei den Subunternehmen, und er trage keine Verantwortung.[9] Auf Fotos, die weite Verbreitung fanden, machte er auf dem Höhepunkt der Krise fröhlich Segelurlaub auf seiner Jacht.

Ein Manager aus der Presseabteilung von BP formulierte es so: »Tony Hayward brauchte nur den Mund aufzumachen, und schon trat er ins Fettnäpfchen. Er verstand das Tier nicht, das die Medien sind. Er begriff die Wahrnehmung der Öffentlichkeit nicht.«[10]

Nach Angaben von Signe Spencer, Koautorin eines der ersten Bücher über Kompetenzmodellierung, hat man kürzlich bei manchen hochrangigen Führungskräften eine Fähigkeit identifiziert, die als »managing your impact on others« (Management der eigenen Wirkung auf andere) bezeichnet wird: Die Betreffenden nutzen ihre Bekanntheit und Funktion geschickt aus, um positive Wirkungen zu erzielen.[11]

Tony Hayward dagegen war blind für seine Wirkung auf andere, von der öffentlichen Wahrnehmung seines Unternehmens ganz zu schweigen. Er löste einen Aufschrei der Entrüstung aus: Unter anderem wurde in schlagzeilenträchtigen Artikeln die Frage gestellt, warum man ihn noch nicht entlassen habe, und sogar Präsident Obama erklärte, er hätte ihn gefeuert. Im folgenden Monat wurde bekannt gegeben, dass Hayward BP verlassen würde.

Die Katastrophe hat BP bisher mehr als 40 Milliarden Dollar an Schadenersatzleistungen gekostet, vier Führungskräfte wurden wegen Fahrlässigkeit angeklagt, und die US-Regierung verbot BP weitere geschäftliche Aktivitäten – darunter auch neue Ölbohrungen im Golf – wegen eines »Mangels an unternehmerischer Integrität«.

Tony Hayward ist ein Lehrbuchbeispiel dafür, welchen Preis ein Mangel an Konzentration für eine Führungskraft haben kann. »Wenn man vorhersehen will, wie die Menschen reagieren, muss man ihre Reaktionen auf einen selbst deuten«, sagte Spencer. »Das setzt Selbstwahrnehmung und Empathie in einem sich selbst verstärkenden Kreislauf voraus. Man wird sich stärker bewusst, wie man bei anderen ankommt.«

Mit guter Selbstwahrnehmung, so fügte sie hinzu, kann man auch leichter ein gutes Selbstmanagement entwickeln. »Wenn man sich selbst besser im Griff hat, kann man auch besser Einfluss ausüben.« Hayward versagte während der Ölpest offenbar in all diesen Bereichen – und er versagte auch, als es darum ging, seine Wirkung zu steuern.

Diese dreifache Konzentration erfordert ein Jonglieren mit der Aufmerksamkeit; Führungskräfte, denen dies nicht gelingt, handeln zu ihrem eigenen Nachteil und dem ihres Unternehmens.

WAS MACHT EINE FÜHRUNGSKRAFT AUS?

Vor langer Zeit, als ich an der Harvard University promovierte, sorgte David McClelland für einen kleinen Aufruhr: Er hatte in der wichtigsten Fachzeitschrift unseres Berufsstandes, dem *American Psychologist*, einen umstrittenen Aufsatz veröffentlicht. Darin gab McClelland einen Überblick über Daten, die eine geheiligte Annahme infrage stellten: dass nämlich gute Schulleistungen schon als solche beruflichen Erfolg erwarten lassen.

Wie er anerkannte, sprachen stichhaltige Indizien dafür, dass der Intelligenzquotient der beste Voraussagefaktor ist, wenn man wissen will, welchen Beruf ein Oberschüler letztlich ergreift; ebenso unterscheidet dieser Wert auch gut zwischen den Funktionen der Menschen am Arbeitsplatz. Akademische Fähigkeiten (und der IQ, der sich darin in etwa widerspiegelt) sind ein Zeichen dafür, mit welchem Ausmaß an kognitiver Komplexität jemand zurechtkommt und welche Tätigkeit er demnach ausführen kann. Um beispielsweise Experte oder leitender Angestellter zu werden, braucht man einen IQ, der ungefähr eine Standardabweichung über dem Durchschnitt liegt, das heißt bei rund 115.

Etwas anderes aber wurde (zumindest in Akademikerkreisen, in denen es weniger klar zutage tritt) kaum diskutiert: Wenn man erst einmal unter Kollegen arbeitet, die ungefähr ebenso klug sind wie man selbst, kann man sich durch kognitive Fähigkeiten allein nicht herausheben – insbesondere nicht als Führungskraft. Wenn alle in der Gruppe das gleiche hohe Niveau haben, stellt sich beim Intelligenzquotienten ein Bodeneffekt ein.

McClellands Argumentation: Wenn man in einem bestimmten Beruf arbeitet, sind spezifische Fähigkeiten wie Selbstdisziplin, Empathie und Überzeugungskraft weitaus stärkere Erfolgsfaktoren als die akademischen Leistungen. Er schlug eine Methodik vor, die sich seither unter dem Namen Kompetenzmodellierung in vielen Organisationen von Weltrang durchgesetzt hat. Mit dieser Methode identifiziert man die entscheidenden Fähigkeiten, die jemanden in einer bestimmten Organisation zu einem herausragenden Leistungsträger machen.

Der Artikel mit dem Titel »Testing for Competence Rather Than Intelligence« (Test auf Kompetenz anstelle von Intelligenz) wurde in den Unternehmen von jenen wohlwollend aufgenommen, die Tag für Tag berufliche Leistungen bewerten mussten und dann zu entscheiden hatten, wer befördert werden sollte, wer die leistungsfähigste Führungskraft war und welches Talent man bei vielversprechenden Mitarbeitern fördern sollte. Sie hatten bis dahin kaum ein zuverlässiges Maß für Erfolg und Versagen, und sie wussten, dass die Schulnoten und das Prestige der Schulen, die jemand besucht hatte, wenig oder nichts mit der tatsächlichen Leistung zu tun haben.

Der frühere Chef einer Großbank sagte mir: »Ich habe immer die Besten und Klügsten eingestellt, aber was den Erfolg anging, habe ich dennoch häufig eine Glockenkurve beobachtet, und ich habe mich gefragt, warum.« McClelland hatte die Erklärung.

Unter Wissenschaftlern dagegen war der Artikel umstritten: Manche konnten nicht begreifen, dass gute Leistungen in ihren Seminaren wenig damit zu tun hatten, wie gut ihre Studierenden später im Beruf zurechtkommen würden (es sei denn, bei diesem Beruf handelt es sich beispielsweise um den eines Collegeprofessors).[1]

Heute, Jahrzehnte nach jenem umstrittenen Artikel, erzählt die Kompetenzmodellierung eine eindeutige Geschichte: Bei den Eigenschaften herausragender Führungspersönlichkeiten überwiegen in der Regel die nichtakademischen Fähigkeiten wie Empathie die rein kognitiven Begabungen.[2] In einer Studie der Hay Group (die das von McClelland gegründete Unternehmen McBer übernommen hatte und eine Forschungsabteilung mit dem Namen McClelland Institute betreibt) hatten Führungskräfte, die in mindestens acht dieser nichtkognitiven Fähigkeiten besondere Stärken erkennen ließen, ein höchst energiegeladenes, leistungsfreundliches Arbeitsklima geschaffen.[3]

Yvonne Sell zufolge, der Direktorin der Abteilung für Praxis und Talentsuche der Hay Group, die auch die Studie leitete, sind solche Führungskräfte allerdings selten: Nur 18 Prozent der Manager erreichten ein solches Niveau. Drei Viertel derer, die höchstens drei Stärken in Menschenführung besaßen, schufen ein *negatives* Klima, in dem die Menschen gleichgültig oder demotiviert waren. Schwache Führungsqualitäten scheinen allzu verbreitet zu sein – mehr als die Hälfte aller Führungskräfte fielen in diese Kategorie.[4]

Auf die gleiche harte Aussage über weiche Fähigkeiten deuten auch andere Studien hin. Als die Unternehmensberatung Accenture 100 CEOs danach fragte, welche Fähigkeiten sie für die erfolgreiche Führung eines Unternehmens bräuchten, kristallisierte sich eine Gruppe von 14 Begabungen heraus; das Spektrum reichte vom globalen Denken über die Schaffung einer inspirierenden, gemeinsamen Vision bis zu einer aufgeschlossenen Einstellung zum Wandel und zu technischen Neuerungen.[5] Kein Mensch konnte all diese Fähigkeiten besitzen. Gleichzeitig zeigte sich aber auch eine »Metafähigkeit«: die Selbstwahrnehmung. Spitzenmanager brauchen sie, um ihre eigenen Stärken und Schwächen richtig einschätzen zu können und sich dann mit einem Team von Mitarbeitern zu umgeben, deren Stärken in solchen entscheidenden Fähigkeiten die eigenen ergänzen.

Dennoch taucht Selbstwahrnehmung in den Listen der Fähigkeiten, zu denen Unternehmen gelangen, wenn sie die Stärken ihrer wichtigsten Leistungsträger analysieren, nur selten auf.[6] Diese subtile Spielart der Konzentration ist vielleicht zu schwer fassbar, aber Fähigkeiten, in denen sich gute kognitive Kontrolle widerspiegelt – die ihrerseits auf dem Fundament der Selbstwahrnehmung aufbaut –, werden häufig genannt; unter ihnen sind Hartnäckigkeit, Flexibilität und Zielstrebigkeit.

Häufiger werden in Studien zur Kompetenz von Führungskräften die verschiedenen Formen der Empathie genannt, vom einfachen Zuhören bis zum Durchschauen der Einflussverhältnisse in einem Unternehmen. Die meisten Fähigkeiten leistungsstarker Führungskräfte gehören in eine leichter erkennbare Kategorie, die auf der Empathie aufbaut: Stärken in zwischenmenschlichen Beziehungen wie Einfluss und Überzeugungskraft, Team- und Kooperationsfähigkeit und Ähnliches. Aber solche schärfer umrissenen Führungsqualitäten bauen nicht nur auf Empathie auf, sondern auch auf Selbstmanagement und einem Gespür dafür, wie sich das eigene Verhalten auf andere auswirkt.

Die einzigartige Konzentrationsfähigkeit, mit der wir Systeme durchschauen können, hat von Unternehmen zu Unternehmen und von einem Kompetenzmodell zum anderen verschiedenen Namen: Sie heißt beispielsweise Blick für das große Ganze, Mustererkennung oder systemorientiertes Denken. Dazu gehört die Fähigkeit, sich die Dynamik komplexer Systeme vor Augen zu führen und vorherzusehen, wie eine Einzelentscheidung an einer ganz anderen Stelle einen Effekt erzeugt, oder zu spüren, welche Bedeutung unser heutiges Handeln in fünf Wochen, in einigen Monaten oder auch in Jahren oder Jahrzehnten haben wird.

Die große Herausforderung für Führungskräfte geht über eine gute Beherrschung aller drei Formen der Konzentration hinaus. Entscheidend ist, dass man das Gleichgewicht findet und zur richtigen Zeit die richtige Form anwendet. Die gut konzentrierte Führungskraft bringt die Datenströme, die jede einzelne Form der Konzentration liefert, ins Gleichgewicht und verwebt diese Stränge zu einer bruchlosen Handlungsweise. Daten, die durch Aufmerksamkeit, emotionale Intelligenz und eigene Leistung gewonnen wurden, zusammenzuführen – diese dreifache Konzentration erweist sich als verborgene Triebkraft hervorragender Leistungen.

Das richtige Gleichgewicht finden

Fragt man in einer beliebigen Arbeitsgruppe die Mitglieder: »Wer ist hier der Chef?«, dann nennen sie höchstwahrscheinlich den Namen dessen, der den entsprechenden Titel trägt.

Wenn man sie als Nächstes fragt: «Wer hat hier in der Gruppe den größten Einfluss?«, dann wird der informelle Anführer genannt, und man erfährt etwas darüber, wie die Gruppe in Wirklichkeit funktioniert.

Solche informellen Anführer haben eine stärkere Selbstwahrnehmung als ihre Teamkollegen: Bei ihnen besteht meist die geringste Kluft zwischen der eigenen Einschätzung ihrer Fähigkeiten und der anderer.[7] Die Psychologin Vanessa Druskat von der University of New Hampshire, von der diese Studie stammt, meinte dazu: »Informelle Führungskräfte entwickeln sich häufig vorübergehend, und ihre Rollen wechseln. In unseren Untersuchungen haben wir gefragt: ›Wer ist nach Ihrer Ansicht die meiste Zeit der informelle Anführer?‹«

Wenn diese informelle Führungskraft ihre gut ausgeprägte Empathie ins Gleichgewicht mit anderen Fähigkeiten bringt, ist die Leistung des ganzen Teams den Studienbefunden zufolge besser. »Wenn der Anführer nur eine geringe Empathie und einen hohen Leistungsdrang mitbringt«, erklärte mir Druskat, »zieht seine Zielorientiertheit die Leistung der gesamten

Gruppe nach unten. Aber – und das ist wichtig – wenn der Anführer viel Empathie und eine geringe Selbstkontrolle besitzt, geht die Leistung ebenfalls zurück – zu viel Empathie steht im Weg, wenn man Menschen auf ihr Fehlverhalten aufmerksam machen muss.«

Eine Bankmitarbeiterin sagte mir: »Ich bin Finanzdienstleisterin und habe das Wort Empathie bei der Arbeit nie in den Mund genommen – jedenfalls bis jetzt. Entscheidend ist, dass man sie mit unserer Strategie verbindet: Engagement der Mitarbeiter, gute Beurteilung durch die Kunden. Empathie ist ein Weg, um uns von unseren Wettbewerbern abzuheben. Entscheidend ist, dass man zuhört.«

Damit ist sie in guter Gesellschaft; das Gleiche hörte ich auch von den CEOs der Mayo Clinic und der Cleveland Clinic, zwei der herausragendsten Krankenhäuser der Welt.

Und der CEO eines der weltweit größten Geldanlagehäuser erzählte mir, dass die ehrgeizigsten Business-School-Absolventen sich, motiviert durch die Aussicht auf gewaltige Gehälter, bei seiner Firma bewerben. Aber, so klagte er, eigentlich suche er nach Menschen, »denen etwas an den Witwen und pensionierten Feuerwehrleuten liegt, deren Lebensersparnisse wir verwalten« – mit anderen Worten: Er suchte nach empathischer Konzentration, zu der auch das menschliche Interesse für diejenigen gehört, deren Geld auf dem Spiel steht.

Andererseits reicht aber die einseitige Konzentration auf Menschen nicht aus. Man denke nur an den Manager, der als Gabelstaplerfahrer begonnen und sich bis zum Produktionsleiter für das Asiengeschäft eines weltweit tätigen Industrieunternehmens hochgearbeitet hat. Trotz seiner abgehobenen Position fühlt er sich am wohlsten, wenn er in der Fabrikhalle mit den Arbeitern plaudert. Er weiß, dass er strategisch denken sollte, aber lieber ist er ein »Mann zum Anfassen«.

»Er hatte nicht das richtige Gleichgewicht zwischen seiner Konzentration auf andere und nach außen«, sagte Spreier. »Seine Konzentration war falsch ausgerichtet, und er konnte sich keine guten Strategien ausdenken. Das machte ihm keinen Spaß – vom Verstand her wusste er, dass er es tun müsste, aber emotional war er einfach nicht bei der Sache.«

Das richtige Gleichgewicht zwischen der Konzentration auf ein Ziel und dem Gespür für die Reaktionen anderer zu finden dürfte für die Neuronen eine schwierige Aufgabe sein. Mein langjähriger Kollege Richard Boyatzis berichtete mir von seinen Forschungsarbeiten an der Case Western Reserve University: Danach werden unterschiedliche Neuronennetzwerke aktiv, je nachdem, ob wir uns auf ein Ziel konzentrieren oder ob wir unsere zwischenmenschlichen Verhältnisse überprüfen. »Die hemmen sich gegenseitig«, sagte Boyatzis. »Die erfolgreichsten Führungskräfte wechseln innerhalb von Sekunden zwischen beiden hin und her.«

Unternehmen brauchen natürlich Manager, die darauf aus sind, bessere Geschäftsergebnisse zu erzielen. Aber diese Ergebnisse sind auf lange Sicht solider, wenn die Führungskräfte ihren Mitarbeitern nicht nur sagen, was zu tun ist, oder es selbst tun, sondern sich auch auf etwas anderes konzentrieren: Sie müssen motiviert sein, auch anderen Menschen zum Erfolg zu verhelfen.

Solche Führungskräfte wissen zum Beispiel, dass jemand, dem heute eine bestimmte Stärke fehlt, diese im Lauf der Zeit entwickeln kann. Sie nehmen sich die Zeit, zu betreuen und zu beraten. Unter praktischen Gesichtspunkten bedeutet das:

- In sich hineinzuhören und eine authentische Vision für die allgemeine Zielrichtung zu entwickeln, die anderen auch dann Energie verleiht, wenn sie klare Erwartungen formuliert.
- Zuzuhören, was andere von ihrem Leben, ihrer Karriere und ihrer derzeitigen Tätigkeit erwarten, und sie entsprechend zu betreuen. Auf die Gefühle und Bedürfnisse der Menschen zu achten und Anteilnahme zu zeigen.
- Auf Ratschläge und fachliche Informationen zu hören;

kooperativ zu sein und Entscheidungen, soweit es angemessen ist, im Konsens zu fällen.

• Gewinne zu feiern, zu lachen, zu wissen, dass angenehm
verbrachte Zeit keine Verschwendung ist, sondern dem
Aufbau emotionalen Kapitals dient.

Solche Führungsqualitäten, die parallel oder entsprechend den
augenblicklichen Umständen zum Ausdruck kommen, erweitern die Konzentration einer Führungskraft, die dann besser auf
alles zurückgreifen kann, was von innen, von anderen und
von außen kommt. Diese maximale Bandbreite, das weiter ge-
fasste Verständnis und die flexiblen Reaktionen, die dadurch
möglich werden, können sich auszahlen. Die Untersuchung
eines solchen Führungsstils durch das McClelland Institute
zeigte, dass fähige Führungskräfte je nach Bedarf darauf
zurückgreifen – jeder Aspekt repräsentiert eine einzigartige
Konzentration und Anwendung. Je größer das Repertoire der
Führungsstile ist, über die ein Manager verfügt, desto energiegeladener ist das Klima in der Firma und desto besser werden
die geschäftlichen Ergebnisse.[8]

Öffnung

Der Leiter eines Gesundheitsunternehmens schätzte eine Gruppe
von mehr als 40 Managern ein, deren neuer Vorgesetzter er
war. In einer Besprechung stand jeder Einzelne auf und sprach
Probleme an; dabei achtete der Chef genau darauf, wie viel
Aufmerksamkeit die anderen Manager dem Kollegen schenkten, der jeweils an der Reihe war. Bei dem einen konzentrierten sich alle und hörten wirklich zu, als aber ein anderer auf-
stand und sprach, richteten alle den Blick auf den Tisch – ein
sicheres Anzeichen dafür, dass er sie nicht fesseln konnte.
    Emotionale Öffnung – die Fähigkeit, solche unterschwel-
ligen Anhaltspunkte in einer Gruppe wahrzunehmen – funk-

tioniert ein wenig wie eine Kamera. Wir können unser Zoom auf die Gefühle einer Person richten, oder wir betrachten im Weitwinkel das ganze Kollektiv, ob es sich nun um eine Schulklasse oder eine Arbeitsgruppe handelt.

Eine Führungskraft kann durch Öffnung beispielsweise genauer feststellen, ob ein Vorschlag unterstützt oder abgelehnt wird. Solche Hinweise richtig deuten zu können kann unter Umständen den Unterschied zwischen einer gescheiterten Initiative und einer nützlichen Korrektur im laufenden Betrieb ausmachen.[9]

Wer aufschlussreiche emotionale Signale wie Tonfall, Gesichtsausdrücke und Ähnliches in einer Gruppe wahrnimmt, weiß beispielsweise eher, wie viele Gruppenmitglieder sich fürchten oder verärgert sind und wie viele Hoffnung und Optimismus – oder Verachtung und Gleichgültigkeit – empfinden. Solche Anhaltspunkte ermöglichen eine schnellere und genauere Einschätzung der Gefühle in der Gruppe als beispielsweise die Frage, wie jeder Einzelne sich fühlt.

Am Arbeitsplatz sind kollektive Gefühle – manchmal spricht man auch vom Arbeitsklima – beispielsweise für Kundenservice, Fehlzeiten und die allgemeine Leistungsfähigkeit der Gruppe sehr wichtig.

Ein fein abgestuftes Gespür für das Spektrum der Gefühle in einer Gruppe – wie viele Mitglieder beispielsweise Angst, Hoffnung und das ganze übrige emotionale Repertoire empfinden – kann einer Führungskraft helfen, Entscheidungen zu treffen, die Angst in Hoffnung oder Verachtung in Zuversicht verwandeln.

Als Hürde für eine solche weitgefasste Sichtweise erweist sich die unausgesprochene Annahme, eine professionelle Arbeitshaltung verlange, dass wir unsere Gefühle ignorieren. Manche führen diesen emotionalen blinden Fleck auf die Arbeitsmoral zurück, die im Westen zu den Normen des Arbeitslebens gehört: Danach ist Arbeit eine moralische Verpflichtung, die verlangt, dass wir die Aufmerksamkeit für unsere zwischenmenschlichen Beziehungen und Gefühle unterdrücken. Nach dieser nur allzu verbreiteten Sichtweise untergräbt Aufmerksamkeit für menschliche Dimensionen den Geschäftserfolg.

In den letzten Jahrzehnten hat die Unternehmensforschung aber eine Fülle von Belegen geliefert, wonach diese Annahme in die Irre geht; die fähigsten Teammitglieder oder Führungskräfte sammeln vielmehr mit großer Aufgeschlossenheit die erforderlichen emotionalen Informationen, die sie brauchen, um mit den gefühlsmäßigen Bedürfnissen ihrer Kollegen oder Mitarbeiter gut umgehen zu können.

Ob wir den emotionalen Wald wahrnehmen oder uns nur auf einen Baum konzentrieren, ist ein Anzeichen für das Ausmaß unserer Öffnung. Als Versuchspersonen beispielsweise Zeichnungen sahen, auf denen eine lächelnde Person von Gesichtern mit gerunzelter Stirn umgeben war, konnte man mit Apparaturen zur Verfolgung der Augenbewegungen feststellen, dass die meisten Betrachter sich ausschließlich auf das lächelnde Gesicht konzentrierten und die anderen nicht zur Kenntnis nahmen.[10]

Offensichtlich besteht (zumindest bei Collegestudenten im Westen, die in solchen psychologischen Studien den Großteil aller Versuchspersonen stellen) die Neigung, das größere Kollektiv zu ignorieren. In der ostasiatischen Gesellschaft dagegen nehmen die Menschen von Natur aus eher weitgefasste Vorgänge in einer Gruppe wahr – ihnen fällt es leichter, sich stark zu öffnen.

Warren Bennis, ein Experte für Führungsqualitäten, prägte den Begriff »erstklassige Wahrnehmer« für Menschen, die in jeder Situation eine fein abgestimmte Aufmerksamkeit und ein ständiges, manchmal ansteckendes Gefühl der Faszination für die Vorgänge des jeweiligen Augenblicks mitbringen. Eine Spielart solcher erstklassigen Wahrnehmer sind Menschen, die gut zuhören können.

Zwei eingefahrene mentale Gleise, die unsere Fähigkeit zur

Wahrnehmung gefährden, sind unhinterfragte Annahmen und Faustregeln, auf die man sich zu stark verlässt. Beide müssen immer wieder überprüft und angesichts einer sich wandelnden Realität verfeinert werden. Ein Weg zu diesem Ziel ist die Umweltachtsamkeit, wie die Psychologin Ellen Langer sie nennt: ständiges Fragen und Zuhören; Nachforschen, Nachbohren und Nachdenken – das Sammeln der Einsichten und Sichtweisen anderer Menschen. Ein solches aktives Engagement führt zu klügeren Fragen, besserem Lernen und einer sensibleren Antenne, die uns vor bevorstehenden Veränderungen warnt.

Das Systemgehirn

Betrachten wir einmal einen leitenden Mitarbeiter im öffentlichen Dienst: Er wurde in einer Studie zu denen gezählt, die aufgrund ihrer bisherigen Leistungen als innovative, erfolgreiche Führungskräfte gelten können.[11]

Seine erste Stellung hatte er bei der Marine als Funker auf einem Schiff. Die Funkapparatur beherrschte er schnell, wie er sagte, »kannte ich sie besser als jeder andere auf dem Schiff. Ich war derjenige, zu dem alle kamen, wenn es Probleme gab. Aber dann wurde mir eines klar: Wenn ich Erfolg haben wollte, musste ich das ganze Schiff beherrschen.«

Also lernte er, wie die verschiedenen Teile des Schiffs zusammenwirkten und in welcher Beziehung jedes davon mit dem Funkerraum stand. Später, als er in seiner Berufslaufbahn auf eine viel höhere Stellung als ziviler Mitarbeiter der Marine befördert worden war, sagte er: »Zuerst habe ich den Funkerraum beherrscht, dann das Schiff, und dann wurde mir klar, dass ich durchschauen musste, wie die ganze Marine funktioniert.«

Manche Menschen haben zwar von Natur aus eine besondere Vorliebe für Systeme, viele oder sogar die meisten Führungskräfte jedoch – auch dieser Manager – müssen sich eine solche Fähigkeit erarbeiten. Ohne Selbstwahrnehmung und Empathie jedoch reicht die Kenntnis der Systeme für hervorragende Führungsqualitäten nicht aus. Wir dürfen uns nicht nur auf eine Stärke verlassen, sondern müssen die dreifache Konzentration ins Gleichgewicht bringen.

Betrachten wir jetzt einmal das Larry-Summers-Paradox: Summers hatte zweifellos den Intelligenzquotienten eines Genies und war ein brillanter, systemorientierter Denker. Immerhin war er in der Geschichte der Harvard University einer der Jüngsten, die jemals eine Professorenstelle auf Lebenszeit erhielten. Jahre später jedoch wurde Summers von den Mitarbeitern der Hochschule als Harvard-Präsident mehr oder weniger gefeuert: Sie hatten es satt, wie er unsensibel in Fettnäpfchen tappte – und insbesondere wie geringschätzig er sich über die wissenschaftlichen Fähigkeiten von Frauen äußerte.

Dieser Vorgang lässt auf einen »extremen Gehirnstil« schließen, wie Simon Baron-Cohen von der Universität Oxford es nannte: Jemand kann Systeme hervorragend analysieren, lässt aber in dem damit verbundenen sozialen Zusammenhang die Empathie und Sensibilität vermissen.[12]

Wie Baron-Cohen in seinen Forschungsarbeiten festgestellt hat, verbindet sich diese Stärke im systemorientierten Denken bei einer kleinen – aber nicht unbedeutenden – Zahl von Menschen mit einem blinden Fleck für die Gefühle und Gedanken anderer und für die Bedeutung zwischenmenschlicher Situationen. Aus diesem Grund sind Menschen mit einem überlegenen Systemverständnis zwar ein Aktivposten für Unternehmen, aber wenn ihnen die erforderliche emotionale Intelligenz fehlt, sind sie nicht zwangsläufig als Führungskräfte geeignet.

Ein Bankmanager erklärte mir einmal, sein Geldinstitut habe für Leute mit solchen Begabungen eine eigene Karriereleiter geschaffen: Sie können aufgrund ihres einseitigen Talents als hervorragende Analytiker in Status und Gehalt aufsteigen, erreichen aber keine Stellungen im Management. Auf diese Weise kann die Bank begabte Mitarbeiter halten und in ihrer Karriere fördern, Führungskräfte werden aber aus einer anderen Gruppe rekrutiert und können dann je nach Bedarf auf die Fachkenntnis der Analytiker zurückgreifen.

Das konzentrierte Team

Ein internationaler Konzern stellte Mitarbeiter ausschließlich aufgrund ihrer Fachkenntnisse ein, ohne auf persönliche oder zwischenmenschliche Qualitäten – beispielsweise Teamfähigkeit – zu achten. Wie vielleicht nicht anders zu erwarten, befand sich bald ein hundertköpfiges Team in einem Zustand der Zerrüttung – mit zahlreichen Streitigkeiten und der ständigen Nichteinhaltung von Terminen.

»Der Leiter des Teams hatte nie eine Chance, innezuhalten und mit jemand anderem gemeinsam nachzudenken«, berichtete mir der Managementcoach, den man zu Hilfe geholt hatte. »Er hatte keinen einzigen Freund, mit dem er offen hätte reden können. Als ich ihm die Gelegenheit zum Nachdenken verschaffte, beschäftigten wir uns zuerst mit seinen Träumen und dann mit seinen Problemen.

Als wir dann aus einer gewissen Distanz sein Team ansahen, wurde ihm klar, dass er alles sehr eingeschränkt betrachtet hatte – er sah nur, dass sie ihn ständig enttäuschten; er hatte aber nie darüber nachgedacht, *warum* die Menschen sich so und nicht anders verhielten. Er konnte nicht die Perspektive wechseln und sich nicht in die anderen Mitglieder hineinversetzen.«

Der Teamleiter konzentrierte sich mit seinen Gedanken ausschließlich auf die Frage, was mit den Mitarbeitern nicht stimmte – auf ihre einzelnen Versäumnisse und auf seine Empörung darüber, dass sie seine Leistung torpedierten. Die Schuld bei ihnen zu suchen fiel ihm leicht.

Als er sich aber darauf konzentrieren konnte, wo aus Sicht des Teams die Schwierigkeiten lagen, wandelte sich auch seine Diagnose der Probleme. Ihm wurde klar, dass es unter den Teammitgliedern heftige Ressentiments gab. Die theorieorientierten Grundlagenforscher verabscheuten die pragmatischen, hemdsärmeligen Ingenieure, und die wiederum hatten etwas gegen die Forscher, die nach ihrer Ansicht im Wolkenkuckucksheim lebten.

Ein anderer Aspekt der Streitigkeiten war Nationalismus. Das große Team war eine Art Vereinte Nationen im Kleinformat: Seine Mitglieder kamen aus der ganzen Welt – viele davon aus Staaten, zwischen denen Konflikte herrschen –, und diese Konflikte färbten auch vielfach auf die Spannungen zwischen den Menschen ab.

Nach der Sprachregelung in der Gruppe gab es solche Meinungsverschiedenheiten nicht (*deshalb können wir nicht darüber reden*), aber der Teamleiter erkannte jetzt, dass er die Probleme auf den Tisch legen musste. »Von da an hat er angefangen, die Dinge zurechtzurücken«, sagte sein Coach.

Nach den Befunden von Vanessa Druskat haben leistungsstarke Teams sich Normen auferlegt, mit denen die kollektive Selbstwahrnehmung gestärkt wird; sie bringen beispielsweise schwelende Meinungsverschiedenheiten ans Licht und legen sie bei, bevor sie überkochen.

Ein Mittel, um mit den Gefühlen im Team umzugehen: Man nimmt sich Zeit und Raum, um darüber zu sprechen, was den Leuten durch den Kopf geht. Nach den Untersuchungen, die Druskat zusammen mit Steven Wolff durchführte, tun viele Teams genau das nicht – es war in ihren Studien die am seltensten befolgte Norm. »Aber wenn ein Team es macht, zahlt es sich sehr positiv aus«, sagte sie.

»Ich habe in North Carolina mit einem Team gearbeitet, und das Hilfsmittel, um gefühlsbeladene Themen zu erörtern, war ein großer Keramikelefant«, erzählte mir Druskat. »Alle haben sich auf eine Regel geeinigt, die hieß: Jeder konnte jederzeit den Elefanten hochheben und sagen: ›Ich möchte einen Elefanten heben‹«; das hieß, man wollte etwas zur Sprache bringen, das einen störte.

»Einer – und alles waren Topmanager – hat es sofort gemacht. Er sprach darüber, wie überfordert er sei und dass es den anderen Leuten im Team nicht klar sei und sie seine Zeit zu stark beanspruchten. Er sagte ihnen: ›Ihr müsst euch klarmachen, dass gerade meine hektischste Zeit ist.‹ Die Kollegen erklärten, sie hätten keine Ahnung gehabt und sich gefragt, warum er so unsensibel sei. Manche hatten es persönlich genommen. Danach meldeten sich viele andere zu Wort, redeten sich die Dinge vom Herzen, machten reinen Tisch. Nach weniger als einer Stunde war es, als hätte ich ein völlig anderes Team vor mir.«

»Um die kollektive Klugheit einer Gruppe nutzbar zu machen, braucht man zwei Dinge: nachdenkliche Präsenz und ein Gefühl der Sicherheit«, sagte Steven Wolff, leitender Manager des Beratungsunternehmens GEI Partners.[13] »Man braucht ein gemeinsames mentales Modell, wonach man sich an einem sicheren Ort befindet – und nicht: *Wenn ich etwas Falsches sage, bekomme ich einen Vermerk in der Personalakte.* Die Leute müssen das Gefühl haben, dass sie freimütig reden können.

Präsent zu sein bedeutet, dass man sich bewusst ist, was gerade läuft, und dass man sich damit beschäftigt. Ich habe negative Emotionen schätzen gelernt – sie machen mir zwar keinen Spaß, aber wenn wir ihnen gegenüber präsent bleiben können, bedeuten sie einen wahren Goldschatz am Ende des Regenbogens. Wenn man negative Gefühle hat, sollte man innehalten und sich fragen, was eigentlich los ist. Dann begreift man allmählich, welches Problem hinter den Gefühlen steht, und man kann das, was man im Inneren spürt, für das Team sichtbar machen. Aber das setzt voraus, dass die Gruppe ein sicheres Umfeld bietet, denn nur dann kann man sagen, was wirklich los ist.«

Ein solcher kollektiver Akt der Selbstwahrnehmung lockert eine emotional aufgeladene Atmosphäre. »Unsere Forschung zeigt, dass dies ein Kennzeichen leistungsstarker Teams ist«, fügte Wolff hinzu. »Sie nehmen sich ohne Weiteres die Zeit, negative Gefühle der Teammitglieder anzusprechen und sich damit zu befassen.«

Wie Einzelpersonen, so beherrschen auch die besten Arbeitsgruppen hervorragend die dreifache Konzentration. Im Team bedeutet Selbstwahrnehmung, dass man sich auf die Bedürfnisse der Mitglieder einstellt, Probleme zur Sprache bringt und gezielt hilfreiche Regeln aufstellt – beispielsweise die, »den Elefanten zu heben«. Manche Teams nehmen sich zu Beginn einer Besprechung Zeit für das tägliche »Einchecken«: Sie fragen, wie es jedem Einzelnen geht.

Die Empathie eines Teams bezieht sich nicht nur auf die Sensibilität gegenüber den Mitgliedern, sondern man versteht auch die Sichtweisen und Gefühle anderer Menschen und Gruppen, mit denen die Arbeitsgruppe zu tun hat – es ist Empathie auf Gruppenebene.

Die besten Teams können auch die Dynamik innerhalb des Unternehmens zutreffend deuten; nach den Befunden von Druskat und Wolff steht diese Form der Systemwahrnehmung in einem engen Zusammenhang mit positiven Leistungen des Teams.

Die Konzentration kann zweierlei Form annehmen: Einerseits kann man sich fragen, wem man im Gesamtunternehmen helfen kann und wie man sich die Mittel und Aufmerksamkeit verschafft, die das Team zum Erreichen seiner eigenen Ziele braucht. Andererseits kann es aber auch bedeuten, dass man sich über die Bedenken anderer im Unternehmen informiert, die Einfluss auf die Möglichkeiten des Teams haben, oder dass man sich fragt, wie die Überlegungen des Teams zur Gesamtstrategie und den Zielen der Organisation passen.

Spitzenteams denken auch in regelmäßigen Abständen über ihre Funktionsweise als Gruppe nach und nehmen notwendige Veränderungen vor. Diese Übung in Gruppenselbstwahrnehmung ermöglicht eine freimütige Rückmeldung von innen, und die, so erklärte mir Druskat, »bringt die Leistungsfähigkeit der Gruppe insbesondere am Anfang kräftig voran«.

Gleichzeitig schafft sie auch eine positive Atmosphäre; ein gemeinsamer Arbeitsrausch ist dadurch gekennzeichnet, dass er Spaß macht. Tim Brown, CEO des Innovations-Beratungsunternehmens IDEO, spricht von »ernsthaftem Spiel«. Er sagte: »Spiel ist gleichbedeutend mit Vertrauen, es ist ein Freiraum, in dem die Menschen auch Risiken eingehen können. Und nur wenn wir Risiken eingehen, kommen wir auf die wertvollsten neuen Ideen.«

Teil 7

DAS GROSSE BILD

IN EINE LANGE
ZUKUNFT FÜHREN

Mein verstorbener Onkel Alvin Weinberg war Kernphysiker und agierte häufig als das Gewissen des Fachgebiets. Als Direktor des Oak Ridge National Laboratory wurde er nach 25 Dienstjahren gefeuert, weil er nicht aufhörte, über die Schwachpunkte der Reaktorsicherheit und die Gefahren von Atommüll zu reden. Umstritten war auch, dass er sich gegen die Verwendung von Reaktorbrennstoffen aussprach, aus denen waffenfähiges Material entstehen kann.[1] Später gründete er das Institute for Energy Analysis und wurde damit zum Initiator einer Einrichtung, die landesweit in der Erforschung und Entwicklung alternativer Energien an der Spitze stand – als einer der ersten Wissenschaftler warnte er auch vor den Gefahren von Kohlendioxid und globaler Erwärmung.

Einmal vertraute Alvin mir an, er stehe gewinnorientierten Unternehmen, die Kernkraftwerke betreiben, sehr zwiespältig gegenüber; er fürchtete, sie könnten um des Profits willen an den Sicherheitsmaßnahmen sparen – eine Vorahnung der Ereignisse, die in Japan zu der Katastrophe von Fukushima beitrugen.[2]

Insbesondere machte Alvin sich Sorgen, weil die Atomenergiebranche nie das Problem der Entsorgung von radioaktivem Abfall gelöst hatte. Er drängte darauf, eine Lösung zu finden, die so lange tragfähig war, wie der Abfall radioaktiv blieb – eine solche Institution müsste die Bestände für Jahrhunderte oder Jahrtausende bewachen und die Menschen vor ihnen schützen.[3]

Entscheidungen, die mit einem langfristigen Horizont im Kopf getroffen werden, werfen Fragen auf: Wie wird das, was wir heute tun, sich in 100 oder 500 Jahren auswirken? Auf die Enkelkinder der Enkelkinder unserer Enkelkinder?

In dieser fernen Zukunft könnten die Einzelheiten unseres heutigen Handelns durchaus verblassen wie entfernte Schatten vergessener Vorfahren. Längerfristige Folgen könnten sich aber aus den von uns etablierten Normen ergeben, aus den Organisationsprinzipien für das Handeln, die noch lange bestehen, nachdem ihre Urheber nicht mehr da sind.

Es gibt Denkfabriken, aber auch Gruppen in Unternehmen und Behörden, die sich weitreichende Gedanken über mögliche Zukunftsszenarien machen. Betrachten wir einmal einige Prognosen, die das US-amerikanische National Intelligence Council für das Jahr 2025 formuliert hat:[4]

- Das Handeln der Menschen wird ökologische Auswirkungen haben und beispielsweise zu einer Verknappung von Ressourcen wie fruchtbarem Boden führen.
- Die wirtschaftliche Nachfrage nach Energie, Lebensmitteln und Wasser wird die ohne Weiteres verfügbaren Quellen überfordern – Wasserknappheit droht schon in Kürze.
- Diese Trends werden in unseren Leben, unserer Wirtschaftsordnung und unseren politischen Systemen zu Schocks und Verwerfungen führen.

Als der Report veröffentlicht wurde, ignorierte die US-Regierung die Befunde. Es gibt keine Behörde, keine Institution und auch keine regierungsamtliche Position, die langfristiges Handeln gewährleisten würde. Stattdessen konzentrieren sich Politiker auf kurze Zeiträume und insbesondere darauf, was sie tun müssen, um wiedergewählt zu werden; was wir heute tun müssen, um zukünftige Generationen zu schützen, findet praktisch keine Beachtung. Für allzu viele Politiker ist die Rettung der eigenen Stelle eher der Aufmerksamkeit würdig als die Rettung unseres Planeten oder der Armen.

Es sind aber nicht nur die Politiker: Auch die meisten von uns ziehen kurzfristige Lösungen vor. Nach den Befunden der Kognitionspsychologen bevorzugen die Menschen bei Entscheidungen aller Arten die Gegenwart – sie sagen beispielsweise: *Ich esse jetzt den Strudel mit Vanilleeis und mache vielleicht später Diät.*

Das Gleiche gilt auch für unsere Ziele. »Wir achten auf die Gegenwart, auf das, was jetzt für unseren Erfolg notwendig ist«, sagte die Kognitionsforscherin Elke Weber von der Columbia University. »Aber das ist schlecht für langfristige Ziele, denn denen misst unser Geist nicht die gleiche Priorität bei. Konzentration auf die Zukunft wird zu einem Luxus, der warten muss, bis wir uns um die momentanen Bedürfnisse gekümmert haben.«

Der New Yorker Bürgermeister Michael Bloomberg verkündete 2003 ein Rauchverbot für Bars. Seine Entscheidung stieß auf heftige Opposition – die Barbetreiber erklärten, sie werde ihr Geschäft ruinieren; die Raucher waren empört. Er dagegen sagte: »Es gefällt euch vielleicht nicht, aber in 20 Jahren werdet ihr mir dankbar sein.«

Wie lange dauert es, bis sich eine positive Reaktion der Öffentlichkeit einstellt? Zur Beantwortung dieser Frage untersuchte Elke Weber Bloombergs Rauchverbot und andere derartige Entscheidungen: »Wir haben mit Fallstudien untersucht, wie lange es dauerte, bis eine anfangs unpopuläre Veränderung zum neuen, allgemein anerkannten Status quo wurde. Unseren Daten zufolge liegt dieser Zeitraum bei sechs bis neun Monaten.«

Das Rauchverbot? »Nach einiger Zeit hat es sogar den Rauchern gefallen«, fügte Weber hinzu. »Irgendwann hat es ihnen Spaß gemacht, mit anderen Rauchern vor der Tür zu stehen.

Und allen hat es gefallen, dass es in den Bars nicht mehr nach kaltem Rauch gestunken hat.«

Eine andere Fallstudie: Die Regierung der kanadischen Provinz British Columbia führte eine Steuer auf Kohlendioxidemissionen ein. Sie war aufkommensneutral: Die erhobenen Gelder wurden an die Bürger der Provinz verteilt. Anfangs gab es heftigen Widerstand gegen die neue Abgabe. Aber nach einiger Zeit gefiel es den Bewohnern, wenn sie ihre Schecks bekamen. 15 Monate später war die Steuer beliebt.[5]

»Politiker sind für unser Wohlergehen verantwortlich«, sagte Weber. »Sie müssen wissen, dass die Menschen ihnen eine Entscheidung, die jetzt hart erscheint, später danken werden. Es ist, als wenn man Teenager großzieht – manchmal sind sie kurzfristig undankbar, aber auf lange Sicht lohnt es sich.«

Umgestaltung der Systeme

Kurz nachdem der Hurrikan Sandy große Teile des Stadtgebiets von New York verwüstet hatte, sprach ich mit Jonathan F.P. Rose, einem Mitbegründer der Bewegung für grüne Stadtplanung, der damals gerade ein Buch schrieb und darin die Städte als Systeme betrachtete.[6] »Was die Überzeugung angeht, dass der Klimawandel ein ernsthaftes, langfristiges Problem ist, mit dem wir uns beschäftigen müssen, stehen wir an einem Wendepunkt«, sagte Rose. »Am schlimmsten hat Sandy das Gebiet um die Wall Street getroffen. Dort unten hört man heutzutage nichts mehr von den Leugnern der Klimaerwärmung. In der Kultur der Wall Street ist ein Quartal eine lange Zeit. Aber durch Sandy wurden sie vielleicht veranlasst, in einem viel längeren Zeithorizont zu denken.

Wenn wir heute unsere Produktion an Treibhausgasen verringern, dauert es immer noch mindestens 300 Jahre, bevor das Klima sich wieder abkühlt, vielleicht auch noch viel länger. Unsere Kognition bevorzugt stark die gegenwärtigen Bedürfnisse, und wenn es darum geht, über die ferne Zukunft nachzudenken, sind wir schwach. Aber wenigstens erkennen wir allmählich, in welchem Umfang wir die Systeme der Menschen und der Natur in Gefahr gebracht haben. Was wir jetzt brauchen, ist Führung. Führungsgestalten müssen sich die unentbehrliche langfristige Sichtweise zu eigen machen, die ein Verständnis für Systeme mit sich bringt.«

Ein Beispiel ist die Geschäftswelt. Sie für eine langfristige Zukunft neu zu erfinden, könnte bedeuten, dass man gemeinsame Werte findet, die von allen Interessengruppen befürwortet werden, von den Aktionären über Mitarbeiter und Kunden bis zu den Gemeinden, in denen ein Unternehmen ansässig ist. Manche sprechen vom »Kapitalismus mit Gewissen«, in dem sich Unternehmen daran orientieren, all diesen Interessengruppen zu dienen; dazu darf man nicht nur Quartalszahlen anpeilen, die den Aktionären gefallen (und wie man aus Studien weiß, schneiden Unternehmen wie Whole Foods oder Zappos mit einer solchen weiter gefassten Sichtweise sogar finanziell besser ab als ihre rein gewinnorientierten Konkurrenten).[7]

Damit eine Führungskraft solche gemeinsamen Werte überzeugend formulieren kann, muss sie zunächst in sich selbst nach einer echten, von Herzen kommenden Leitvision suchen. Die Alternative zeigt sich in den leeren Zielversprechungen, die von Managern ausgesprochen werden, während das Handeln ihres Unternehmens (oder ihr eigenes) sie Lügen straft.

Selbst die Chefs großer Unternehmen leiden unter Umständen an einem blinden Fleck und erkennen die langfristigen Folgen nicht, wenn ihr Zeitrahmen zu eng ist. Um wirklich zu einer großen Führungskraft zu werden, muss ein Manager sein Gesichtsfeld um einen Zukunftshorizont erweitern, der manchmal sogar über Jahrzehnte hinausgeht, und gleichzeitig muss das Verständnis für die Systeme viel feinkörniger fokussiert sein. Eine solche Unternehmensführung muss die Systeme selbst neu gestalten.

Damit bin ich bei Paul Polman, dem CEO von Unilever. Er überraschte mich, als wir beide auf dem Weltwirtschaftsforum im schweizerischen Davos gemeinsam in einer Arbeitsgruppe saßen. Er gab bei dieser Gelegenheit bekannt, Unilever habe es sich zum Ziel gesetzt, den ökologischen Fußabdruck des Konzerns bis 2020 zu halbieren (die Veranstaltung fand 2010 statt, er hatte also noch ein Jahrzehnt Zeit). Das war lobenswert, aber auch ein wenig langweilig: Solche Ziele im Zusammenhang mit der globalen Erwärmung hatten schon viele Unternehmen mit gesellschaftlichem Verantwortungsbewusstsein verkündet.[8]

Das Nächste, was er sagte, hat mich aber wirklich überrascht: Unilever ist entschlossen, seine landwirtschaftlichen Rohstoffe von kleinen Höfen zu kaufen und damit weltweit eine halbe Million Kleinbauern zu vernetzen.[9] Die beteiligten Bauern bauen vor allem Tee an, die Einkaufsinitiative wird sich aber auch auf die Rohstoffe für Kakao, Palmöl, Vanille, Kokosnusszucker sowie verschiedene Obst- und Gemüsesorten erstrecken. Die beteiligten Höfe liegen in Regionen von Afrika bis nach Südostasien und Lateinamerika, einige auch in Indonesien, China und Indien.

Dabei will Unilever nicht nur die Kleinbauern in seine Lieferantenkette aufnehmen, sondern das Unternehmen will auch mit Gruppen wie der Rainforest Alliance zusammenarbeiten, damit diese ihre landwirtschaftlichen Verfahren verbessern können und auf den globalen Märkten zu zuverlässigen Lieferanten werden.[10]

Für Unilever vermindert sich durch eine solche Diversifizierung das Risiko in einer turbulenten Welt, in der die Sicherheit der Lebensmittelversorgung mittlerweile als Zukunftsthema auf der Tagesordnung steht. Für die Bauern bedeutet sie mehr Einkommen und eine sicherere Zukunft.

Die Neuausrichtung der Lieferkette, so Polman, hat eine Reihe nützlicher Auswirkungen, von höheren Einkommen in den lokalen Bauerngemeinschaften bis hin zu besserer Gesundheitsversorgung und Schulbildung. Die Weltbank machte darauf aufmerksam, dass die Unterstützung von Kleinbauern die wirksamste Methode ist, um die wirtschaftliche Entwicklung anzuregen und die Armut in ländlichen Gebieten zu lindern.[11]

»In den Schwellenländern sind drei von vier einkommensschwachen Personen für ihren Lebensunterhalt direkt oder indirekt auf die Landwirtschaft angewiesen«, erklärte Cherie Tan, die bei Unilever die Initiative zum Einkauf bei Kleinbauern leitet. Weltweit gehören 85 Prozent aller Bauernhöfe in die Kategorie der kleinen Betriebe; »es ergeben sich also großartige Möglichkeiten«, fügte sie hinzu.

Wenn wir in einem Unternehmen kaum mehr als eine Maschine zum Geldverdienen sehen, verkennen wir das Netzwerk seiner Verbindungen zu den Menschen, die dort arbeiten, zu den Gemeinden, in denen es tätig ist, zu Kunden und Lieferanten und zur Gesellschaft als Ganzes. Führungskräfte mit weiter gefasstem Horizont beziehen auch diese Verbindungen in ihre Aufmerksamkeit ein.

Natürlich ist es wichtig, Geld zu verdienen, aber Führungskräfte mit einem derart erweiterten Blickwinkel achten auch darauf, *wie* sie es verdienen, und treffen entsprechend andere Entscheidungen. Grundlage ist dabei eine Logik, die sich nicht auf einfache Gewinn-und-Verlust-Berechnungen reduzieren lässt, sondern über die Sprache der Wirtschaft hinausgeht. Sie bringen finanzielle Gewinne ins Gleichgewicht mit dem Wohl der Allgemeinheit.[12]

Aus diesem breiten Blickwinkel berücksichtigt eine gute Entscheidung nicht nur die unmittelbaren Notwendigkeiten, sondern auch die Bedürfnisse einer weiter gefassten Gruppe von Menschen, zu der auch zukünftige Generationen gehören. Solche Führungskräfte haben eine inspirierende Wirkung: Sie formulieren ein größeres Gemeinwohl, das der Arbeit des Einzelnen einen Sinn und Zusammenhang vermittelt und die Menschen emotional an Werte bindet, derentwegen Menschen sich bei ihrer Arbeit wohlfühlen; sie motivieren die Menschen und halten sie damit bei der Stange.

Die Konzentration auf gesellschaftliche Notwendigkeiten kann Innovationen fördern, wenn sie sich mit einer erweiterten Aufmerksamkeit für die Bedürfnisse der Menschen verbindet. Manager der indischen Niederlassung eines weltweit tätigen Konsumgüterkonzerns sahen, wie Dorfbewohner von Barbieren mit rostigen Rasierklingen blutig geschnitten wurden; daraufhin fanden sie einen Weg, um neue Rasierklingen so billig herzustellen, dass die Dorfbewohner sie sich leisten konnten.[13]

Solche Projekte schaffen ein Unternehmensklima, in dem die Arbeit einen Sinn hat und das die Leidenschaft der Menschen weckt. Für Gruppen wie jene, die die billigen Rasierklingen entwickelte, kann die Anstrengung zu »guter Arbeit« werden: Die Menschen engagieren sich, erbringen hervorragende Leistungen und erkennen in ihrer Tätigkeit einen Sinn.

Chefs, die das große Bild sehen

Stellen wir uns einmal vor, wir würden ins Große übertragen, was sich jahrelang bei dem Speiseeishersteller Ben & Jerry's abgespielt hat. Zur Herstellung einer seiner beliebtesten Geschmacksrichtungen, Chocolate Fudge Brownie, müssen klein geschnittene Brownies in das Eis gemischt werden. Die Lastwagenladungen mit den schmackhaften kleinen Kuchen erhält Ben & Jerry's von der Greyston Bakery, einer Bäckerei in einem armen Wohnviertel der Bronx. Sie ermöglicht Menschen, die sonst kaum Arbeit finden würden, eine Ausbildung und gibt ihnen eine Stelle; unter ihnen sind auch ehemals obdachlose Eltern, die jetzt zusammen mit ihren Familien in der Nähe in Sozialwohnungen leben. Das Motto der Bäckerei lautet: »Wir stellen nicht Leute ein, damit sie Brownies backen. Wir backen Brownies, damit wir Leute einstellen können.«

Eine solche Einstellung ist ein Musterbeispiel für jenes neue Denken, das wir angesichts schwer zu bewältigender Probleme brauchen. In jeder echten Lösung steckt aber auch eine verborgene Zutat: Aufmerksamkeit und Verständnis zu erweitern – in uns selbst, in anderen, in unseren Lebensgemeinschaften und Gesellschaften.

Wenn Führung bedeutet, dass einflussreiche Personen die Menschen in Richtung eines gemeinsamen Ziels lenken, ist Führungsstärke weit verbreitet. Ob in der Familie, in den sozialen Medien, einem Unternehmen oder der gesamten Gesellschaft, auf die eine oder andere Weise ist jeder von uns eine Führungskraft.

Eine einigermaßen gute Führungskraft wird innerhalb der Gegebenheiten eines Systems tätig und arbeitet für den Nutzen einer einzelnen Gruppe, führt einen Auftrag anweisungsgemäß aus und setzt sich mit den unmittelbaren Problemen auseinander. Eine hervorragende Führungskraft dagegen definiert einen Auftrag, wird auf vielen Ebenen tätig und nimmt die größten Probleme in Angriff. Hervorragende Führungskräfte geben sich nicht so mit dem System zufrieden, wie es ist, sondern überlegen, wie es werden könnte, und machen sich daran, es im besten Sinne und zum Nutzen eines möglichst großen Personenkreises zu verändern.

Und dann gibt es noch jene seltenen Persönlichkeiten, die über reine Fähigkeiten hinaus zur Weisheit gelangen und dann nicht im Interesse einer bestimmten politischen Gruppe oder eines Unternehmens tätig werden, sondern zum Nutzen der Gesellschaft als solcher. Sie nehmen sich die Freiheit, weit vorauszudenken. Ihre Aufgeschlossenheit erstreckt sich nicht nur auf eine einzelne Gruppe, sondern auf das Wohlergehen der Menschheit als Ganzes. Und sie haben zukünftigen Generationen etwas zu geben – das sind die Führungspersönlichkeiten, an die wir uns noch nach einem Jahrhundert oder noch längerer Zeit erinnern. Man denke nur an Jefferson und Lincoln, Gandhi und Mandela, Buddha und Jesus.

Zu den heimtückischsten Schwierigkeiten unserer Zeit gehört das Paradox des Anthropozän: Die Systeme der Menschen haben auf die globalen Lebenserhaltungssysteme eine Wirkung, die auf einen Systemzusammenbruch in Zeitlupe hinauszulaufen scheint. Lösungen zu finden erfordert das Denken des Anthropozän: Wir müssen innerhalb der Dynamik der Systeme die Punkte erkennen, an denen wir ansetzen müssen, um den Kurs in Richtung einer besseren Zukunft zu lenken. Diese neue Ebene der Komplexität kommt zu den anderen noch dazu, vor denen Führungskräfte heute stehen, wenn die Herausforderung zum Chaos eskaliert.

Ein Beispiel: Durch die gesundheitlichen und ökologischen Auswirkungen unserer Lebensweise verursachen die reichsten Menschen der Welt unverhältnismäßig große Leiden der Ärmsten. Wir müssen unsere Wirtschaftssysteme als solche neu erfinden und darin nicht nur das wirtschaftliche Wachstum berücksichtigen, sondern auch die Bedürfnisse der Menschen.

Betrachten wir einmal die wachsende Kluft zwischen den weltweit reichsten und mächtigsten Menschen auf der einen Seite und den Ärmsten auf der anderen. Die Reichen haben Macht, aber wie wir erfahren haben, macht gerade diese Stellung sie nur allzu oft blind gegenüber den wahren Lebensbedingungen der Armen, und deshalb bleiben sie auch deren Leiden gegenüber gleichgültig. Aber wer kann den Mächtigen die Wahrheit sagen?

»Eine Zivilisation sollte man nicht danach beurteilen, wie sie die Menschen behandelt, die der Macht am nächsten stehen, sondern nach ihrem Umgang mit denen, die – sei es wegen ihrer Rasse, ihrer Religion, ihres Geschlechts, ihres Besitzes, ihrer Klasse – am weitesten von der Macht entfernt sind«, sagte Larry Brilliant. »Eine große Zivilisation bringt auch für sie Mitgefühl und Liebe auf.«

Die Vorteile und Freuden einer stabilen Wirtschaft sind zwar verlockend, es gibt aber auch die Zivilisationskrankheiten wie

Diabetes und Herzinfarkt, die durch die Anstrengungen und Belastungen der Tätigkeiten, die eine solche Lebensweise erst ermöglichen, verschlimmert werden (hinzu kommt natürlich noch ein weiteres Wunder der Wirtschaft: das Fast Food). Dieses Problem verschärft sich, weil es in vielen Teilen der Welt nicht gelingt, medizinische Versorgung für alle Menschen zugänglich zu machen.

Dann gibt es noch die anderen ewigen Probleme: ungleiche Bildung und Karrierechancen; Staaten und Kulturen, die eine Elitegruppe bevorzugen und andere unterdrücken; Staaten, die scheitern und zu Krieg führenden Häuptlingstümern zerfallen; und so weiter.

Derart komplexe, dringliche Probleme erfordern einen Lösungsansatz, der unsere Selbstwahrnehmung und unser Handeln ebenso einbezieht wie Empathie und Mitgefühl sowie ein nuanciertes Verständnis für die beteiligten Systeme.

Um uns mit einem solchen Chaos auseinandersetzen zu können, brauchen wir Führungskräfte, die sich auf mehrere Systeme konzentrieren: auf Geopolitik, Wirtschaft und Umwelt, um nur einige zu nennen. Aber so traurig es für die Welt auch ist: Viele Führungskräfte sind so mit den unmittelbaren Problemen unserer Zeit beschäftigt, dass sie nicht über die Kapazität verfügen, über die langfristigen Herausforderungen nachzudenken, vor denen wir als Spezies stehen.[14]

Peter Senge, der an der Sloan School of Management des Massachusetts Institute of Technology unterrichtet, entwickelte die »lernende Organisation« als Mittel, um in den Unternehmen das Verständnis für Systeme zu stärken.[15] »Für das Verständnis von Systemen ist der Zeithorizont von entscheidender Bedeutung«, erklärte mir Senge. »Ist er zu kurz, lässt man unentbehrliche Rückmeldungsmechanismen außer Acht und denkt sich kurzfristige Reparaturen aus, die aber langfristig nicht funktionieren. Mit einem ausreichend langen Zeithorizont dagegen hat man die Chance, mehr von den entscheidenden Systemen zu erkennen.«

Und er fügte hinzu: »Je länger der Zeithorizont, desto größer das System, das man erkennen kann.«

Aber »große Systeme umzugestalten ist schwierig«, erklärte Rebecca Henderson auf einer Tagung des Massachusetts Institute of Technology, auf der es um globale Systeme ging. Henderson unterrichtet Umweltethik an der Harvard Business School und sucht nach Lösungen im Rahmen von Systemen. Das Recycling beispielsweise stellt nach ihrer Ansicht einen »begrenzten Wandel« dar, die gänzliche Abschaffung fossiler Brennstoffe dagegen wäre eine echte Systemveränderung.

Henderson, die an der Managerschule ein überraschend beliebtes Seminar über die »Neugestaltung des Kapitalismus« abhält, spricht sich für eine Transparenz aus, die beispielsweise zu angemessenen Preisen für CO_2-Emissionen führen würde. Sie hätte zur Folge, dass die Märkte jedes Mittel zur Verringerung dieser Emissionen begünstigen würden.

Auf derselben MIT-Tagung, auf der Henderson ihren Vortrag hielt, sagte der Dalai Lama: »Wir müssen die Entscheidungsträger dahingehend beeinflussen, dass sie den Themen, die für die Menschheit auf lange Sicht wichtig sind, größere Aufmerksamkeit schenken.« Damit meinte er »nicht nur ihre nationalen Interessen«, sondern beispielsweise die Umweltkrise und die ungleiche Einkommensverteilung.

»Wir haben die Fähigkeit, mehrere Jahrhunderte weit in die Zukunft zu denken«, sagte der Dalai Lama und fügte dann hinzu: »Beginnen wir also damit, auch wenn es während unserer Lebenszeit nicht vollendet wird. Diese Generation steht in der Verantwortung, die Welt neu zu gestalten. Wenn wir uns anstrengen, können wir es vielleicht schaffen. Geben wir also nie auf, selbst wenn es jetzt hoffnungslos erscheint. Bieten wir eine positive Vision an, mit Enthusiasmus, Freude und mit einem optimistischen Ausblick.«

Dreifache Konzentration kann uns helfen, Erfolg zu haben, aber zu welchem Zweck? Wir müssen uns selbst fragen: Im Dienste welches Ziels nutzen wir eigentlich die Talente, die wir haben? Wenn unsere Konzentration nur unseren persönlichen Zielen dient – dem Selbstinteresse, der unmittelbaren Belohnung, unserer eigenen kleinen Gruppe –, dann sind wir alle als Spezies auf lange Sicht zum Untergang verdammt.

Der größte Blickwinkel unserer Konzentration betrachtet die globalen Systeme; berücksichtigt die Bedürfnisse aller, auch der Machtlosen und Armen; und blickt in der Zeit weit voraus. Ganz gleich, was wir tun oder welche Entscheidungen wir treffen, der Dalai Lama schlägt vor, wir sollten uns zur Prüfung unserer Motivation selbst drei Fragen stellen:

Ist es nur für mich oder für andere?

Zum Nutzen von wenigen oder vielen?

Für jetzt oder für die Zukunft?

DANK

In diesem Buch verflechten sich Gedankengänge aus den verschiedensten Quellen; vielfach stammen sie von Menschen, mit denen ich gesprochen habe. Ihre Erkenntnisse haben mein Denken bereichert; die Namen dieser großzügigen Personen habe ich im ganzen Buch genannt. Für Hinweise, Gedanken, Geschichten, E-Mails, kleine Bemerkungen, Beobachtungen und vieles mehr danke ich den folgenden Menschen:

Steve Arnold, Polaris Venture Partners; Rob Barracano, Champlain College; Bradley Connor, MD, Weill Cornell Medical Center; Toby Cosgrove, Cleveland Clinic; Howard Exton-Smith, Oxford Change Management; Larry Fink, BlackRock; Alan Gerson, AG International Law; Roshi Bernie Glassman, Zen Peacemakers; Bill Gross, Idealab; Nancy Henderson, The Academy at Charlemont; Mark Kriger, BI Norwegian Business School; Janice Maturano, Institute for Mindful Leadership; David Mayberg, Boston University; Charles Melcher, The Future of Storytelling; Walter Robb, Whole Foods Market; Peter Miscovich, Jones Lang LaSalle; John Noseworthy, Mayo Clinic; Miguel Pestana, Unilever; Daniel Siegel, UCLA; Josh Spear, Undercurrent; Jeffrey Walker, MDG Health Alliance; Lauris Woolford, Fifth Third Bank; Jeffrey Young, Cognitive Therapy Center of New York. Mein besonderer Dank gilt Tom Roepke, meinem freundlichen Gastgeber an der Public School 112, und Wendy Hasenkamp beim Mind and Life Institute für ihre achtsamen Rückmeldungen. Allen, die ich unabsichtlich in dieser Liste übergangen habe, gilt dennoch mein Dank.

Dankbar bin ich auch den Mitgliedern des Leadership Council beim Weltwirtschaftsforum und der Gruppe Cambridge Mindful Leadership für eine ganze Reihe kluger Erkenntnisse. Eine weitere Quelle wichtiger Gedanken waren die engagierten Diskussionen im Consortium for Research on Emotional Intelligence in Organizations (dessen Kodirektor ich bin), einem globalen Netzwerk von Wissenschaftlern aus Hochschulen und Praktikern aus Unternehmen.

Außerdem konnte ich mich aus bisher unveröffentlichten Studienergebnissen meiner Mitarbeiter bei der Hay Group bedienen, eines weltweit tätigen Beratungsunternehmens, das mit mir bei der Entwicklung des Emotional and Social Competence Inventory (ESCI) zusammengearbeitet hat, einem Beurteilungsverfahren für Führungsqualitäten. Mein großer Dank gilt Yvonne Sell bei der Hay Group London, die dieses Instrument bei ihrer Forschung einsetzte, und Ruth Malloy, Hay Group Boston. Außerdem danke ich Garth Havers in Südafrika, Scott Speier in Boston und Georg Vielmetter in Berlin.

Besonderen Dank schulde ich wie immer meinem alten Freund Richard Davidson, der mich mit neuesten Befunden aus der Neurowissenschaft versorgte, geduldig alles erklärte und meine endlosen Fragen beantwortete. Mein Assistent Rowan Foster suchte als treuer Helfer nach manchmal schwer zugänglichen Fachartikeln und sorgte dafür, dass der Zug auf dem Gleis blieb.

Und meine Frau Tara Bennett-Goleman war eine nie versiegende Quelle von Verständnis und Erkenntnis, Inspiration und Liebe.

WEITERE INFORMATIONEN

Daniel Goleman

Weitere Informationen unter: www.DanielGoleman.info
Kontakt mit Daniel Goleman: Contact@danielgoleman.info

Daniel Goleman ist Kodirektor des Collaborative for Research on Emotional Intelligence in Organizations der Rutgers University, das die Forschung bezüglich Akademikern und Praktikern aus Unternehmen fördert: www.creio.org.

Er ist Gründungsmitglied im Beirat des Mind and Life Institute, das anfangs Treffen des Dalai Lama mit Wissenschaftlern organisierte und heute ein breites Spektrum von Initiativen betreut, darunter die Förderung der Forschung mit kontemplativen Methoden: www.mindandlife.org.

Er war Mitbegründer des Collaborative for Academic, Social and Emotional Learning, das jetzt an der University of Illinois in Chicago angesiedelt ist und Richtlinien für soziales/emotionales Lernen an Schulen herausgibt und die Evaluierung der Programme fördert: www.casel.org.

Informationen über Achtsamkeit

Das Center for Mindfulness in Medicine, Health Care, and Society, das von Jon Kabat-Zinn am University of Massachusetts

Medical Center gegründet wurde, war die treibende Kraft hinter der mittlerweile weitverbreiteten achtsamkeitsbasierten Stressbekämpfung in Gesundheitswesen und Medizin, aber auch in ganz unterschiedlichen Systemen wie Gefängnissen und Psychotherapie: www.umassmed.edu/cfm.

Mindfulness in Education; Systems and Environment: zwei Programme des Garrison Institute: www.garrisoninstitute.org.

Systems and Sustainability ist zu einem Programm an Peter Senges Society for Organizational Learning geworden: www.solonline.org.

Ökologische Transparenz in einer systemorientierten Sichtweise, detailliert betrachtet durch die Brille der Lebenszyklusanalyse, wurde bei der New Earth Foundation in verschiedene Richtungen weiterentwickelt; insbesondere durch Earthster, eine Plattform für die ökologische B-2-B-Transparenz der Lieferketten; Handprinter, einen positiven Ansatz zur Erfassung unserer ökologischen Auswirkungen; und Social Hotspots, das Themen wie soziale Ungleichheit oder schlechte Arbeitsbedingungen in den Lieferketten aufgreift: www.newearth.info.

Achtsame Führung steht im Mittelpunkt von Chad-Meng Tans Spin-off seiner Arbeit bei Google: Search Inside Yourself Leadership Institute: www.siyli.org.

BUCH- UND AUDIOEMPFEHLUNGEN

Teresa Amabile und Steven Kramer, *The Progress Principle*. Boston: Harvard Business Review Press, 2011.

Tara Bennett-Goleman, *Emotional Alchemy*. New York: Three Rivers Press, 2002 [dt. *Emotionale Alchemie*. Üb. v. G. Herbst; Frankfurt a. M.: Krüger, 2002].

Tara Bennett-Goleman, *Mind Whispering: A New Map to Freedom From Self-Defeating Emotional Habits*. San Francisco: HarperOne, 2013.

Mirabhai Bush, *Mindfulness at Work I* (Audioaufnahme). Northampton, MA: MoreThanSound Productions, 2013.

Thomas H. Davenport und John C. Beck, *The Attention Economy: Understanding the New Currency of Business*. Boston: Harvard Business Review Press, 2002.

Richard J. Davidson und Sharon Begley, *The Emotional Life of Your Brain: How It's Unique Patterns Affect the Way You Think, Feel, and Live – and How You Can Change Them*. New York: Plume, 2012 [dt. *Warum wir fühlen, wie wir fühlen. Wie die Gehirnstruktur unsere Emotionen bestimmt – und wie wir darauf Einfluss nehmen können*. Üb. v. U. Rahn-Huber; München: Arkana, 2012].

Jean Decety und William Ickes (Hrsg.), *The Social Neuroscience of Empathy*. Cambridge: The MIT Press 2011.

K. Anders Ericsson (Hrsg.), *The Road to Excellence: The Acquisition of Expert Performance in the Arts and Sciences, Sports and Games*. New Jersey: Lawrence Erlbaum Associates, 1996.

Eugene T. Gendlin, *Focusing*. New York: Bantam Books, 1982 [dt. *Focusing. Selbsthilfe bei der Lösung persönlicher Probleme*. Üb. v. K. Schoch; Reinbek: Rowohlt, 1998].

Bill George, *Authentic Leadership: Rediscovering the Secrets to Creating Lasting Value*. New Jersey: Jossey-Bass, 2004.

Daniel Goleman, *Ecological Intelligence*. New York: Random House, 2009.

Daniel Goleman, *Leadership: The Power of Emotional Intelligence*. Northampton, MA: MoreThanSound Productions, 2012 [dt. *Emotionale Führung*. Üb. v. U. Zehetmayr; München: Econ, 2002].

Daniel Goleman, *Relax* (Audioaufnahme). Northampton, MA: MoreThanSound Productions, 2012.

Daniel Goleman, *Social Intelligence*. New York: Bantam Books. 2006 [dt. *Soziale Intelligenz. Wer auf andere zugehen kann, hat mehr vom Leben*. Üb. v. R. Kreissl; München: Droemer, 2006].

Jon Kabat-Zinn, *Wherever You Go, There You Are*. New York: Hyperion, 2005 [dt. *Im Alltag Ruhe finden: Meditationen für ein gelassenes Leben*. Üb. v. T. Kierdorf; Frankfurt/M. Fischer Taschenbuch Verlag, 2007].

Daniel Kahneman, *Thinking, Fast and Slow*. New York: Farrar, Straus and Giroux, 2013 [dt. *Schnelles Denken, langsames Denken*. Üb. v. T. Schmidt; München: Siedler, 2012].

Linda Lantieri, *Building Emotional Intelligence: Techniques to Cultivate Inner Strength in Children*. Boulder: Sounds True, 2008 [dt. *Emotionale Intelligenz für Kinder und Jugendliche*. Üb. v. A. Panster; München: Goldmann, 2009].

Michael Posner and Mary Rothbart, *Educating the Human Brain*. Washington: American Psychological Association, 2006.

Daniel J. Siegel, *The Mindful Brain: Reflection and Attunement in the Cultivation of Well-Being*. New York: W. W. Norton & Company, 2007.

John D. Sterman, *Business Dynamics: Systems Thinking and Modeling for a Complex World*. New York: McGraw-Hill, 2000.

Chade-Meng Tan, *Search Inside Yourself. The Unexpected Path to Achieving Success, Happiness (and World Peace)*. San Francisco: HarperOne, 2012 [dt. *Search inside yourself. Das etwas andere Glücks-Coaching* Üb. v. A. Panster; München: Arkana, 2012].

ANMERKUNGEN

Kapitel 1: Die subtile Fähigkeit

1   Der unmittelbar über dem Rückenmark gelegene Hirnstamm zum Beispiel enthält das neuronale Barometer, das unser Verhältnis zur Umwelt wahrnimmt und sowohl den Energieaufwand als auch die Aufmerksamkeit steigert oder senkt, je nachdem, wie wachsam wir sein müssen. Für jeden Aspekt der Aufmerksamkeit gibt es aber eigene Schaltkreise. Näheres über die Grundlagen in Michael Posner und Steven Petersen, »The Attention System of the Human Brain«, *Annual Review of Neuroscience* 13 (1990), S. 25–42.

2   Dazu gehören beispielsweise die biologischen und ökologischen, ökonomischen und sozialen, chemischen und physikalischen (Newton'schen und quantenphysikalischen) Systeme.

3   M. I. Posner und M. K. Rothbart, »Research on Attention Networks as a Model for the Integration of Psychological Science«, *Annual Review of Psychology* 58 (2007), S. 1–27, bei 6.

4   Anne Treisman, »How the Deployment of Attention Determines What We See«, *Visual Search and Attention* 14 (2006), S. 4–8.

5   Siehe Nielsen Wire, 15. Dezember 2011, http://blog.nielsen.com/nielsenwire/online_mobile/new-mobile-obsession-u-s-teens-triple-data-usage.

6   Mark Bauerlein, »Why Gen-Y Johnny Can't Read Nonverbal Cues«, *Wall Street Journal*, 28. August 2009.

7   Kriterium für «Sucht« ist nicht die absolute Zahl der Stunden, in denen jemand spielt (und übrigens auch nicht die Zahl der Drinks), sondern man konzentriert sich auf die Frage, welche Probleme die Gewohnheit in anderen Lebensbereichen schafft, beispielsweise in Schule, Gesellschaft oder Familie. Schlechte Gewohnheiten beim Spielen können

im persönlichen Bereich ebenso viel Unheil anrichten wie Drogen oder Alkohol. Daphne Bavelier et al., »Brains on Video Games«, *Nature Reviews Neuroscience* 12 (Dezember 2011), S. 763–768.

8   Wade Roush, »Social Machines«, *Technology Review*, August 2005.

9   Herbert Simon, »Designing Organizations for an Information-Rich World«, in: Donald M. Lamberton (Hrsg.), *The Economics of Communication and Information*. Cheltenham, UK: Edward Elgar, 1997, zitiert in Thomas H. Davenport und John C. Back, *The Attention Economy*. Boston: Harvard Business School Press, 2001, S. 11.

Kapitel 2: Grundlagen

1   William James, *Principles of Psychology*, 1890, zitiert in Jonathan Schooler et al., »Meta-Awareness, Perceptual Decoupling and the Wandering Mind«, *Trends in Cognitive Science* 15, Nr. 7 (Juli 2011), S. 319–326.

2   Ronald E. Smith et al., »Measurement and Correlates of Sport-Specific Cognitive and Somatic Trait Anxiety: The Sport Anxiety Scale«, *Anxiety, Stress & Coping: An International Journal* 2, Nr. 4 (1990), S. 263–280.

3   Das Bemühen, sich auf eine Sache zu konzentrieren und alles andere zu ignorieren, schafft für das Gehirn eine Art Konflikt. Der Vermittler bei solchen mentalen Konflikten ist der anteriore cinguläre Cortex (ACC), der solche Probleme erkennt und andere Gehirnteile zu ihrer Lösung heranzieht. Um auf einen Gegenstand der Aufmerksamkeit zu zielen, nutzt der ACC die präfrontalen Areale für kognitive Kontrolle; diese stellen die ablenkenden Schaltkreise ruhig und stärken diejenigen, die der Konzentration dienen.

4   In jedem dieser Punkte spiegeln sich Aspekte der Aufmerksamkeit wider, die hier in unserer Untersuchung vorkommen. Richard J. Davidson und Sharon Begley, *The Emotional Life of Your Brain*. New York: Hudson Street Press, 2012 [dt. *Warum wir fühlen, wie wir fühlen. Wie die Gehirnstruktur unsere Emotionen bestimmt – und wie wir darauf Einfluss nehmen können*. Üb. v. U. Rahn-Huber; München: Arkana, 2012].

5   Heleen A. Slagter et al., »Theta Phase Synchrony and Conscious Target Perception: Impact of Intensive Mental Training«, *Journal of Cognitive Neuroscience* 21, Nr. 8 (2009), S. 1536–1549.

6   Der präfrontale Cortex erhält unsere Aufmerksamkeit aufrecht, der nahe gelegene Scheitellappen richtet sie auf ein bestimmtes Ziel. Wenn

die Konzentration nachlässt, werden diese Areale ruhiger, und die Aufmerksamkeit flattert orientierungslos von einem Gegenstand zum anderen, weil jeder unsere Aufmerksamkeit auf sich zieht.

7 In solchen Studien findet man im präfrontalen Areal von Menschen mit ADHS eine viel geringere Aktivität und eine geringere synchrone Phasenübereinstimmung: A. M. Kelly et al., »Recent Advances in Structural and Functional Brain Imaging Studies of Attention-Deficit/Hyperactivity Disorder«, *Behavioral and Brain Functions* 4 (2008), S. 8.

8 Jonathan Smallwood et al., »Counting the Cost of an Absent Mind: Mind Wandering as an Underrecognized Influence on Educational Performance«, *Psychonomic Bulletin & Review* 14, Nr. 12 (2007), S. 230–236.

9 Nicholas Carr, *The Shallows*. New York: Norton, 2011 [dt. *Surfen im Seichten. Was das Internet mit unserem Hirn anstellt*. Üb. v. H. Dedekind; München: Pantheon, 2013].

10 Martin Heidegger, *Gelassenheit*. Stuttgart: Neske, 1979, S. 25. Heidegger wird zitiert in Carr, *The Shallows*; das Internet stellt nach Carrs Ansicht mit unserem Gehirn nicht viel Gutes an.

11 George A. Miller, »The Magical Number Seven, Plus or Minus Two: Some Limits on Our Capacity for Processing Information«, *Psychological Review* 63 (1956), S. 81–97.

12 Steven J. Luck und Edward K. Vogel, »The Capacity for Visual Working Memory for Features and Conjunctions«, *Nature* 390 (1997), S. 279–281.

13 Clara Moskowitz, »Mind's Limit Found: 4 Things at Once«, *LiveScience*, 27. April 2008, http://www.livescience.com/2493-mind-limit-4.html.

14 David Garlan et al., »Toward Distraction-Free Pervasive Computing«, *Pervasive Computing* 1, Nr. 2 (2002), S. 22–31.

15 Clay Shirky, *Here Comes Everybody*. New York: Penguin, 2009.

16 In politischen Organisationen sind schwache Bindungen unter Umständen eine versteckte Stärke. In vernetzten Organisationen arbeiten die Menschen sich häufig nicht durch Dienstwege, sondern sie haben Einfluss auf jemanden, der ihnen nicht direkt untersteht. Schwache Bindungen erweisen sich dann als soziales Kapital, weil man auf Beziehungen zurückgreifen kann, wenn man Rat und Hilfe braucht. Ohne natürliche Bindungen zu einer anderen Gruppe, die man beeinflussen muss, bestehen dagegen nur geringe Chancen.

17 Siehe Thomas Malones Interview auf Edge.org, http://edge.org/co
    nversation/collective-intelligence.
18 Howard Gardner, William Damon und Mihaly Csikszentmihalyi,
    Good Work: When Excellence and Ethics Meet. New York: Basic Books,
    2001 [dt. *Good work! Für eine neue Ethik im Beruf.* Üb. v. D. Zimmer;
    Stuttgart: Klett-Cotta, 2005]; Mihaly Csikszentmihalyi, *Good Business.*
    New York: Viking, 2003 [dt. *Flow im Beruf. Das Geheimnis des Glücks
    am Arbeitsplatz.* Üb. v. U. Stopfel; Stuttgart: Klett-Cotta, 2004].
19 Mihaly Csikszentmihalyi und Reed Larson, *Being Adolescent: Conflict
    and Growth in the Teenage Years.* New York: Basic Books, 1984.
20 In geringem Umfang wird das voreingestellte Netzwerk wahrschein-
    lich auch dann aktiviert, wenn wir uns in »der Zone« befinden. Michael
    Esterman et al., »In the Zone or Zoning Out? Tracking Behavioral and
    Neural Fluctuations During Sustained Attention«, *Cerebral Cortex,*
    http://cercor.oxfordjournals.org/content/early/2012/08/31/cer
    cor.bhs261.full, 31. August 2012.

Kapitel 3: Aufmerksamkeit oben und unten

1   Henri Poincaré, zitiert in Arthur Koestler, *Der göttliche Funke: Der
    schöpferische Akt in Kunst und Wissenschaft.* Üb. v. A. v. Cranach und
    W. Thaler; Bern: Scherz, 1966, S. 116.
2   Manche Kognitionsforscher halten diese Systeme für getrennte »Geis-
    ter«. In meinem Buch *Soziale Intelligenz* habe ich das Top-down-Sys-
    tem als »oberen Weg« und das Bottom-up-System als »unteren Weg«
    bezeichnet. Daniel Kahneman verwendet in seinem Buch *Schnelles
    Denken, langsames Denken* die Begriffe »System 1« und »System 2«
    und nennt sie »Erklärungsfunktionen«. Mir fällt es schwer, sie ausei-
    nanderzuhalten, ganz ähnlich wie das »Ding 1« und das »Ding 2« in
    Ein Kater macht Theater. Trotz allem werden die Begriffe »oben« und
    »unten« immer unbefriedigender, je mehr man sich in die Fragen der
    neuronalen Verdrahtung vertieft. Hier mögen sie genügen.
3   Kahneman, *Schnelles Denken, langsames Denken.* Üb. v. T. Schmidt;
    München: Siedler, 2012.
4   Die Wirbelsäule des Menschen ist eines von vielen Beispielen dafür,
    wie die Evolution eine ausreichende, aber nicht perfekte Konstruk-
    tion geschaffen hat. Der aus älteren Systemen hervorgegangene Kno-
    chenstapel funktioniert – aber ein flexibles Dreibein aus drei Säulen
    wäre viel widerstandsfähiger gewesen. Die Unvollkommenheiten er-

lebt jeder, der schon einmal einen Bandscheibenvorfall oder eine Arthritis der Halswirbelsäule hatte.

5 Lolo Jones in Sean Gregory, »Lolo's No Choke«, *Time*, 30. Juli 2012, S. 32–38.

6 Sian Beilock et al., »When Paying Attention Becomes Counter-productive«, *Journal of Experimental Psychology* 18, Nr. 1 (2002), S. 6–16.

7 Entspannungsbemühungen fruchten vor allem dann oft nicht, wenn wir eine hohe Leistung erbringen wollen. Siehe Daniel Wegner, »Ironic Effects of Trying to Relax Under Stress«, *Behaviour Research and Therapy* 35, Nr. 1 (1997), S. 11–21.

8 Daniel Wegner, »How to Think, Say, or Do Precisely the Worst Thing for Any Occasion«, *Science*, 3. Juli 2009, S. 48–50.

9 Christian Merz et al., »Stress Impairs Retrieval of Socially Relevant Information«, *Behavioral Neuroscience* 124, Nr. 2 (2010), S. 288–293.

10 »Unshrinkable«, *Harper's Magazine*, Dezember 2009, S. 26–27.

11 Yuko Hakamata et al., »Attention Bias Modification Treatment«, *Biological Psychiatry* 68, Nr. 11 (2010), S. 982–990.

12 Als Psychologen sozial ängstliche Menschen aufforderten, sich in einer Menschenmenge nicht auf ablehnende Gesichter zu konzentrieren, sondern auf normale oder freundliche, verschwanden bei zwei Dritteln von ihnen die unguten Gefühle. Norman B. Schmidt et al., »Attention Training for Generalized Social Anxiety Disorder«, *Journal of Abnormal Psychology* 118, Nr. 1 (2009), S. 5–14.

13 Roy Y. J. Chua und Xi Zou (Canny), »The Devil Wears Prada? Effects of Exposure to Luxury Goods on Cognition and Decision Making«, *Harvard Business School Organizational Behavior Unit Working Paper* Nr. 10-034, 2. November 2009, http://ssrn.com/abstract=1498525 oder http://dx.doi.org/10.2139/ssrn.1498525.

14 Gavan J. Fitzsimmons et al., »Non-Conscious Influences on Consumer Choice«, *Marketing Letters* 13, Nr. 3 (2002), S. 269–279.

15 Patrik Vuilleumier und Yang-Ming Huang, »Emotional Attention: Uncovering the Mechanisms of Affective Biases in Perception«, *Current Directions in Psychological Science* 18, Nr. 3 (2009), S. 148–152.

16 Arne Ohman et al., »Emotion Drives Attention: Detecting the Snake in the Grass«, *Journal of Experimental Psychology: General* 130, Nr. 3 (2001), S. 466–478.

17 Elizabeth Blagrove und Derrick Watson, »Visual Marking and Facial Affect: Can an Emotional Face Be Ignored?«, *Emotion* 10, Nr. 2 (2010), S. 147–168.

18 A. J. Schackman et al., »Reduced Capacity to Sustain Positive Emotion in Major Depression Reflects Diminished Maintenance of Fronto-Striatal Brain Activation«, *Proceedings of the National Academy of Sciences* 106 (2009), S. 22445–22450.

19 Ellen Langer, *Mindfulness*. Reading, MA: Addison-Wesley, 1989 [dt. *Fit im Kopf. Aktives Denken oder wie wir geistig auf der Höhe bleiben*. Üb. v. I. Strasmann; Reinbek: Rowohlt, 1993].

Kapitel 4: Vom Wert schweifender Gedanken

1   Eric Klinger, »Daydreaming and Fantasizing: Thought Flow and Motivation«, in: K. D. Markman et al. (Hrsg.), *Handbook of Imagination and Mental Stimulation*. New York: Psychology Press, 2009, S. 225–240.

2   Kalina Christoff, »Undirected Thought: Neural Determinants and Correlates«, *Brain Research* 1428 (Januar 2012), S. 51–59.

3   Ibid., S. 57.

4   Kalina Christoff et al., »Experience Sampling During fMRI Reveals Default Network and Executive System Contributions to Mind Wandering«, *Proceedings of the National Academy of Sciences* 106, Nr. 21 (26. Mai 2009), S. 8719–8724. Die wichtigsten exekutiven Areale sind der anteriore cinguläre Cortex und der dorsolaterale präfrontale Cortex. Voreingestellt sind der mittlere präfrontale Cortex und ähnliche Schaltkreise.

5   J. Wiley und A. F. Jarosz, »Working Memory Capacity, Attentional Focus, and Problem Solving«, *Current Directions in Psychological Science*, 21, Nr. 4 (August 2012), S. 252–262.

6   Jonathan Schooler et al., »Meta-Awareness, Perceptual Decoupling, and the Wandering Mind«, *Trends in Cognitive Science* 15, Nr. 7 (Juli 2011), S. 319–326.

7   Zitiert in Steven Johnson, *Where Good Ideas Come From*. New York: Riverhead, 2010 [dt. *Wo gute Ideen herkommen. Eine kurze Geschichte der Innovation*. Üb. v. M. Pfingstl; Bad Vilbel: Scoventa, 2013].

8   Holly White und Priti Singh, »Creative Style and Achievement in Adults with ADHD«, *Personality and Individual Differences* 50, Nr. 5 (2011), S. 673–677.

9   Kirsten Weir, »Pay Attention to Me«, *Monitor on Psychology*, März 2012, S. 70–72.

10 Shelley Carson et al., »Decreased Latent Inhibition Is Associated with

Increased Creative Achievement in High-Functioning Individuals«, *Journal of Personality and Social Psychology* 85, Nr. 3 (September 2003), S. 499–506.

11 Siyuan Liu et al., »Neural Correlates of Lyrical Improvisation: An fMRI Study of Freestyle Rap«, *Scientific Reports* 2, Nr. 834 (November 2012).

12 Einstein wurde zitiert von Robert L. Oldershaw in einem bei *Nature* veröffentlichten Kommentar am 21. Mai 2012.

13 Jaime Lutz, »Peter Schweitzer, Code Breaker, Photographer; Loved Music; at 80«, *Boston Globe*, 17. November 2011, S. B14.

14 Verwendet wurden mehr als 12000 Tagebucheinträge von den 238 Arbeitskräften. Siehe Teresa Amabile und Steven Kramer, »The Power of Small Wins«, *Harvard Business Review*, Mai 2011, S. 72–80.

Kapitel 5: Das Gleichgewicht finden

1 Diese Frage wurde Tausenden von Menschen mithilfe einer iPhone-App gestellt, die sie im Lauf des Tages zu zufällig ausgewählten Zeitpunkten anrief. Fast in der Hälfte der Fälle waren die Gedanken der Menschen von der Tätigkeit abgeschweift, mit der sie sich gerade beschäftigten. Die Psychologen Matthew Killingsworth und Daniel Gilbert von der Harvard University, die die App entwickelt hatten, analysierten die Berichte von 2250 US-amerikanischen Männern und Frauen und gingen der Frage nach, wie oft sie mit ihren Gedanken woanders waren und in welcher Stimmung sie sich befanden. Siehe Matthew Killingsworth und Daniel Gilbert, »A Wandering Mind Is an Unhappy Mind«, *Science*, 12. November 2010, S. 932.

2 Den präfrontalen Cortex als Sitz des »Ich« zu bezeichnen ist vielleicht eine zu starke Vereinfachung, aber viele Kognitionsforscher finden es bequem. Eine komplexere Version das »Ich«, das Selbst, gilt als emergentes Phänomen, das aus der Tätigkeit vieler Neuronenschaltkreise erwächst, darunter auch das präfrontale Areal. Siehe z. B. J. Smallwood und J. W. Schooler, »The Restless Mind«, *Psychological Bulletin* 132 (2006), S. 946–958.

3 Norman A. S. Farb et al., »Attending to the Present: Mindfulness Meditation Reveals Distinct Neural Modes of Self-Reference«, *Social Cognitive and Affective Neuroscience* 2 (2007), S. 313–322.

4 Jedenfalls projizieren wir Menschen es in Tiere hinein.

5 E. D. Reichle et al., »Eye Movements During Mindless Reading«, *Psychological Science* 21 (Juli 2010), S. 1300–1310.

6   J. Smallwood et al., »Going AWOL in the Brain – Mind Wandering
    Reduces Cortical Analysis of the Task Environment«, *Journal of Cog-
    nitive Neuroscience* 20, Nr. 3 (März 2008), S. 458–469; J. W. Y. Kam
    et al., »Slow Fluctuations in Attentional Control of Sensory Cortex«,
    Journal of Cognitive Neuroscience 23 (2011), S. 460–470.

7   Cedric Galera, »Mind Wandering and Driving: Responsibility Case-
    Control Study«, *British Medical Journal*, online veröffentlicht am 13.
    Dezember 2012, doi: 10.1136/bmj.e8105.

8   Was bedeutet, dass diese Gehirnschaltkreise nicht immer gegenein-
    ander arbeiten.

9   K. D. Gerlach et al., »Solving Future Problems: Default Network and
    Executive Activity Associated with Goal-Directed Mental Simulations«,
    Neuroimage 55 (2011), S. 1816–1824.

10 Umgekehrt gilt: Je weniger wir wahrnehmen, dass unsere Gedanken
    abschweifen, desto stärker ist die Aktivität in den verantwortlichen
    Gehirnarealen und desto stärker können sie die jeweilige Tätigkeit
    stören. Bei mindestens zwei beteiligten präfrontalen Arealen handelt
    es sich um die gleichen, die auch wahrnehmen, dass wir abgeschweift
    sind: der dorsolaterale präfrontale Cortex und der anteriore cingu-
    läre Cortex.

11 Christoff et al., »Experience Sampling During fMRI Reveals Default
    Network and Executive System Contributions to Mind Wandering«.
    Eine technische Anmerkung: In dieser Studie wurden die schweifen-
    den Gedanken mit einem Zeitfenster von zehn Sekunden erfasst. Die
    Schlussfolgerung, dass sowohl exekutive als auch mediale Schalt-
    kreise beteiligt sind, ist also angreifbar. Wie die Autoren außerdem
    anmerken, stützt sich die Aussage auf eine umgekehrte Schlussfol-
    gerung, nämlich auf die Annahme, dass eine Gehirnregion, die wäh-
    rend einer Aufgabe aktiviert wird, auch die neurale Basis der betref-
    fenden Tätigkeit ist. Für höhere kognitive Fähigkeiten muss das nicht
    stimmen, denn die gleiche Region kann auch durch mehrere, teil-
    weise sehr unterschiedliche mentale Prozesse aktiviert werden. Wenn
    es aber stimmt, stellt der Befund die Annahme infrage, dass die exe-
    kutiven und voreingestellten Netzwerke immer gegenläufig arbeiten,
    das heißt, dass das eine ruht, während das andere aktiv ist. Bei ganz
    bestimmten mentalen Tätigkeiten, so bei der intensiven Konzentra-
    tion auf eine Aufgabe, könnte es tatsächlich so sein. Aber für große
    Teile unseres geistigen Lebens dürfte es hilfreich sein, verstärkte Kon-
    zentration mit der Offenheit für Tagträume zu vermischen. Mit Si-

cherheit hilft es, um sich während einer langen Autofahrt die Zeit zu vertreiben. Siehe auch M. D. Fox et al., »The Human Brain Is Intrinsically Organized into Dynamic, Anticorrelated Functional Networks«, *Proceedings of the National Academy of Sciences* 102 (5. Juli 2005), S. 9673–9678.

12 Catherine Fassbender, »A Lack of Default Network Suppression Is Linked to Increased Distractibility in ADHD«, *Brain Research* 1273 (2009), S. 114–128.

13 Der Test auf aufgeschlossene Wahrnehmung wird als »attentional blink« bezeichnet. Siehe H. A. Slagter et al., »Mental Training Affects Distribution of Limited Brain Resources«, *PLoS Biology* 5 (2007), S. e138.

14 William Falk in *The Week*, 10. August 2012, S. 3.

15 Stephen Kaplan, »Meditation, Restoration, and the Management of Mental Fatigue«, *Environment and Behavior* 33, Nr. 4 (Juli 2001), S. 480–505, http://eab.sagepub.com/content/33/4/480.

16 Marc Berman, Jon Jonides und Stephen Kaplan, »The Cognitive Benefits of Interacting with Nature«, *Psychological Science* 19, Nr. 12 (2008), S. 1207–1212.

17 Ibid.

18 Gary Felsten, »Where to Take a Study Break on the College Campus: An Attention Restoration Theory Perspective«, *Journal of Environmental Psychology* 29, Nr. 1 (März 2009), S. 160–167.

Kapitel 6: Das innere Steuerruder

1 Ein als »Focusing« bezeichnetes Verfahren leitet die Menschen an, geringfügige innere Gefühlsveränderungen wahrzunehmen und so diese ungeheure Weisheit des Körpers, die sich außerhalb der Wahrnehmung abspielt, zu nutzen. Siehe Eugene Gendlin, *Focusing*. New York: Bantam, 1981 [dt. *Focusing. Selbsthilfe bei der Lösung persönlicher Probleme*. Üb. v. K. Schoch; Reinbek: Rowohlt, 1998].

2 John Allman, »The von Economo Neurons in the Frontoinsular and Anterior Cingulate Cortex«, *Annals of the New York Academy of Sciences* 1225 (2011), S. 59–71.

3 Lev Grossman und Harry McCracken, »The Inventor of the Future«, *Time*, 17. Oktober 2011, S. 44.

4 A. D. Craig, »How Do You Feel? Interoception: The Sense of the Physiological Condition of the Body«, *Nature Reviews Neuroscience* 3 (2002), S. 655–666.

5   Arthur D. Craig, »How Do You Feel – Now? The Anterior Insula and Human Awareness«, *Nature Reviews Neuroscience* 10, Nr. 1 (Januar 2009), S. 59–70.

6   G. Bird et al., »Empathic Brain Responses in Insula Are Modulated by Levels of Alexithymia but Not Autism«, *Brain* 133 (2010), S. 1515–1525.

7   Somatische Marker: Zu diesen Schaltkreise gehören die rechte somatosensorische Inselrinde, die Amygdala und andere. Siehe Antonio Damasio, *The Feeling of What Happens*. New York: Harcourt, 1999 [dt. *Ich fühle, also bin ich. Die Entschlüsselung des Bewusstseins*. Üb. v. H. Kober; München: List, 2000].

8   Farb et al., »Attending to the Present«.

Kapitel 7: Wie sehen uns die anderen?

1   Siehe Fabio Sala, »Executive Blindspots: Discrepancies Between Self-Other Ratings«, *Journal of Consulting Psychology: Research and Practice* 54, Nr. 4 (2003), S. 222–229.

2   Bill George und Doug Baker, *True North Groups*. San Francisco: Berrett-Koehler, 2011, S. 28.

3   Nalini Ambady et al., »Surgeon's Tone of Voice: A Clue to Malpractice History«, *Surgery* 132, Nr. 1 (2002), S. 5–9.

4   Michael J. Newcombe und Neal M. Ashkanasy, »The Role of Affective Congruence in Perceptions of Leaders: An Experimental Study«, *Leadership Quarterly* 13, Nr. 5 (2002), S. 601–604.

5   Daniel Kahneman, *Schnelles Denken, langsames Denken*. Üb. v. T. Schmidt; München: Siedler, 2012, S. 267.

6   John U. Ogbu, *Minority Education and Caste: The American System in Cross-Cultural Perspective*. New York: Academic, 1978.

Kapitel 8: Ein Rezept für Selbstbeherrschung

1   M. K. Rothbart et al., »Self-Regulation and Emotion in Infancy«, in: Nancy Eisenberg und R. A. Fabes (Hrsg.), *Emotion and Its Regulation in Early Development: New Directions for Child Development* Nr. 55 (San Francisco: Jossey-Bass, 1992), S. 7–23.

2   In vielen Fachgebieten gilt Selbstbeherrschung als Voraussetzung für Wohlbefinden. Verhaltensgenetiker gehen der Frage nach, welcher Teil dieser Fähigkeiten auf die Gene zurückzuführen ist und welchen

Teil das familiäre Umfeld beisteuert, in dem wir aufwachsen. Entwicklungspsychologen untersuchen, wie gut heranwachsende Kinder die Selbstkontrolle beherrschen und es im Lauf der Zeit immer besser schaffen, Belohnungen hinauszuschieben, Impulse zu handhaben, Emotionen zu steuern, zu planen und gewissenhaft zu handeln. Gesundheitsexperten erkennen einen Zusammenhang zwischen Selbstbeherrschung und Lebensdauer, Soziologen konzentrieren sich auf geringe Selbstbeherrschung als Vorhersagefaktor für Arbeitslosigkeit und Verbrechen. Psychiater suchen nach kindlichen Störungen wie Aufmerksamkeitsdefizit und Hyperaktivität und später im Leben nach psychiatrischen Erkrankungen, Rauchen, ungeschütztem Sex und Alkohol am Steuer. Wirtschaftswissenschaftler schließlich spekulieren, Selbstbeherrschung könne ein Schlüssel sowohl zum finanziellen Wohlstand als auch zu einer geringeren Verbrechensneigung sein.

3 Posner and Rothbart, »Research on Attention Networks as a Model for the Integration of Psychological Science«. In dem Netzwerk des Alarmsystems sind der Thalamus, der rechte frontale Cortex und der Scheitellappen verwoben; moduliert wird es vom Acetylcholin. Zur Orientierung dienen Strukturen im oberen Scheitellappen, in der Verbindung von Scheitel- und Schläfenlappen, den frontalen Sehfeldern und den Colliculi superiores, zur Modulation dient Noradrenalin. An der exekutiven Aufmerksamkeit beteiligen sich der anteriore cinguläre Cortex, die Lateral-, Ventral-, Präfrontal- und Basalganglien, die von Dopamin moduliert werden.

4 Selektive Aufmerksamkeit scheint bis zu einem gewissen Grad erblich zu sein, für den Zustand der Wachsamkeit, in dem wir uns für bevorstehende Ereignisse rüsten, gilt das jedoch kaum oder gar nicht. Siehe J. Fan et al., »Assessing the Heritability of Attentional Networks«, *BMC Neuroscience* 2 (2001), S. 14.

5 Lawrence J. Schweinhart et al., *Lifetime Effects: The High/Scope Perry Preschool Study Through Age 40*. Ypsilanti, MI: High/Scope Press, 2005.

6 J. J. Heckman, »Skill Formation and the Economics of Investing in Disadvantaged Children«, *Science* 312 (2006), S. 1900–1902.

7 Terrie E. Moffitt et al., »A Gradient of Childhood Self-Control Predicts Health, Wealth and Public Safety«, *Proceedings of the National Academy of Sciences* 108, Nr. 7 (15. Februar 2011), S. 2693–2698, http://www.pnas.org/cgi/doi/10.1073/pnas.1010076108.

8 Sie wurden von Lehrern, Eltern, ausgebildeten Beobachtern und sich selbst im Alter von drei, fünf, sieben, neun und elf Jahren eingeschätzt.

9 June Tangney et al., »High Self-Control Predicts Good Adjustment, Less Pathology, Better Grades, and Interpersonal Success«, *Journal of Personality* 72, Nr. 2 (2004), S. 271–323.

10 Tom Hertz, »Understanding Mobility in America«, Center for American Progress, 2006.

11 Ich danke Sam Anderson, dessen Artikel »In Defense of Distraction« mich auf diese Idee brachte. *New York Magazine*, 17. Mai 2009, http:/nymag.com/news/features/56793/index7.html.

12 Jeanne Nakamura, »Optimal Experience and the Uses of Talent«, in: Mihalyi and Isabella Csikszentmihalyi (Hrsg.), *Optimal Experience*. New York: Cambridge University Press, 1988.

13 Davidson und Begley, *The Emotional Life of Your Brain*.

14 Adele Diamond et al., »Preschool Program Improves Cognitive Control«, *Science* 318 (2007), S. 1387–88.

15 Angela Duckworth und Martin E. P. Seligman, »Self-Discipline Outdoes IQ in Predicting Academic Performance of Adolescents«, *Psychological Science* 16, Nr. 12 (2005), S. 939–944.

16 B. J. Casey et al., »Behavioral and Neural Correlates of Delay of Gratification 40 Years Later«, *Proceedings of the National Academy of Sciences* 108, Nr. 36 (6. September 2011), S. 14998–15003, http://www.pnas.org/cgi/doi/10.1073/pnas.1108561108.

17 Jeanne McCaffery et al., »Less Activation in the Left Dorsolateral Prefrontal Cortex in the Reanalysis of the Response to a Meal in Obese Than in Lean Women and Its Association with Successful Weight Loss«, *American Journal of Clinical Nutrition* 90, Nr. 4 (Oktober 2009), S. 928–934.

18 Walter Mischel, zitiert in Jonah Lehrer, »Don't!«, *New Yorker*, 18. Mai 2009.

19 Die Geschichte wird erzählt in Buddhaghosa, *The Path to Purification*. Üb. v. Bhikku Nanomoli; Boulder, CO: Shambhala, 1979, I, S. 55.

Kapitel 9: Die Frau, die zu viel wusste

1 Justine Cassell et al., »Speech-Gesture Mismatches: Evidence for One Underlying Representation of Linguistic and Nonlinguistic Information«, *Pragmatics & Cognition* 7, Nr. 1 (1999), S. 1–34.

2 Gesichtsausdrücke bei Ehestreitigkeiten, die mit dem Specific Affect

Coding System (SPAFF) codiert wurden, erlaubten eine genaue Voraussage über die Zahl der Monate, die in den nächsten vier Jahren noch bis zur Trennung vergehen würden. Insbesondere ein flüchtiger Ausdruck der Verachtung hat offenbar einen hohen Vorhersagewert. John Gottman et al., »Facial Expressions During Marital Conflict«, *Journal of Family Conflict* 1, Nr. 1 (2001), S. 37–57.

3 F. Ramseyer und W. Tschacher, »Nonverbal Synchrony in Psychotherapy: Relationship Quality and Outcome Are Reflected by Coordinated Body-Movement«, *Journal of Consulting and Clinical Psychology* 79 (2011), S. 284–295.

4 Justine Cassell et al., »BEAT: The Behavior Expression Animation Toolkit«, *Proceedings of SIGGRAPH '01*, 12.–17. August 2001, Los Angeles, S. 477–486.

Kapitel 10: Die Triade der Empathie

1 Jede der drei Formen der Empathie hat ihre eigenen neuronalen Bausteine und Entwicklungsverläufe. Die Empathie in all ihren Spielarten beruht auf einer großen Zahl von Gehirnstrukturen. Eine Analyse findet sich in Jean Decety, »The Neurodevelopment of Empathy«, *Developmental Neuroscience* 32 (2010), S. 257–67.

2 Zu Einzelheiten über die Schaltkreise für die Formen der Empathie siehe Ezequiel Gleichgerrcht und Jean Decety, »The Costs of Empathy Among Health Professionals«, in: Jean Decety (Hrsg.), *Empathy: From Bench to Bedside*. Cambridge, MA: MIT Press, 2012.

3 Alan Mulally, CEO Ford Motor Company, zitiert in Adam Bryant, *The Corner Office*. New York: Times Books, 2011, S. 14.

4 John Seabrook, »Suffering Souls«, *New Yorker*, 10. November 2008.

5 »Empathische Grausamkeit« kommt vor, wenn das Gehirn eines Menschen die Qual eines anderen widerspiegelt, gleichzeitig aber auch Spaß an dem Leiden hat. D. de Quervain et al., »The Neural Basis of Altruistic Punishment«, *Science* 305 (2004), S. 1254–1258.

6 Cleckley zitiert in Seabrook, »Suffering Souls«.

7 Zur Abspaltung von emotionaler und kognitiver Verarbeitung bei Soziopathen siehe z. B. Kent Kiehl et al., »Limbic Abnormalities in Affective Processing by Criminal Psychopaths as Revealed by Functional Magnetic Resonance Imaging«, *Biological Psychiatry* 50 (2001), S. 677–84; Niels Bribaumer et al., »Deficient Fear Conditioning in Psychopathy«, *Archives of General Psychiatry* 62 (2005), S. 799–805.

8 Joseph Newman et al., »Delay of Gratification in Psychopathic and Nonpsychopathic Offenders«, *Journal of Abnormal Psychology* 101, Nr. 4 (1992), S. 630–636.

9 Siehe z. B. Loren Dyck, »Resonance and Dissonance in Professional Helping Relationships at the Dyadic Level« (Dissertation, Department of Organizational Behavior, Case Western Reserve University, Mai 2010).

10 Zur neuronalen Verdrahtung für Empathie gehören die Amygdala, der Hypothalamus, der Hippocampus und der orbitofrontale Cortex. Zu den neurowissenschaftlichen Einzelheiten dieser und anderer Formen der Empathie siehe Decety, »The Neurodevelopment of Empathy«.

11 Greg J. Stephens et al., »Speaker-Listener Neural Coupling Underlies Successful Communication«, *Proceedings of the National Academy of Sciences* 107, Nr. 32 (2010), S. 14425–14430.

12 Schaltkreise im sozialen Gehirn nehmen Gefühle, Absichten und Handlungen der anderen wahr und aktivieren gleichzeitig im eigenen Gehirn die gleichen Areale, sodass wir ein inneres Gespür dafür haben, was in dem anderen vorgeht. Der Schlüssel sind neben den Spiegelneuronen auch Schaltkreise wie der ventromediale präfrontale Cortex. Siehe Jean Decety, »To What Extent Is the Experience of Empathy Mediated by Shared Neural Circuits?«, *Emotion Review* 2, Nr. 3 (2010), S. 204–207. In Studien mit Hunderten von Versuchspersonen, die Filmaufnahmen von Menschen mit Schmerzen sahen, fand Decety in der Reaktion des Gehirns keine Geschlechterunterschiede, die zwischenmenschliche Reaktion jedoch war je nach Geschlecht sehr unterschiedlich: Frauen sind nach eigener Einschätzung empathischer als Männer.

13 P. L. Jackson et al., »To What Extent Do We Share the Pain of Others? Insight from the Neural Bases of Pain Empathy«, *Pain* 125 (2006), S. 5–9.

14 Nach Singers Befunden zeichnet die Inselrinde Schmerzen, Leiden und negative Affekte auf, ein anderer Schaltkreis im orbitofrontalen Cortex reagiert auf angenehme Gefühle wie beispielsweise die sanfte Berührung eines anderen. Tania Singer et al., »A Common Role of Insula in Feelings, Empathy and Uncertainty«, *Trends in Cognitive Sciences* 13, Nr. 8 (2009), S. 334–340; C. Lamm und T. Singer, »The Role of Anterior Insular Cortex in Social Emotions«, *Brain Structure & Function* 241, Nr. 5–6 (2010), S. 579–591.

15 C. J. Limb et al., »Neural Substrates of Spontaneous Musical Perfor-

mance: An fMRI Study of Jazz Improvisation«, *PLoS ONE* 3, Nr. 2 (2008).

16 Jean Decety und Claus Lamm, »The Role of the Right Temporoparietal Junction in Social Interaction: How Low-Level Computational Processes Contribute to Meta-Cognition«, *Neuroscientist* 13, Nr. 6 (2007), S. 580–593.

17 Jean Decety, Vortrag beim Consortium for Research on Emotional Intelligence in Organizations, Cambridge, MA: 6. Mai 2011.

18 Sharee Light und Carolyn Zahn-Waxler, »The Nature and Forms of Empathy in the First Years of Life«, in: Decety (Hrsg.), *Empathy: From Bench to Bedside.*

19 Siehe z. B. Carr, *The Shallows.*

20 C. Daniel Batson et al., »An Additional Antecedent to Empathic Concern: Valuing the Welfare of the Person in Need«, *Journal of Personality and Social Psychology* 93, Nr. 1 (2007), S. 65–74. Ebenso Grit Hein et al., »Neural Responses to Ingroup and Outgroup Members' Suffering Predict Individual Differences in Costly Helping«, *Neuron* 68, Nr. 1 (2010), S. 149–160.

21 Wenn Versuchspersonen miterlebten, wie Menschen, die sich zuvor wirtschaftlich unfair verhalten hatten oder nicht zur eigenen Gruppe gehörten, Schmerzen erlitten, stellte sich nicht die übliche empathische Reaktion in der vorderen Inselrinde und dem anterioren cingulären Cortex ein; stattdessen beobachtete man eine verstärkte Aktivität im Nucleus accumbens, einem Areal, das an der Verarbeitung von Belohnungen mitwirkt. Tania Singer et al., »Empathic Neural Responses Are Modulated by the Perceived Fairness of Others«, *Nature* 439 (2006), S. 466–469.

22 Chiara Sambo et al., »Knowing You Care: Effects of Perceived Empathy and Attachment Style on Pain Perception«, *Pain* 151, Nr. 3 (2010), S. 687–693.

23 John Couhelan et al., »›Let Me See If I Have This Right …‹: Words That Build Empathy«, *Annals of Internal Medicine* 135, Nr. 3 (2001), S. 221–227.

24 Siehe z. B. W. Levinson et al., »Physician-Patient Communication: The Relationship with Malpractice Claims Among Primary Care Physicians and Surgeons«, *Journal of the American Medical Association* 277 (1997), S. 553–569.

25 Jean Decety et al., »Physicians Down-Regulate Their Pain-Empathy Response: An ERP Study«, *Neuroimage* 50, Nr. 4 (2010), S. 1676–1682.

26 William Osler, zitiert in Decety (Hrsg.), *Empathy: From Bench to Bedside*, S. 230.

27 Jodi Halpern, »Clinical Empathy in Medical Care«, ibid.

28 M. Hojat et al., »The Devil Is in the Third Year: A Longitudinal Study of Erosion of Empathy in Medical School«, *Academic Medicine* 84, Nr. 9 (2009), S. 1182–1191.

29 Helen Riess et al., »Empathy Training for Resident Physicians: A Randomized Controlled Trial of a Neuroscience-Informed Curriculum«, *Journal of General Internal Medicine* 27, Nr. 10 (2012), S. 1280–1286.

30 Helen Riess, »Empathy in Medicine: A Neurobiological Perspective«, *Journal of the American Medical Association* 304, Nr. 14 (2010), S. 1604–1605.

Kapitel 11: Soziale Sensibilität

1 Prinz Philip zitiert in Ferdinand Mount, »The Long Road to Windsor«, *Wall Street Journal*, 14. November 2011, S. A15.

2 Kim Dalton et al., »Gaze Fixation and the Neural Circuitry of Face Processing in Autism«, *Nature Neuroscience* 8 (2005), S. 519–26. Richard Davidson vermutet, dass Menschen mit Autismus nicht verstehen, was in einer zwischenmenschlichen Situation angemessen ist, weil sie keine soziale Intuition erworben haben.

3 Die ist noch umstritten. Der Effekt wurde in einigen Studien nachgewiesen, in anderen jedoch nicht.

4 Siehe z. B. Michael W. Kraus et al., »Social Class Rank, Threat Vigilance, and Hostile Reactivity«, *Personality and Social Psychology Bulletin* 37, Nr. 10 (2011), S. 1376–1388.

5 Michael Kraus und Dacher Keltner, »Signs of Socioeconomic Status«, *Psychological Science* 20, Nr. 1 (2009), S. 99–106.

6 Gerben A. van Kleef et al., »Power, Distress, and Compassion«, *Psychological Science* 19, Nr. 12 (2008), S. 1315–1322.

7 Michael Kraus, Stephane Cote und Dacher Keltner, »Social Class, Contextualism, and Empathic Accuracy«, *Psychological Science* 21, Nr. 11 (2010), S. 1716–1723.

8 Ryan Rowe et al., »Automated Social Hierarchy Detection Through Email Network Analysis«, *Proceedings of the 9th WebKDD and 1st SNA-KDD 2007 Workshop on Web Mining and Social Network Analysis*, 2007, S. 109–117.

Kapitel 12: Muster, Systeme und Chaos

1 K. Levin et al., »Playing It Forward: Path Dependency, Progressive Incrementalism, and the ›Super Wicked‹ Problem of Global Climate Change«, *IOP Conference Series: Earth and Environmental Science* 50, Nr. 6 (2009).

2 Russell Ackoff, »The Art and Science of Mess Management«, *Interfaces*, Februar 1981, S. 20–26.

3 Jeremy Ginsberg et al., »Detecting Influenza Epidemics Using Search Engine Query Data«, *Nature* 457 (2009), S. 1012–1014.

4 Dies sagte mir Thomas Davenport, Harvard Business School.

5 Menschen in die Informationsgleichung aufzunehmen kann die Sache aber auch komplizierter machen: Neid wegen der Kontrolle über Daten, interne Konflikte und Unternehmenspolitik können dazu führen, dass Informationen nicht weitergegeben, gehortet oder ganz einfach ignoriert werden.

6 Über das derzeit entstehende Buch von Thomas Davenport mit dem vorläufigen Titel »Keeping Up with the Quants« berichtet Steve Lohr, »Sure, Big Data Is Great: But So Is Intuition«, *New York Times*, 30. Dezember 2012, Business, S. 3.

7 Berichtet von Lohr, »Sure, Big Data Is Great«.

Kapitel 13: Systemblindheit

1 Bei dem »System« in dem Zimmer handelte es sich natürlich um einen kleinen Ausschnitt aus größeren, ineinandergreifenden Systemen, darunter jenes zum Vertrieb von Informationen, welches sich mitten im Übergang von gedruckten zu digitalen Formaten befindet.

2 John D. Sterman, *Business Dynamics: Systems Thinking and Modeling for a Complex World*. New York: McGraw-Hill, 2000.

3 Weitere Einzelheiten über Lieferketten, Emissionen und die wahren ökologischen Kosten der von Menschen hergestellten Dinge finden sich in meinem Buch *Ecological Intelligence* (New York: Broadway, 2009) oder in dem 20-Minuten-Video »The Story of Stuff« von Annie Leonard: http://www.storyofstuff.org.

4 Die Illusion wurde ursprünglich vom Team des Psychologen Frank Keil von der Harvard University formuliert und später von rein natürlichen oder mechanischen Systemen auf gesellschaftliche, wirtschaftliche und politische Themen übertragen. Siehe z. B. Adam L. Alter

et al., »Missing the Trees for the Forest: A Construal Level Account of the Illusion of Explanatory Depth«, *Journal of Personality and Social Psychology* 99, Nr. 3 (2010), S. 436–51. Die Illusion mag auch in diesem Buch eine Rolle gespielt haben, wenn ich ein breites Spektrum kognitiver, gesellschaftlicher und neuronaler Systeme mit sehr breiten Pinselstricken nachzeichne. Diese Gefahr droht im Wissenschaftsjournalismus. Das ist der Grund, warum dieses Buch so viele Endnoten enthält: Mit ihrer Hilfe kann man die Gedankengänge weiter verfolgen. Meinen Glückwunsch, dass Sie dies gelesen haben.

5 Siehe z. B. Elke Weber, »Experience-Based and Description-Based Perceptions of Longterm Risk: Why Global Warming Does Not Scare Us (Yet)«, *Climatic Change* 77 (2006), S. 103–120.

Kapitel 14: Entfernte Bedrohungen

1 Nassim Nicholas Taleb, *The Black Swan: The Impact of the Highly Improbable*. New York: Random House, 2010 [dt. *Der schwarze Schwan. Die Macht höchst unwahrscheinlicher Ereignisse*. Üb. v. I. Proß-Grill; München: Hanser, 2008].

2 Johan Rockstrom et al., »A Safe Operating Space for Humanity«, *Nature* 461 (2009), S. 472–475.

3 Will Steffen et al., »The Anthropocene: Are Humans Now Overwhelming the Great Forces of Nature?«, *Ambio: A Journal of the Human Environment* 36, Nr. 8 (2007), S. 614–621.

4 Chinas Kohlenstoffwirtschaft auf der Grundlage von Zahlen der Weltbank; Bericht in Fred Pearce, »Over the Top«, *New Scientist*, 16. Juni 2012, S. 38–43. Andererseits siehe »China Plans Asia's Biggest Coal-Fired Power Plant«, unter http://phys.org/news/2011-12-china-asia-biggest-coal-fired-power.html.

5 Als ein global tätiger Konsumgüterhersteller mit LCA seinen CO_2-Fußabdruck analysierte, stellte sich heraus, dass der größte Faktor das Erhitzen des Wassers durch die Kunden war, um Warmwasser-Waschmittel zu verwenden. (Bequemerweise wurde die Verantwortung damit auf den Verbraucher geschoben – man fragt sich, welches die Faktoren Nummer 2 bis 10 waren.)

6 Nach Ansicht des deutschen Gesellschaftstheoretikers Niklas Luhmann organisiert sich jedes wichtige System der Menschen rund um ein einziges Prinzip. In der Wirtschaft ist es das Geld, in der Politik die Macht und im zwischenmenschlichen Bereich die Liebe. Deshalb

werden die elegantesten Entscheidungen in diesen Bereichen zwischen einfach zu handhabenden Alternativen getroffen: Geld/kein Geld; Macht/keine Macht; Liebe/keine Liebe. Vielleicht ist es kein Zufall, dass unser Gehirn in jedem Augenblick unserer Wahrnehmung eine urtümliche Entweder-oder-Entscheidungsregel anwendet; in dem winzigen Augenblick, in dem wir etwas bemerken, fassen die Gefühlszentren die einschlägigen Erfahrungen zusammen und versehen sie mit der Kennzeichnung »mag ich« oder »mag ich nicht«. Niklas Luhmanns auf Deutsch verfasste Arbeiten über Gesellschaftssysteme wurden bisher nicht ins Englische übersetzt, hatten aber in Osteuropa großen Einfluss. Ich habe nur ein paar Berichte aus zweiter Hand gelesen und wurde dann über die wichtigsten Aussagen von Georg Vielmetter in Kenntnis gesetzt, der sich in seiner Dissertation teilweise auf Luhmanns Theorien stützte.

7   Stromlinienförmige Versionen der Software zur Lebenszyklusanalyse, die derzeit entwickelt werden, sind dazu in der Lage.

8   Jack D. Shepard et al., »Chronically Elevated Corticosterone in the Amygdala Increases Corticotropin Releasing Factor mRNA in the Dorsolateral Bed Nucleus of Stria Terminalis Following Duress«, *Behavioral Brain Research* 17, Nr. 1 (2006), S. 193–196.

9   Dies war der Ausgangspunkt meines Buches *Ecological Intelligence: The Hidden Impacts of What We Buy*. New York: Random House, 2009.

10 Daten des US-Energieministeriums zeigen, dass das Erwärmen von Wasser 18 bis 20 Prozent des Energieverbrauchs von Privathaushalten ausmacht. In Neuengland fallen dafür jährlich für eine Familie Kosten zwischen 500 bis über 800 Dollar an, je nachdem, welcher Brennstoff verwendet wird. Außerdem zeigen Daten der Residential Energy Consumption Survey, dass nur zwölf Prozent aller Haushalte in den USA auf ihren Warmwasserbehältern eine Isolierabdeckung angebracht haben, obwohl man mit einer solchen Abdeckung, die etwa 20 Dollar kostet, jährlich 70 Dollar an Energiekosten einsparen kann; die Abdeckung hält so lange wie der Wasserboiler (das heißt durchschnittlich 13 Jahre). Die einfache Maßnahme, eine solche Abdeckung anzubringen und die Warmwassertemperatur auf 50 Grad zu senken, könnte den Energieverbrauch der Haushalte um rund zwei Prozent senken und würde gleichzeitig dem Klima, der biologischen Vielfalt, der Gesundheit und auch der Wirtschaft nützen.

11 Die Schulkinder geben die Abdeckungen an Haushalte in der Gemeinde weiter und schließen ein Abkommen: Wer die Abdeckung

bekommt, gibt das eingesparte Geld während der ersten neun Monate der Schule, danach behält er es selbst. Insgesamt kommen so etwa 15.000 Dollar zusammen. Davon behält die Schule 5000 Dollar für Maßnahmen wie den Ausbau von Sportplätzen. Von den restlichen 10.000 Dollar werden wiederum Boilerabdeckungen gekauft und an zwei andere Schulen weitergegeben, die es genauso machen.

12 Im Einzelnen bestehen Unterschiede zwischen den verschiedenen Schadstoffemissionen. Bei manchen bemisst sich die Rentabilitätsschwelle nach Monaten, bei anderen nach Jahren. So gibt es beispielsweise zwei Arten von Feinstaub, die beide tief in die Lunge eindringen. Sie lassen sich unterschiedlich stark vermindern, aber die Handabdrücke fassen alle Folgen verschiedener Formen der Verschmutzung für die Gesundheit und den Verlust der Artenvielfalt in einem einzigen Wert zusammen.

13 Will Wright, zitiert in Chris Baker, »The Creator«, *Wired*, August 2012, S. 68.

14 Celia Pearce, »Sims, Battlebots, Cellular Automota, God and Go«, *Game Studies*, Juli 2002, S. 1.

15 Die Luftverschmutzung im Freien war in China für 1,2 Millionen und weltweit für 3,2 Millionen vorzeitige Todesfälle verantwortlich. Siehe »Global Burden of Disease Study 2010«, *The Lancet*, 13. Dezember 2013.

16 Mein Buch *Ecoliterate*, das ich zusammen mit Lisa Bennett und Zenobia Barlow vom Center for Ecoliteracy verfasst habe, spricht sich dafür aus, die Gefühle der Schüler bei der Umwelterziehung anzusprechen, der hier beschriebene Lehrplan ist darin aber nicht enthalten.

17 Paul Hawken, »Reflection«, *Garrison Institute Newsletter*, Frühjahr 2012, S. 9.

Kapitel 15: Der Mythos der 10.000 Stunden

1 Am berühmtesten wurde die 10.000-Stunden-Regel durch den Dauerbestseller *Outliers* [dt. Überflieger] von Malcolm Gladwell. Ein wenig habe auch ich zu ihrer Popularität beigetragen: Ich schrieb 1994 in der *New York Times* einen kurzen Artikel über die Forschungsarbeiten, auf die sie zurückgeht: die des Kognitionsforschers Anders Ericsson von der Florida State University. Wie er unter anderem feststellte, hatten die besten Violinisten an den führenden Musikhochschulen bereits mehr als 10.000 Stunden auf ihrem Instrument geübt, und diejenigen,

die erst 7500 Stunden absolviert hatten, spielten im wahrsten Sinne des Wortes die zweite Geige. Daniel Goleman, »Peak Performance: Why Records Fall«, *New York Times*, 11. Oktober 1994, S. C1.

2 Für den 1994 erschienenen Artikel in der *New York Times* interviewte ich Anders Ericsson.

3 Anders Ericsson et al., »The Role of Deliberate Practice in the Acquisition of Expert Performance«, *Psychological Review* 47 (1993), S. 273–305. Ein Beispiel ist Itzhak Perlman: Er kam als Wunderkind mit 13 Jahren an die Juilliard School, eine höchst wählerische Ausbildungsstätte für darstellende Künstler, und studierte acht Jahre bei der Violinlehrerin Dorothy DeLay; ihre Studenten übten täglich fünf Stunden, wobei DeLay ihnen ständig Rückmeldungen und Ermutigung zuteilwerden ließ. Für Perlman summierte sich dies zu der Zeit, als er die Hochschule verließ, auf 12.000 Stunden des klugen Übens. Aber wenn man einmal so angefangen hat, reicht dann ein solches Übungspensum aus, um allein weiterzumachen? Viele professionelle darstellende Künstler lassen sich ihr Leben lang coachen: Sänger bedienen sich der Hilfe von Stimmbildnern, ganz ähnlich, wie Spitzensportler ihre Trainer haben. Ohne hervorragenden Lehrmeister erreicht niemand das Weltklasseniveau. Selbst Perlman hat einen Coach: seine Frau Toby, selbst Konzertviolinistin, die er an der Juilliard School kennenlernte. Ihre teils harsche Kritik schätzt Perlman seit über 40 Jahren – er bezeichnet sie als »zusätzliches Ohr«.

4 Und wie gesagt: Wenn eine Tätigkeit erst einmal automatisch abläuft, kann jeder Versuch, daran zu denken, zur Beeinträchtigung werden: Dann übernimmt der Top-down-Mechanismus die Kontrolle von der Bottom-up-Routine, das geschieht aber nicht effizient genug.

5 K. Anders Ericsson, »Development of Elite Performance and Deliberate Practice«, in: J. L. Starkes und K. Anders Ericsson (Hrsg.), *Expert Performance in Sports: Advances in Research on Sport Expertise*. Champaign, IL: Human Kinetics, 2003.

6 Thupten Jinpa studierte und lehrte zwar an der Universität Cambridge, aber wie er mir erzählte, ist sein Akzent darauf zurückzuführen, dass er gesprochenes Englisch in seiner Jugend von den Sprechern der BBC-World-Sendungen für Indien lernte.

7 Ich interviewte Herbert Simon für die *New York Times*. Siehe Goleman, »Peak Performance: Why Records Fall«.

8 Wendy Hasenkamp et al., »Mind Wandering and Attention During Focused Attention«, *Neuroimage* 59, Nr. 1 (2012), S. 750–760.

9 Bei Meditationsexperten waren die Verknüpfungen für den Ruhezustand zwischen den mittleren Arealen und den Schläfenregionen, die an der Loslösung der Aufmerksamkeit beteiligt sind, verstärkt. Vermutlich haben also die Areale, die über die Entkopplung bestimmen, besseren Zugang zu den Regionen des medialen präfrontalen Cortex, die für das selbstbezogene Schweifen der Gedanken sorgen; man kann also schließen, dass Üben die Verknüpfungen durch einen neuroplastischen Effekt verstärkt. Wendy Hasenkamp and Lawrence Barsalou, »Effects of Meditation Experience on Functional Connectivity of Distributed Brain Networks«, *Frontiers in Human Neuroscience* 6, Nr. 38 (2012), S. 1–14.

10 Über Larry Davids Reaktionen auf die Zuschauer im Yankee Stadium berichtete »The Neurotic Zen of Larry David«, *Rolling Stone*, 4. August 2011, S. 81.

11 Taylor Schmitz et al., »Opposing Influence of Affective State Valence on Visual Cortical Decoding«, *Journal of Neuroscience* 29, Nr. 22 (2009), S. 7199–7207.

12 Barbara Fredrickson, *Love 2.0.* New York: Hudson Street Press, 2013 [dt. *Die Macht der Liebe. Ein neuer Blick auf das größte Gefühl.* Üb. v. N. Hölsken; Frankfurt a. M.: Campus, 2014].

13 Davidson und Begley, *The Emotional Life of Your Brain.*

14 Anthony Jack et al., »Visioning in the Brain: An fMRI Study of Inspirational Coaching and Mentoring«, zur Veröffentlichung eingereicht, 2013.

15 M. Losada und E. Heaphy, »The Role of Positivity and Connectivity in the Performance of Business Teams: A Nonlinear Dynamics Model«, *American Behavioral Scientist* 47, Nr. 6 (2004), S. 740–65.

16 B. L. Fredrickson und M. Losada, »Positive Affect and the Complex Dynamics of Human Flourishing«, *American Psychologist* 60, Nr. 7 (2005), S. 678–686.

Kapitel 16: Gehirne beim Spielen

1 Die Geschichte von Daniel Cates erzählte Jay Kaspian Kang in »The Gambler«, *New York Times Magazine*, 27. März 2011, S. 48–51.

2 Poker ist natürlich nicht nur ein Geschicklichkeitsspiel. Eine Strähne mit schlechten Blättern kann auch den besten Spieler in eine benachteiligte Lage bringen. Aber eine geringfügig bessere Fähigkeit, über Tausende von Partien angewandt, zahlt sich aus. Onlinepokerspieler

haben verständlicherweise die Eigenschaft, unbekümmert Risiken einzugehen – eine notwendige Einstellung, wenn man in einem Augenblick Hunderttausende von Dollars verlieren kann.

3 Marc Smith wurde zitiert im *Boston Globe*, 28. Juli 2012, S. A6.

4 Daphne Bavelier et al., »Brains on Video Games«, *Nature Reviews Neuroscience* 12 (Dezember 2011), S. 763–768.

5 Gentile, zitiert ibid.

6 Ibid.

7 In den meisten bisher veröffentlichten Metaanalysen wurde eine Verstärkung der Aggression gefunden, die Untersuchungen gründeten sich auf 136 Einzelstudien mit insgesamt 30296 Spielern oder Kontrollpersonen. Craig A. Anderson, »An Update on the Effects of Playing Violent Video Games«, *Journal of Adolescence* 27 (2004), S. 113–122. Siehe aber auch John L. Sherry, »Violent Video Games and Aggression: Why Can't We Find Effects?«, in: Raymond Preiss et al. (Hrsg.), *Mass Media Effects Research: Advances Through Meta-Analysis*. Mahwah, NJ: Lawrence Erlbaum, 2007, S. 245–262.

8 Der entscheidende Teil ist der anteriore Gyrus cinguli. Siehe M. R. Rueda et al., »Training, Maturation, and Genetic Influences on the Development of Executive Attention«, *Proceedings of the National Academy of Sciences* 102, Nr. 41 (2005), S. 1029–1040.

9 Zu ADS gibt es im Gehirn noch eine weitere Entsprechung: zu geringe Aktivität in den präfrontalen Arealen, die Aufmerksamkeit, exekutive Funktionen und Selbstbeherrschung handhaben. M. K. Rothbart und M. I. Posner, »Temperament, Attention, and Developmental Psychopathology«, in: D. Cicchetti und D. J. Cohen (Hrsg.), *Handbook of Developmental Psychopathology*. New York: Wiley, 2006, S. 167–188.

10 O. Tucha et al., »Training of Attention Functions in Children with Attention Deficit Hyperactivity Disorder«, *Attention Deficit and Hyperactivity Disorders*, 20. Mai 2011.

11 Merzenich in Bavelier et al., »Brains on Video Games«.

12 Gus Tai, zitiert in Jessica C. Kraft, »Digital Overload? There's an App for That«, *New York Times*, Sonntag, 22. Juli 2012, Education Supplement, S. 12.

Kapitel 17: Atemfreunde

1 Die Stimme, die sie hören, ist meine: Die CD nahm ich für Linda Lantieri, *Building Emotional Intelligence*. Boulder, CO: Sounds True, 2008,

auf. Den Text verfasste Linda auf der Grundlage ihrer Arbeit mit Kindern an öffentlichen Schulen in New York und anderswo.

2 Linda Lantieri et al., »Building Inner Resilience in Students and Teachers«, in: Gretchen Reevy und Erica Frydenberg (Hrsg.), *Personality, Stress and Coping: Implications for Education*. Charlotte, NC: Information Age, 2011, S. 267–292.

3 Das erzählte mir Richard Davidson, er bezog sich dabei auf eine noch laufende Studie am Center for Investigating Healthy Minds.

4 Joseph A. Durlak et al., »The Impact of Enhancing Students' Social/ Emotional Learning: A Meta-Analysis of School-Based Universal Interventions«, *Child Development* 82, Nr. 1 (2011), S. 405–432.

5 Nathaniel R. Riggs et al., »The Mediational Role of Neurocognition in the Behavioral Outcomes of a Social-Emotional Prevention Program in Elementary School Students: Effects of the PATHS Curriculum«, *Prevention Science* 7, Nr. 1 (März 2006), S. 91–102.

6 Natürlich stellt sich Willenskraft bei manchen Kindern automatisch durch Üben ein, ganz gleich, ob sie für die Klassenarbeit in der nächsten Woche lernen oder für einen iPod sparen.

7 Philip David Zelazo und Stephanie M. Carlson, »Hot and Cool Executive Function in Childhood and Adolescence: Development and Plasticity«, *Child Development Perspectives* 6, Nr. 4 (2012), S. 354–60.

8 Rueda et al., »Training, Maturation, and Genetic Influences on the Development of Executive Attention«.

9 Es sei denn, dieser perverse Schelm, die Impulsauslösung, hätte Sie veranlasst, diese Anmerkung zu lesen.

10 Mark Greenberg in einer E-Mail.

11 Zu der Zeit, da ich diese Zeilen schreibe, gibt es kaum direkte Untersuchungen zu den Auswirkungen der Achtsamkeit auf die Konzentrationsfähigkeit von Kindern, mehrere Studien sind aber im Entstehen begriffen. So fand Richard Davidsons Arbeitsgruppe in einer Pilotstudie mit 30 Vorschulkindern, die ein Achtsamkeits- und »Freundlichkeitstraining« durchlaufen hatten, Verbesserungen bei Aufmerksamkeit und Freundlichkeit. Derzeit wird die Studie mit einer Stichprobe von 200 Vorschulkindern wiederholt; siehe http://www.inves tigatinghealthyminds.org/cihmProjects.html#prek.

12 Smallwood et al., »Counting the Cost of an Absent Mind«.

13 Stephen W. Porges, *The Polyvagal Theory*. New York: Norton, 2011 [dt. *Die Polyvagal-Theorie. Neurophysiologische Grundlagen der Therapie;*

Emotionen, Bindung, Kommunikation und ihre Entstehung. Üb. v. T. Kierdorf und H. Höhr; Paderborn: Junfermann 2010].

14 Von diesen Daten erfuhr ich durch einen Vortrag von Barbara Fredrickson bei einer Tagung zur Einweihung des Center for Healthy Minds an der University of Wisconsin am 16. Mai 2010. Über die Ergebnisse berichtet sie auch in ihrem bereits genannten Buch *Love 2.0.*

15 Judson Brewer et al., »Meditation Experience Is Associated with Differences in Default Mode Network Activity and Connectivity«, *Proceedings of the National Academy of Sciences* 108, Nr. 50 (2011), S. 20254–20259. Die Aktivität des voreingestellten Modus geht zurück, wenn wir uns konzentriert mit einer Tätigkeit beschäftigen; dass er bei der Meditation weniger aktiv ist, war also zu erwarten. Die Erkenntnis, dass Menschen mit viel Übung in Meditation diese mentale Aufgabe besser bewältigen, lässt an einen Trainingseffekt denken.

16 Eine andere Analogie für eine unorganische Vorgehensweise mit unbeabsichtigten Folgen ist die Grüne Revolution in der Landwirtschaft. In den 1960er-Jahren verhinderte die Einführung billiger Kunstdüngemittel in Regionen wie Indien die Verwirklichung düsterer Prophezeiungen, der Welt würden bald die Lebensmittel ausgehen. Aber die technologische Methode der Hungervermeidung hatte eine unvorhergesehene Kehrseite: Flüsse, Seen und große Teile der Ozeane »starben« durch die angereicherten Düngemittel. Das mit Stickstoff verstärkte Pflanzenwachstum hatte tödliche Wirkungen auf die Gewässer der Welt.

17 Richard J. Davidson et al., »Alterations in Brain and Immune Function Produced by Mindfulness Meditation«, *Psychosomatic Medicine* 65 (2003), S. 564–570.

18 Mit Achtsamkeit (die man in kurzen, regelmäßigen Sitzungen erlernen kann, ohne täglich stundenlang üben zu müssen) vermeidet man eine Gefahr, die sich mit dem Spielen verbindet: Dieses kann jungen Menschen lange Zeiträume stehlen, in denen sie mit anderen jungen Leuten reden, spielen und Unsinn machen sollten. Das sind die Lernlabors des Lebens, in denen die sozialen und emotionalen Schaltkreise heranwachsen.

19 Daniel Siegel, *The Mindful Brain*. New York: Norton, 2007.

20 Andererseits ist Achtsamkeit aber kein Allheilmittel für alle Lebenslagen. Menschen, die keinen Zugang zu ihren eigenen Gefühlen haben – oder Schmerzen und Kummer bei anderen nicht wahrnehmen –, können auch davon profitieren, wenn sie Aufmerksamkeit auf anderen

Wegen lernen. Hier kann die gezielte Konzentration auf den eigenen Kummer und die Schmerzen anderer bedeuten, dass wir tiefer in unsere Emotionen eintauchen und diese Gefühle länger im Bewusstsein behalten müssen. Ein Ansatz wie die Gestalttherapie kann, in Verbindung mit Achtsamkeit für die eigenen Emotionen, die Schaltkreise stärken, die in der Inselrinde aktiv werden.

21 Siehe http://www.siyli.org.

22 Die von mir neu formulierten Fragen stammen aus Gill Crossland-Thackray, »Mindfulness at Work: What Are the Benefits?«, *Guardian Careers*, 21. Dezember 2012, http://careers.guardian.co.uk/careers-blog/mindfulness-at-work-benefits.

23 In der Regel kommt und geht diese Ich-fokussierte Geisteshaltung den ganzen Tag (und auch die ganze Nacht – wie sich in Schlafuntersuchungen herausgestellt hat, haben Menschen, die man zu beliebigen Zeiten weckt und fragt, was sie gerade denken, immer über einen neuen Gedanken zu berichten).

24 Norman Farb et al., »Attending to the Present: Mindfulness Meditation Reveals Distinct Neural Modes of Self-Reference«, *Social Cognitive Affective Neuroscience* 2, Nr. 4 (2007), S. 313–322. Siehe auch Aviva Berkovich-Ohana et al., »Mindfulness-Induced Changes in Gamma Band Activity«, *Clinical Neurophysiology* 123, Nr. 4 (April 2012), S. 700–710.

25 In der Fachsprache von Farb et al., »Attending to the Present«, hört es sich so an: «Bei trainierten Versuchspersonen führte EF zu einer deutlicheren und umfassenderen Verminderung im medialen präfrontalen Cortex und zu einer stärkeren Beteiligung eines rechtslateralen Netzwerks, das den lateralen präfrontalen Cortex und viszerosomatische Areale wie die Insula, den sekundären somatosensorischen Cortex und die Lobulus parietalis inferior umfasste. Durch funktionelle Konnektivitätsanalysen wurde außerdem bei Neulingen eine starke Kopplung der rechten Insula mit dem präfrontalen Cortex nachgewiesen, während bei der achtsamen Gruppe eine Entkopplung vorlag.«

26 Feidel Zeidan et al., »Mindfulness Meditation Improves Cognition: Evidence of Brief Mental Training«, *Consciousness and Cognition* 19, Nr. 2 (Juni 2010), S. 597–605.

27 David M. Levy et al., »Initial Results from a Study of the Effects of Meditation on Multitasking Performance«, *Proceedings of CHI '11 Extended Abstracts on Human Factors in Computing Systems*, 2011, S. 2011–2016.

28 Siehe Tim Ryan, *A Mindful Nation*. Carlsbad, CA: Hay House, 2012, und Jeffrey Sachs, *The Price of Civilization*. New York: Random House, 2011.

Kapitel 18: Wie Führungskräfte die Aufmerksamkeit lenken

1 Adam Bryant interviewte Steve Ballmer in »Meetings, Version 2.0, at Microsoft«, *New York Times*, 16. Mai 2009.

2 Davenport und Back, *The Attention Economy*.

3 Siehe z. B. das Gipfeltreffen zur Zukunft des Geschichtenerzählens: http://futureofstorytelling.org.

4 Siehe Howard Gardner und Emma Laskin, *Leading Minds: An Anatomy of Leadership*. New York: Basic Books, 1995 [dt. *Die Zukunft der Vorbilder. Das Profil der innovativen Führungskraft*. Üb. v. U. Spengler; Stuttgart: Klett-Cotta, 1997].

5 Davenport und Back, *The Attention Economy*, zitieren Befunde aus einem kleinen Unternehmen, wonach zwischen der Konzentration der Führungskräfte und der Mitarbeiter eine sehr hohe Korrelation bestand. Auch in einem multinationalen Konzern bestand zwischen beiden noch eine hohe Korrelation.

6 William Ocasio von der Kellogg School of Management, nach dessen Ansicht man Unternehmen unter dem Gesichtspunkt der Aufmerksamkeitsströme betrachten sollte, definiert die Geschäftsstrategie als Organisationsprinzip für die Aufmerksamkeit, die das Unternehmen in einem bestimmten Rahmen von Zeit und Aufwand auf ganz bestimmte Themen, Probleme, Gelegenheiten und Gefahren richtet. William Ocasio, »Towards an Attention-Based View of the Firm«, *Strategic Management Journal* 18, S1 (1997), S. 188.

7 Steve Jobs, zitiert in Walter Isaacson, »The Real Leadership Lessons of Steve Jobs«, *Harvard Business Review*, April 2012, S. 93–102. Kurz bevor Jobs an Leberkrebs starb, erhielt er Besuch von Larry Page, dem Mitbegründer von Google, der dort gerade das Amt des CEO übernehmen sollte. Jobs' Rat an Page: Versuche nicht, überall präsent zu sein, sondern konzentriere dich auf eine Handvoll Produkte.

8 Michael Porter, »What Is Strategy?«, *Harvard Business Review*, November–Dezember 1996, S. 61–78.

9 Ian Marlow, »Lunch with RIM CEO Thorsten Heins: Time for a Bite, and Little Else«, *Globe and Mail*, 24. August 2012.

10 James Surowiecki, »BlackBerry Season«, *New Yorker*, 13. und 20. Februar 2012, S. 36.

11 Der erste Apple-iPod kam 2001 auf den Markt, der Zune 2006. Microsoft nahm den Zune 2012 aus dem Programm und integrierte die Software in seine Xbox.

12 Clay Shirky, »Napster, Udacity, and the Academy«, 12. November 2012, www.shirky.com/weblog.

13 Charles O'Reilly III und Michael Tushman, »The Ambidextrous Organization«, *Harvard Business Review*, April 2004, S. 74–81.

14 James March, »Exploitation and Exploration in Organizational Learning«, *Organizational Science* 2, Nr. 1 (1991), S. 71–87.

15 Daniella Laureiro-Martinez et al., »An Ambidextrous Mind«, Arbeitspapier, Center for Research in Organization and Management, Mailand, Italien, Februar 2012. Ausbeutungsstrategien kann man mit der Aktivität der Dopaminnetzwerke und der ventromedialen präfrontalen Areale im Gehirn in Verbindung bringen, die Erkundung mit Arealen für exekutive Funktionen und Aufmerksamkeitssteuerung.

Kapitel 19: Die Dreifachkonzentration der Führungskräfte

1 Rainer Greifeneder et al., »When Do People Rely on Affective and Cognitive Feelings in Judgment? A Review«, *Personality and Social Psychology Review* 15, Nr. 2 (2011), S. 107–141.

2 Gerd Gigerenzer et al., *Simple Heuristics That Make Us Smart*. New York: Oxford University Press, 1999.

3 David A. Waldman, »Leadership and Neuroscience: Can We Revolutionize the Way That Inspirational Leaders Are Identified and Developed?«, *Academy of Management Perspectives* 25, Nr. 1 (2011), S. 60–74.

4 Einige Gehirnareale, die für die emotionale Intelligenz unentbehrlich sind, spielen auch für verschiedene Formen der Aufmerksamkeit eine wichtige Rolle: der anteriore Gyrus cinguli, die temporoparietale Verbindung, der orbitofrontale Cortex und das ventromediale Areal. Näheres zu Gehirnarealen, die an Aufmerksamkeit und emotionaler Intelligenz mitwirken, findet sich z. B. bei Posner und Rothbart, »Research on Attention Networks as a Model for the Integration of Psychological Science«; R. Bar-On et al., »Exploring the Neurological Substrate of Emotional and Social Intelligence«, *Brain* 126 (2003), S. 1790–1800. Das Thema wird zweifellos noch komplizierter werden, und die Zusammenhänge zwischen Aufmerksamkeit und emo-

tionaler Intelligenz werden deutlicher hervortreten, wenn in neuen Forschungsarbeiten ein breiteres Spektrum von EI-Maßstäben und neurowissenschaftlichen Methoden angewandt wird.

5 Steve Ballmer, CEO von Microsoft, in: Bryant,»Meetings, Version 2.0«.

6 Scott W. Spreier, Mary H. Fontaine und Ruth L. Malloy,»Leadership Run Amok: The Destructive Potential of Overachievers«, *Harvard Business Review*, Juni 2006, S. 72–82.

7 McClelland wurde zitiert ibid.

8 George Kohlrieser et al., *Care to Dare*. San Francisco: Jossey-Bass, 2012 [dt. *Fördern und Fordern. Effektive Führung mit sicherer Basis*. Üb. v. B. Reit; Weinheim: Wily-VCH, 2013].

9 Nach Schätzungen liegen die Schadenersatzforderungen an BP wegen der Deepwater-Horizon-Ölpest knapp unter 40 Milliarden Dollar; vier BP-Manager müssen sich wegen Fahrlässigkeit strafrechtlich verantworten.

10 Elizabeth Shogren,»BP: A Textbook Example of How Not to Handle PR«, NPR, 21. April 2011.

11 Lyle Spencer und Signe Spencer, *Competence at Work*. New York: Wiley, 1993. Signe Spencer ist die globale Leiterin für Capability Assessment bei dem Beratungsunternehmen Hay Group.

Kapitel 20: Was macht eine Führungskraft aus?

1 Dass die Diskussion nicht beendet ist, hat noch einen anderen Grund: Kompetenzmodelle sind in der Regel Exklusivinformationen, die von einem Unternehmen zur Erlangung eines Konkurrenzvorteils in Auftrag gegeben werden. Deshalb werden sie meist nicht öffentlich mitgeteilt, von einer Publikation in einer begutachteten Fachzeitschrift ganz zu schweigen. Deshalb tun viele wissenschaftlich arbeitende Psychologen die Belege ab (obwohl viele Modelle auch in seriösen Fachzeitschriften veröffentlicht wurden). Gleichzeitig erstellen andere Psychologen – vorwiegend Spezialisten aus Industrie und Unternehmen – weiterhin Kompetenzmodelle, die in der Wirtschaft verbreitet Anwendung finden. Dies zeigt wieder einmal die große Kluft zwischen Akademikern und Praktikern, die weit über diese besondere Debatte hinausgeht.

2 Gerald Mount,»The Role of Emotional Intelligence in Developing International Business Capability: EI Provides Traction«, in: Vanessa Druskat et al. (Hrsg.), *Linking Emotional Intelligence and Performance*

at Work. Mahwah, NJ: Lawrence Erlbaum, 2005. Es gibt nur sehr wenige veröffentlichte Studien, in denen wie in dieser Kompetenzmodelle verglichen werden. Zum Teil liegt das daran, dass die Modelle häufig Firmengeheimnis sind.

3 Grundlage war eine Stichprobe von 404 Führungskräften, für die Daten über Kompetenz, Führungsstil und Betriebsklima vorlagen. Analysiert wurden sie von Yvonne Sell, Hay Group, London.

4 Aufschlussreich war, dass diese Führungskräfte sich übermäßig stark weniger Führungsstile bedienten; insbesondere betätigten sie sich als Schrittmacher und Befehlsgeber. Der Führungsstil ist ein Zeichen für die Führungsqualitäten im Hinblick auf die emotionale Intelligenz; der Führungsstil bestimmt über das Betriebsklima, und das Betriebsklima wiederum trägt den Daten zufolge, die von der Hay Group analysiert wurden, 30 Prozent zum Geschäftserfolg bei.

5 Alastair Robertson und Cathy Wail, »The Leader Within«, *Outlook* 2 (1999), S. 19–23.

6 Dies sagte mir Cary Cherniss vom Rutgers Consortium for Research on Emotional Intelligence in Organizations, der viele Kompetenzmodelle untersucht hat.

7 Dieses Verfahren benutzten Vanessa Druskat und Steven Wolff mit ihrem Kollegen Dr. Joan Manuel Batista-Foguet von der ESADE Business School in Barcelona. Vanessa Druskat, Joan M. Batista-Foguet und Steven Wolff, »The Influence of Team Leader Competencies on the Emergence of Emotionally Competent Team Norms«, Vortrag bei der Jahrestagung der Academy of Management, San Antonio, TX, August 2011.

8 Die Zahlen: Der Führungsstil eines Vorgesetzten trägt ungefähr 50 bis 70 Prozent zum Betriebsklima bei. Das Betriebsklima wiederum ist zu 30 Prozent für die Geschäftsergebnisse verantwortlich, die unter dieser Führungskraft erzielt werden. Je mehr Stärken eine Führungskraft im Hinblick auf die emotionale Intelligenz besitzt, desto mehr Führungsstile hat sie im Repertoire. (Das Problem dabei: So leistungsfähig sind noch nicht einmal zehn Prozent der Führungskräfte. Bei den meisten herrscht ein Führungsstil vor. Über drei oder mehr zu verfügen ist hohe Kunst – und selten.) Die Untergebenen von Führungskräften mit guter Selbstwahrnehmung schätzten das Betriebsklima in 92 Prozent der Fälle als positiv ein, bei solchen mit schwacher Selbstwahrnehmung lag dieser Anteil nur bei 22 Prozent.

9 Jeffrey Sanchez-Burks und Quy Nguyen Huy, »Emotional Aperture

and Strategic Change: The Accurate Recognition of Collective Emotions«, *Organization Science* 20, Nr. 1 (2009), S. 22–34.

10 T. Masuda et al., »Placing the Face in Context: Cultural Differences in the Perception of Facial Emotion«, *Journal of Personality and Social Psychology* 94 (2008), S. 365–381.

11 Partnership for Public Service, »Critical Skills and Mission Critical Occupations, Leadership, Innovation«, Forschungsbericht, 2011, http:// ourpublicservice.org/OPS/publications/viewcontentdetails.php? id=158.

12 Simon Baron-Cohen, *The Essential Difference: Men, Women, and the Extreme Male Brain*. London: Allen Lane, 2003 [dt. *Vom ersten Tag an anders. Das weibliche und das männliche Gehirn*. Üb. v. M. Klostermann; Düsseldorf: Walter, 2004].

13 Siehe Vanessa Urch Druskat und Steven B. Wolff, »Building the Emotional Intelligence of Groups«, *Harvard Business Review*, März 2001, S. 80–90.

Kapitel 21: In eine lange Zukunft führen

1 Alvin Weinberg bevorzugte Thoriumreaktoren, die gegen Unfälle vom Fukushima-Typ gefeit sind; der Brennstoff hat eine viel kürzere Halbwertszeit als Uran und eignet sich nicht für den Einsatz in Nuklearwaffen. Heute gibt es Bestrebungen, die Thoriumreaktoren wiederzubeleben und anstelle der Uranreaktoren zu benutzen. Siehe http:// www.the-weinberg-foundation.org/.

2 Ob Alvin diese Ansicht jemals öffentlich vertrat, weiß ich nicht. Was mich angeht, so wäre es mir am liebsten, wen wir unseren Energiebedarf eines Tages ohne Kernkraft, Kohle und Öl befriedigen könnten.

3 Alvin Weinberg, »Social Institutions and Nuclear Energy«, *Science*, 7. Juli 1972, S. 33.

4 National Intelligence Council, »Global Trends 2025: A Transformed World«, November 2008.

5 Beides könnten Fallstudien sein (sind es aber nicht) aus Ronald Heifetz und Marty Linksy, *Leadership on the Line*. Boston: Harvard Business Review Press, 2002. Mit seiner Theorie der angepassten Führung drängt Heifetz die Führungskräfte, unpopuläre Haltungen wie diese zu vertreten, wenn sie dem Wohl der Allgemeinheit dienen, und er schlägt kluge Methoden für den Umgang mit dem unvermeidlichen Widerstand vor.

6 Jonathan Rose, *The Well-Tempered City*, soll 2014 erscheinen.

7 Eine ähnliche Argumentation vertritt Jim Collins in seinem klassischen Werk *Good to Great*. New York: Harper Business, 2001 [dt. *Der Weg zu den Besten. Die sieben Management-Prinzipien für dauerhaften Unternehmenserfolg*. Üb. v. M. Baltes und F. Böhler; Stuttgart, München: Deutsche Verlags-Anstalt 2001]. Führungskräfte, die Collins auf »Ebene 5« einordnet, denken langfristig und schaffen einen nachhaltigen Wandel. Sie streben nicht nur in der Quartalsbilanz, sondern über Jahrzehnte nach Gewinn. Sie binden viele Interessengruppen ein – und nicht nur Aktionäre –, und sie schaffen bei den Mitarbeitern Loyalität und Stolz. Sie regen mit einer überzeugenden Vision und der unternehmerischen Entsprechung zu Konzentration und Willenskraft dazu an, sich zu engagieren, bleiben aber selbst bescheiden. Das, so Collins, sind die Führungskräfte von Unternehmen, die nicht nur groß, sondern auch großartig sind.

8 In einer Accenture-Umfrage unter 750 CEOs aus der ganzen Welt nannten mehr als 90 Prozent der Befragten die Nachhaltigkeit als Unternehmensziel. http://www.accenture.com/us-en/Pages/insight-un-global-compact-reports.aspx.

9 Unilever kauft nicht unmittelbar bei den Bauern ein, sondern über Zwischenhändler; das Netz dieser Lieferanten soll um solche erweitert werden, die enge Verbindungen zu Kleinbauern haben.

10 Das bedeutet höhere Profite, aber wie hoch sie im Einzelnen sein werden, ist von einer Nutzpflanze und Jahreszeit zur anderen unterschiedlich.

11 Weltbank, »The Future of Small Farms: Synthesis Report«, World Development Report 2008, http://wdronline.worldbank.org/worldbank /a/nonwdrdetail/87.

12 John Mackey, Co-CEO von Whole Foods Market, war der führende Vertreter dieser Sichtweise, die er als Teil des »Kapitalismus mit Gewissen« bezeichnete. Mackeys Gehalt ist beispielsweise nur 14-mal so hoch wie das der am schlechtesten bezahlten Mitarbeiter von Whole Foods; die Fische, die das Unternehmen verkauft, werden sorgfältig ausgewählt, damit die Artenvielfalt im Meer geschont wird; und das sind nur zwei Grundsätze aus einer langen Liste. Siehe John Mackey und Raj Sisodia, *Conscious Capitalism*. Boston: Harvard Business Review Press, 2013. Der Standpunkt entspricht mittlerweile dem Zeitgeist. Siehe z. B. Rosabeth Moss Kanter, »How Great Companies Think Differently«, *Harvard Business Review*, November 2011, S. 66–78.

13 Die Klinge für fünf Rupien ist in Indien nicht die billigste, aber auf diesem Preisniveau können die meisten Menschen sie sich leisten. Ellen Byron, »Gillette's Latest Innovation in Razors: The 11-Cent Blade«, *Wall Street Journal*, 1. Oktober 2010.

14 Nach Ansicht des verstorbenen Unternehmensberaters Elliott Jaques besteht ein grober Zusammenhang zwischen Qualifikation und Zeithorizont. In Berufen wie Verkäuferin oder Polizist denken die Menschen demnach meist in Zeiträumen von einem Tag bis drei Monaten; Vorarbeiter und Kleingewerbetreibende denken drei Monate bis ein Jahr voraus. Bei den CEOs kleinerer Unternehmen und Abteilungsleitern in Großkonzernen liegt der Horizont bei bis zu zehn Jahren. Und die CEOs von Weltkonzernen haben eine Zukunft von mehreren Jahrzehnten im Blick. Siehe Art Kleiner, »Elliott Jaques Levels with You«, *Strategy + Business*, Erstes Quartal 2001.

15 Peter Senges bekanntestes Buch ist *The Fifth Discipline: The Art and Practice of the Learning Organization*. New York: Doubleday Business, 1990 [dt. *Die fünfte Disziplin. Kunst und Praxis der lernenden Organisation*. Üb. v. M. Klostermann; Stuttgart: Klett-Cotta, 1996].

REGISTER

Dunedin, Neuseeland, Studie 107f., 117, 247f., 263

Economo, Constantin von 89, 137
Effizienz 33, 254, 260, 269, 271, 279f., 359 Anm. 4
Ehrlich, Paul R. 190, 192
Einstein, Albert 64
Ekman, Paul 149
Elefanten 88f.
Elizabeth II., engl. Königin 152
Ellison, Jib 181f.
Elternverhalten 139f., 222, 246
E-Mails 18f., 24f., 64, 78f., 161f., 236, 260f.
Emotionale Intelligenz (Goleman) 248
Empathie 12, 130–132, 136–143, 146–150, 159, 161, 168, 249, 257, 289f., 294, 296, 300–304, 310, 314, 329, 351 Anm. 1, 352 Anm. 10 und 12, 353 Anm. 21
Empathie-Gleichgewicht 142
Empathie, emotionale 129, 133–136, 141, 147, 274
– kognitive 129f., 132, 134, 145, 155
Empathische Besorgnis 129
Empathische Fürsorge 138–140, 147, 150, 258
Endorphine 219
Enron 162, 292
Entscheidungsbäume 286
Entscheidungsfähigkeit 228
Entscheidungsregeln 87, 194, 285, 357 Anm. 6
Epidemiologie 118, 167, 170f., 290
Erfolg 12, 61, 107, 109, 117, 168, 203, 209, 236, 243f., 263, 267, 271, 278f., 299–301, 305, 309, 321, 330
– finanzieller 108f., 280, 267, 275f., 278–280, 284–286, 291, 293, 295, 301, 368 Anm. 4
Erfolgsfalle 280
Erfüllung 12, 34, 71, 263
Ericsson, Anders 209f., 212, 214, 358 Anm. 1
Erinnerung 27, 32, 41, 52, 59, 63, 77, 79, 92, 213, 215, 232, 246, 258
Erkundung 278–281, 366 Anm. 15
Erschöpfung 146
– emotionale 35, 140, 150
– kognitive 78
Evolution 40f., 50, 74, 135, 179, 273, 342 Anm. 4
Evolutionspsychologen 71
Exekutives System 58, 74, 89, 118f., 131, 220, 246, 255, 278, 281, 344 Anm. 4, 346 Anm. 11

Facebook 14f., 18, 32, 196, 284
Falk, William 77, 80
Fehlverhalten 245, 304
Feinstaub 184, 200f., 358 Anm. 12
Fettleibigkeit 46, 118
Fettnäpfchen 152–154, 296, 310
Fixierung 52, 233, 277, 293
Flanker-Test 244
Flexibilität 254, 279, 302
– emotionale 53
Flow 34
Focusing 347 Anm. 1
Fokussierung 215, 287
Forrester, Jay W. 182, 199
Frankfurter, Felix 102
Fredrickson, Barbara 218, 222